叢書・ウニベルシタス　1075

幸福の形式に関する試論

倫理学研究

マルティン・ゼール
高畑祐人 訳

法政大学出版局

幸福の形式に関する試論――倫理学研究　目次

第三研究　道徳の名宛人と道徳のパートナー　285

ベンヤミンへ

凡例

・本書は Martin Seel, *Versuch über die Form des Glücks. Studien zur Ethik* (Suhrkamp Verlag Frankfurt am Main, 1999) の全訳である。
・原文中のイタリックは、強調については傍点を付し、書名の場合は『 』とする。
・〔 〕は訳者による補足である。原書の誤植などによる間違いは訳者の判断で適宜修正した。
・原注はアラビア数字で、訳注は漢数字で番号をふる。
・引用にあたっては、既訳があるものについては書名・論文名と該当箇所の頁数を表記したうえで最大限に参照・活用するが、文脈にあわせて適宜変更を加えた場合もある。

序言

本書の四つの研究はいずれも、善き生が道徳的な善き生とどのように関わっているのかという問題を扱っている。各々の研究はこの関係をそれぞれ異なる側面から探求している。各々の研究がそれぞれの仕方で、善と道徳的な善との関連は、究極的な同一性としても、あるいはどちらか一方の概念的優位としても理解されてはならないという結論に到達する。いずれの研究もそれ自体だけで理解されうるが、一つにまとめられると、個人的な善と道徳的な正しさとの概念を相互依存する根本概念として理解する、そうした実践哲学を支持する。

もちろん、〔善と正との〕こうした相互的な依存性が主張されるのは、そのテーゼを実際に担うのにじゅうぶん強くて明瞭であるような、善き生の概念を展開することに成功する場合だけである。道徳的正しさならびに法的な正しさの反対の極として登場できるためにじゅうぶん限界づけられているような、そうしたこの善の理解が必要である。善——個々人にとって善いものという意味での——を拙速に道徳化する人は、幸福追求の解剖学でもって、この追求の道徳的ならびに法的な限界づけの意味を取り違えている。価値評価的な善さと規範的な正しさとを包括するような善の概念は、個人の順調な生活と社会的な配慮との明確に区別された概念からのみ獲得されるのである。

さらに、善き生のたんなる条件とも、また善き生の具体的な構想とも区別されるような善の理解が探求される。善の個人的ないし集団的な構想はどうしても特殊であり、道徳的な権利義務の説得力ある普遍的な理解を同等の資格でもって助けることはできず、いわんや、その理解を基礎づけることなど不可能である。それに対して、善き生の普遍的な条件を指摘することはあくまで可能である。しかし、善き生の条件は、善き生一般の可能性が把握されうることの前提であるにすぎない。その条件の規定は、依然としてその可能性そのものの解明に依拠している。その解明を行なうことが善き生に関する現代の倫理学の課題である。その倫理学は、善き生の余地を、すなわち、順調な生活の普遍的条件によって開示され、また善の特殊な実現（きわめてさまざまである）によって占められうるような、そうした善き生の余地を探求する。そうした哲学的分析が善き生のこうした余地を解明できるのは、〔善き生の〕形式的規定によってのみであり、すなわち、人間が何を意欲しまた意欲できるのかにではなく、いかにそうするのかということへと第一に眼差しを向ける考察によってのみである。この方針を尊重する探求が、社会的な正しさの概念を助けることのできる――また助けるにちがいない個人的な善の普遍的概念に行き着くのである。

これまでも善の概念を実践哲学のために取りもどそうとする一連の試みが為されてきた。したがって、本書はその延長線上にある。目的論的倫理学の近年のヴァージョンも順調な生の適切な概念に取り組むが、そうした倫理学と私の試みが異なるのは、私の試みでは善の概念が道徳哲学で担う役割が非目的論的に解釈される点である。私は承認理論にもとづいて道徳を善き生への関心の尊敬と理解するが、その場合の尊敬は相互的に確立されつつも、相互に配慮し合うことには限定されておらず、そうした尊敬から、成功している実存の余地を手に入れる権利と同時にそうした余地を擁護する義務とが生じる。「コミュニタリアニズム」の立場に立つ多くの著者たちとは異なり、私は善の普遍主義を支持する。その普遍主義は、善を——道徳的に正当なものならびに基本権として正当なものの妥当性と同様に——共同体化の特定の形式には結びつけない。しかし、この普遍主義が客観主義あるいは本質主義と結びつくことはありえない。〔この普遍主義においては〕人間の意欲と無関係に存在するいかなる価値も要請されないし、人間学的ないかなる事実も暗黙のうちに価値へ高められない。私が支持し擁護しようとする善の普遍主義は、むしろ反省的な幸福主義の身分を持つ。そこで考察されるのは何が任意の人格のパースペクティヴから成功している生を生きていると有意味に言われるのかという問いである。しかしながら、利巧さの道徳の何らかの変種へと復帰するわけではない。各自の適切に理解された関心のうちに見出される善は、相互に対する無制限な配慮のうちに存するのとはまったく別の善だからである——しかも前者の善は、後者の善と抜き差しならない緊張関係のうちにある。

この成果は、その戦略から期待されるよりもカントの立場に近い。しかし、幸福主義とカント主義との対立は作為的である。新たに理解されたカント主義は、あらかじめ道徳的に限界づけられていない善の概念を使用してよい——そして私の主張が正しいならば、使用しなければならない。カントが倫理学の中心点に高めた道徳的に善い意志が善であるのは、それが他者の幸福追求を〔己の〕幸福追求と同権のものとして尊重することにおいてである。道徳的行為者自身が追求するものだけでなく、他者が追求するものがこの行為の解明のうちへ入り込まないとするならば、この行為の観点は、その行為に義務づけられる普遍化可能性のテストが空虚であるのと同じく、空虚であり続けることになるだろう。善の形式的概念は、われわれが道徳的な主体として自らの行為をいかなる観点において普遍的に正当化できなければならないかということを提示してくれる。カントとその伝統のうちで達成された倫理的形式主義ならびに手続き主義は、行為規範とその適用とを正当化する仕方によって道徳的態度を規定するがゆえに、この根拠づけの基点に関する想定なしには済まされない。しかし、普遍主義的な承認倫理のコンテクストのうちなるこの想定の内容はそれ自身、形式的規定を要求する。善の形式的概念は普遍主義的道徳の実質的な核心部分なのである。

したがって、本書のタイトルとなっている論考は、道徳的配慮・社会的承認・政治的正当性に関する明瞭な説明が依拠しうる善き生の形式的概念を展開する。人間の善き生の総体は世界に開かれ自己決定された生であり、そうした生を道徳的かつ法的に保護することは、そもそも（特定の善き生であろうとも）善き生を持ちうるあらゆる個人への配慮をともに含んでいる。その他の三つの論考はこの主要な考察を側面から支援する。最初の論考は導入の役割を持つ研究であり、哲学史に事例を取りつつ（プラトン、カント、ニーチェ）現代の議論にも目配りして幸福と道徳との緊張関係の積極的な理解に到達する。第三の論考は、第二の主要な論考に直接関連して、いったい誰がほんらい道徳的配慮に値する存在者であり、そうした存在者がいかにして道徳性の主体から成る共同体のメンバーと見なされるのかを明らかにしようと試みている。最後の論考は道徳の優位に関するものであり、道徳的態度には〔実践的〕コンフリクト状況において他のいかなる実践的定位よりも大きな重要性が認められるという古典的なテーゼを、厳粛主義のような帰結を採らずに擁護しようとした労作である。幸福追求と道徳的定位との緊張関係の必然性が最後の論考では道徳的態度のパースペクティヴから今一度あきらかにされ、道徳的動機づけの問題を手がかりとして確認される。

私に励ましの言葉をかけてくれ、また疑問を寄せてくれて、考察のテーマをいくらかでも明確にそして直接的に論じるのを助けてくれた多くの人々に、私は感謝しなければならない。そうした人々の多くはここの論考の中で名前を挙げているので、ここでは、つねに近くにいてくれた人々の名前だけを挙げておこう。それは、アンゲラ・ケプラー、クリストフ・メンケ、カルロス・ペレーダ、そしてアルブレヒト・ヴェルマーである。フリードヘルム・ヘアボートは、こうした考察が書物の形にできるようになるまで辛抱強く待ってくれた。カトリーン・ブッシュは全体にくり返し目を通してくれた。私はまた、ハンブルク大学において一九九二年から一九九四年までこの研究の題材として行なった三つの講義に参加してくれた学生諸君にも感謝したい。本書で述べられる命題の多くは、学生たちの応答に対する私の応答である。

一九九四年秋、ハンブルクにて

M・S

第一研究　幸福と道徳との緊張関係

今日われわれが道徳哲学と呼んでいるものの始まりには、道徳が幸福を犠牲にしているのではないかという疑念が存在している。紀元前五世紀にギリシアのソフィストたちが、道徳的な振舞いは本当に個々人に報いるのかどうかという疑念を提起した。ソフィストたちは、二つのことを発見したのだった。一つは社会的規範の性格に関わっており、他の一つはわれわれが社会規範について語るときの言葉に関わっていた。ソフィストたちは、道徳の基準を〔実際とは〕別様でもありうる一つの取り決めと理解するように教えた。その結果として善や正はもはや神聖ではなくなり、根拠づけを必要とするようになった。根拠づけへの要求は、第二の発見の中にも現れた。初期ギリシアの啓蒙家たちは、「善い」という語が根拠づけのコンテクストにおいて複数の、少なくとも二つの意味を持つことを突き止めた。「善い」という語は個人にとって有益なものを表わすこともできるし、社会共同体の中で有徳として承認されているものを表わすこともできる。善と正の区別でもってギリシアの思想家たちは、正がつねに有益なものでもあるのかどうかという問題に直面することになった。ソフィストたちは、善き生はおのずと正しい生であり、正しい生がおのずから善き生であるのかというその当時では前代未聞の問いを立てた。それによって、そもそも道徳的であることがなぜ善いのか、また、ある特定の道徳という社会的規則に従うことがはたして善いのかどうかと問うことができるようになり、〔さらに、〕道徳は個人の幸福追求に対して本当に報いるのかどうかと問うこともできるようになった。〔こうして〕善き生と正しい生との区別でもって、道徳の基礎に対して現在まで続く批判的反省の端緒が開かれた。〔言い換えれば、〕幸福概念と道徳概念とのあいだの長きに亘る哲学的な諍いが始まったのである。

一―一　プラトンによる問題提起

ソフィストによって区別された幸福と道徳とをソフィストに対抗して再統一しようとした最初の哲学者がソクラテスであった。ソクラテスは、道徳規範に従ういかなる根拠を個人は持ちうるのかという、ソフィストたちを突き動かしたのと同じ問いを立てた。ソフィストと同様にソクラテスも、信頼に値する道徳の意味を個人の順調な生活、つまり善き生または幸福な生を保護することのうちに見た。しかしソクラテスは、ソフィストとは異なって、正しい行為に定位した生だけが個人の幸福を実際に保護しうると確信するにいたった。ラディカルなソフィストたちにとって社会的な道徳は、幸福実現を放棄する点でおのずと挫折せざるをえないものだった。それに対してソクラテスにとっては、社会的配慮を犠牲にして自身の幸福を手に入れようとする生き方こそ、はじめから挫折を宣告されていた。ソフィストが幸福と道徳の統一を否定していなかったら、ソクラテスが幸福と道徳の統一という思想を述べることはありえなかったであろう。しかし、ソクラテスがソフィストとの論争の中で述べたことは、ソフィストたちのテーゼとは正反対であった。幸福と道徳との区別は仮象にもとづいている、とソクラテスは語った。真の善き生においては幸福追求と正義追求との区別はなくなる、と言ったのである。

プラトンは、ソクラテスのこの思想を受け入れ、一つの錯綜した理論――幸福と道徳という二つの重要な事柄は本質的に同一だとする理論の形式に変換した。プラトンは、ソフィストたちによって古き時代の統一から解放された対概念、つまり幸福と道徳とのあいだに永続的で調和した結びつきを作り出そうとした。言い換えれば、両者のスキャンダラスな関係をなんとしても正当化しようとしたのである。個人にとって善または有益であることならびに万人への配慮の上で正しいことは、一つの共通の根拠、すなわち本当に善なるものへと還元できる、そうプラトンは考えた。プラトンは、道徳的な生だけが幸福な生でありうること、本当に幸福な生はつねに道徳的な生でもあること、善き生の倫理学は同時に正しい行為の倫理学であるにちがいないことを証明しようとしたのである。

こうした決定的に重要な意図にもかかわらず、善と正との同一性のテーゼが道徳哲学的な思考を全体的に支配してはいないことの原因を、われわれはプラトン以外の誰にも帰することができない。というのも、プラトンの倫理学的対話編には反対の立場に立つソフィストたちの主張が力強く述べられているからである。したがって、これらのテクストに関しては、主役であるソクラテスの口を借りてプラトンが定式化しようとした見解の完全な真理性に、わずかだがつねに疑いが残るのである。

対話編『ゴルギアス』の中では、権力者の関心の中に公共の徳に従って行為することを見出しうるかといううことをめぐる長い論争が行われている。有名なソフィストにして演説家であるゴルギアスがソクラテスによって窮地に立たされた後に、ゴルギアスの同志の中でもラディカルな一人であるポロスが、論争を引き継いで、道徳的行為は無制限な長所を持つという信頼に揺さぶりをかける。

ポロス：まるでもうあなたといったら、ソクラテス、あなたには、この国において、あなたの思う通りにする自由があるよりも、むしろ、それのないほうがいいとでもいったようなくちぶりですねえ！　それにまたあなたは、誰かが自分の思うとおりの人を死刑にしたり、その人の財産を没収したり、牢獄につないだりするのをごらんになっても、少しも羨ましくはないかのようですねえ。

ソクラテス：君の言うのは、正義に従ってそうしている人の場合かね？　それとも、不正な仕方でそうしている場合かね。

ポロス：それはどちらにしたって、両方の場合とも羨ましいのではないですか。

ソクラテス：口を慎しむがいいよ、ポロス！

ポロス：いったい、どうしてでしょう？

ソクラテス：どうしてって、羨むに値しない連中を羨むことはないし、不幸な人たちをも羨むことはないからだよ。否むしろ、そういう連中は、憐れんで然るべきだからね。〔訳注一〕

ポロス：自分の思う通りの人を死刑にし、しかもその死刑にするのが正義にかなっている場合でも、そうする人は不幸であり、また哀れであると思われるのですか。

ソクラテス：いや、その場合は、そうは思わないよ。しかし決して、羨ましいとも思わないね。

ポロス：でも、あなたはさっき、不幸であると言われたのではないですか。

ソクラテス：うん、それは、君、不正な仕方で人を死刑にする者がそうなのだよ。その上また、そういう人は哀れでもあると言うのだ。けれども、正当な理由にもとづいて人を死刑にする者だって、羨むには足りないのだ。

ポロス：ほんとうは、不正な仕方で死刑になる者のほうが、哀れであり、また不幸なのでしょうがね。
ソクラテス：いや、不正な仕方で死刑にする者よりも、まだましだとも、ポロス。また、正当な理由があって死刑になる者よりも、その不幸は少ないのだ。
ポロス：どうしていったい、そういうことになるのですか、ソクラテス。
ソクラテス：どうしてって、人に不正を行なうのは、害悪の中でも最大の害悪だからだ。
ポロス：え？ それが最大の害悪なんですか？ 自分が不正を受けるほうが、もっと大きな害悪ではないのですか。
ソクラテス：いや、とんでもない。
ポロス：するとあなたは、不正を行なうよりも、むしろ不正を受けるほうを望まれるのですね？
ソクラテス：ぼくとしては、そのどちらも望まないだろうね。だがもし、不正を行なうか、それとも不正を受けるか、そのどちらかがやむをえないとすれば、不正を行なうよりも、むしろ不正を受けるほうを選びたいね。
ポロス：そうするとあなたは、独裁者の地位には、つきたくないのですね。(1)

〔一〕ゼールはここで、以下のソクラテスとポロスの台詞の部分を省略している。「ポロス：なんですって？ ぼくの言っている人たちがそのような状態にあるのだと、あなたには思われるのですか。ソクラテス：それ以外にないではないかね。」（『ゴルギアス』加来彰俊訳、岩波文庫、一九六七年、八四頁）

（1） Gorg. 468e-469c. プラトンからの引用は、Wissenschaftliche Buchgesellschaftg 社のシュライエルマッハー全集における翻訳を用いる。Wissenschaftliche Buchgesellschaft, hg v. G. Eigler, Darmstadt 1971ff.〔邦訳：『ゴルギアス』加来彰俊訳、岩波文庫、一九六七年、八三―八五頁。〕

独裁者であること――自分の好きなことをすることができ、誰にも配慮する必要がなく、他の誰もあえて邪魔をしようとしない、そうした人物のこと――を、ポロスは（少なくとも議論のために）[2]善き生の理想的状況とする。ポロスには、他者に対してできる限り多くの権力を持ちたいという願望をわれわれが抱かないかもしれないということが理解できない。誰でもそうした願望を持つのであり、それを認める勇気のある人がごく少ないだけだ、とポロスは考えている。しかし、それは、もし誰もが正直であるとしたならば、自分は道徳の基準よりも自己自身の幸福を高く評価すると白状するに違いないだろうと言っているに等しい。もちろん、すべての人が、社会的に求められている他者への配慮を蔑ろにできるわけではない。しかし、他者の利益に対して自己利益を押し通す権限を手に入れられる人が、社会規範によってその行為を妨げられるようなことがあるとしたら、きわめて愚かなことではないだろうか。道徳の規則はいずれも個人の行為に制限を課す。そうした道徳の規則を守ることは弱者の利益にはなるかもしれないが、決して強者の利益にはなりえない。それゆえ、道徳の保護メカニズムが卓越した人々の欲求と衝突する場合にはいつでも、そうしたメカニズムを無視する本性的な権利が卓越した人々には認められる。やがてポロスが打ち負かされて、カリクレスがその後を引き継ぐと、カリクレスは、貴族のそうした特権をモラリストのソクラテスに対して差し出す。

「いやむしろ、こういうふうにするのこそ、自然本来における美しいこと、正しいことなのだ。それを今、ぼくはあなたにざっくばらんに話してみよう。つまり、正しく生きようとする者は自分自身の欲望を抑えるようなことはしないで、欲望はできるだけ大きくなるままに放置しておくべきだ。そして、できるだけ大きくなっているその欲望に、勇気と思慮とをもって、充分に奉仕できる者とならなければならない。こうして、欲望の求めるものがあれば、いつでも、何をもってでも、その充足を図るべきである、ということなのだ[3]」。

ポロスやカリクレス、そしてラディカルさではソフィストの陣営で三番目であり、プラトンの描くソクラテスが格闘しなければならなかったトラシュマコスにとって、正義は第二級の徳であった。人間の現実的な卓越性は、何ものにも妨げられずに生きる能力――それを行使すればつねに正義の必要条件との衝突が生じうる能力のうちに見出される、とそのフィストたちは主張する。幸福な生と正しい生との統一に対するソクラテスの信念を、ソフィストたちは憐れむべき幻想と見なす。ソフィストたちは、ソクラテスが実際に欲しているもの、また真に幸福な生を形成するものに関して誤った判断を下していると考えている。すなわち、不正を受けることは不正を為すより善いというテーゼでもってソクラテスは、「正しい人間がいつの場合にも不正な人間にひけをとるものだ」[4]という認識を捉えそこなっているというのだ。不正を為すこと、そしてその際に刑罰を恐れる必要のない立場に身を置いていることは、善き生と一致するだけでなく、それどころか善き生の名において命じられてもよいものである。それに対して、不正を受けることはたえず自己自身の順調な生活の深刻な損失である。そこで「このように、ソクラテス、不正が一たび充分な仕方で実現するときには、不正は正義よりも強力で価値があり高級なのだよ」[5]、とトラシュマコスは結論づけるのである。

　プラトンが描くソクラテスは、そうした議論を真っ向から退ける。自己自身と幸福の本性とについて勘違いしているのは、独裁者のほうである。独裁者の生活は悲惨な生活である。独裁者は何ごとも、そして誰も信用できない。その生活は他者への権力行使の上に築かれているがゆえに、他者から真の承認もいかなる友

（2）ポロスの論証戦略については、P. Stemmer の以下の論考を参照のこと。Unrecht tun ist schlechter als Unrecht leiden. Zur Begründung des moralischen Handelns im platonischen ›Gorgias‹, in: Zeischrift für philosophischen Forschung 39/ 1985, 501ff.

（3）Gorg. 491e-d.〔邦訳：『ゴルギアス』、一六一―一六二頁。邦訳では原典の頁付が 491e-492a となっている。〕

（4）Pol. 343c.〔邦訳：『国家』（上）藤沢令夫訳、岩波文庫、一九七九年、六五頁。同様に 343d.〕

（5）Pol. 344b.〔邦訳：同上、六七頁。同様に 344c.〕

好関係をも期待できない。それどころか独裁者は、他者とのそうした関係を作らないように用心しなければならない。そうした関係に含まれる相互性は、独裁者の地位を根本において揺るがすだろうからである。独裁者は世界への信頼といったものを作り上げられないし、作り上げてはならない。しかしそのために独裁者には幸福であるためのもっとも単純な条件が欠けている。なぜなら、正義こそソクラテスにとって何よりも、相互信用と相互信頼にとっての決定的な条件を保証する振舞い方だからである。それゆえにソクラテスは、「トラシュマコス、不正は不和と憎しみと戦いを(…)作り出すが、正義は協調と友愛を作り出す[6]」と言えるのである。

しかし、さらに重大であるのは、独裁者が自己自身をさえ信用できないということである。独裁者は、自己自身さえ信頼することができない。〔独裁者にとって〕自分の欲望を存分に満たして生きようとする意志は、自己自身をその欲望の奴隷にし、〔かえって〕自己自身との安定した関係を手に入れるのを妨げる。そうした意志は、独裁者が「自分自身と親しい友[7]」となって生きること、つまり、自分自身の正しく理解された利益を尊重し保護する人として生きることを不可能にする。しかしこうした利益には本質的に他者を思いやる友好的な関係が含まれている。それゆえ、自己自身の事柄における思慮深さの徳は、プラトンにとって正義の徳をまさに補完するものである。ところが、正義の徳は、各個人が社会の中でともに生活している他者の事柄を考慮に入れた思慮深さである。それゆえに、プラトンはソクラテスの口を借りて、善き生は正義と思慮深さという軌道の上だけを走ることができる、と言うのである。

「これこそ、人が人生を生きる上において、目を向けていなければならない目標であると、ぼくには思われるのだ。そして、自己自身に関することも、ポリスに関することもすべてこの目的に傾注しながら、いやしくも幸せであろうとするなら、正義と思慮深さの徳が具わるように行動しなければならない。もろもろの欲望を抑制されないままに放置しておいて、それらを充足させようと試みながら――それはきりのない禍となるのだが――そんな盗人の生活を送るようなことはしないでだ。なぜなら、そんなことをする人は他のどんな人間からも神からも愛される人になることはできないだろうからだ。というのも、そのような人は、誰とも行動することができないだろうし、そして共同のないところに友愛はありえないからだ[8]」。

プラトンにとっては、社会的共同生活だけが真実の幸福の在処である。自分自身の友人でありうるのは、他者と友人である人だけである。しかし、他者と友人でありうるのは、自分の友人ではない人に対しても一般的に、暴力のない穏やかな、人が言うところの潜在的に友好的な交わりの形式が保たれている、そういう仕方で振舞う人だけである。正義とは、行為をこうした社会的共同生活の形式に定位させる徳である。人間は、相互承認の共同体の中でのみ幸福でありうるのだから、理性的であるならば、つねにそうした共同体の構成員として振舞うだろう。

そのように振舞う人は幸福である、そうプラトンは言う。そうした人は、自分にとって最善であるような生き方をする。共同体によって、あるいは正確に言えば、ポリスの中で発言権を持っている人々――その人はつねに友人を見つけるだろうから――によって、その人にいかなる正義も行なわれず、それどころか、無礼な不正が行なわれるとしても、そうした人は善き生を営む。それゆえにソクラテスは、不正を受けるのは不正を為すよりはるかに善い、と言えるのである。不正を為す人は、その人の幸福の基礎とともに幸福その

(6) Pol. 351d.〔邦訳：同上、八九―九〇頁。〕詳しい議論については、同上 576b ff.〔邦訳：『国家』(下) 藤沢令夫訳、岩波文庫、一九七九年、二五三頁以下〕を参照のこと。
(7) Pol. 443d.〔邦訳：同上、三二九頁。〕
(8) Gorg. 507d-e.〔邦訳：『ゴルギアス』、二二九頁。〕

ものをも破壊しているのであるが、それに対して、不正を受ける人は、その人に何が生じようと、幸福にとって、または成功している生にとって決定的に重要なものを失わない。自己尊敬でもってその人は、その人が尊敬するにふさわしい人々からの尊敬を保ち続ける。正しい行為には正しく行為する人の幸福を政治的状況や個人的な運の浮き沈みに依存させないという長所があるというように、プラトンには見えている。もちろん、道徳的に行為する人も〔実際には〕他の人々同じように、こうした浮き沈みに左右されている。しかしそれは、その人の幸福やアイデンティティといった何をおいても重要なものには関わらない。何が起きようとも、そうした人は自分が真に望んだことを為す。そのようにできる人は幸福である。道徳的に正しく行為する人だけが、自分の幸福のために行為しなければならないという仕方で振舞う。幸福追求の努力と道徳的思慮深さとの緊密な結びつきだけが両者、つまり幸福と道徳とを保証しうるのである。

「したがって、カリクレスよ、思慮深い人というのは、今ぼくたちが見てきたように、正しくて、勇気があって、敬虔な人であるから、完全に善い人でもあるのだ。そして善い人というのは、何を行なうにしても、それをよくまた立派に行うものだ。善いやり方をする人は、満ち足りていて幸福である。その反対に、劣悪でやり方の悪い人は惨めである。そうした人は思慮深い人とは反対の状況にある人、君が褒め称えていた、あの放埒な人であろう(9)」。

一―二　カント、同一性なき統一

右のような回答は真実であるとしても、おそらく立派すぎると感じたのは、ソクラテスと対話した相手だけではなかった。幸福と道徳のアルカイック風の混合に対する〔古代〕ギリシア的な啓蒙の態度と同じように、近代における啓蒙は、ほぼ二千年後に幸福と道徳との概念上での宥和に対する哲学的信念に反対した。幸福と道徳との結婚生活に改めて破棄が通告されたということである。この離婚をもっとも声高に要求した人々のうちに、イマヌエル・カントがいる。カントは『実践理性批判』で、プラトンの思考の古代における後継者たちを、すなわち——論証の仕方は新しいが——プラトン同様、実り多き生と有徳な生との同一性を証明しようとした哲学者たちをじかに引き合いに出している。「古代ならびに近代の哲学者たちが、すでにこの世において徳とまったくふさわしく比例している幸福を見出した、あるいはそのことを意識しているとみずからに言い聞かせることができたということ」は奇妙でならない、「というのも、エピクロスもストア学派も、人生における徳の意識から生じる幸福の意識を何にもまして称揚したからである」[10]とカントは述べている。カントは、「エピクロスやストア学派が徳と幸福とを最高善の二つの異なる要素とは見なさず、同一性の規則に従って原理の統一を求めた」[11]と述べて、両者を非難する。——「残念でならないのは、この人々の洞察力の鋭さが（…）徳と幸福というきわめて異質な概念のあいだに同一性をひねり出そうとして適切な仕方で用いられたことである」[12]。

（9）Gorg. 507b-c.〔邦訳：同上、二一八頁。〕
（10）I. Kant, Kritik der praktischen Vernunft, in: ders., Werke in zwölf Bänden, hg. V. W. Weischedel, Frankfurt/ M. 1968, Bd. VII, 103ff., A208.〔邦訳：『カント全集』七、『実践理性批判』坂部恵・伊古田理訳、岩波書店、二〇〇〇年、二九一頁。〕
（11）KdpV A 200.〔邦訳：同上、二八五頁。〕
（12）KdpV A 201.〔邦訳：同上、二八六頁。〕古代の倫理学の動機とのカントの対決については、M. Forschner, Moralität und Glückseligkeit in Kants Reflexionen, in: ders., Über das Glück des Menschen, Darmstadt 1993, 107ff.. 古代の倫理学と近代の倫理学との差異については、M. Hossenfelder, Philosophie als Lehre vom glücklichen Leben. Antiker und neuzeitlicher Glücksbegriff, in: A. Bellebaum (Hg.), Glück und Zufriedenheit,

丁重に表現された遺憾の念に惑わされて、カントには幸福の原理と道徳の原理との「同一性の規則」がどれほど性に合わなかったか、ということを忘れてはいけない。これ以前に「義務が畏敬すべきであることは、生の享受とは何の関係もない」[13]と軽蔑を込めて言われている。それに呼応して無愛想に「自分自身の幸福の原理が意志の決定根拠とされるならば、それはまさに道徳性の原理の正反対である」と言われている。[14]

このように言うことで、カントは、正しさへの定位はもしかしたら自分自身の幸福への定位を犠牲にすることではないかというポロスやその友人たちの疑念を強調している。しかし、そのことによってカントが道徳の意味を疑っていることにはならない。むしろその反対に、個人的な満足の断念を強制することはカントにとって弱さの印であるどころか、まさしく道徳的な生き方の強さの現われなのである。自分が幸福に値する人間でありたいと意欲する人は、自分自身の幸福追求を断念することもできないといけない。尊敬できる人間の生き方とは何であるか、それは、カントによれば、幸福の概念のうちでは語られない。この考えの中には同時にプラトン批判が見出される。プラトンが、本当の利巧な生は道徳的な配慮と同じ意味であることを示したかったとするならば、カントは、自分自身の身持ちの善さだけを目標とする利巧さが人間の生き方を導くのにそもそも役に立たないことを示そうとしている。まったくの利巧さは道徳につながらないだけでなく、それが全力で目指している幸福へと導いてくれるかどうかでさえも定かではないのである。[15]

「不幸なことに、最上の幸福の概念はきわめて曖昧な概念であり、すべての人間が幸福になりたいと願うにもかかわらず、自分がほんらい願望し意欲しているものが何であるのかを、はっきりと自分にも納得ゆく仕方で言うことはできない。その原因は、以下のとおりである。すなわち、最上の幸福という概念に含まれるすべての要素がことごとく経験的である、言い換えれば、経験から借りて来なければならないが、それにもかかわらず、最上の幸福という理念には一つの絶対的全体が、つまり私の現在ならびにすべての未来の状態における幸せの最大量が必要であるということである。ところで、きわめて洞察力に富み能力のある人でも、有限な存在者である限り、自分がほんらい意欲しているものについて明確な概念を持つことは、不可能である。その人が裕福さを意欲すれば、それによって、きわめて多くの心配事や妬み、そしてしつこい誘いに煩わされることにならないだろうか。その人が多くの認識と洞察を手に入れようと意欲すれば、おそらくよりいっそう物事が見えるようになるだけかもしれず、今はまだ隠れているが避けられない災いをより恐ろしく見せるだけかもしれず、その人をもう十分に煩わせている欲望にさらに多くの欲求を負わせることになろう。その人が長生きを意欲すれば、その長生きが長い悲惨な生活にならないと誰がその人に保証するだろうか。(…)要するに、その人は、自分を本当に幸福にするものが何であるのかを何らかの原則に従って完全に確実に決定することはできない。なぜなら、そのためには全知が必要とされるだろうからである。それゆえ、幸福であるためには、明確な原理に従ってではなく、ただ経験的な忠告に従ってのみ行為できるだけであり(…)、経験はそうした忠告がたいていの場合に平均的に幸せを促進することを教えてくれるのである」[16]。

カントによれば、利巧な生き方が確実な歩みの中で定位できるような「最上幸福の原理」などは存在しな

Opladen 1992 を参照のこと。

(13) KdpV A 158.〔邦訳:同上、二五二頁。〕

(14) KdpV A 61.〔邦訳:同上、一七二頁。〕

(15) しかし、カントがここで古代の哲学者と論争しているだけでなく、特に、カントの判断によれば、見当はずれな立場で古代の人々を扱っている哲学者とも論争しているのだということを念頭に置いておかなければならない。たとえばヒュームである。ヒュームは、キリスト教倫理の「陰気さ」に反対して幸福への定位と道徳的定位との同一性を支持する議論をした。D. Hume, Eine Untersuchung über die Prinziepien der Moral, Stuttgart 1984 特に Kap. XI. 2.

(16) I. Kant, Grundlegung zur Metaphysik der Sitten, in: ders., Werke in zwölf Bänden, a.a.O., Bd. VII, 7ff., BA 46 f.〔邦訳:『カント全集』七、『人倫の形而上学の基礎づけ』平田俊博訳、岩波書店、二〇〇〇年、四九頁以下。〕

い。誰も幸福を計算できない。純粋な幸福追求でさえ確実に幸福をもたらさないとするならば、他者に対する道徳的配慮がこうした評判の悪い不定の目標を目指さないのは当然である。道徳的行為は自分自身ないし他者の幸福とは異なるものに向けられているに違いないとカントは結論づける。道徳的行為は、行為の形式に定位しているに違いなく、その形式は道徳的配慮の意味を、人間が「ほんらい意欲している」ものに関するあらゆる仮定と無関係に提示する。「格率が普遍的法則になることをその格率を通して君が同時に意欲できるような、そうした格率に従ってのみ行為せよ」[17]。道徳的に行為しようとする人は、いかなる目標が自分自身ないしさらに他者にとって問題であるかに関係なく、万人に人格的な生の可能性を開いてくれる行為の仕方を選択しなければならない[18]。道徳性のこうした形式的な理解が獲得されるや否や、善き生と正しい生との伝統的な「同一性の規則」が保持できないことが明らかになる、とカントは考えている。他者への配慮は自分自身の幸福の断念という代償を払うということは珍しくない。「幸せな状態が善い行状に比例しているかの如き[19]」信念はまやかしであることが分かる。他方、慎重に考慮された幸福追求もそれだけでは道徳に導いてくれない。「悟性、機知、判断力、その他に精神の才能と呼ばれるもの、あるいは勇気、決断力、計画を実行する際の根気強さといった気質の特性は、疑いもなく多くの点で善く望ましい。しかしそれらは、意志が（…）善くなければ、きわめて悪く有害にもなりうるだろう[20]」。どちらの側面からも古代の方程式は成り立たないのである。

道徳は、それが自分自身の順調さへの定位と無関係に理解されるときにのみ、反省された幸福追求から得られると古代の哲学者たちが期待した、アイデンティティと同時に共同体をも保護する仕組みとなる。しかし、プラトンならびにその後継者たちへのこうした批判のうちには。同時にプラトンとの共通性も見て取られる。というのも、プラトンと同様にカントも、道徳的な生き方の原則だけが個々人の生き方を安定させられると考えているからである。しかしカントには、プラトンであれば「よく配慮された魂」と言ったと思われるこの安定を、満足ないし幸福の状態と等置することは認められないのである。

それゆえにカントは、定言命法として表現されるような道徳の原則を自律的な原則と理解することを提案する。カントが、最上幸福の原理は「まさに道徳性の原理の正反対」であると言うとき、道徳の原理のこうした自律に価値を置いているのである。しかし、こうした原則的な差異に固執するにもかかわらず、カントは善き生と正しい生とを対立するものと理解しようとはしない。

「しかし、最上幸福の原理を道徳性の原理からこのように区別するからといって、それはただちに両者を対立させることではない。そして純粋実践理性が意欲するのは、最上幸福への要求を放棄せよということではなく、義務が問題になるや否や、最上幸福をまったく考慮すべきではないということである。それどころか一定の観点からは自分の幸福を気遣うことは義務でありうる。それは一つには、最上幸福（それには熟練、健康、裕福が含まれる）が義務を満たすための手段を含むからであり、一つには最上幸福の欠如（たとえば貧困）が義務に違反させる誘惑を含むからである。ただし、自分の最上幸福を促進することは直接的には義務ではありえず、まして、あらゆる義務の原理ではありえない」[20a]。

（17）GMS BA 52.〔邦訳：同上、五三―五四頁。〕

（18）このことはただし、それが――「決して手段としてではなく」、「つねに同時に目的として」も扱われるべき人格への普遍的配慮のうちには（GMS BA 67f.〔邦訳：同上、六五頁〕）――あくまでも幸福あるいは善き生に関する（形式的な）仮定を含んでいるというようにも解釈できる。カントの用語法を超え出てゆくこうした解釈の可能性について、以下では度外視する。しかし、それについては第二研究を参照していただきたい。

（19）GMS BA 90.〔邦訳：同上、八四頁。〕

（20）GMS BA 1.〔邦訳：同上、一三頁。〕

（20a）KdpV A 166 f.〔邦訳：同上、『実践理性批判』、二五八頁。〕

この文言は、義務と傾向性との対立がカントにおいても最終結論ではないことを暗示している。もちろん、カントは義務と傾向性との対立はまったく避けられないという考えを堅持する。しかし、低い声で、それは地上、いずれにせよ「感性界」でのことだと付け加える。幸福と道徳とのあいだのコンフリクトをカントはまったく不可避だとは思っていない。コンフリクトは道徳的方向づけそのもの構造の中に見出されるのではなく、われわれ自身と世界との経験的な構造から生じるのであり、その構造が、あらゆる欲求の完全な充足、また完全に道徳的な充足を何としても許さないのである。万人がお互いに完全に道徳的に交わることも普遍的な幸福の状態にはまだほど遠い。しかしそれにもかかわらず、そのことはあらゆる道徳的方向づけの最終目的であり、カントは道徳と幸福との一致が可能であり、いつかそうなるであろうと考えている。「世界のうちで最高善を実現することは道徳法則によって規定可能な意志の必然的客観である[21]」。この最高善は道徳性に「適合」し「比例」した最上幸福のうちに見出されることになろう[22]。その際に最上幸福は、私の願望や意欲に世界の側から見て何も相容れないもののない状態であるだけでなく、それと同時に、私が自らに逆らって、言い換えれば、理性的で道徳的な存在としての私の素質に逆らって行為することのない状態でもある。幸福の比例と異なり、最上幸福の比例は二重の——つまり、自然の世界および道徳的世界に対する比例である〔訳注二〕。「最上幸福とは、この世界の理性的存在者にとってその現存の全体において一切が意のままになるという状態であり、それゆえ、自然がそうした存在者の目的の全体に、またそうした存在者の意志の本質的な規定根拠に一致することにもとづく[23]」。

〔道徳と幸福が比例する〕こうした状態は、もちろん、「感性界のいかなる理性的存在者にも、その現実存在のいかなる時点においても不可能である[24]」。それゆえ、道徳は、この上なく幸福な生という最高善をもたらすというその構造上の目的をこの世界のうちで実際に実現することはできない。したがって、われわれは、少なくとも道徳の最終目的を彼岸で実現することを要請する。そうでなければ、最善の状態にどこまで接近してもいつまでも届かないという事態を有意味に考えることができない。道徳法則は、われわれに幸福と道徳とが調和した状態を指し示す。その状態は、道徳的方向づけの最終的意味を理解させるが、もちろん、道徳的行為の存在を規定はできない。「キリスト教の教えは、たとえそれがまだ教理と見なされないとしても、最高善の（神の国の）概念（…）を与えるのであり、その概念のみが実践理性のもっとも厳格な要求を満足させるのである[25]」。

こうして、プラトンの倫理学とはまったく異なる軌道上を、カントの倫理学も幸福と道徳との統一に向かって走っている。こう言うと矛盾しているように聞こえるかもしれないが、じつはそれほど矛盾してはいない。というのも、カントは幸福と道徳とに関して、それらの原理が同一であることの不可能性と、それらの追求を統一することの可能性とを初めから厳格に区別していたからである。そのことをすでに先に引用した「エピクロスやストア学派が徳と最上幸福とを最高善の二つの異なる要素とは見なさず、同一性の規則に従って原理の統一を求めた」という古代倫理学への批判は対応しているのである。古代の倫理学は、幸福と道徳の統一をただ誤って構想したにすぎない、とカントは考えている。古代倫理学の誤りは、最高善を善き

（21）KdpV A 220.〔邦訳：同上、三〇〇頁。〕
（22）KdpV A 223 f.〔邦訳：同上、三〇三―三〇四頁。〕
〔二〕本訳書で Glückseligkeit に最上幸福という訳語を当てているのは、それがこの箇所で Glück と対比されているからである。Glückseligkeit が単独で用いられるコンテクストでは「幸福」という訳語でもよいのであろうが、この箇所では原文の意図が反映されないことになるからである。
（23）KdpV A 224.〔邦訳：同上、三〇三頁。〕
（24）KdpV A 220.〔邦訳：同上、三〇〇頁。〕

生と正しい生との一致と理解していることにあるのではない。たんに、正しく理解された幸福追求を正義の追求と等置したことのうちにあるのだ。こうした批判にもかかわらずカントは、義務と傾向性とのコンフリクトから解放された状態が道徳的な生き方の、到達不可能ではあってもやはり不可欠の理想であることを認めている。カントにとっても道徳の総体には、幸福と道徳の間のコンフリクトの解消という理念が含まれているのである。

そのことのうちに自己矛盾は存在しないとしても、成果は間違いなくパラドクシカルである。カントは幸福と道徳との婚姻関係を容赦なく解消させるが、それはしかしまた同時により高次の絆の名において行なわれるのである。その婚姻関係が此岸で取り結ばれることは間違っていたのであり、したがって、妬みの目で見られながら結ばれたのだ、と説明される。[26] こちらの、此岸におけるわれわれに周知の世界では、幸福追求と他の人間に対する尊敬とのあいだの裂け目は不可避である。しかし、彼岸での合一への希望がこうした分裂状態をすこしは我慢させてくれるはずである。言い換えると、道徳はおのれと現世の幸福とのあいだのコンフリクトを生み出すが、そのコンフリクトを彼岸で解消するという理想を掲げているのである。道徳は、〔幸福との〕真の和解への希望を信じ続けるためにコンフリクトを生み出すのである。幸福と道徳はお互いに親しくなることを誓い合ったのだが、実際に親しくなってはならないのである。

一—三　ニーチェの挫折

そこで、また別の哲学者が幸福追求と道徳的定位とが必然的にコンフリクトに陥るという思想を現実化するために登場するのは、やむをえないことであった。その役割を喜んで引き受けたのは、フリードリヒ・ニーチェであった。ニーチェは、それまで支配的であった道徳哲学から自分が決別することを、「最上幸福の原理」を過度に賛美しているとカントによって非難された哲学者に対するきわめて曖昧な賞賛と結びつけている。「それに対して、ソクラテスの追随者のように、個人に対して、自己支配ならびに節制の道徳を自己自身の利益として、〔幸福への〕もっとも個人的な鍵としてしきりに説くモラリストたちは、例外である――（…）そうしたモラリストたちはみな、慣習道徳のあらゆる代表者を完全に拒否して新たな道をゆく。彼らは、非道徳的な人々として共同体からその身を引きはがし、もっとも深い意味において悪である」(27)〔三〕。伝統的な意味での道徳には自己自身の幸福を断念する覚悟が含まれていると、ニーチェは言っている。これは、古代のソフィストたちの議論でもあった。ニーチェは、その議論に磨きをかけたのである。不道徳の側には、幸福のこうした断念を引き受けない人々だけでなく、ソクラテスやエピクロス、ストア派のように、そもそも幸福が断念できることに異議を唱える人々も含まれる、とニーチェは付け加える。幸福と道徳は同一であると主張する人は、伝統的に理解された道徳の核心を今後も言葉によって支持しようとするだろうが、じつはもはやそうした人倫性という土地の住人ではない。したがって、ニーチェは、カントも〔幸福と道徳との〕

(25) KdpV A 229 f.〔邦訳：同上、三〇七頁。〕

(26) ところでプラトンも、完全な意味で善き生が実際に到達可能であるという自分のテーゼをときどき弱めているが（たとえば、Pol. 472b-d.）、カントとは異なり、そうした正しく――かつ――善き生は人間において不可能ではない――それは（少なくとも）ソクラテスの事例が示しているとおりであるという点を堅持する。

(27) F. Nietzsche, Morgenröthe. Gedanken über die moralischen Vorurteile, in: ders., Sämtliche Werke, Kritische Studienausgabe, hg. V. G. Colli und M. Montinari, München 1980 (KSG), Bd. 3.23.〔邦訳：『ニーチェ全集』第I期第九巻、『曙光』氷上英廣訳、白水社、一九八〇年、二六頁。〕

〔三〕ここでのゼールによるニーチェからの引用は若干省略されている。省略されている部分は訳文中に〔　〕で示した。

同一性という古代のテーゼに対して持ち出していたのと根本において同じ論拠を利用している。〔カントにとって〕最上幸福の原理に身を捧げる人は、まさに道徳法則に身を打ち込むことはない。その人がそのことをいかに善いと思っているとしても、その人は「悪」である。

ニーチェがこの潜在的な悪を率直に善いと認めているからといって、ニーチェとカントとの並行関係がもっと遠くまで達することは覆い隠されてはならない。個人的な幸福と社会的な道徳との地上での結婚の信仰を批判する点においてニーチェとカントは一般的に一致する。たとえばニーチェは、「道徳の目標を定義することに反対して」という見出しの下で自分の「道徳的先入見についての思想」を記述している。

「今はどこへ行っても、道徳の目標がおよそ人類の維持ならびに促進として規定されるのを耳にする。しかし、それは一つの決まり文句を持とうと欲することにすぎず、それ以上のものではない。われわれはそれに対して即座に、維持とは何を維持することなのか、促進とはどこへ向かって促進することなのか、と問わずにはいられない。この〈何を〉ならびに〈どこへ向かって〉に対する答えという肝心なものがこの決まり文句から抜け落ちているのではないか。したがって、そうした決まり文句でもって、義務論としての倫理学のためにすでに暗黙かつ無反省に確定されているもの以外の何が確定されうるのだろうか。こうした決まり文句から、目標として視野に入れておくべきなのは人類のできるだけ長期の存続なのか、それとも人類をできる限り脱動物化することなのか、ということを読み取りうるだろうか。目標がこのうちのいずれであるかによって、それを実現する手段、すなわち実践的な道徳がどれほど異ならざるをえないことだろう。もし人類にできる限り最高の理性的能力を与えることが欲されていると仮定するならば、それは決して、人類にできる限り長い存続を保証することにはならないだろう。あるいは、人類の「最高幸福 höchstes Glück」が上記の〈何を〉ならびに〈どこに向かって〉の答えとして考えられると仮定するならば、それによって個々人が徐々に近づきうるかもしれない最高の度合が意味されているのだろうか。それとも、結局は計算できない、最終的に到達可能であるような、人類全体の平均的幸福 Durchschnitts-Glückseligkeit が意味されているのだろうか。そして、なぜ道徳がそこへ到達する道であるのだろうか。大局的に見れば、道徳によっておびただしい不快の源泉が開かれて、道徳が洗練されることによってむしろ人間は自分自身やその隣人や自分の現実存在の運命に対してますます不満を覚えるようになったと判断できるといってよいほどではないだろうか。これまでもっとも道徳的な人間は、道徳的な観点における人間の唯一正当な状態は最も深刻な不幸であるという信念を持っていたのではないだろうか」[28]。

もちろん、カントはこのようには言わなかったであろう。それにもかかわらずカントの影が道徳の目標に対するニーチェの批判を覆っている[29]。というのはカントも、道徳を目的志向的に、すなわちなんらかの順調さに定位して目的論的に規定するのは誤りだ、と考えているからである。ニーチェもこのことをはっきり述べている。「個人が自分の幸福を欲している限り、その個人には幸福へと至る道についていかなる指示も与えられるべきでない。というのも個人の幸福は、それ固有の、人には知られない法則から生じるからであり、外部からの指示によっては妨げられ阻止されるにすぎないからである「道徳的」と呼ばれる指示は実際には個人に逆らっており、個人の幸福を決して欲していない[30]」。

(28) Morgenröthe, KSG 3.93 f.〔邦訳：同上、一〇五頁。〕
(29) カントに対するニーチェの関係については、V・ゲアハルトによる有益な覚書を参照のこと。V. Gerhardt, Die Moral des Immoralismus. Nietzsches Beitrag zu einer Grundlegung der Ethik, in: G.Abel/ J. Salaquarda (Hg.), Krisis der Metaphysik, Berlin, New York 1989, 411 ff., 特に 431 ff. u. 443.
(30) Morgenröthe, KSG 3. 95.〔邦訳：同上、一〇七頁。〕

道徳法則の拘束性は万人に利益をもたらすような目標からは生じないというカントと共有された考察結果からニーチェは、道徳法則は核心において個人とその目標に逆らっている、と結論づける。この点においてニーチェは、カントおよび哲学的倫理学の伝統全体に反対の態度を取っている。いかなる超個人的な道徳も、厳密に見れば、個人の幸福を阻止するための制度である、とニーチェは言う。したがって、なぜこの制度を支持するべきであるのかについて万人を拘束する根拠は存在しない。ニーチェは、『悦ばしき知識』においても「われら故郷を失った者」という見出しの下で、以下のように記している。「われわれは、正義と一致団結の国が地上に築かれることをけっして望ましいと思わない（なぜなら、それはどうみても、どこまでも中和されたシナ風の国になるだろうからである）。われわれは、われわれと同様に、危険や戦争、そして冒険を愛する人々、妥協せず、己に囚われず、懐柔されず、去勢されない人々を悦ばしく思う[31]」。

しかし、万人の幸福を台無しにするような道徳にニーチェはもう一つの道徳、ニーチェによれば、強い素質を持つ者たちの幸福を何倍にも増幅できる「健全」な道徳を対置する。「道徳におけるすべての自然主義、すなわち健全な道徳は生の本能によって支配されている。生の掟は、それが何であれ、特定の『すべし』ならびに『すべからず』という規範で満たされ、生の途上での何らかの阻害や敵意はその規範によって取り除かれる。その反対に、反自然的な道徳、すなわち、これまで教えられ尊ばれ説かれてきたほとんどすべての道徳は、まさしく生の本能に逆らっている。そうした反自然的な道徳は、生の本能を、あるときは秘かに、あるときは大声を上げてずうずうしく断罪する。反自然的な道徳は、『神は心に目を注ぎ給う』と言うことによって、生における最低ならびに最高の欲求に対して否を言い、神を生の敵と見なすのである……神が気に入る聖者は、理想的な宦官である……神の国が始まるところで生は終わる……[32]」。

幸福を経験する前につねにまず道徳の税関を通過しなければならないとするならば、原理的に道徳に従属するそのような幸福は、けっして幸福ではないだろう、とニーチェは考える。堅固な道徳法則と一致するようなものだけが欲せられ享受されうる神の国には人間が生きる場所はないことになるであろう。此岸においてであれ彼岸においてであれ、幸福と道徳との和解を約束するいかなる道徳も、その約束を第一声から破ってしまっている。その道徳が模範として掲げるのは、人間ではなくて聖者である。[33] そうした道徳は、道徳と調和する幸福を人間に与えると約束するが、そうした幸福は人間にふさわしい幸福ではない。しかし、伝統的な道徳は、ことごとくそうした偽りの和解を目指すがゆえに、偽りの幸福の名において、新しい「より健全」な道徳によって取り換えられなければならない。「すべての宗教と道徳の根底にあるもっとも普遍的な決まり文句は、『これこれのことをしなさい、これこれのことはやめなさい――そうすればあなたは幸せになる。そうしないならば……』である。いかなる道徳もいかなる宗教もこうした命令である。私は、この命令を理性の原罪、永遠の不条理と名づける。私の口を通すと、先の決まり文句の内容は正反対に変わってしまう。これが、『あらゆる価値の価値転換』と私が呼ぶものの第一の事例である。すなわち、育ちのよい人間、『幸福な人間』は、ある種の行為をせざるをえず、それ以外の行為を本能的に避ける。そうした人間は、自分が生理学的に示している秩序を、その人が人間や事物と結んでいる関係の中へ持ち込んでいる。定式化すれば、『その人の徳は、その人の幸福の結果である』となる」[34]。

(31) F. Nietzsche, Die Fröhliche Wissenschaft, KSG 3. 629.〔邦訳：『ニーチェ全集』第Ⅰ期第一〇巻、『華やぐ知慧』氷上英廣訳、白水社、一九八〇年、三八二頁。〕

(32) F. Nietzsche, Götzen-Dämmerung oder Wie man mit dem Hammer philosophiert, KSG 6:85.〔邦訳『ニーチェ全集』第Ⅱ期第四巻、『偶像の黄昏』西尾幹二・生野幸吉訳、白水社、一九八七年、五三―五四頁。〕

(33) 聖者という理想への批判については、S. Wolf, Moral Saints, in: The Journal of Philosophy 79/1982, 419 ff. を参照のこと。

(34) Götzen-Dämmerung, KSG 6. 89.〔邦訳：『偶像の黄昏』、五八頁。〕

これでは、古代における幸福理解へと唐突に舞い戻ったかのように見える――が、事情はまったく異なっている。古代の人々が道徳的に善なるものについて語ったときには、正義の次元が中心を成していたある種の生き方が考えられていた。古代の人々が何らかの仕方で善き生と正しい生との統一について語り、徳を幸福の結果として、あるいは幸福を徳の結果として示したときは、彼らはつねに有益なものと正しいものとのある結びつきを考えていた。古代人が、たとえばプラトンの対話篇におけるカリクレスのように、この結びつきに異議を唱える場合でさえ、強者が因習の法則、共同体の法則を無視することを可能にするという、より高次の自然によって与えられた権利の名において、彼らは議論した。それに対してニーチェはそうした権利には依拠しない。ニーチェにとって道徳は個人的な意欲の結果であって、それ以上のものではない。つまり、私の生き方、私の願望、私の欲求に適するもの、私にとって好ましく気に入るもの、そうしたものから私の道徳が生じる。正義の観点がこの道徳にとっていかなる役割を演じるのかは、まったく偶然であり、私を偶然に取り巻く制度や生活環境に依存している。言い換えると、ニーチェが自分なりの幸福と徳の同一性テーゼにたどり着くのは、ソフィストたちによる元来の区別よりはるかにラディカルに、幸福と徳とを切り離すからにすぎない。ニーチェは、道徳を普遍性のいかなる要求からも切り離し、主観的な生き方の道徳をいかなる相互主観的な根拠づけからも切り離す。だからこそニーチェは、私の徳は私の幸福の結果だと言いうるのである。

ニーチェがそこで語っている徳は特殊な在り方をしている。それは正しい者の徳ではなく、単純に、自己自身に自信を持っているものの徳である。プラトンとカントが、正しい者または義務を意識する者だけが自己自身に自信を持ちうることを論じたのだとしたら、ニーチェはその反対に、自己自身と一致する人だけが真の徳を所有していると主張する。ニーチェが、通常の徳理解に対置する徳は、倫理的な洞察から生まれたものではなく、いわんや、当為の作用などではない。徳とは、強制されることのない意欲の帰結である。他者を顧みずに――しかしまた他者にルサンチマンをも抱かずに――自分が欲することを為すことができ、自分がすることを欲しうる人を、ニーチェは「幸福な人間」と呼ぶ。幸福な人間は自己を偽らないし、自己を何かに強制しない。その人が為すあらゆることにおいてその人はその本性を表現するのであり、そのことのうちにその人の徳が見出される。幸福な人間は、その人の幸福に従っているが、非人間的な命令によって制限されてはいない。一八八二年に記されたある手稿の中でこの立場を以下のように要約している。「われわれが道徳的に生きられるためには、道徳から解放されなければならない。私の自由な恣意、私が自ら創造した理想が、あれやこれやの私の徳を求める」。[35]

言い換えれば、ニーチェは個人の道徳を完全に社会の道徳から、誇張して言えば、道徳を道徳から切り離すのである。[36] ニーチェが新しい道徳のイメージを描くときに考えていることは、道徳ということでわれわれがふつうに理解していることとは異なっているのだ。生き方の「健全」な道徳は、他者に対する一般化された配慮という、あの通常の伝統的な、しかし「非理性的」な道徳とは何の関わりもない。しかし、こうした

(35) KSG 10.17〔邦訳：『ニーチェ全集』第II期第五巻、『遺された断想（一八八二年七月―八三年夏）』杉田弘子訳、白水社、一九八四年、二六頁〕を参照のこと。――『道徳の系譜』の第二論文の第二アフォリズム（KSG 5, 293f.）を参照のこと。そこでは「卓越した個人」が「慣習道徳」でもってすべての一般的な行為原則を後方に置き去り、万事において自己自身の「価値尺度」に従うがゆえに「ただ一人自己自身を保証してよい人」として特徴づけられる。そのように選択し判断する者についてニーチェは「自分を基準として他者を見やりながら、その人は尊敬したり軽蔑したりする」と述べている〔邦訳：『ニーチェ全集』第II期第三巻、『道徳の系譜』秋山英夫・浅井真男訳、白水社、一九九五年、七〇頁〕。

(36) 個人倫理に対するこうした反省的省察という道徳哲学的に生産的な寄与を際立たせているのは、V・ゲアハルトの論考である。V. Gerhardt, Selbstbegründung. Nietzsches Moral der Individualität, in: Nietzsche-Studien 21/1992, 28 ff.

切り離しの結果は極めて驚くべきである。というのも、その切り離しによってニーチェは、幸福と道徳のプラトン的同一性に見違えるほど酷似している結果に至るからである。プラトンと同様にニーチェも、真の道徳を有徳な生と幸福な生との完全に同等な状態だと思っている。ニーチェも有徳な生と幸福な生とのあいだに緊密な結びつきを作り出そうとした。しかしニーチェは道徳ならびに徳のまったく新しい概念を作ったにすぎない。本当の徳を有する人は、社会において確立された規則を超えたところに伸びる幸福の危険な小道をもまったく恐れない——その限りではプラトンもまだ同意するかもしれない。しかしニーチェはさらに、社会的な拘束力を持つある道徳の法則一般の外部で、すなわち、プラトンによれば悲惨な生活しか可能でないような世界で生きることもためらわない。しかし、プラトンにとってと同様に、ニーチェにとっても真の幸福は「健全」な道徳と同一である。個人倫理に還元される、ニーチェのオルタナティヴな徳の理論も幸福と道徳とのあいだの対立が克服されたと言えるような状態を目指している。ニーチェも義務と傾向性、個人の利害からの行為と他者に配慮する行為、善き生と道徳的に善き生とのコンフリクトという禍からの救済を期待しているのである。(37)

ニーチェは道徳哲学的な思考の連続性を断ち切ろうとして、異端的な仕方でその連続性の中へと入りこんだ。ニーチェも、幸福と道徳とのあいだのコンフリクトを悲しむべき禍と理解している。ニーチェもこのコンフリクトを少なくとも理論的には解決しようとしている。その取り組みの中でニーチェは伝統の前に挫折を余儀なくされた。というのも、たとえこのコンフリクトが不可避でもやはり存在すべきでないという考えは、プラトンの時代に始まりあらゆる道徳哲学に共通する主旋律だからである。道徳の本質はまさにこのコンフリクトが生じうることのうちに見出される、さらにそのうえ、ニーチェとともに言えば、道徳の魅力もそのことのうちに見出されるという思想を、ニーチェは、自分が反対する道徳的思考の伝統全体と同様に捉え損ねているのである。

一—四　現代における試み

われわれは、ドラマティックな考察結果を手にしている。プラトンからニーチェまでの哲学的省察は、幸福と道徳の区別を最後まで保持できていないように見え、二五〇〇年前に始まり、絶えず新たに繰り返された経験に忠実でありえないように見える。幸福と道徳の万人に周知の緊張関係を両者の連名において受け入れることは、不可能であるように見える。善き生と正しい生とのコンフリクトは、いかなる道徳にも、あるいはいずれにせよいかなる道徳哲学にも対立するように見える。こうした考察結果は二つの立場を許容する。われわれは、幸福と道徳との和解をたえず生み出すことを哲学の使命と見なしうるか——あるいは、哲学は幸福と道徳とを和解させようとして痛い目に遭ったと言わねばならないか、のどちらかである。

どちらの立場が正しいのかを決定するのは決して容易ではない。結局のところ、ニーチェによる同一性テーゼの非道徳主義的な確証は、道徳哲学的思考の圧倒的な連続性の間接証拠として理解できる。それによれば、有益なものと道徳的なものとの区別でもってすべてが始まったのだったが、道徳の哲学はその区別の暫定性、それどころかその区別の軽率さを証明する試みに他ならないかもしれないのである。——アラスデ

(37) 救済の動機については、『偶像の黄昏』KSG 6.96f. を参照のこと。そこでは「われわれは神を否定する。神において責任を取ることを否定する。それによって初めてわれわれは世界を救済することになるだろう」と言われている〔邦訳：『偶像の黄昏』、六九頁〕。

ア・マッキンタイア、チャールズ・テイラー、ローベルト・シュペーマンなどは今日この意味で議論している。マッキンタイアは、特定の共同体というコンテクストの中で社会的な徳を行使することのうちに、個人の生が成功するための方法を見出す。テイラーは、近代に生きる人々に狭い意味ですべての道徳的義務の基礎である善の統合的な「ヴィジョン」を想起させる。シュペーマンは、幸福追求と道徳的定位の共通の根拠を、あらゆる現実的なものの「自己存在」を思いやりを持って護ることのうちに探し求める。マッキンタイア、テイラー、シュペーマンは、善き生の倫理学を哲学的に復興させた主役たちである。[38] 善き生の倫理学の代表者たちが言うには、古代の倫理学のルネッサンスだけが、自己利益と共同体感覚のあいだには不可避的な構造的裂け目があるという近代的迷信からわれわれを救い出してくれる。幸福と道徳のあいだのコンフリクトは仮象であり、その仮象を克服することは可能である。道徳の哲学は、個人的な生き方と社会的な承認とが収束するという思想を熟考しなければならない。それによれば、幸福への定位と道徳的定位との同一性は、幸福に対するわれわれの要求と正義に対するわれわれの希望との唯一意味のある模範なのである。

しかし、道徳哲学的思考に対するわれわれの短い回顧からは異なる結論が思いつかれる。われわれは決して道徳哲学的な同一性思考の響きに屈服することを運命づけられているわけではない。同一性思考の連続性は、新古典主義的な思想家たちがそう思いたいほど確固たるものではない。というのも、その思考は初めから不信感の連続性に纏わりつかれているからである。その不信感は、たしかに今日まで和解の合唱によってかき消されてきたのだが、それにもかかわらず響いてくるのである。われわれは、倫理的な同一性思考にたえず立ちはだかってきた不信感により大きな信頼を置かなければならない。それどころか、神の国が始まるところで、〔人間の〕生――少なくとも、その喪失がわれわれにとって何らかの意味を持つような生――が終わるというのは、おそらくその通りである。幸福と道徳が収斂するところで、〔人間の〕生――少なくとも、われわれが幸福と承認とを期待する生――が終わるというのも、おそらく正しい。徳と幸福の一致がしっかりと保たれているところでは、徳も幸福もつまらないものになるに違いない。おそらく、批判の余地のないソクラテス的な道徳に対するソフィストたちの反感のうちに真の洞察――すなわち、善き生と正しい生とのコンフリクトは、非強制的な幸福追求にも他者のとの非強制的な連帯にも含まれるという洞察への芽が萌していたのである。

近ごろ、マーサ・ヌスバウム、トマス・ネーゲル、バーナード・ウィリアムズといった哲学者たちはこの思想を実行に移し始めた。興味深いことに、これらの哲学者たちも、古代の倫理学を駆り立てた動機に依拠して現代の倫理学を批判する、つまり、善き生というテーマと正しい生というテーマは引き裂かれてはならないと強く主張する。しかしこの哲学者たちは、その新古典主義的な論争相手の論証を捻じ曲げている。というのも、彼らが言うには、幸福と道徳の和解ではなく、両者の耐えうる程度の緊張こそが、この二つの構成要素のより啓発された理解の核心を成すからである。これらの哲学者たちは道徳的な生を、自己の要求と他者の要求とのリスクを孕んだ調整として理解しようとするのである。

そうした三つの立場に立ち入る前に、第四の立場としてミシェル・フーコーの立場に言及しておきたい。フーコーもその後期の仕事において――とくに『性と歴史』の第二巻・第三巻およびインタヴューといくつかの小著とにおいて[39]――現代の倫理学に対して新たな立場を手に入れるために、古代の倫理学に立ち戻る。

---

(38) A. McIntyre, After Virtue, London 1981; Ch. Taylor, Sources of Self, Cambridge 1989; R. Spaemann, Glück und Wohlwollen, Stuttgart 1989. – Vgl. M. Seel, Die Wiederkehr der Ethik des guten Lebens, in:Merkur 45/1991, 42ff.

(39) M. Foucault, Der Gebrauch der Lüste. Sexualität und Wahrheit 2; Die Sorge um sich. Sexualität und Wahrheit 3, beide Fankfurt/M. 1986.〔邦訳：『性の歴史Ⅱ　快楽の活用』田村俶訳、新潮社、一九八六年、『性の歴史Ⅲ　自己への配慮』田村俶訳、新潮社、一九八七年〕――フー

フーコーは、多かれ少なかれ厳格に固定された行為規則への義務づけの倫理学に実存の倫理学ならびに生存の美学を対置する。そうした倫理学ないし美学の中心には個人の生き方の創造的な仕事が位置する。その際フーコーのプロジェクトにとって、まさに倫理的実践のこれら両次元のあいだの緊張関係が決定的に重要である。社会倫理上の義務づけと個人倫理上の様式化との同一性ないし収束はここでは予見されていない。フーコーにとって、社会的な「コード」の道徳と個人の「自己様式化」の道徳とを均衡または静止状態に置きうるような規則は考えられない。フーコーが構想しているのは、コンフリクトとしての倫理学である。すなわちそれによれば、倫理的態度を取るとは、社会的道徳と個人的道徳との抗争のうちに定位することである。[40] この抗争がいかなる規模に達しうるかという問いにフーコーは、歴史的認識から教訓を得て、まったく答えずに済ましている。しかし、その抗争が適度なスケールへと収拾されえず、いわんや収拾されるべきでないことを、フーコーは確信していたように思われる。

抑圧的でないすべての道徳の基礎は「自己の技術」によって構成された主観の自己自身に対する振舞いであり、そのうちでこの主体は多かれ少なかれ道徳的な因習・コードの道徳に対して卓越していることが示されるという想定を、フーコーはニーチェと共有している。しかし、規範的道徳と個人的道徳のあいだの必然的な緊張関係の承認のうちにはニーチェを超え出てゆく重要な歩みが見出される。ただし、フーコーは自分のプログラムの（断片のままで終わった）遂行において、その問題の個人倫理的な側面の発生的な観察にばかり集中していて、他方の「コード化に定位した」道徳と言われるものを取り立てて分析することを怠っている。そちらの道徳は所与のもの、社会的規格化として登場する。個人はそれに対してさまざまに振舞うことができる。個人道徳は、社会道徳に対する特定の関係のうちに押しやられるが、それに対して、その振舞いそれ自体は探求されない。しかし、そのことが意味しているのは、フーコーがニーチェの個人倫理への固定から逸脱しているのは、取りかかりにおいてのみであって、議論全体の遂行においてではないということである。フーコーの倫理学は、半分の闘争的倫理学であるに留まる――相対立する構成要素の抗争を分析しないままである。闘争的な倫理学は、個人の「自己支配」の視角から書かれうるだけでなく、少なくとも二つの観点の分析としても書かれうる。実りある生への関心における個人の観点ならびに他の個人における同等の関心への配慮の観点である。この二つの観点は、たしかに個人自身において対立した状態で見出されうるが、それは、両者のバランスが個人の下でも定まらないからであるにすぎない。社会的道徳のポジティヴな概念なしには、また自分の関心や要求と他者の関心や要求との適正な（公正あるいは連帯という観点からの）限界づけという問題への視点なしには、個人倫理のルネッサンスは、不毛なジェスチャーに留まる。個人倫理のルネッサンスは、それにとって問題である差異の側面を見落としてしまう恐れがある。闘争的な倫理学はたんに実存の倫理学であるに留まってはならず、同時に他者への配慮の倫理学でもなければならない。闘争的な倫理学は善さの倫理学であり、かつ正しさの倫理学でもなければならない。そのようにしてのみ闘争的な倫理学は、〔善さと正しさという〕二つの実質的内容のあいだの対立を把握できるのである。

先に指摘した三人の著者の観点は、個人的な善さと社会的な正しさとの対立に直接取り組んでいるという理由から、私にはフーコーの観点に勝っていると思われる。ヌスバウム、ネーゲル、ウィリアムズたちは、

コーが自らの主張を補足している重要なテクストが、H. Dreyfus/P. Rabinow, Michel Foucault, Frankfurt/M.1987, 243 ff.〔邦訳：『ミシェル・フーコー　構造主義と解釈学を超えて』山形頼洋ほか訳、筑摩書房、一九九六年、二八七―二九六頁〕に見られる。

(40) フーコーの闘争主義については、以下を参照のこと。ders., Warum ich die Macht untersuche: Die Frage des Subjekts, in: H. Dreyfus / P. Rabinow, a.a.O., 243 ff.〔邦訳：同上〕。特に 256.〔邦訳：二九〇―二九一頁〕ならびに W. Schmid, Auf der Suche nach einer neuen Lebenkunst. Die Frage nach dem Grund und die Neubegründung der Ethik bei Foucault, Frankfurt/M.1991, z.B. 85, 93f., 290.

幸福追求と道徳的配慮、あるいは倫理への定位とコードへの定位——フーコーの言葉によればこのようにも言いうる——のあいだの緊張状態に不可避的に陥らざるをえないような、そうした生き方理解を展開しようとするのである。

ヌスバウムは、「善の脆さ」についての研究の中で、中庸というアリストテレスの理想についてきわめて独特な仕方で新たな解釈を提示した。ヌスバウムは、勝手放題と節度、吝嗇と気前のよさといった極端のあいだの中庸を、回避の能力というよりも、他者との生活において不可避的に生じるコンフリクトを感覚的に知覚する能力として理解する。それによれば、道徳とは、情熱と配慮のあいだの緊張を排除するメカニズムではなく、その緊張をたえず新たに生じる要求に応じて克服する能力である。ヌスバウムにとってこうした克服の目的は、この緊張を廃棄ないし除去することではない。むしろ、ヌスバウムの理解によれば、この緊張のたえず新たに為されるべき承認こそが、社会的ならびに個人的に問題を孕んでいる生活状況の克服を可能にするのである。[41]

トマス・ネーゲルは『どこでもないところからの眺め』で道徳的観点の公平さを新たに理解しようと試みた。ネーゲルによれば、確かに道徳の要求は、非個人的な省察、いわばどこでもないところから行われた省察から生じる。しかし、この省察ならびにそれに対応する洞察、すなわち、自分自身の生があらゆる他者の生より価値あるわけではないという洞察が実践的に有意義となりうるのは、道徳の非個人的な要求が個人的な関心と調停されうるときに限られる。道徳が個人に要求してよいのは、その個人に自分の課題を犠牲にすることなく期待できるものだけである。もちろん個人の幸福を壊さない道徳的な生き方の道がどこを通っているのかという問いには、ネーゲルによれば、原理的に答えられない。しかし、ネーゲルは、そのことが道徳の要求の相対化につながるとは見ておらず、むしろ、道徳的に生きることが事実的な条件の下で何を意味

するかという問いを先鋭化することにつながると理解している。(42)

バーナード・ウィリアムズは、さらにラディカルに個人的な関心と社会的な義務とのバランスという思想を持ち出してくる。このバランスは、ウィリアムズによれば、外から、中立的な観点に依拠してコントロールされることはできず、内的にのみ、自分自身のもくろみと他者の社会的期待との現実的な衝突のうちに見出されうる。その際、実践的決定はさまざまな状況の予測不可能性や見通しのきかなさに直面させられ、そうした状況の中で下されなければならない。最善の道徳的省察によってもこの偶然的な要素を片づけることはできない。道徳的な原則の承認を有意義な自分自身の生と一致させようとする人は、どちらの――幸福ならびに道徳の――側面においても、リスクを孕んだ決定や、暗中模索を避けはしないのである。(43)

ウィリアムズは事例として、実存的および道徳的にリスクを孕んだゴーギャンとアンナ・カレーニナの〔それぞれの〕決定を挙げる。ゴーギャンは家族と友人を捨てて、タヒチで絵画の新たな可能性を見出そうとする。アンナ・カレーニナは、トルストイの同名の小説では、愛人と情熱的な生活を送ることができるように冷淡な夫と第一子とを捨てる。ゴーギャンにとっては芸術家としての実存が、アンナ・カレーニナにとっては人を愛せる主体としての実存が危険に晒されている。ゴーギャンもアンナ・カレーニナも、他者の要求と感情とを顧慮して自分たちの個人的な関心を犠牲にするならば、自分たちが自尊心を失ってしまうかもし

(41) M. Nussbaum, The Fragility of Goodness, London 1986; dies., Love's Knowledge, New York/Oxford 1990.
(42) Thomas Nagel, The View from Nowhere, Oxford 1986;〔邦訳：『どこでもないところからの眺め』中村昇ほか訳、春秋社、二〇〇九年〕ders., Equality and Partiality, Oxford 1991.
(43) B. Williams, Widerspruchsfreiheit in der Ethik, in ders., Probleme des Selbst, Stuttgart 1978; ders., Moral Luck, Cambridge 1981. ここでは特に表題となっている論稿を参照のこと。またEthics and the Limits of Philosophy, London 1981.〔邦訳：『生き方について哲学は何が言えるか』森際康友・下川潔訳、産業図書、一九九三年〕も参照のこと。

れないと感じている。しかし、どちらの場合でも、期待した幸福が実現するかどうかは不確実である。両者とも、ある生の可能性が実現することを期待しているのであるが、その可能性が実現できるかどうか分からないのに、そうした生の可能性を優先しておそらく他者の正当な要求を軽視している。しかし、その生の可能性が実現した場合に初めて、それが実際に中心的な生の可能性であったとこと、そしてその可能性を実現することが他者の関心と対立していたことが確実になるであろう、とウィリアムズは想定している。ゴーギャンもアンナ・カレーニナも、どのように行為しても、自分たちがジレンマに陥っていることに気づくのであり、そのジレンマには、状況に依存せず影響力を持つような絶対的な解決策は存在しない。どちらのジレンマにおいても道徳的に説得力のある解決策がそもそも存在するかどうか、定かではない。しかし、たとえそうした解決策が存在するとしても、それによって、さまざまな党派の一つの見方にもとづきこの解決策の採用に反対する根拠を退けることが必ずしもできるわけではない。道徳的に疑いの余地がなく正しい振舞いでさえ、その規範的な無愛想さをその振舞いへの関与者のうちの幾人かが、それどころか全員が残念がるのである。(44)

ここで〔幸福と道徳との〕倫理的な同一性信仰に対抗するものとして考慮されているモデルはもはや、独裁者というもっともらしくない事例ではなく――それに対してプラトンの論証は決定的であるが――、むしろ、両立できない決定の板挟みになっている個人である。ここで対立し合っているのは、非道徳的な人と道徳的な人ではない。目が注がれているのは、自分が道徳的な根拠から自分の幸福を犠牲にするように急き立てられていると感じつつも、その点で自分の自己理解や自尊心と対立している個人である。この場合に道徳の主体は、自己および世界とコンフリクト状態に陥っている。この主体は、特定の社会的規範の圧力に対抗する権利を請求している――が、どの程度その主体にこの権利が認められるかは不確実である。道徳哲学の伝統に対して異議を呈しているのは、道徳を平然と無視する可能性ではなく、道徳的省察ならびに道徳的決定そのものがジレンマを孕んでいるという、そうした省察と決定にしばしば内在する構造なのである。

先のゴーギャンとアンナ・カレーニナの場合に実際にどのように判断されようとも、われわれが本当に意欲しているものを実際に省察してみるならば、他者の生活状況をひどく侵害するようなものをわれわれは何も意欲していないということを、ナイーヴに信じてもよいであろう。他方で、こうした場合に義務を遂行するために——あるいはそのつど一般的な義務と見なされるもののために、遠慮なく幸福を犠牲にすることを要求する道徳に関しては、何かが根本的に間違っていると言ってよい。自己の順調さという思想が道徳的な決定において重要であることを、ウィリアムズやヌスバウムの事例は示している[45]。その思想は、その思想の実現に対立する、あるいは対立するように見える社会的規範の盲目的な遵守に対して重要である。その思想は、道徳的に正しいことの決定の際に、もちろん当該の他者の順調さの顧慮とともに重要である。カントのように、人は道徳的な省察において自分自身の具体的な傾向性を度外視しなければならないと信じることは、非人間的な要求である。個人の傾向性の声は、特定の社会的コンテクストにおいて道徳的に正しい振舞いに関して支配的であるような理解の仕方を修正する重要な手段でありうる。もちろん、個人の努力に社会的な限界を設定することは、これからも道徳的な規則の意味である。ただしこの限界は、たとえば内容を持った

(44) 多くの道徳的コンフリクトの持続が実存的ならびに道徳的に受け入れるべきことを説得力のある仕方で論じているのは、Ch. Menke, Die Vernunft im Widerstreit. Über den richtigen Umgang mit praktischen Konflikten, in: ders., / M.Seel, Zur Verteidigung der Vernunft gegen ihre Liebhaber und Verächter, Frankfurt/M. 1993, 219 ff.

(45) さらに M. Nussbaum, Flawed Crystals: James' *The Golden Bowl* and Literature as Moral Philosophy, in: New Literary History 15/1983-84, 25ff., さらに、H. Putnam, Taking Rules Seriously – A Response to Martha Nussbaum, ebd., 193 ff. ならびに M. Nussbaum, Replies, ebd., 201ff., 特に 203 ff. も参照のこと。

規範の一つの序列によって、一息に決定されることはありえない。というのは、道徳的規範の個人的幸福要求との衝突においてのみ、何が道徳的に正しいのかということが先に述べた仕方において見出されうるからである。それゆえ、道徳はこの衝突を手放そうとしてはならない。その反対に、古典的な道徳哲学にとっては不道徳の明白な記号であった幸福と道徳のあの緊張関係を道徳は承認し、それどころか多くの場合に促進しなければならないのである。

一―五　コンフリクトとしての道徳

このことは善き生の倫理学のまったく別様のルネサンスをもたらす。ウィリアムズ、ヌスバウム、ネーゲルらは、新しい道徳理解を定式化している。ウィリアムズたちは、古代の思考に戻ることを支持する人々とともに、善さと正しさとを同等に扱う統一的な考察を再び受け入れるように要求する。しかし、ウィリアムズたちは善さと正しさとの同一性への信仰を拒絶し、幸福と道徳の統一的連関を、始まりにおいても終わりにおいても同一性を想定せずに思考しようと試みている。「同一性なき統一」、これはもちろんすでにカントが行なった定式化であった。しかし、この定式化もまた今やカントとは別の仕方で解釈される。善さと正しさとの連関は、困難な調整の問題ならびに微妙なバランスの問題と見なされる。既定の序列ないし調和をもたらすあるいは引き起こすことが重要なのではない。プラトン、カント、ニーチェによってさえまったく異なった仕方で理解された「最高善」は興味の湧かない善、厳密に見ればそのうえ非人間的な善であることが分かる。幸運なことにそうした最高善には到達できない。というのも、そうした最高善に到達したとしたら、それは、自分自身の要求であれ支配的な道徳的見解であれ、それらを修正する能力を失ったことを意味することになってしまうからである。

そのことによって初めから問題にしてきたコンフリクトの記述は大きく変わることになる。「幸福」と「道徳」とのコンフリクトはもはや単純に幸福と道徳、情熱と配慮、義務と傾向性、個人的な自由と社会的な権力のコンフリクトとして記述されるわけにはいかない。むしろ「幸福」と「道徳」のコンフリクトは、万人が私に要求する個人的な生と、私の生を自由に選択したいという万人人に対する私自身の要求とのあいだに見出される。たとえば、ウィリアムズの事例においては、他者に対する私の幸福要求と私に対する他者の幸福要求とのあいだの道徳的コンフリクトが話題になっている。これは同時に、私が他者に要求する道徳的な期待と他者が私に対して抱く道徳的な期待とのあいだのコンフリクトである。ゴーギャンもアンナ・カレーニナも、因習を踏み越えてゆく権利に訴えて自分たちのスキャンダラスな行為を弁解しようとしている。ゴーギャンは、自分を画家として信頼しようとする人は（このことは少なくとも家族と友人たちには期待してよい）、自分が自分の絵を本気で描くことを受け入れなければならない、と言う。アンナは、自分の中に愛すべきパートナーを認めることができないと認めたカレーニンには夫婦間の貞操を要求する権利はないと言う。しかし、ゴーギャンもアンナもその行為でもって道徳と幸福に関するある理解、すなわち、そうした種類の自己実現が初めから許されもせず有意味とも見なされていないような、そうした道徳ならびに幸福理解と衝突する。そうした際にはいかなる立場にある人々も道徳――まったく正当に幸福の可能性を保護する制度として理解されている道徳という仲裁裁判所に訴える。しかし、あらゆる関係者にとっては残念ながら、ゴーギャンやアンナの事例で争われているのは、具体的な事例において、強制を受けない個人的な生への権利を持つとはいかなることを意味するか、ということである。そのことが争われているのは、第一に、ここでは疑わしい道徳的な規範のさまざまな解釈が相互に提示されているからであり、しかし第二に、傾向性と利害関心とが対立し合うという状況が、つまり、一見したところでは正当なある人の幸福追求の努力がおそらくは他者の不可侵性を損なうことによってしか達成されえないというような状況が生じているからである。対立し合う利害関心のあいだのコンフリクトは、まさにそのコンフリクトにもとづいて道徳的に論争の絶えない回答へと導く――その回答に論争が絶えないのは、その回答のいずれも、それが道徳的に正しい回答であるという要求を掲げているという点に起因する。

　このコンフリクトは決して単純に、ネーゲルや、とくにウィリアムズによって思いつかれるような自己利益を考慮した態度と博愛的な態度の「あいだ」で生じるのではない(46)。このコンフリクトは、相互に尊敬を義務づけられていることを弁えている人々、また尊敬を期待してよい人々のあいだで生じる。このコンフリクトは人々の道徳的意識の内部で生じる。そうした意識の内部でのみ「幸福と道徳のあいだ」で真剣に受け止めるべきコンフリクトが存在しうるのである。そうした意識の内部でのみ、私がどのように生きたいかということと私が他者に配慮しつつどのように生きるべきかということとのあいだの差異が、二つの潜在的に分かれてゆく態度の緊張関係を引き起こすのである。そうした意識の内部においてのみ自己実現への私の権利と他者の権利とのあいだのコンフリクトが可能である。他者に対しても自己実現の権利が認められるところでのみ、私の幸福要求と他者の幸福要求とのあいだの緊張関係がそもそも、権力手段ないし乏しい資源をめぐる競争とは分類上区別される特殊な種類のコンフリクトとして理解されうるのである。その場合にこそ、道徳とは関係者の個別には対立し合うが原理的には同等な権利を持つさまざまな利害関心のあいだのコンフリクトをそもそも真剣に受け止める能力であることが分かる。他者にも自分自身で善き生に向けて努力する権利が認められる場合に初めて、かの権利とこの努力とのあいだのコンフリクトが――すべての個人の中でも個人どうしのあいだでも——生じうるのである。幸福と道徳のあいだの緊張関係——それが道徳なのである。

しかし、こうしたパラドックスは解消されうる。ある与えられた道徳の道徳的立場と内容的規範とをしばしば行われるよりも厳密に区別しなければならないだけである。(47) 道徳的規範は、多くの場合に道徳的な共同生活を規制している道徳的な見方の解釈として理解されうる。しかし、こうした規範のどれ一つとしてあらゆる状況に対して妥当性を要求できないということに例外はない。独裁者の殺害の事例が示しているように、殺害の禁止に関してさえ道徳的に許される例外が可能である。嘘の禁止、約束を守るべしという命令などに関しても同様である。これらの事例のいずれの場合においても、多くの他の場合には禁じられることを道徳的配慮の名において為すことが、命じられることはできないとしてもあえて許されるような状況が考えられうる。このことが意味しているのは、道徳的態度は、それから生じる内容的な規範のいずれとも、いわんやそうした規範の通常の解釈とも完全に同一視されてはならないということである。他者の個人的な生に対する尊敬は、特定の状況においては他の義務ないし優先的な権利に有利な個別の規範を無効化せざるをえなく

(46) これに対してはクリストフ・メンケが的確に異議を唱えている。Ch. Menke, Die Vernunft im Widerstreit, a.a.O., S.213. すなわち、ネーゲルらの主張が納得できると言えるのは、『道徳的』が他者に対する尊敬のパースペクティヴを表わしている」という前提においてのみである。しかしより納得できるのは、「道徳的」が他者に対する尊敬の態度ではなく、該当するあらゆる人々に対する等しい尊敬の態度のことを言っているということである。そうすると、等しく尊敬されるべき人々の一人が等しい尊敬そのものの主体でもある。こうした理解に従えば、利害対立の考察と解決は、万人の等しい権限というパースペクティヴの下で道徳的である」。同じ立場をウルズラ・ヴォルフが支持している。Moralische Dilemmata und Wertkonflikte, im selben Band, S.181ff.

(47) この点ではU・ヴォルフと意見が一致する。U. Wolf, Moralische Dilemmata..., a.a.O.; A. Wellmer, Ethik und Dialog, Frankfurt/M. 1986, 129〔邦訳：『倫理学と対話』加藤泰史監訳、法政大学出版局、二〇一三年、一六八頁〕; J. Habermas, Erläuterungen zur Diskursethik, Frankfurt/M. 1992, 141.〔邦訳：『討議倫理』清水多吉・朝倉輝一訳、法政大学出版局、二〇〇五年、一六七頁〕

する。道徳的態度から道徳的規則が生じるだけでなく、道徳的態度は同時に、道徳的規則の妥当性ならびに道徳的規則の適用の妥当性がたえず新たに判定されなければならない審級なのである。

道徳的態度と道徳的規範とを区別することが、幸福と道徳との関係を納得ゆくように規定するための鍵を握っている。自分自身の利害関心を顧慮することと他者の利害関心を顧慮することのあいだのコンフリクトは一般的に、たとえば利己主義的な態度と利他主義的な態度といった二つの態度のあいだのコンフリクトとして理解されてはならない。こうしたコンフリクトももちろん存在するが、それが現われるのは、個々人が与えられた状況においてそもそも道徳的態度を取るべきか否かを決定しなければならないときである。しかしその場合でも、決定問題が現われるのは、当事者が実現できるかまたはできない一つの道徳的態度を手中にしていて、その態度にどれほどの重要性を付与したいのかをそもそも道徳的に熟考できる場合だけである。したがって、道徳的関心と自己利益とのあいだのコンフリクト状況に立たされるのは、利害関心のコンフリクトに道徳的な仕方で気づき、かつ決着をつけられる人、自己自身のあるいは他者の特定の行為が、等しい相互配慮の原則に一致しているかどうかを、自己自身に対してならびに他者とともに吟味できる人だけである。しかし、このことは、道徳的態度と非道徳的態度とのあいだのコンフリクトが、道徳的なコンフリクトそれ自体の決着に対して概念上の関係という意味で二次的であるということを意味している。道徳的コンフリクトは、道徳的関心とそれ以外の関心のあいだには生じない。むしろ、道徳的コンフリクトは、「道徳的ではない」関心の道徳的価値評価として生じるのである。その際にはたえず、個々の、一見したところは妥当な道徳的規範が衝突を起こす。こうした場合には、複数の可能性が開かれている。すなわち、われわれは、そこで問題になっている規範を誤って理解していたということになるかもしれない。また、われわれは、この場合にはその規範を無効化することが道徳的に許されるという帰結に至るかもしれない。しかしまたそれらと同様に、こうした状況ではわれわれの傾向性を追い求めることは許されないという認識にわれわれは至るかもしれない。ところが、道徳的観点に照らしてこの状況において何を為すべきかの決定は、原則的に決まっていない。幸福の断念も、道徳的取り決めに新たな解釈を施したりそれに違反したりするのと同様に、道徳的に正しいかもしれないのである。

それとともに、自己利益の追求と他者に対する尊敬とのあいだの適正な関係を見出すことが道徳的な判断形成の絶えざる課題となる。できるだけ充実した生への自分自身の要求と自分と同等に正当な他者の幸福追求とを調和させること、それこそが個人の道徳的定位が本来為すべきことである。ほとんどの場合それは難しい。しかし、その難しさを取り除こうとすることは、たとえそれが無駄な骨折りに終わろうとも、道徳を廃棄しようとすることを意味するであろう。

道徳の旧来の概念では幸福追求と正義との調和という理想が主導的であったが、以上のように、そうした道徳の旧来の概念には、両者の努力の絶えざる調整という道徳が対置される。この場合、道徳は両者の側からの公正な取り扱いへの要求を弁護することだと理解される。その取扱いにとってはその要求が衝突し合う可能性があることが重要である。そこで問題となる「調整」は、伝統的な倫理学の支持者によって模範とされる同一性や同化とはまったく異なる。見直された理解は、この種のコンフリクトがもはや存在しないであろう状態に個人ないし共同体が到達するという希望を退ける。確立している道徳の規範においてすでに承認され保護されている利害関心と、そうではない利害関心あるいは今のところまだそうではない利害関心とのあいだのコンフリクト――生きられた道徳と幸福追求とのあいだの緊張関係――は、克服されるべきではあるが、排除されるべきではないのである。

もちろん、この点に関して――ニーチェあるいはフーコーの精神において――異論が唱えられるだろう。

私は〔道徳と幸福との〕倫理的差異を擁護したが、それは結局のところ倫理的同一性の思想へと逆戻りしただけではないかというわけである。問題となっているコンフリクトが主として道徳の陣営それ自体の中で起こると言われるならば、そうしたコンフリクトはこの場合でも弱められ、それどころか取り除かれるのではないだろうか。したがって、ついでに言えば、幸福と道徳との結婚をあまりに調和的に考えてはいけなかったにもかかわらず、まさに幸福と道徳の確固とした結びつき、両者の結婚という伝統的なイメージが確認されたのではないだろうか。そのことは、軽視されるべきでない幸福の地盤は道徳だけであるというプラトンおよびカントの道徳理解においてきわめて容易に思い起こされるのではないだろうか。それによって、維持され深められるように要求されていたコンフリクトとしての倫理学という思想は、むしろ放棄されるのではないだろうか。

こうした異議に対して私は、フーコーならびにその解釈者たちが思っているようなコンフリクトとしての倫理学は、コンフリクトとしての道徳理論としてのみ可能である、と答える。問題となっているコンフリクト、さまざまな態度どうしの葛藤あるいは抗争は、生きられた道徳と幸福追求とのあいだの道徳的な対決として、対等な権利と義務の名で行なわれる正しい行為と誤った行為との対決としてのみそもそも可能である。われわれが生きられた道徳と幸福追求とを単純に並べ置くだけならば、また、われわれが個人倫理的な生存の美学の主体を狭い意味で道徳的なあらゆる自己理解なしで構想するならば、いつ、そしていかにして人は制裁に裏打ちされた道徳的規則という社会的事実に応じて振舞えばよいのかと問うこと以外に、そもそもいかなるコンフリクトも生じない。問題となっている対決は、そもそも道徳的に重要な／道徳的な関連性を持つ対決であるか——その場合その対決は道徳的態度の内部で生じるか——、あるいは「自己支配」と「道徳的コード」とのあいだ、個人が本来望んでいることと多かれ少なかれ匿名の審級が外部から個人に課すこととのあいだで起こる——その場合、個人（もしくはある集団）が自分自身の自己中心的であると同時に利他的な態度によって巻き込まれている抗争のすべての次元が欠けている。（追求される）幸福と（生きられる）道徳の関係を差異のあるものとして、またコンフリクト状態にあるものとして理解することは、両者の定位の内的な関係を洞察することによってのみ可能である。そこで、カントの言葉を援用して言えば、幸福追求と道徳的定位との統一は同一性として理解されてはならず、両者の差異にもとづいて、基本的に道徳内部の抗争として理解されなければならない。ただし、この抗争は無方向ないし解決不可能ではまったくなく、むしろ、道徳的に受け入れられる解決をめぐる対決であり、その対決においては道徳的反省が競合する要求の審判者として機能するのである。それにもかかわらず、それぞれの状況において何が正しいのかということを予見できないことはよくあるし、予見できるとしても、それはたいてい既成の道徳とも多くの関係者の切実な追求とも衝突する振舞い方である。追求される幸福と生きられる道徳は決してしっかり結びついているのではなく、いつでも解消できる仕方で結びついているのである。

それでも、多様に異なる利害関心の道徳的な調整という観念の中には古代における〔幸福と道徳の〕統一思想のある重要な契機が維持されている。道徳はそこでも、幸福と正義の統一に配慮する一つの制度として理解されている。この統一は今〔現代において〕まったく異なる外見を手に入れたにすぎないのである。

プラトンは、道徳的な洞察を手に入れた人はみずから自己自身の順調さへの気遣いと他者に対する好意とのあいだの緊張関係を克服していると想定していた。これは決定的な誤りであった。というのも、道徳的態度そのものが、この緊張関係の源泉であり、その緊張関係を生き生きと保持することによってみずからも生きるのだからである。

プラトンと異なり、カントは、人間は聖人でない以上、その生における義務と傾向性のコンフリクトの経験をけっして克服できないと考えていた。それにもかかわらずカントは、通常の幸福への定位と道徳的定位とが抗争している通常のケースは必然的に、コンフリクトが克服された状態というまったく非現実的な理想的ケースへの意識を喚起すると考えていた。しかし、この理想的なケースなどというのは――ニーチェが正しく理解していたように――すべての道徳的自律の完成ではなく、その終わりであろう。

最後にニーチェは、自己自身への気遣いと他者への配慮との分裂の中に、偽りの硬直した臆病者の道徳の徴しを見て取ることができただけで、この分裂の意識がその反対に真実の道徳的態度、柔軟さを失っておらず世界に開かれた道徳的態度の象徴であるとは認識しなかった。

要約すれば、プラトンからニーチェまでの道徳哲学の伝統は、幸福と道徳の統一という正しい思想をあまりにも狭く理解していたことになる。道徳哲学の伝統は、せいぜい道徳と幸福という一対の二音は実現できるが、その二音の調和は決して達成できないところで、道徳と幸福とのユニゾンを手に入れようとしたのである。問題は、それ以外の何かを望むことがそもそもできたかということである。というのも、そうした道徳でもってしか、われわれは多少とも幸福になりえないからである。その道徳には、人間の幸福がどのように人間の正義に適合するかは前もってわからない。幸福と道徳という、この風変わりなカップルは、互いに別居生活をする限りにおいてのみ、うまく付き合ってゆけるのである。

第二研究　幸福の形式に関する試論

二―〇　序論

本研究は、幸福、道徳ならびにその両者の関係に関する――ひとつの試論である。

幸福と道徳の関係に関する議論では長らく二つの対照的な立場が支配的であった。一方の立場は、幸福追求は究極的には他者に対する道徳的配慮への努力と同じことを意味する、と言う。他方の立場は、道徳的な正しさへの定位は必然的に幸福追求に反対する、と言う。幸福への定位と道徳的な定位との原則的同一性というテーゼに両者の原則的差異というテーゼが対立している。しかし、それ自体として考えれば、これら二つの古典的テーゼはどちらとも本末転倒である。それでもやはり、両テーゼは重要な真理を含んでいる。というのも、幸福追求と道徳的行為との必然的な抗争は、これらの二つの定位の内的連関からのみ理解されうるからである。二つの古典的な立場が本末転倒であるのは、どちらも他方の真理を捉え損なっているからにすぎない。適切な道徳理論は幸福と道徳のあいだの抗争を世界から抹殺しようとしてはならず、むしろ、道徳の可能性をこの抗争から理解しようと努めなければならない。そうすることによってのみ、善き生と正しき生との統一が理解されうる。〔幸福と道徳との〕同一性の倫理学の真理は、〔両者の〕差異の倫理学を土台としてのみ定式化されうるのである。

これがこの第二研究の方向である。私が究明するのは、幸福追求と他者への道徳的配慮との相互関係はどのようになっているのかという問いでである。私は、〔さしあたり〕道徳的定位と幸福への定位とが現代の個人にとって一致しうるか否か、またいかにして一致するかという問いに答えようと思う。

この答えに到達するまでにはしばらく時間がかかるだろう。というのも、幸福と道徳の連関を認識しようとするならば、幸福の概念と道徳の概念を早まって合流させてはならないからである。それゆえ、より狭い意味において道徳哲学上の結論を出す前に、それ自体では特定の道徳哲学的な成果を目指すことのないような、かなり長い幸福分析が先行する。たしかにこの理論は、個人の幸福追求がさまざまな種類の道徳的定位を含む可能性を排除しない——排除するとしたら、それはやはりまた特定の道徳哲学の成果を先取りすることを意味しよう。しかし、幸福と道徳との考えられる内的関係〔についての理論的成果〕は、幸福の条件・形式・内実に関する自立した考察から生じるべきである。その際には、幸福の概念あるいは順調さの概念が、善き生あるいは成功している生の倫理学の根本概念の役割を演じることになるだろう。〔しかし、そうした倫理学における根本概念としての幸福と〕道徳的に善き生との内的関係が存在するならば、〔そうした幸福概念では〕それ以外の実践哲学〔社会的配慮の倫理学〕の根本概念も問題となってくる——私は成功している生の倫理学の輪郭を描こうとするが、その倫理学は最後においてようやく社会的配慮の倫理学へと行き着くのである。

近代の倫理学は一般に私とは逆の方法論を取っている。近代倫理学がそもそも善き生の倫理学という主題に取り組んだとしても、それはつねに、道徳的に許容される生き方の枠組みがあらかじめ示されてから、最後に為されたのであった。近代倫理学は一般に、万人のために作られ万人によって尊重されると言われる善き生の条件を際立たせることで満足した。近代倫理学はそもそも、内容の空疎な幸福概念で済まそうとした。というのも、ベンサム、カントおよびその後継者たちには、人間の幸福に関してありきたりでない普遍的な概念を展開することは見込みがなさそうでまた危険であるようにさえ思われたからである。自分の幸福イメージに従って生きる自由は個人に委ねられるべきだとされた。幸福に関する問いを避けるのが、近代道徳理論のモラルであった。道徳的な正しさの解明は人間の幸福の形式と内容とを仮定せずに済まされるはずであった。〔道徳的な〕正しさの理念があらかじめ社会的に許された幸福追求の形式を設定するべきであり、それで充分であった。それ以外のことは個人の管理に任されるべきであった。それはそれでよい。しかし、そうした理解そのものは実存的な成功の適格な概念に依拠することにおいてのみ根拠づけられる。幸福論に対する近代倫理学の控えめな態度も幸福に関する理論的省察にもとづいている。近代倫理学は、そのことを見逃している限り、視野が狭いままである。

現代の倫理学はこうした視野の狭さを克服しようとして議論を重ねている。それは、幸福論に対する近代倫理学への疑いが正当であることをたびたび忘れさせてしまうほどである。[1] というのも、控えめな幸福概念以上のものを哲学的な分析は定式化できないからである。たとえそうした分析が扱う幸福が〔事柄としては〕まったく控えめなものでないとしても、そうなのである。哲学的な分析は、成功している生の脆いバランスの輪郭を描くことはできる——しかし、それ以上のことはできない。哲学的分析は処世術への手引書として

(1) この問題の経緯については第一研究を参照のこと。

役に立たない。哲学的分析の要求は根本的に理論的であり――倫理学および社会哲学の全体にとって適格な幸福概念の基本的な位置づけを明らかにすることである。

こうした負担を背負う幸福概念がまずもって際立たせるのは、生の好都合な状態ならびに目標ではなくて、生の最も有望な形式である。生は形式的な概念である。形式的な幸福概念は、幸福追求が何を追求するのかに関してではなく、いかに追求するのかに関して生を把握しようと試みる。人間の善き生が善の追求の正しい――個人にとって最も有望な――形式のうちに、自己と世界とに関わる一定の仕方のうちに見出されるというのは、プラトンやアリストテレスにはほとんど自明なものとして前提されていた古代の思想である。こうした方法によってのみそもそも幸福と善き生とについて、人間の歴史的・文化的・個人史的な状況の根本的差異に開かれた普遍的な理解を獲得する機会が訪れると私には思われる。

「形式」ならびに「形式的」という表現は、結果においておのずとやはり非形式的な規定に帰着する幸福分析において、特定のアプローチを表明している。幸福のまったく形式的な分析なるものは相当に不合理であろう。幸福に関するすべての考察は一つには、それを所有するだけではまだ幸福をも善き生をも保証しないにもかかわらず追求に値するような、そうした基本財を指摘するであろう。しかし、こうした実質的な条件がその意味を保持するのは、それが何のための条件であるかということにもとづいてであり、実存的な余地にもとづいてである。その余地において全体として成功している生という全体的な幸福が姿を現しうるのである。こうした余地を形式的に特徴づける作業は、われわれが幸福の可能性にいかなる態度を取るかという問題に考察を集中するが、もう一方では、簡潔に言えば幸福の内実として規定されうる善き生の中心的次元の区分に至る。それらの次元は生き方の主導的な目的を表わしており、その目的を実現することは先に述べた余地の中に開かれている。というのも、その目的の解明がその余地を具体的に明らかにするからである。

その余地の中で成功している生が維持され、またその余地をそうした生が一定の仕方で満たすのである。

それゆえ、私が念頭に置いている幸福の形式的な理論は〔幸福の〕実質的規定にもとづいており、内実の具体化に対して開かれている。しかし、〔幸福〕分析の非‐形式的な構成要素は一定の意味で依存的な構成要素である。そうした構成要素はその厳密な規定を、幸福の形式の条件ならびに内実として受け取る。それらに対して形式的な考察が初めて、たんに形式的なものを超え出た考察において手に入る位置価値を認める。探求されているのは、正しい仕方で内容豊かな幸福概念である。

幸福の普遍的条件・形式・内実の分析は、幸福への定位と道徳的定位とのあいだの関係を見通すことのできる地点に行き着くことになる。前道徳的に[2]把握された幸福概念に留まることは、私には幸福と道徳との関係という問題をできる限り明らかにするために役立つ。幸福と道徳の関係の解明が成功するのは、早くて幸福の分析がさしあたり、あたかもまったくそれ自体のために行なわれるかのように行なわれる場合なのである。

これは希望であるが、道徳哲学的な問題設定の眼差しを一時的にそらすことによって普遍主義的な道徳の在り方への視線を保持することができればよく、さらに非強制的な幸福追求の形式に考察を集中することによって幸福と道徳の関係に関する次の二つの根本的な問いに答えることができればよいと考えている。すなわち、幸福追求は道徳の要求とどのように関わるのか――思慮深い幸福追求と道徳的態度とは一貫して一致する定位として理解されうるのか。道徳は幸福への欲求とどのように関わるのか――道徳概念を幸福概念と

(2) 私はこの表現を一貫して「初めから一義的に道徳的ではない」という意味で使用する。この意味で「前道徳的」な幸福理解は、善き生があらかじめ道徳的な生でなければならないかどうか、どの程度までそうでなければならないかという問題を未決定にしておく。というのも、そうした幸福理解においては道徳に対する幸福の位置についてまだ決定されていないからである。それゆえ、この言い回しでは「前道徳的」は「非道徳的」あるいは「無道徳的」と同じ意味ではない。

関係なく説明することは可能であるのか。

この二つの問いに私は「否」と答えるつもりである。幸福への定位と道徳的定位は、相互に他方へ還元可能でもなく、他方から分離することもできない。価値評価的に理解された「善」と道徳的な「正しさ」に関して語られるのは、相互依存的な概念である。その相互依存を軽視すると、倫理的な生の二つの次元の関連に関する納得ゆく解明への道を塞いでしまう、かの古典的な二者択一にたえず陥ってしまう。こうした誤った二者択一から逃れる道として、私は以下のことを提案する。すなわち、道徳的振舞いを幸福の形式の保護として理解すること――万人にとって実現することが同等に重要である生の可能性の尊重と保証として理解することがそれである。

しかし、この道を通ることができるのは――現代までの道徳哲学の先入見に抵抗しつつその思考の土台に留まりながら――人間らしい幸福についての普遍的な理解を手に入れることができる場合だけである。それが可能かどうかは、これから詳しく論じることによってしか示すことができない。そうした詳しい考察を私は複数のステップを踏んで試みる。第一章では、幸福概念が倫理学に関わる際に持つさまざまな意味を区別し、用語に関して若干の意味の明確化を図る。これによって、前道徳的な善についての哲学的な命題の身分を解明するための道ならしが行なわれるが、そのことに第二章が費やされる。第三章は三つの根本的な条件、それなしには人間の幸福が満たされることがあり得ない条件を指摘する。幸福と幸福追求とのさまざまに異なる意味を正当に評価できるような、そうした善き生ないし成功している生の概念の体系的な展開は第四章から始まる。私はここで相互に修正補足し合う歩みの中で成功している生の形式についての説得力ある理解の仕方をスケッチしようとしているが、その一方で後続の章では、この形式（ならびにその規定）の意味が、成功している人間らしい実践において実現されうる若干の重要な目的を明確に念頭に置きながら解明される。

第六章ではそこまでの考察状況が要約され、獲得された善の概念が人間個人および文化のより広範な差異と特殊性に対して十分に開放されているかどうか、かつパターナリスティックな帰結から守られているかどうかが吟味される。ようやく最後の第七章において、右に前置きとして強調した道徳哲学上の帰結が引き出される。すなわち、幸福の条件・形式・内実についての非相対主義的な理解の仕方が実践哲学においていかなる寄与を果たしうるかということがスケッチされる。

二―一　幸福の意味

幸福に関する考察が論じるのは、幸福だけではない。その考察は幸福と同様に不幸についても論じるし――幸福と不幸とがたえず微妙なニュアンスで混じり合うその無数の在り方をも論じる。しかしそのニュアンスを、文学作品やその他の芸術に出来るほど具体的に描きつくすわけではない。幸福に関する考察は幸福の揺らぎの中で危険に晒されているものの概念を手に入れようとする。その際にこの考察は一般にポジティヴな状態に依拠してよい。というのは、不幸ならびにそれと幸福とのいかなるネガティヴな中間状態も、幸福であることの欠損形式として際立たせられるからである。幸福が（ふたたび）断たれうるかもしれないという危険は他方では、幸福であること自身にとって本質的である。というのも、そもそも幸福でありうるのは〔完全に〕幸福ではありえないが、また――幸福でない状態の高まりとして――不幸でもありえない人だけだからである。幸福のいかなる可能性も幸福のいかなる概念も、同時に不幸の可能性を、求められ望まれる充実の不在を特徴づける。ポジティヴな概念はネガティヴな概念を伴っている。幸福の理論と不幸の理論とは一つの事柄なのだ。幸福の理論は不幸を幸福の可能性から、幸福を不幸の可能性から理解しようとする。幸福の理論は、幸福の対照的な本性を論じるのである。

たしかに、人間の幸福追求の現実には、そうした対照性のない幸福への願望・捉え損ない・喪失・消失という危険がないかのような幸福への願望が含まれることは珍しくない（そしておそらく不可避的である）。しかし、人間の幸福の現実を特徴づけるのは、こうした（そのときどきの）願望であって、その願望が充足された状態ではない。したがって、「最上幸福」は、それが人間の順調さの脆さの彼岸にあるかのような状態として理解されるならば、経験可能な幸福を論じる考察の中心に位置しえない。人間はたえず、あれこれのもの、たとえば、この日・この友人・この勝負・この作品・この生を自分の幸福として経験するのである。そのつど幸福なものとして経験されうる事態の特殊性は、この幸福を妨げあるいは横切りうるそれ以外の事態の特殊性とつねに対立する。幸福がそれの生じる状況の特殊性から少しも影響を受けていないとしたら、そうした幸福は人間の幸福ではないであろう。ある時間において、かつ一定の時間のあいだに現実に存在し——したがっていくつもの偶然的な条件に依存し——ないような幸福には、人間の生の時間のうちでいかなる現実性も認められないことになるであろう。

二-一-一　幸福と偶然

幸福はもちろん一つの複合的な状態であり、特に一つの複合的な時間的状態である。同じように「幸福」という言葉にも統一された使用法はない。したがって、われわれはまず通常の用語法ならびに哲学的な用語法においてこの表現でもって考えられうることに応じてさまざまな概念を必要とする。幸福の揺らぎの中で危険に晒されている事柄の概念を探求する場合、われわれは問われている事柄に対して一つの概念で済ますことはできない。「幸福」という言葉のさまざまな意味に一つの明瞭なつながりをつけること——哲学的分析にできるのはせいぜいそれくらいのことである。

「幸福」という言葉はドイツ語では好都合な偶然も意味するし、順調さという状態をも意味しうる。われわれは、「幸運であり」うるし「幸福であり」うる。こうした二義性はそれ自身まったく偶然ではない。われわれが「運に見放されている」とき、したがって（特定の状況において、あるいはそもそも）不運であるときには、われわれは（その限りにおいてあるいはそもそも）しばしば不幸でもあるだろう。その反対に、われわれが不幸であるときには、われわれは「運に見放されている」と感じることがよくある。運に恵まれた順調さはその反対と同じように、偶然の契機によって決定されていて、いくら人間がその影響を低下させようと、またはコントロールしようと試みても、そうした契機に晒され続けている。その場合に「偶然」は、個々人の思いのままに（または他の個人の計画どおりに）ならない事情や出来事が個々人の生活状況へと及ぼす好都合なまたは不都合な影響を表わしている。しかし、幸福にどれほど多く偶然が関わっていようとも、それにもかかわらず、このこと自身は——幸福のあらゆる形式において——たんに一つの好都合な偶然などではない。というのも、好都合な偶然であるものを決定するのは、コントロールされていない出来事そのものではなく、その出来事が人間の幸不幸に及ぼす影響だからである。

それゆえに、「幸福」という表現の二つの意味を、厳密に区別することが重要である。このことは、eutychia と eudaimonia, fortuna と beatitudo, chance と bonheur, luck と happiness といったように、それぞれ固有の表現が存在している他の自然言語においては普通に見られる。それに応じて、私は「幸福」概念（ならびにそれの類義語）を用語のうえで、人間の順調さという状態を特徴づけるために取っておき、その順調さに多かれ少なかれ影響を及ぼしうる好都合な「偶然」から区別しようと思う。

二－一－二　主観的な幸せと客観的な幸せ

幸福と見なされる順調さは、たんに健在であることから、しかも、たんに「主観的」な健在からもたんに「客観的」な健在からも区別されなければならない。健康上または仕事上でうまくいっていない人でも、主観的にきわめて幸せだと感じることはありうる。客観的に健康である人でも主観的に具合が悪いと感じることはありうる。「彼の状況は悲惨だが、彼はきわめて気分良く感じている」「彼女の状況は華やかであるが、彼女はそう感じていない」といった命題を矛盾なく語ることができる。健在であることにおいては主観的状態と客観的状態とが相互に対立した仕方で現われうる。幸福の場合には事情が異なっている。幸福の場合、主観的構成要素と客観的構成要素とは必ず手を組んで進む。幸福であることを感知しないで幸福でありうることは少ないとしても、ただ自分が幸福だと感じるという理由だけで、すでに幸福であるわけではない。ある――客観的に見れば――偽りの健在が――主観的に――現実の健在である一方で、「錯覚にもとづく幸福」は決して現実の幸福ではない。錯覚にもとづく幸福は一つの実定的に気分づけられた状態であって、それはその気分を持つ人々をその人々の状況の現実に関して欺くのである。こうした状況が自覚されているとしたら、幸福の印象も壊されてしまっているはずだろう。それに対して現実の幸福は、それに関与する者から見て実際に生き甲斐のある生の現実が開示されることのうちにある。この場合、幸福な気分のうちにあることは、〔たしかに〕自己自身の有益な状況の曇りない意識の構成要素である。幸福に気分づけられていることなくして、幸福は存在しない。しかし、幸福は気分づけられていることだけの問題ではない。

もちろん、この場合「気分づけられていること」は単純に「〔たんに主観的である〕気分」と理解されてはならないし、いわんや単刀直入に「感情」と理解されてはならない。気分は、生の特定の所与に関してではなく、生のそのつどの状況に関する直接的な価値評価を含んだ情動である。[3] 気分は、感情のように実存的に重要な客観（この重要性をたいていは感情によってようやく保持する）に関係づけられるのではなく、個人的実存の無規定な範囲へと関係づけられるのである。気分の様態で知覚された状況は、その際むしろ目下の行為状況、あるいは現在の生の状況や自己自身の生全体に該当する。気分にとって特徴的であるのは、その中でこの境界の流動性が経験されるということである。気分は、われわれが生の展望を知覚する際の基本的形式である。この展望にわれわれはたいてい気分という特殊な情動性において出会うのである。それにもかかわらず、われわれの幸不幸はしばしばわれわれの気分によって決定されており、肯定的あるいは否定的気分として与えられている、と言うのは本末転倒であろう。気分はしばしば一時的な状態であり、したがって、必ずしもわれわれの幸せがどうなっているのかについて適切な情報を提供しない。われわれの状況を理解するにあたり、われわれはわれわれの気分の価値評価に縛られていない。われわれは、自分たちの気分に含まれている評価を一面的で根拠がないと非難することもできる。われわれは、さまざまな仕方で修正しつつわれわれの気分の重要さと在り方に関わることができる。したがって、気分に含意されている判断がいつでも、われわれの今の調子あるいは全体としての調子に関する唯一の判断ではないし、必ずしも決定的な判断であるわけではない。生の持続的な性質は、現実のネガティヴな気分がまったくその場にふさわしく現われると

（3） E. Tugendhat, Selbstbewußtsein und Selbstbestimmung, Frankfurt/M. 1979, 9.Vorlesung; H. Fink-Eitel, Afekte. Versuch einer philosophischen Bestandsaufnahme, in: Zeitschrift für philos. Forschung 40/1986, 520ff.; U.Wolf, Gefühle im Leben und in der Philosophie, in: H. Fink-Eitel /G. Lohmann (Hg.), Zur Philosophie der Gefühle, Frankfurt/M. 1993, 112ff.

ころで、そうした気分に完全に支配されないことのうちに本質を持つと言える。方向づけられた感情の場合と同じように、われわれの状態に関するわれわれの知識は、気分の場合においてもしばしば情動自身のうちに存する価値評価より遠くに届く。したがって、ある人物が自分の状態について持つ見解はたしかに、つねに情動に担われているか、または情動に関係づけられているだろうが、しかし、必ずしも情動的に、情動（のみ）によっては与えられない。それゆえ、気分の声を聞かぬふりをするのはしばしば困難であり、たいていは不快であろうとも、われわれはわれわれの気分の意思表示をそのつど否定することができるのである。[4]

私は、積極的に「気分づけられていること」について、それなしには幸福な存在しえないと述べたが、そうした気分づけられている状態は、以上のことからより普遍的に「第一人称のパースペクティヴからの経験」として理解されなければならない。というのも、幸福の現前は、現実的な情動状況や潜在的な情動状況、また情動に結びつけられた意識の在り方、またそうでない意識の在り方に依存し続けているのであり、そうした情動状況や意識の在り方に対する適切な表現は、主観的で実存的な——経験だからである。われわれの生の状況の経験は、その際必ずしも、われわれは幸福（あるいは不幸）であるという明示的な知、あるいは、われわれが幸福（または不幸）であるかどうかについての明示的な見解を含まない。われわれが自分の生の状況を経験することの本質は、われわれがいかなる状況にあるかということを察知ないし感知することのうちにある。そうでないとしたならば、われわれは——突然の感情や洞察あるいはその両者によって——われわれが幸福あるいは不幸であることをそれほどしばしば発見できないことになるだろう。というのも、たしかに誰も、自分が幸福と感じることなしに幸福ではありえないが、自分が幸福または不幸であることを知らずに幸福または不幸であることは可能だからである。

したがってわれわれは、幸福とは生の感情ではなく、本質的に感情と気分によって開示される生の現実である、と言うことができる。当事者によって幸福として経験されうることだけが幸福と見なされうるのである。

したがって、幸福の内実が充足されている状態を他者が自分の幸福として経験できないようなそうした幸福の規定を他者に投影するべきでないならば、他者の実存状況を先入見に囚われずに判定するには、つねに他者の主観的パースペクティヴにまで遡らなければならない。そしてわれわれ自身に対しても、以下のことが当てはまる。すなわち、われわれにとって肯定的な生の状態であるのは、たとえわれわれがひょっとしてわれわれの幸福の総体とは異なるものを望みあるいは夢見ていたとしても、われわれが実際に情動に関係し情動に伴われながら生の肯定的な状態として経験できるものだけである。健在でなければ順調さは存在しない。幸福が可能であるのは、健在さと順調さとの統一においてのみである。すなわち、われわれの（束の間のあるいは長期的な）願望に叶う状態において、われわれを（われわれにとって最も大切な事柄において）われわれの状態に関して欺かない健在としてのみである。

こうして、われわれは一つの重要な基準を手に入れた。それは、われわれが誰かに対してその人の幸福として認めてよいのは、その人自身がみずからに対して幸福と認めうるものだけである、言い換えれば、「幸福」のいかなる他者記述も当事者の側での可能的な自己記述に結びつけられている、と表わされる。

しかし、これまでの考察が正しいならば、こうした基準とはある重要な補足が結びついている。すなわち、「幸福」の自己記述が必ずしもつねに他者記述をも正当化するわけではない、ということである。というのも、われわれが幸福だと呼ぼうとするのは、一方では、自分が幸福であると自ら言うことができる人であり、他方では、その人の生の中でその人にとって特に重要な事柄に関して思い違いしない人だからである。

（4）感情（あるいは欲求）と理解との相互依存関係については、J. Griffin, Well-Being, Oxford 1986, 26ff. が的を射ている。

幸福とはただ幸福として経験もされうる事柄であるという命題は、当たり前のことを言っているのではない。その命題は、いかなる客観主義的な幸福理解をも排除するし、先述した仕方で幸福であることに気づかないで幸福でありうることを排除する。それにもかかわらず、幸福であるのは、自分の健在さを踏まえつつ自分の生の中で自分にとって重要な事柄について思い違いしない人であるという補足は、たんに主観主義的な〔幸福〕理解を明らかに超え出てゆく。なぜなら、われわれがその点において思い違いしているか否かは、しばしば、第一人称には結びついていない客観的な判定に開かれているからである。私が何を友人たちによる欺きと見なしているかを他者が知っている限り、その他者も私と同じくらい適切に、私の友人たちが私を欺いていることを確認できる。そのことが同時に示しているのは、私が欺かれているのかどうかまたどの程度欺かれているのかについて外部から行なわれる判定も、私にとってあらゆる事柄の中で何がそのような事柄に数え入れられるのかということと無関係に可能ではない、ということである。〔もちろん〕ここでも、主観的なパースペクティヴは不可欠な基準であり続ける。というのも、われわれの幸福は、われわれがどれほど生の事柄の真なる重要性に関する客観的――あるいは客観的らしい――論証にアクセスできるかということに無関係に、われわれにとって何が重要であるかということに依存しているからである。

　そうすると、幸福の普遍的形式に関する探究はすでに終了しているかのように思われるかもしれない。個々人にとってその幸福に関して何が重要で何が重要でないかということが、究極的にその個々人の手に委ねられているならば、人間の幸福を普遍的に理解する道は初めから閉ざされているように見える。しかし、それは間違いである。というのも、先に打ち出された命題が定式化しているのは幸福の定義ではなく、たんに幸福を帰属させる基準にすぎないからである。その命題の意義は控えめであって、言われているのは、当事者によって幸福として経験されえないものは幸福と見なされてはならないということである。誰に対しても、その人がみずから価値評価できないものを幸福としてその人に帰属させてはならない。(5) そのことは、幸福のさらなる規定を禁止することを含んでいない。禁じられているのは、主観に相対的ではあっても「幸福」を帰属させる基準に結果的に違反するような規定だけである。その基準そのものによっては、そうした失敗を回避する普遍的な幸福理解が存在しうるかどうかは、未解決のままに残される。

そうした失敗が回避されるのは、われわれが個人的な善の概念を、たんに「主観的」でもなくたんに「客観的」でもないような概念として手に入れる場合だけである。(6) こうした概念は、たんにさまざまな個人が

(5) これに関連して、G・H・フォン・ウリクトが Varieties of Goodness, London 1963, 99 で言っている。「われわれは、われわれ自身の第一人称の幸福判断を決定するような出来事の現前または不在を、第三人称の判断の真理基準としてはならない」――しかし、「幸福」の享受と否認とは、先に述べたようにつねに対称的であるわけではない。幸福を認める基準は自己記述を犠牲にした他者記述を禁じるが、その一方で、問題となっている状況の主観的な重要性が考慮されつづける限り、それぞれの主観的な意志表示に逆らって「幸福」を否認することも辞さない。誰かがその友人たちを信頼し、その信頼がその人にとってとても重要であることをわれわれが知っており、かつ同時に、その友人たちがその人を欺いていることをわれわれが知っているとしよう。その場合われわれは、「その人は自分が幸福であると信じている（感じている、理解している）が、〔実際には〕そうではない」と言うことができる。――より主観主義的な調子の強いヴァージョン（フォン・ウリクトが好むような）があるとすれば、それは、こうした否認が可能なのは友人たちがその人に行なうことを他者が内密に（しかしその本人はそうとは認めずに）知っているときである、と言うところに特徴を持つだろう。しかし、こうした主観主義は、何らかの仕掛けによって本物と装われた経験現実の事例に依拠している点で挫折する。こうした現実は、幸福として体験されるが、当事者が幸福（の現実）として体験すると信じることはないのである。幸福が単純に幸福であることが少ないのと同じように、それは単純に感じられたことや体験されたことのリアリティに無関係な体験内容であることはない。幸福は、幸福として経験される状況の理解を含意している。「われわれが一つの生を善いと見なすこと、ならびにわれわれがそれを善いと見なすこと、その両方が重要なのである」（R. Dworkin, Life's Dominion, New York 1993, 206）。

(6) Vgl. W. Tatarkiewicz, Analysis of Happiness, The Hague 1976, 13ff. u. 18f.;Griffin, Well-Being, a.a.O., 33; R. Dworkin, Foundations of Liberal Equality. The Tanner Lectures on Human Values XI, Salt Lake City 1990, 75ff..,同様に、Th. Scanlon, Value, Desire and the Quality of Life, M. Nussbaum/A. Sen (hg.), The Quality of Life, Oxford 1993, 184ff., 199, u. E. Tugendhat, Vorlesungen über Ethik, Frankfurt/M. 1993, 245f., 268f., 271.

（主観的なパースペクティヴから）事実として意欲する事柄を指摘したり何らかの仕方で要約したりするだけではいけないし、主観的なパースペクティヴを顧慮せずに外部から、人間にとっての善と見なされうることを確定するだけでもいけない。探求される善の概念はむしろ、任意の人物の主観的なパースペクティヴの批判的解明として、――したがって、それらの人物が何を（あるいは、形式的なアプローチが正しいならば、その人物がいかにして）その人自身の利害関心において有意義に意欲できるのかということの批判的解明として理解されうるのでなければならない。[7] 私はこのことを反省された主観主義と名づけたい。われわれはのちに（二－六－三）、見出された善の理解が指摘された要求と一致するのかどうかを検討しなければならないだろう。

二－一－三　エピソードとしての幸福と全体としての幸福

さらに幸福は、エピソード的なものとしても、または全体的なものとしても考えられうる。この点で幸福の用語法は分析全体にとって決定的に重要である二つの根本的意義に区分される。

「私は幸福である」という文は、私がここで今感じている幸福に関係づけられうるか、あるいは私の生の全体的な質に関係づけられうる。前者の場合に語られているのは、私の生のうちなる幸せな一状況あるいは幸福な一断面である。後者の場合、私は私の生そのものを一つの（大体において）幸福な人生と見なす。幸福は前者の場合、私の生における一つのエピソードあるいは一つの時期であり、後者の場合には私の人生の一つの形である。[8]

これら二つの言い回しが二通りの関係を持っていることはいとも簡単に明らかになる。第一に、幸福な生は幸福のエピソードなしに可能ではない。第二に、幸福な生は、たんに幸福のエピソードの終わりなき連鎖から成り立っているのではない。人間の善き生のうちではさまざまな喜ばしい状況と喜ばしくない状況とが見事に存立し合っている。それゆえいかなる幸福論も、人間の生の個別の幸福状況とそれらの質的な統一性との関わりを明らかにするという課題に直面する。というのも、たんなる幸せの感情とエピソードとしての幸福とは、後者が――それを経験する人々にとって――全体的な幸福期待の地平のうちに存在しているという点で本質的に区別されるからである。エピソードとして幸福である状況は、その生彩とその価値とを、さまざまな度合いで成功したり失敗したりする生の状況の内部で手に入れるからである。したがって、幸福に関する哲学的な問いは結局のところ、つねに「幸福」の全体的な言い回しの意味に関する問いなのである。[9]

エピソードとしての幸福がつねに全体的な幸福期待あるいは幸福可能性――成功している生の可能性――の地平のうちに存在するということが的を射ているならば、われわれがエピソードとしての幸福について情報を得ようとするときに手に入れなければならないのは、全体的な幸福についての情報である。現在の内的ならびに外的状態における単純な満足からあらゆる幸福（ならびに不幸）を際立たせているのは、幸福が先行する期待と過去に遡る記憶という時間地平のうちにあらかじめつねに存在しているということである。言い換えれば、幸福、エピソードとしての幸福だけでなく全体的な幸福は、現実存在の可能

（7）私と同じようにロナルド・ドゥオーキンも、Foundations..., a.a.O., 45ff. で、倫理学的な分析において人間の意欲的な幸福だけでなく、さらに人間の批判的な幸福も顧慮することを支持している。
（8）ここでは全体的な幸福とそうでない幸福との差異が問題であるので、私は一時的な幸福を用語上で「エピソードとしての幸福」のうちに数え入れる。
（9）Vgl. R. Spaemann, Philosophie als Lehre vom glücklichen Lebens, in: G. Bien (Hg.), Die Frage nach dem Glück, Stuttgart-Bad Cannstatt 1978,1ff.

性であり、その可能性はその生の時間の中でその生の時間に関わらなければならず、また関わりうるような生き物 Lebewesen、自己意識を持ったそうした生き物だけに開かれている。その生き物はこの時間の有限性を知っているし、その時間の中で生起したことの量が測れないことを知っている。したがって、成功している生の可能性は同時に、自己意識を持った生き物たちが――幸福になるか不幸になるかに関して――晒されているようなそうした可能性なのである。

もちろん、われわれはしばしば他の意味でも「幸福」について語る。たとえば、自分を幸せと感じることが上記のような広い時間的コンテクストの影響を受けていないような生き物（嬰児や動物）を「幸福な」と特徴づけるときがそうである。この場合、「幸福」は個体における無制限な感覚的幸せを意味しているが、その個体の知覚作用は、完全にあるいは一般に現在の状態に限定されている。その幸せは、何の曇りもない満足の位相であり、たとえわれわれのうちの誰も実際にはそうした生き物と〔自分を〕交換したくないとしても、そうした存在者がそうした位相に在ることを、自らの生の時間を意識しているわれわれはよく羨ましがる。この場合には普遍的な意味における「善き生」は決して、エピソード的な充実（への希望）と全体的な充実（への希望）との緊張関係のうちに存在する生である必要はない。動物・嬰児・重度精神障害者は、その生の持続においてどれほど幸せだと感じるかに応じて、そうした存在者なりの仕方で全体的に（どちらかといえば）善き生ないし（どちらかといえば）悪い生を持っている。したがって、善き生と悪い生との両極性は、自分の時間を意識していて、それゆえに自分の生の統一への問いに直面している一個の現実存在の在り方をはるかに超え出てゆく射程を持っている。善き生はそうした生の幅広い意識がなくても可能である。それにもかかわらず、私は以下において全面的にこうしたより複雑な構造を持つ順調さに議論を集中するつもりである。こうした順調さを経験できる生き物においてのみ実存的な成功と失敗とについて語りうる。そうした場合にのみ、状況に応じた体験の質が自分の生の価値評価と結びつけられるのであり、そうした存在者に関してのみこうした生の主体にその生の正しい在り方への実践的な問いが向けられるのである。この場合にのみ、この考察の根本問題の源泉である問い、善き生は道徳的に善き生とどのように関わるのかという問いが立てられうるのである。

それゆえ、私は「幸福」と「善き生」を以下では一貫して狭いあるいは強い意味において、成功している生の全体的な幸福に手が届きうる生き物の順調さと理解する。それに対して、弱い意味における「幸福」と「善き生」は個人におけるあらゆる種類の順調さを意味しているが、それは自分自身の生の時間についてのいかなる意識がその生活と結びついているかということとは無関係である。こうした広い理解はたしかに――第三研究においてより詳しく解明されるように――道徳哲学的にきわめて重要である。しかしながら、幸福への定位と道徳的定位の関係の探求のための予備作業であるべき幸福分析にとってそうした広い理解はほとんど意味を持たない。というのも、強い意味において善き生を生きられる人だけが反省された道徳的行為をも為しうるのだからである。したがって以下においては、そうした人々の実存的な成功がもっぱら問題とされることになるであろう。すなわち、本研究の末尾――二―七―三―一――で道徳哲学的な根拠から狭い意味での善き生への制限がふたたび破棄されざるをえなくなるまで〔幸福は狭い意味において理解されるのである〕。

自分の態度――意見・願望・感情――に対して肯定的または否定的に立場を取りうるといった仕方で自己と世界とに関わる可能性を手中にしているような、そうした個人だけがこの狭い意味で幸福でありうる。時間意識を含んだ自己意識は、第二段階の意見や願望を持ちうる能力にとって前提条件である。こうした能力を持つ個人は、ハリー・フランクファートによれば、パーソナリティの基準を満たしている。(10) たったいま精確にされた意味における幸福と不幸は――順調さならびに苦しみと異なり――パーソナルな生の形式に拘束されている。パーソナルな生だけが、その生の時間に直面しつつ生きられる。パーソナルな生だけが、幸福と不幸は一体どれほどのあいだ〔ある人のところに〕留まるのだろうかという問いの前に立たされる。パーソナルな生だけが成功への希望と失敗する危険とのうちに存在する。こうして、自己意識を持っていて限定的にでも自己決定できる生き物だけが先に述べた意味で幸福でありうるにもかかわらず、幸福ならびに不幸に与る可能性はさらに広い範囲を射程に収めている。すなわち、あらゆる人間の生が人間的な幸福と不幸の地平のうちで生きられるのである。たとえ、その人間たちがどれほど幸福な生を生きることができようとも、あるいはどれほどできなくても、そうなのである。(11)

二—一—四　順調さ・幸福・善き生

「幸福」はその包括的な意味において個人の「善き生」を短縮した表現である。この表現は、ギリシア語の »eudaimonia« のドイツ語訳である。それ以外のドイツ語訳に「成功している生」、「人間らしい繁栄」、あるいは簡単に「順調さ」がある。「幸福」という表現は〔前節で述べた〕幸福の二つの基本的種類の関連を表わすためにも用いられるけれども（本研究のタイトルならびにいくつかの見出し語に見られるように）、この語の基本的な二つの意味は分析のさらなる歩みの中で明確に区別するのがよい。コンテクストが明らかである場合に限り、以下ではエピソードとしての幸福を、それと断ることなく「幸福」としてたびたび表現する。それに対して、全体としての幸福を私は「善き生あるいは成功している生」と表現したい。その一方で、「順調さ」という表現を私はポジティヴな個人的生活状態のきわめてさまざまな状態を表わす一般的な用語として用いたい。

そのように理解された「順調さ」は、身体的な健在と精神的な健在、自己自身および世界に満足しているあらゆる状態、エピソードとしての幸福や全体としての幸福の極端な喜びをも包含する。したがって、これらのものは順調さの一つの特定の在り方である。このように理解された順調さの反対概念は、やはり一般的に理解された苦しみの概念である。この苦しみには、一時的な気分の悪さから重くのしかかる実存的不幸までが含まれる。中間的な概念があるとすれば、それは、我慢できるまずまずの生活状態という概念であろう。ただし、その在り方が身体的であれ精神的であれ、外的であれ内的であれ、一時的であれ持続的であれ、関係ない。

エピソードとしての幸福は順調さの多くの在り方と一律に等置されてはならない。私が何らかの仕方で順

(10) フランクファートは第二（あるいはより高次な）段階の願望に議論を集中している。意見の場合と異なり、その事柄の概念の場合には第二段階の願望に立場を取りうることは重要でないからである。ある意見を持つことはその意見についての意見（その意見は真であるまたは間違っている）を持ちうることを意味するが、ある願望を持つことはその願望について立場を明らかにすることを初めから意味しない。こうした能力を持つのは、意見を持つこともできる個体だけである。しかしながら、意見を持つ能力は、それ自体として第二段階の願望を形成できる能力を含意しない。したがって合理性は、フランクファートが正当に言うように、決してパーソナリティにとっての十分条件ではない。H. Frankfurt, Freedom of Will and the Concept of a Person, in: Journal of Philosophy 68/1971, 5ff.; vgl. E. Tugendhat, Selbstbewusstsein und Selbstbestimmung, a.a.O. ——ここで強調されている反省的性格は人間の情動にも当てはまる。われわれは自分たちの情動に関係しなくても、調子が良かったり悩んだりできるが、われわれの幸福について知ることはできないし、〔自分が〕幸福かどうか疑ったり、幸福を恐れたりなどもできない。情動において自己自身ならびにその情動に関係する存在者だけがそもそも（上記の強い意味において）幸福あるいは不幸でありうるのである。

(11) 私が人間に関わる善き生を「強い」意味での順調さとして特徴づけるからといって、それでもって、この生が絶対的な意味においてより善いであろうとは考えていない（この点については第三研究も参照のこと）。考えられているのは、たんにこの順調さがはるかに複雑で差異化された——それゆえ特に人間にとって魅力的な——生活であるということにすぎない。

調に生活している——温かいシャワーを浴びることができすばらしい食事を口にできる——ことがはじめから、私が幸福でもあることを意味するわけではない。他方で、私が身体的あるいは経済的に（それほど）順調ではないとしても、私は幸福でありうる。むしろ、この幸福の本質は、私のそのつどの現在の状況が事情によってはどれほど「平凡」であろうと、〔私が〕その状況と特定の仕方で調和することに存する。「私は（今ここで）幸福である」と私が言うとき、それが私は本当に順調に生活しているとか、私はいかなる心配も持っていないといったようなことを意味する必要はない。それは、私にとっては（つまるところ）今ここで存在するとおりに存在することが善い——若干のあるいはまったくの例外はあるとしても——ということを意味するのである。

エピソードとしての幸福に当てはまることは、強められて、善き生の全体的な幸福にも当てはまる。全体としての幸福を一括された永続的な順調さの感情として把握することはできない。苦しみを免れていることがはじめから個人の善の有効な規定ではないのは、この善が苦しみの少なからぬ形式と共存しうるからである。善を苦しみからの自由と言ってしまうならば、人間の善き生は存在しないと決定してしまうことになろう。苦しみはいかなる人間の生にとってもその不可欠な構成要素なのであり、したがって、すべての人間の生、したがってすべての善き生にとってその不可欠な構成要素なのである。すなわち、ある生がどれほど善いかまたは悪いかということは、特に、この生の主体が苦しみの経験をどのようにうまく解決するかという点において示される。同様のことは、楽しさといったようなポジティヴな状態にも当てはまる。つまり、喜びないし楽しさの合計によって善き生の在り方を規定することはできないのだ。人間の生の全体的な質が示されるのは、ようやく、生の経過の中で代わる代わる現われる快と苦しみ、喜びと苦しみ、不安と確信、要するに幸福または順調さの揺らぎにわれわれがうまく対処する仕方のうちにおいてである。善き生の幸福は、順調さの個別の状態や移ろいゆく幸福のエピソードや時期とは異なるのである。

こうした考察でもって初めて、すでに言われたように、順調さという哲学的テーマに到達したことになる。その問いは、幸福ないし不幸のさまざまな状況が個人の善き生または思わしくない生という状況にどのように関わっているのかと定式化される。この問いは、人間の生全体の質にとって決定的に重要である順調さとは何であるかを問う。その問いは、幸福と善き生とがいかなる相互関係にあるのかを探求しようとするのである。

それにもかかわらず、私は幸福概念に――特にこの論考のタイトルにおいて――ある意味では優位を認める。その根拠は事柄のうちに存する。幸福の理念はより根本的な理念であり、幸福概念はより根本的な概念である。成功している生の理念にはたいてい、それが一般に幸福であるだろうというイメージが含まれる。(12) 善き生全体が幸福な生であり、幸福なエピソードないし幸福な時期を貫通しそれらを与えると約束するだけでなく、善き生内部の危機によってつねに新たに充実した「生の状況」を形作ること、その状況とは、われわれがそれと全体として調和でき、それをまさにその有様のとおり肯定し、繰り返し選ぼうとし、他の有様では肯定も選択しようともしない、そうした状況であること――これらのことは、人間の生の、満たされ難い最善状態であるが、それとともに本性的な目的でもある。(13) しかし、その状態は幸福という名前であり、それ以外の控えめな表現では、幸福要求のこうした過剰な特徴が覆い隠されてしまう。(エピソードとしての)幸福と(全体的で実存的な)成功とが離れ離れになり衝突する可能性があること、それどころか、ある善き生の在り方がこうした衝突からのみ理解されうることが示されるとしても――人間の幸福要求は人間の生の

(12) 善き生と幸福な生との差異については、Tatarkiewicz, Analysis of Happiness, a.a.O., 31f. も参照のこと。成功している生・善き生・幸福な生の区別については、二-四-三-三で再び論じる。

(13) しかし、偶然性を免れた「最上幸福」とは異なり、この最善状態の完全な実現は少なくとも思考可能である。

全体そのものに関わりうる。根本的な幸福追求が、あれこれのエピソードとしての幸福を控えめに追求することに比べて、内面的矛盾・挫折・絶望をもたらすことを知っていても、そうなのである。幸福要求のこうした可能的な極端論を幸福に関する考察は無視してはならない。幸福の考察はエピソードとしての幸福と全体としての幸福の収斂という理想を見過ごしてはならないのである。

しかしこうした衝突の不確実な事例を範例的な事例に高めるのは、本末転倒であろう。というのも、そのようなことをしたら、幸福が現われても、それがいかなる在り方をしているのか、ほとんど知ることができなくなると言わざるをえなくなってしまうだろうからである。[14] 現実的で経験可能な幸福はすべて、ほとんど到達不可能な最高の幸福への近似値にすぎなくなってしまうだろう。善き生におけるエピソードとしての幸福と全体としての幸福との区別は、そうした〔幸福理解の〕歪みを防いでくれる。幸福と善き生とは、実際に現存在である人間の可能な現実なのである。善き生は、多少なりとも幸福でありうるが、しかし、生が全体として成功している〔生である〕ために、全体として幸福な生である必要はない。たしかに過剰な幸福理想もまた人間幸福追求の努力の真実に含まれるが、その理想が幸福ならびに善き生の定義を規定してはならない。その理想の実現は、エピソードとしての幸福ならびに全体としての幸福を経験するための必然的条件でも必然的目的でもない。したがって幸福と善き生の持続的な収束という不確実な状態にとって、われわれの用いる概念が開かれていれば、それで十分なのである。

二―一―五　生の全体

先に指摘した»eudaimonia«のドイツ語の訳語は、それらが全体的な意味で理解された善き生の経過に注目した側面を強調しているという点で共通している。それらの訳語は、善き生をその終わりから——首尾よく成功したものとして——ではなく、——成功しているものとして——生の遂行の只中から表象している。多くの著者たちが今日では、そうした善き生の現在形の概念が回顧的な表象に比べて論理的に優位であるという点で一致している。[15] それゆえ、成功している生とは何を意味するのかということは、生の遂行そのものにもとづいて、すなわち、成功している生を生きる人々にとって善き生あるいは思わしくない生を生きることの本質を成すものにもとづいて理解されなければならない。しかし、善き生の概念は古代から人間の生の全体に関係づけられてきた。したがって、適切な考察は、生の遂行の内的なプロセスならびにそうしたプロセスとして遂行される生の全体の両方を視野に収めていなければならない。

この全体ということで考えられているのは、誕生と死のあいだの区間ではなく、むしろ、そのつどの生を生きることがどのような在り方をしているか、していたかという主観的経験の全体である。こうした主観的経験に——すでに述べたように——個人的生の在り方をできる限り客観的に判定するすべての試みが依拠している。しかしこの判定も——それが第一人称の視点から為されるのか、第三人称の視点から為されるのかによって——必ずしも一様ではない。その判定はさまざまな構成要素を考慮に入れなければならず、この構成要素の連関について問わなければならない。それは、異なるレベルから言えば、生が——どの程度——善

(14) この出発点を選んだことにおいて、タタルキエヴィチの分析は根本的な欠陥を免れない。というのも、この〔出発点を選ぶという〕決定によってタタルキエヴィチは、幸福の理論が（人間の）現実に含まれる何ごとかに関わっているべきだという納得のゆく基準に一致しうるために、幸福の根本概念をたえず修正せざるをえないからである。Analysis of Happiness, a.a.O., 8ff. u. 20.

(15) M. Nussbaum, The Fragility of Goodness, Cambridge 1986; H. Krämer, Integrative Ethik, Frankfurt 1992, 302ff.; R. Marten, Lebenskunst, München 1993, 15ff.——こうした見解に反対する伝統的な立場の代表がシュペーマンである。Spaemann, Philosophie als Leben..., a.a.O., 11.

いかあるいは善かったかをわれわれが省察するときに生を理解する統一の様式に向けられる哲学的考察とまったく同じである。

ここでも「幸福」について語ることが考察の最も自然な切り口である。われわれが幸福または不幸であるのは、われわれの生の状況の中においてである。「生の状況 Situation des Lebens」――これはしかし、三通りのことを意味しうる。私はある特定の状況の中に――この書き物机のそばにいることも、向こうの公園にいることもあるし、買い物していることもあれば、スカッシュ遊技場にいることもある。これらは、われわれの多くが普通日常的に体験する一時的で空間的に限定された状況である。そのそれぞれの状況においてわれわれはより善いまたはより思わしくない境遇に置かれうる。われわれがこうした状況を変更できるかぎり、われわれの順調さがけっしてそうした状況だけに依存することはない。

たいていこの一時的で空間的に限定された状況のうちに、善かれ悪しかれ、われわれのそのつどの――包括的な――生の状況にとって特別な意義を有する特定の状況が存在する。こうした状況――書き物机またはルイーゼのそばに居られること、あるいは居られないこと――は、われわれの現在の生の状況全般にとって影響を及ぼす。その場合、現在の生の状況全般は、その範囲内である与えられた時点におけるわれわれの生が営まれる状況の総体として理解される。この生の状況においてもわれわれはより善くもより悪くもありうる。もちろん、この場合には簡単な変易が可能かもしれないということはない。われわれが自分たちの生の状況を変えるためには、われわれの生の限定された状況の多くを――あるいはそうした状況の連関を変えなければならなくなるだろう。(16)

結局のところ、われわれの生の限定された状況と現在の（包括的な）生状況 *Lebenssituation* からは結局のところ個人の生の全体状況は区別されなければならない。

これらの三つの概念でもってようやく「生の全体」について語る準備が整った。今考えられているのは、以下のような生状況である。すなわち、自らが置かれている変化のコンテクスト、あるいは（見通しとして）置かれるであろう変化のコンテクストの中で過去へとさかのぼり未来を指し示しているという生状況である。この場合、個人の生状況はその過去ならびに現在の、そしてしばしば遠く未来へ延びる展望の物語のうちで眺められている。「生の状況」――それは私のそのつどの現在の生状況の歴史である。

「幸福」と「善き生」の区別が今やさらに明らかになる。ある人が幸福であるかどうかはその人の（そのつどの）生状況に即して決定される。ある人が善き生を生きているかどうかは、その人の生の歴史に即して決定される。第一の場合には生のさまざまな時間が語られ、第二の場合には生という時間が語られる。生という時間が問題となるのは、われわれがわれわれの生の成功について、すなわち、その生が（大体において）善き生かどうかについて問うときである。この問いは、われわれの現在の生状況についての問いと同じ意味ではない。われわれは、長らく調子が悪かったが今は順調である（今は幸福である）と言うことができるが、その反対に、われわれは長らく調子が良かったが、今は調子が悪い（今は不幸である）と言うこともできる。これらの言明から直接には、われわれの生全体の質についての言明は導き出されない。われわれは今不幸かもしれないが、われわれの状況が好転するだろうという希望を抱くもっともな理由を持ちうる。われわれは今幸福かもしれないが、われわれの生が善い生であるのは、それが現在の喜ばしい状態につながったからにすぎないと言おう

(16) 充実した生状況の質はつねに、いくつもの充実した限定的な状況のうちに根を持っている。そして、そうした限定的な状況自身がほとんどつねにその他の生状況に影響を及ぼす。しかし、充実した限定的な状況の幸福は、全体として幸福な生のエピソードと同じ意味ではない。限定的な幸福は、われわれが相対的に不幸であることの記号でありうる――それが煩わしい生状況を変えることができずに、中断するにすぎないならば。

とはしない。生のある時間に関する判断は、この生という時間についての判断と同等ではない。というのも、ある生が全体として成功することは、異なる包括的な生状況——さまざまな時間——を通したある生の経過に関係するからである。したがって、われわれの生が善き生であるかどうかは、個別の生状況だけに即して決定されるのではなく、この生の歴史に即して、言い換えれば、われわれの生のさまざまな——さまざまに幸福な——時期をどのようにうまく生き抜いたのかということに即して決定されるのである。

それゆえ、ある生の決算はこの生の歴史からのみ生じうる。この歴史は、この生の主体によって生き抜かれた状況に内在する性質ならびにそれらの状況の間を生きる途上で遂行できた経験を問題とする。この歴史を一息で語ることはできない。言い換えれば、この歴史は繰り返し、しかもしばしば新たに繰り返し語られる。この語りは人生に伴う。この語りはこの生のうちでは終わらない。この語りは、この生の主体によってだけでなく、この生に遠くまた近く伴うすべての人によっても語られる。伝記的な語り——ならびにそれが依拠している記憶の媒体——の在り方は一つの固有なテーマと言えるだろう[17]。われわれにとっては特にこうして語られる決算の時間的な位置が重要な問題である。それらの決算は本来の位置における、そのつど生きられた生の只中における結果である。それらの結果が問題としているのは、多様な——過去および未来の——限定的かつ包括的な状況のうちに存在することが、当事者にとってどうであったか、またどうであり、どうであろうかということである。それらの状況は、この生の歴史を解釈しつつまたその解釈を変更しつつ説明する際の舞台なのである。

その舞台では、語りつつまた想起しつつ現前化する働きにおいて、個人の生の全体的な質がその内側から決定される。善き生とは、その中でこの生の状況の質に関する問い、すなわち、その生のさまざまな状況を通した経過の在り方に関する問いが一度だけでなく、繰り返しポジティヴに答えられうる、そうした生である。全体として善き生に含まれているのは、われわれが実存的な成功を一貫して確信している可能性があるということではなく、むしろ、われわれがその生を繰り返し——それほど大きな思い違いもなく——大体において成功している生として経験し語りうるということだけである。

それに対して、生が終わった後の事後的な決算はいずれも、この内部からの判定に依存している。というのも、そうした決算は、その当事者がその生の時間においていかなる状態だったかということ以外に何を言いうるというのだろうか。もちろん、人間の幸福については死後に初めて判定できるという古代以来支配的な古典的理解は、われわれが生の軌跡の全体を知ることができるのはようやく死後においてであり、生前または死に際において、それどころか死後でさえ生の評価を変更・修正する事柄が入り込んだり出現したりする可能性がある限りにおいては正しい。しかし、こうした事後的な判断は、代弁者を通してのみ理解されうる。最終決算が〔生前の〕内的成果の補足として理解されないとしたならば、われわれは何がどのように決算されるべきであることになるのか、分からなくなってしまうだろう。最終決算において（当事者の生における業績、世間一般に対するその人の貢献ではなく）ある生の全体的な幸福の評価が問題である限り、いかなる評価も死者の視点に依存しつづける。というのも、死後に他者によって——その死者の代わりに——さらに問われうるその死者についての実存的な問いは、他者にとって同時にその死者自身の生の種類と意味とに関する問いを立てる特殊な機会でもあるからである。ハンス・クレーマーが的確に述べているように、「事実としてのまたは予測された最終決算は（…）もっぱら過去の出来事の現前化をとおして成立する」[18]。実

（17）これについて重要な指摘をしているのは、A. Keppler, Tischgespräche, Frankfurt/M. 1994, Kap. III である。
（18）Krämer, Integrative Ethik, a.a.O., 307.

存的な決算は、実現されたものであれ（いまだ）実現されていないものであれ、過去のものであれ現在のものであれ、生の見通しに関わる。未来との（少なくとも暗黙の）関係がなければ、その決算はこの生の時間を、したがってこの生の現実を通り過ぎてしまうだろう。

私は以下のことを確認しておく。すなわち、

ある生の実存的な全体は、そのうちで個人がそのつどその人の生の現前化に立ち会うような、そうした生状況の継起として理解されなければならない。

ある個人の生全体の質は、さまざまな生状況の視点からそうした生状況の継起を繰り返し評価することから生じる。[19]

全体として善き生とは、そうした生状況の継起において（その生の主体に関わる事柄において重大な思い違いもなく）繰り返し（必ずしもつねにではなく）、有望と見なされうる生である。

これらのことはまだ、善き生とは本質的に何であるのかについて述べてはおらず、この善さへの問いが何に関係しているのかについて述べたにすぎない。私が生の質的統一と名づけた事柄は、自己自身の生の時間に関してそのつど提出され、たびたび繰り返される問いから理解されなければならない。それは私が生きたところまでの生の遂行の質に関する問いであり、生の成功に関する問いである。生が成功でありうるのは、（そこまでの）生が成功を期待させる生だったときであり、生が失敗でありうるのは、（そこまでの）生が失敗している生だったときである。これはたいてい程度問題――多少なりとも明らかに成功しているあるいは失敗している生の遂行〔に関わる問題〕――である。それゆえにこうした生の遂行の有望な在り方が規定されうるのは、人間の善き生はそもそも何を本質とするのか、とわれわれが問うときである。

二-二　幸福に関する考察

ここまで幸福の語り方の若干の意味を慎重に考察したが、それは決して探求のたんなる準備作業ではなく、むしろすでにその中心となる一部分であった。多くのことがさらに検討を進める中で初めて確証されなければならないとしてもである。しかしそうした考察のさしあたり重要な意義は方法上の事柄である。すなわち、人間の順調さに関する考察の中でそもそも明らかにされるべき事柄を明示することにある。

ここまでの省察が正しかったならば、それは幸福と善き生との関係を具体的に示しているはずである。すなわち、その省察は、エピソードとしての幸福の位置価値を指し示す生の概念、すなわち、成功している生という過程を重視した概念を展開しているはずである。その際、〔他者が〕幸福を〔ある個人に〕無理やり押し付けてはならず、したがって、幸福と善き生とを主観的経験のパースペクティヴと無関係に把握してはならない。この省察を成功させたいと思うならば、〔幸福概念〕分析の歩みの中で早まって〔善き生の〕内実を確定しようとしてはいけない。この省察の第一主題は、どこに――いかなる局所的な状況の中に――各人がその幸福を見出しうるかではなく、どのように――いかなる定位のうちで、自己ならびに世界とのいかなる振舞いにおいて――成功している生がもっとも容易く遂行されるかということである。幸福に関する考察は、善

(19) こうした評価の流れの中でこの「継起」は、多くの歴史の中で語られうる一つの歴史という形を手に入れる。――私が「継起」という中立的な表現を選んだのは、ある生の経過に際していかなる程度において連続的な進行が問題となるのかという点を未定にしておくためである。伝記は多かれ少なかれ連続的に経過しうる――その場合に連続性と非連続性との意味および両者の評価のされ方の理解が歴史的ならびに文化的に大きく異なるとしても。

き生の形式の諸規定を探求するのであり、幸福概念の特定の意味の歴史的・自伝的・文化的刻印に対して中立である。この考察は、善のすべてのヴァリエーションが〔それぞれ〕特殊な仕方で利用する振舞い方の余地を描き出そうとするのである。[20]

二―二―一　分析の地平

エルンスト・トゥーゲントハット[21]によって提案されて以後、順調さの規定は形式的な意味を持ちうるようになった。その規定が提示するのは、自己自身の順調さへの関心において何を意欲するべきかということではなくて、この関心においてどのように意欲するべきかということである。そこで問題とされる当為は、利巧さの当為であって、道徳的な当為ではない。その当為は、いかなる生き方が個人の関心において優先されるべきかを省察する中で明らかになる。[22]善き生の形式的理論が語るのは、人間の順調さがいかなる外的ないし内的事情または状態のうちに見出されるかではない。その理論はむしろ個人の実存の所与性と関わる形式を人間の順調さにとって好都合な生き方として際立たせる。自己ならびに世界とのこうした関わり方のうちにもちろんすでに善き生そのものの中心的な部分が見出されるというのが、こうした規定の要点である。こうした可能性をわれわれに許してくれる世界においてわれわれの実存の可能性に好都合な仕方でわれわれが振舞うならば、得ようと努力したものがすべて手に入らなくても、特定の（全体的な）意味で幸福なのである。

こうした形式的な考察はもちろん、それ自体だけでは成り立たない。この考察は、順調さの重要な条件に関する仮定を含み、結論として善き生の本質的な内容に関する言明に至るのである。

順調さの「条件」ということで私は、幸福と実存的な成功とがそもそも生じうるために与えられていなければならない条件を理解している。人間の幸福の成り立ちの記述は、少なくとも幸福の本当に当たり前な自然的・社会的・個人的条件を想起することなしには不完全であろう。その条件とは、それの欠如または曖昧さがしばしば何にも増して、善き生への展望を破壊してしまうもののことである。やはりそこで問題であるのは、歴史的に変わらない要素であり、その要素は、再び歴史的・文化的・自伝的にきわめてさまざまな相貌を持ちうる。こうした条件の慎重な考察を私は二―三で行なうつもりであるが、そうした条件は当然のごとく実質的な内容確定の問題である。それなしには善が存在しえない財が指摘される。しかし、そうやって指摘された財がどの程度その善の可能性ならびに現実性の構成的条件であるのか、それがようやく明らかになるのは、最終的にこの善そのものの構造に目を向けることによってである。この善は根本的に実質的にではなく、形式的に規定されうる。したがって、順調さの実質的条件の提示は、幸福と善き生との関連の形式的な性格づけの試みを参照するようにわれわれを仕向けているのである。

しかし、こうした性格づけは形式的な規定に留まっていてはいけない。それは、到達可能な生の現実として善き生のうちに開かれているような、そうした本質的な生の可能性に関する考察へと展開されうる。それ

---

(20) この中立性の詳しい理論上の身分については、第二研究第六章を参照のこと。

(21) E. Tugendhat, Antike und moderne Ethik, in: ders., Probleme der Ethik, Stuttgart 1984, 33ff., 特に 54ff.; 善の形式的概念をドゥオーキンも Foundations…, a.a.O., 20, 62f., 89 で提案している。

(22) 私がこうした仕方で「個人的」善を語る場合、個人が順調さへの努力において定位するのが共同体的な価値であるのか、共同体に関連した価値であるのか、または個人主義的な価値であるのかということは、まったく未決定のままである。したがって、現代的な意味で「個人主義的」な定位は、たんに私にとって善い（有益・有利、この理由から望ましい）事柄を追求する努力の特殊な在り方であるにすぎない。この「個人的な善」は、ギリシア語の agathon〔善〕の意味で理解されるべきである。agathon はその前道徳的な意味（注1を参照のこと）において、個人的な善が kalon〔美〕を含むことができてもできなくても、kalon の道徳的な卓越性とは区別され続ける。

に関しては二―五で善き生の本質的な四つの次元が論じられる。そこで行なわれる考察は、実存的な目的の強調を問題とするかぎりにおいて、内実に関わる分析である。それらの目的すべてにおいて――きわめてさまざまな意味においてではあるが――自己目的が問題である。この一連の考察は（外的な補足として）先行する形式的分析と横並びなのではなく、形式的分析をさらに具体化する。その意図は第一に、成功している生の舞台であるような余地のより明瞭な概念を手に入れることである。その第二の意図は、成功している生が営まれる生の可能性の多様性を明らかにすることである。第三の意図は、形式的にアプローチする――善き生の内実ではなく、その在り方を第一に問う――分析は決して内容空虚ではないことの証示である。
内実に関わる考察は形式的分析の解説であり、形式的分析それ自身は実質的アプローチの基礎を提示する。形式的分析は実質的規定を導く観点を提示し、内実に関わる分析は幸福と善き生との形式的に性格づけられた関連のより豊かな理解を試みるのである。――方法上ではアリストテレスや古代倫理学の大部分もそれほど異なってはいなかった。ただそれらにおいては分析の歩みと地平がそれほど明瞭に分離されていなかったにすぎない。[23] 古代の倫理学者においても（多かれ少なかれ）形式的に性格づけられるべき善き生の構造が問題である。幸福に必要な財と善き生のさまざまな中心とヴァリエーションのあらゆる想定が、さまざまな善き生の基礎的構造を解明するのである。

二―二―二　分析の身分

順調さの条件・形式・内容に関する言明は、人間の生の普遍的状況に関わる。したがって、その言明の要求は普遍的要求である。それは人間の生一般の在り方に関する言明である。われわれは、それがいかなる種類の言明であり、いかにして根拠づけられるのかということをより詳しく解明しなければならない。問題にされる命題は、人間の生の善き在り方ないし最善の在り方に関する直接的言明ないし〔実質的規定の場合には〕間接的言明である。さまざまな重みづけでもってそれらの言明はすべて、その判定に対して決定的に重要である二つの構成要素を含んでいる。

その言明は――第一に――人間の状態に関する記述的な仮定を定式化している、あるいは含んでいる。しばしば、それらの言明はそうした状態だけを指し示し、あるいはそうした状態に依拠している。その言明が確実であるためには、われわれが人間の状態について持つ所見と一致しなければならない。したがってその言明は、過去の歴史および現在においてそもそも善ないし悪として経験されえたし、また経験されうる事柄と接点を持ち続けていなければならないし、接点を探ろうとしなければならない。それゆえ、私の考察の背景には人間の実存に関する根本的可能性と根本的な困難とに関する人間学上の仮説が置かれている。

幸福と善き生に関する一般的な言明は――第二に――人間の状況の価値評価的解釈を行なう。この言明は、人間の状況へのいかなる種類の関係が人間にとって好都合な、あるいはもっとも好都合な関係であるのかということを論じる。それらの言明は、言及された〔人間の実存に関する〕根本的可能性がいかにもっとも有望な見込みを持って捕えられ、根本的な困難がいかに速やかに処理されうるかについて語る。したがって、探求される言明は最終的に、任意の人物の人生行路において、全体として、その人物にとって善いことに関する言明である。[24]

（23） ストア派倫理学の明らかな形式主義については、M. Forschner, Über das Glück des Menschen, Darmstadt 1993, Kap. III. 同じく根本において形式的であるが、内容上の具体化に強く開かれている個人倫理学を、クレーマーも展開している。Integrative Ethik, a.a.O., 特に 149f. u. 258. また、それについての私の書評を参照のこと。in: Theorien der Lebenskunst, in: Merkur 47/1993, 980ff.

すべては、人間の状況のこうした価値評価的解釈に対して、納得がゆき生産性のある出発点を見出すことに懸っている。この出発点は、考察の価値評価的観点がどこから由来するのかということを認識させなければならず、さらに、この価値評価的基盤が恣意的でないことを認識させる必要がある。したがって、われわれはさらに歩を進めて、善のありふれていない規定に到達することを可能にするような、記述的かつ価値評価的にできるだけありふれた出発点を見出そうとしなければならない。この基盤は二つの観点においてありふれていると言われよう。第一に、それは誰もが同意できる仮定であるべきだろう。第二に、それは哲学的にできるだけつつましい前提であるべきだろう。

私が選ぶ出発点は以下のとおりである。そもそも価値評価的に自分の人生に態度を取りうるすべての人にとって、その人たちの少なからぬ願望が叶えられることはその人の生において重要であるということを私は仮定する。(25)

こうした仮定は、経験的な構成要素ならびに分析的な構成要素から成る。経験的要素には、たいていの人間が自分の生に——少なくとも自分の願望に——価値評価的な態度を取りうるということが含まれる。分析的要素には、自分の努力ないし願望にそのように関わりうるすべての人とって、自分の願望のいくつかが叶えられることが関心事であるということが含まれる。自分の願望を一つも叶えようとしないように自分の願望に関わることはできない。

前提となる仮定には二つのさらなる仮定が結びついている。

第一に、この仮定はそもそも先に述べた（二―一―三）仕方で幸福でありうるすべての人が何らかの仕方で持つ考えだということを、私は仮定する。その場合にそれぞれの願望が何に関わっているのか、高貴なものか平凡なものか、現世的なことか来世に関することか、善か悪かということは、まったくどちらでもよい。

私はただ、自分の願望の少なからぬ部分が叶うことは万人にとって重要だということだけを出発点とするにすぎない。

第二に、その場合には、普遍化を目指すいかなる考察によっても無視されえないある普遍的な——そもそも幸福または不幸でありうるすべての人において前提された——主観的価値評価が提示される。それはすなわち、われわれが抱く願望の少なからぬものが叶うことは善き生に含まれるということである。

もちろんこれは、結論とされるべき善の概念ではなく、先に述べたように私の考察の出発点にすぎない。私は善き生のこの理解を分析することから考察に着手するつもりである。万人が事実として意欲するもの、各人が自己にとって善いと見なすものから出発して、私は万人にとって善いものへ到達しようとする。意欲の事実的内実から意欲の価値評価的な仕方へと進んでゆき、その際に意欲の事実的内実のうちに含まれる価値評価が受け入れられ仕上げられるように、分析が行なわれる。それゆえ、以下のすべては、この出発点に置かれた、ありふれていて論争の余地のない仮定を差異化し内在的に修正する解説に他ならない。

それどころか、ある特定の意味では以下のすべては出発点に置かれた価値評価でありつづけるだろう。最初に置かれた命題に——ある特定の意味で——留まらないとしたならば、私の考察はその価値評価的基盤を失ってしまうだろう。個人的善に関する言明が何に依拠しているのか、もはや明白でなくなってしまうだろ

(24) この個人的善の概念は価値評価的解釈のおかげであるから、私は時にこの善を(道徳的善と区別して)価値評価的善と名づけたい。

(25) もっと慎重には、その人たちの願望のうちいずれかが叶えられる——特に、その願望がとりわけ誰もが(すべてを代償にしてでも)叶えたいと思う一つの願望である場合にそうである、と言ってよかろう。しかしたいていは、そうした願望の実現にはさらなる願望の実現が結びついている。それゆえにそれほどわざとらしくない定式化が保持されうる。禁欲的な理想に身を捧げた人であっても少なくとも、できるかぎり何の不足もなく無欲でありたいという願望、そうして最善な生の状態に到達したいという願望を持っている。それゆえ、どれほど多くの願望またどれほど強い願望を人は持っているのか、ということは私の仮定には何の役割も演じていない。

う。しかし、以下の叙述が出発点に置かれた命題に単純に留まるとしたら、いかなる認識も得られないことになろう。しかし、われわれが到達しようと思うテーゼの一つは、善き生の問題において願望が叶うことは決して少なくはないけれども、すべてが叶うわけではない、と述べられるのである。

こうした手続きを主観的な願望と意欲との内在的批判と名づけることもできよう。その批判は、願望を評価する能力を持つ任意の人が少なからぬ願望の実現への関心において何を有意味に意欲しうるか、ということを探求する。「私は何を意欲することができるか」という各自のパースペクティヴから立てられた問いに、この批判は「意欲する特定の仕方」と答えるのである。

基盤的な実存的評価を価値評価的に解釈した命題はいかなる意味において根拠づけ可能であるのか。その点では三つの観点が決定的に重要である。

I・第一に、与えられる説明は首尾一貫していなければならない。幸福とその構成要素とのさまざまな概念は、相互に調和していなければならないだけでなく、さらに相互に説明し合わなければならない。こうした双方向の説明は、それの説得力の決定的なメルクマールである。善に関する一つの命題が説得力を持つかどうかということは、その命題が幸福と成功の説得力あるイメージの一部であるかどうかということのうちで決定されるのである。

II・その命題は、私が二―一―二ですでに示したように、第一人称の観点からの体系化された反省として理解されなければならない。そこでは（六六頁）「探求される善の概念は任意の人物の主観的パースペクティヴの批判的解明として——したがって、それらの人物が何を（あるいは形式的アプローチが正しいならば、それらの人物がどのように）その人自身の利害関心の中で有意味に意欲できるのかということの批判的解明として理解されうるのでなければならない」と述べられている。

III・さらに、幸福と善き生に関する命題は人間の状況に関する再構成された言明として理解できなければならない。その命題は、さまざまな時代と場所における人間の文化に関してわれわれが知っている事柄に即して証明され（またそれによって修正され）なければならない。この点では人間学上の仮説との接点が重要である。人間学のうちに根を持つ幸福の可能性は、解釈学的な方法でもっともよく理解される。人間による伝統的な幸福理解を体系的‐批判的に理解することが試みられる。このことは順調さの解釈を視野に入れた比較による確証を含む。そうした解釈は暗黙のうちには歴史的な生活形式そのもののうちに、明示的には幸福の理論のうちに含まれており、哲学的・宗教的・文学的な伝承はそうした解釈に富んでいる。

こうした知的努力の結果が、善の反省的・再構成的・比較的な普遍主義である。マーサ・ヌスバウムは、人間の善き生の分析に当たっては人間のもっとも基本的な欲求ならびに活動の歴史的に敏感な証示が重要であると言うとき、その普遍主義を〔私と〕同じように支持している。[26] それと同時にこうした定式化は、成功している生の構成要素の完全な記述のようなものがここで問題になっているのではないことを明らかにする。一面的でない説明が為されれば、それで十分であり、その説明はさまざまな観点から補完され拡張されうるのである。また、ある分析は、それが説得力を持つために、いわゆる三つの（実質的・形式的・内容的）次元すべてにおいても、今しがた区別された三つの観点においても同等に為される必要はない。多くの点においてスケッチふうの証示には、論証の強みならびに時には弱みを包み隠さず際立たせるという長所があるのである。

(26) M. Nussbaum, Menschliches Tun und soziale Gerechtigkeit. Zur Verteidigung eines aristotelischen Essentialismus, in: M. Brumlik / H. Brunkhorst (Hg.), Gemeinschaft und Gerechtigkeit, Frankfurt/M. 1993, S. 323ff., 327. しかし、ヌスバウムが選んだ（再定式化されとはいえ）「本質主義」というレッテルはミスリーディングだ、と私には思われる。というのも、ヌスバウムの戦略は、それが正しく理解されれば、規範的に重要な何らかの人間の本質ではなく、人間の事実的な意欲を出発点に取っているからである。

その普遍的要求にもかかわらずこの方法で到達される言明は、決して与えられることがつねに可能であったようなものではない。私が支持する善の意普遍主義は、決して純粋な普遍主義ではない。こうした普遍主義は「歴史的普遍主義」と名づけられよう。[27] その普遍主義はみずからを、人間の根本的な生の可能性の反省、しかもそれについて歴史的に開示された反省だと理解する。そうした可能性をそのつどの現在においていつでも我が物とすることが肝要なのである。そうであるかぎりこの考察は、序論およびこれから第二研究第六章でもう一度明瞭に示されるように、断固として現代における考察であり、（現在がどのように特徴づけられようとも）いずれにせよ現在における考察である。この考察は、たとえこれまで何度歩まれても、繰り返し歩まれなければならない道を進む。というのも、われわれには、成功している生の可能性について、その成功の普遍的形式がまさに問題とされている場合でさえ、われわれの言葉で、かつわれわれの歴史的経験でもって語ることしかできないからである。——要求されているのは、われわれが「幸福」と呼んでいる事柄、歴史と現在において幸福ならびに幸福理解として心得ている事柄に関する概念的な反省である。

二―三　幸福の条件

人間の幸福とは、有限で傷つきやすい生き物の順調さである。この生き物は、自分の生命が有限であり自分の状態が傷つきやすいことを心得ているのだ。この生き物の幸福とはこうした状況の中での幸福である。あらゆる幸福は、エピソードとしての幸福も善き生の幸福もこの状況を心得ていることによって影響を受ける。しかし、特定の条件下においてのみこの状況はそもそも、そのうちでのみ幸福が経験されうるような状況となる。この条件の解明は、いかなる条件下ではいかなる善き生も可能でないかという問いに定位することができる。提示されるのは、幸福や善き生を不可能とはしないが、必ずしも初めから現実的にはしないような必要条件、したがって、それが揃っているだけでは価値評価的な善の十分条件ではないような必要条件である。しかしそれでも、順調さのたんなる可能性の規定がその順調さの現実性について語ることは、少なくない。

こうした規定にとってはエピソード的幸福に定位すれば十分である。（少なくとも）エピソードとしての幸福が生じうるところでは、可能的な善き生の最小限の空間も（たとえそれが危機に晒されているとしても）開かれている。というのも、エピソードとしての幸福が存在するのは、先に言った通り、成功している生が（たとえ不確実であっても）展望されるコンテクストにおいてのみだからである。しかし、善き生が可能であるのは、この展望がたんに希望であるだけでなく、それぞれの現実存在の外的ならびに内的条件のうちに一定の支えを——時間と日にちを超えて——持っている場合に限らえる。エピソードとしての幸福の条件は、その所与存在の持続性という側面のもとでのみ善き生の条件から区別される。こうした事情が一時的に与えられている生の現実の中で、エピソードとしての幸福は可能である。さらにこうした事情が（ある程度）持続的に与えられているところでは、成功している生が可能である。あるいはより詳しくかつ慎重に言えば、そうした生は外的ないし内的現実によって初めから排除されてはいないのである。

（27）この表現を私はロルフ・ツィンマーマンに負っている。ただしツィンマーマンは、この表現を〔私が本書で問題にしているのとは〕別のコンテクストで導入している。Ders., Sozialwissenschaftliche und hermeneutische Ethik. Eine Systematik im Geiste Max Webers, Vortrag an der Univrsität Konstanz, 11/1991; ders., Historischer Universalismus. Der normative Sinn der Sozialwissenschaften und die begriffliche Grundlagen der Moderne, Ms. 1993.

エピソードとしての幸福が（全体的な幸福への希望が危険に晒されている地平上であっても）経験されうるためには、少なくとも三つの条件が満たされなければならない。

何らかの仕方で幸福でありうるのは——第一に——自分が相対的に安全な状況の中にいる人だけである。「相対的」という付加語は重要である。幸福は決して平穏な世界の中でのみ——協調的な社会環境、平穏な自然、影響の無害な技術の領域においてのみ可能であるわけではない。社会的・自然的・技術的に危機的な状況（それが歴史的に人間の通常態である）においても幸福は可能である——ただしそれは特定の脅威、人間の生活世界の最小限の信頼に向けられる脅威が非常に強力でないかぎりにおいてではあるが。こうした信頼には、身体の無傷さの保護（物質的な基礎的扶養を含む）・外的生活環境との一定の親しみやすさ・共に生きている人間たちへの信頼が含まれる。個人の幸福は、少なくとも身体・生命・社会的配慮への不安が長く続かずに生きられるほど信頼できる世界においてのみ可能なのである。

何らかの仕方で幸福でありうるのは——第二に——相対的に（心身ともに）健康である人だけである。再び「相対的」という言葉に大きな意味が認められる。人間生命に関しては安全に対してと同様に健康に対して正の限界値が存在しない。そうした場合でも幸福の経験は重大な損失に直面してさえ可能である。エピソードとしての幸福または全体的な幸福は——ある程度までは——物理的な苦痛があっても可能である。精神疾患（のかなり弱い形式）を患っていてさえわずかながらでも可能である。しかし、個人の幸福は、身体的苦痛と精神的苦悩に支配されていない生においてのみ可能なのである。[28]

何らかの仕方で幸福でありうるのは——第三に——相対的な自由の状態のうちにいる人だけである。またもや「相対的」という付加語が重要である。この場合——幸福は歴史的に特定の時代あるいは地理的に特定の拡がりにおいてのみ可能であったし可能になったと言いたくないならば、自由をいわゆる「市民的個人主義」あるいは歴史的に負荷のかかった何らかの学説の意味で理解してはならない。われわれが幸福を人間学的な可能性として理解しようとするのならば、われわれはあらためて〔自由を〕きわめて控え目に規定しなければならない。自由はこの場合にはさしあたり移動の自由といったような基本的なこと、とりわけ自己自身の生にとって重要ないくつかの事柄を自ら決定する可能性を意味する。この自由がなければ、ポジティヴな体験を（たとえそれが他者と共有されているとしても）そのつど自分自身の幸福——したがってそもそも幸福として——経験することは不可能であることになろう。個人的な幸福は、個々人が自分の幸福を自分の作為不作為との関係で理解する自由を持つ場合にのみ可能なのである。

三つの条件——相対的な安全・相対的な健康・相対的な自由——のそれぞれにおいて強調された財の相対性、すなわち、実りある生の前提であるような財の相対性は、そのつど歴史的にも文化的にも、また個人的にもきわめてさまざまな仕方で消失することもある要因に関わる。個人差はおそらく痛みにおいてもっとも明白であろう。ある人にとってまだ耐えられる痛みが、別の人には耐えがたい苦痛を意味することがありうる。安全と自由に関しても事情は変わらない。ある人が自分は脅かされ圧迫されていると感じる事柄のうちで、他の人は水を得た魚のように感じることがありうる。それにもかかわらず、さまざまに異なる個々人にとって自分の順調さの条件の一つであるのは、そのつど同じ事柄（安全・健康・自由）である。個々人は、

(28) 先に第二研究第一章第三節で強調された幸福可能性は、一般に精神的健康の問題である。これについては、Vgl. Tugendhat, Antike und moderne Ethik , a.a.O., M. Theunissen. Können wir in der Zeit glücklich sein?, in: ders., Negative Theologie der Zeit, Frankfurt?M. 1991, 37ff.——しかし、幸福可能性とここで論じられた幸福の条件とを区別することが重要である。幸福の何らかの条件が一時的に満たされなくても、私は幸福になる可能性を持ち続けられる。このことは弱い形式の精神疾患に対してさえ当てはまる。それにもかかわらず、幸福の条件が一つでも欠けることはつねに個人の幸福可能性にとっても脅威である。幸福の条件がすべて（一時的である以上に）欠けることになれば、そのときようやく幸福可能性の破壊と同じ意味であることになるだろう。

その事柄をそのつどまったく異なった仕方で把握するにすぎない。歴史的にも文化的にも事情は同じである。時代や文化が異なれば安全・健康・自由の侵害あるいは保証と見なされるものは、激しく異なる。しかし、かろうじて耐えられる生にとってこれら三つの条件が基礎的であるということ、その点では、これらの構成要素の重みづけがきわめて異なるとしても、文化と歴史的に異なる時代を貫いて一致が見られる。しかしそれは、与えられた〔幸福の条件の〕規定が重大な歴史的・文化的・個人的な差異によってみずから相対化されているわけではないということを意味する。この規定は、それぞれの生活形式、それぞれの文化、それぞれの個人史、そして特にそれぞれの倫理理論のうちで論じられ、解釈されなければならないような、そうした要素に含まれる。したがって、一致が期待されるのは、たとえどのようにしてこれらの条件が生じる可能性があり、また生じるべきであるかについていかなる一致も存在せず期待もされない場合でも、これらの条件が確立され確保されなければならないということにおいてである。それゆえ、こうした条件の提示が一般的に当たり前のことと見なされうること、それこそがまさに善いのである。その提示は、これらの条件がどのようにもっともよく理解され考慮されうるのかということに関するまったく当たり前ではない議論の基礎を露出させるのである。

　上記の三つの条件はさらに、多様な仕方で相互に結びつき合っている。〔たとえば、〕健康も安心の問題の一つである。というのも、健康とは本質的に、私が――一般にそうとは気づかずに――私の身体的ならびに精神的可能性を信頼できるということだからである。[29]〔さらに〕自由は健康の問題の一つである。病人には禁じられている多くのことを為す自由が身体的および精神的に健康な人々には許されている。健康はそれはそれで外的な信頼ならびに自由の条件に多くの仕方で依存している。脅威や圧迫は、身体的ならびに精神的に〔人を〕病気にする。最後に、自由も信頼にもとづいている。つまり、予見可能な行為手段が存在する環境、言い換えれば、身体的に信頼できる外的かつ社会的な環境のうちでのみわれわれは有意味に行為と生の選択肢のあいだで決定を下せるのである。[30]

これら三つの条件は、その相互依存のゆえに容易に一つの規定に纏めることができる。その要約においては、先に述べた要因のネガティヴな性格がはっきりと際立たせられる。幸福は、人間がある程度において脅かされても圧迫されてもおらず、（極度の）身体的な苦痛も精神的な苦悩もなく生きられるところでのみ可能である。幸福の条件は、これですべてであるが、決して少なくはないのである。

二－四　善き生の形式に向けて

伝統の中では――たとえばヘレニズムの倫理学やショーペンハウアーにおいて――外的ならびに内的な苦境を免れた生がすでに善き生であるという善き生の理解がときどき支持されてきた。苦痛からの自由という消極的な概念が順調さの唯一普遍的な概念だというわけである。しかし、この理解はあまり説得力を持たない。というのも、苦痛の概念は、苦痛の状態においては閉ざされているが苦痛の不在においては開かれているような、そうした生の可能性を内在的に指し示しているからである。したがって、この可能性が開かれていること――善き生の条件が満たされていること――は、この可能性が実現されることの意味――善き生の

（29）Vgl. H. G. Gadamer, Über die Verborgenheit der Gesundheit, in: ders., dass., Frankfurt/M. 1993, 133ff.

（30）第四の条件が考えられるとしたら、それは相対的な教養であろう。それは、それぞれの生活環境のうちで見込み豊かに――そして繰り返し言えば、自信を持って――自己を方向づけることができるために必要な知と理解される。

形式が満たされていること——から理解されなければならない。核心において消極的に定式化されている幸福の条件は、たしかに必要条件であるが、それぞれ単独でも、いわんや三ついっしょでも十分条件ではない。相対的な安全・相対的な健康・相対的な自由の状態のうちにあること——それによって、不幸ではなく幸福が生じる余地、また失敗する可能性のある生ではなく成功している生が生じる余地が開かれる。しかし、この余地の中で何が危険に晒されているのか、その余地の利用の仕方は、それがうまくいっているときにはがどのように行われうるのかということからこそ、その余地を際立たせる条件の完全な意味が初めて理解されうる。したがって、幸福の実質的条件の区別は、この条件が満たされているならばどこでも可能である（しかしまだ現実的ではない）ような、そうした善の積極的な概念を指し示しているのである。

言い換えれば、あることがそれにとって条件であるような、そうした事柄は、そのあることが何にとって条件であるのかということから生じる。つまり、幸福ならびに善き生にとって不可欠な財は善そのものの構造を指し示しているのだ。したがって、順調さの必要条件ないし順調さにとって不可欠な財はこの順調さの未規定ではあるが一つの理解を前提している。こうした前提はたいてい語り出されずしばしば見過ごされるのであるが、そうした前提を取り返すことが善の哲学的分析の仕事である。[31] この分析は、まさにこの条件がわれわれの順調さにとって不可欠である根拠を言い表す善の理解を定式化しようとするのである。

われわれの最初の省察が正しかったならば、われわれはここで、成功している生という全体的な幸福がエピソードとしての幸福の経験とどのように関わるのかという問いに定位しなければならない。さしあたり最初の答えは、成功している生という幸福はエピソードとしての幸福の最大化のうちに見出される、と述べる。すなわち、この幸福の経験がある生の経過中において不幸ないし欲求不満の経験を（はるかに）凌駕するならば、全体としての幸福に到達できるということである。しかし、こうした理解の仕方は、細分化された考察を必要とする困難にぶつかる。

二-四-一　願望実現のさまざまな方途

願望が満たされることは、幸福のもっとも単純でもっとも思いつきやすい理解である。そもそも善き生の期待を持つことができるすべての人は、自分の生についてこのこと――「自分の少なからぬ願望が満たされること」を願う。この願望は極大にまで高められる。この場合、幸福はカントが言ったように、われわれにとって「一切のことがその希望と意志のとおりになる」[32]状態として現われる。「幸福」で意味されていることを不適切に理想化しないためには「一切のこと」と言う代わりに「少なからぬこと」と言うほうがよいけれども――エピソードとしての幸福の概念はどこであれすべてのさらなる実存的な成功を規定するための基礎として用いられる。それによれば、善き生は、エピソードとしての幸福ならびに不幸の事柄に関するできるかぎり積極的な結果を伴った生と言えるかもしれない。私はこうした幸福概念を目的論的幸福概念と名づけたい。成功している生の目的地としてそこではエピソードとしての幸福のできる限り積極的な結果が現われる。カントからの引用文ではそうした結果の最大値、しかし有限な存在者には達成不可能な最大値が語られる。

（31）これに対しては、幸福ならびに善き生に関する哲学的な理解を詳論することはこの条件の意味をまさに捉え損なうに違いないという異議が唱えられるかもしれない。その意味はたしかに直感的な幸福イメージに関係づけられてはいるが、特定のイメージには結びつけられていないことのうちにある、と言われる。こうした異議に私は第二研究第七章第二節二で立ち返る――順調さの条件と形式との区別については、A. Sen, The Standard of Living, Cambridge 1985, 15f. u. 25, そして M. Nussbaum, Aristotelian Social Democracy, in: R. B. Douglas et al. (Hg.), Liberalism and the Good, New York 1990, 203ff., 特に 208ff. を参照のこと。

（32）I. Kant, Kritik der praktischen Vernunft, in: ders., Werke, hg. v. W. Weischedel, Frankfurt/M., 103-302, 255.〔邦訳：『実践理性批判』、三〇三頁。〕

れているのである。[33]

二―四―一―一　目的論的な幸福概念

さてしかし願望と意志はあくまでも区別されうる。[34] 私が意欲するものがすべて直接的に私の願望の実現に寄与するわけではない。私が抱いている願望のすべてを私は有意味に意欲できるわけではない（私はまったく別のものを食べたかったが、ダイエット食を取ろうと決意した）。人は自分が願望を抱いていない多くのものを意欲できるが、少なくとも願望・要求・傾向性に関係づけられないかもしれないようなものを意欲はできない（健康を願ったうえでのダイエットへの意志のように）。さらにそのうえ「たんなる願望」の対象と異なり、われわれが実際に意欲できるのは、われわれが追求した目標の達成に少なくとも寄与できるかぎりで少なくともわれわれ自身の力のうちに存在するものだけである。その際やはり事実であるのは、われわれは自分たちの願望の目標に到達するために、われわれを決して直接満足させないものをしばしば自発的に考慮に入れるということである。この意味でわれわれが実際に意欲するものの多くは、われわれによって手段ないし方法の意味においてのみ意欲されるのであり、それに対してわれわれが究極的に願望するのは、われわれがつねにそれ自身のためにも意欲できるものである。そうした目標の意義はもちろんふたたびその達成のための手段に影響を与える可能性がある。そのようにしてわれわれは、望み通りにわれわれをその幸福の本来の目標へと導いてくれる手段や方法をも評価するようになるのである。

エピソードとして幸福である状況を追求しているとき、われわれは外的に与えられた現実だけでなく、われわれ自身の願望と意欲にも関係している。しかも、われわれが自分たちの願望と意図とを評価するということだけではない。[35] この価値評価がつねにわれわれが今まさに持っている願望や意図、あるいはこれまで持っていた願望や意図と一致する必要はない。そうした願望や意図はそれらが実際に向けられている対象をわれわれにとって善きものとして際立たせるとは限らない。われわれが初めから願望も意欲もしていないものを善きものとして担ぎ出すことができるのは、われわれが初めからわれわれの願望ないし目標の仲間に含まれているわけでない事物を評価できる（ようになる）おかげである。われわれが願望したけれども、決して意欲はしなかった事物、あるいはあえて意欲しようとしなかった事物――草原の中の小さな家または特定の人物の好意がそうしたものかもしれない。その価値をわれわれが知っていたが必要としなかった事物――ブレヒトの抒情詩、堅い絆、他者の順調さに捧げられた生がそうしたものであるかもしれない。またわれわれが、われわれにとって善い――あるいは善いであろう――と言うことができ、したがってわれわれがあくまで願望していても、その願望がこれまで強かったとか、われわれがその願望に負けたとかいうようなこと

(33) カントは先に引用した箇所で、明らかに「最上幸福」について語っている。それが――彼岸においてのみ――達成可能であることは、カントが考えているように、道徳の関心においては少なくとも要請されなければならない。カントについては、第一研究第三章を参照のこと。

(34) 何ごとかに願望を抱くことは、何ごとかを要求すること、何ことかへの傾向性を持つことを意味する、たとえそれが一つの状態あるいは一つの活動であろうとも。何ごとかを意欲するとは、（直接的または間接的に）願っていることを実際に手に入れようとすることを意味する。したがって、意志は行為を効果的に導く願望である、と簡潔に言われうる。自由な意志を持っているのは（H. Frankfurt, Freedom of Will..., a. a. O. によれば）効果的な第二階の願望を持っている人、言い換えれば、自分の願望を価値評価しその価値評価にふさわしく行為することができる人である。こうした能力を誰かがいかに「使用」するのかということは「意志」と「意志自由」の規定にとってはどうでもよい。自由な意志を持つ人だけが、たとえば弱い意志の持ち主でありうるのだ。

(35) こうした価値評価がチャールズ・テイラーの言う意味で「強い」価値評価であるかあるいは「弱い」価値評価であるか（したがって、相互主観的な基準に照らして行なわれるのか、たんに所与の願望を比較考量することに本質を持つのか）については、ここでは明確に未解決としておきたい。Ch. Taylor, What is Human Agency?, in: ders., Human Agency and Language, Cambridge 1985, 15ff.――しかしまた以下の二-四-二-二を参照のこと。

のない、そうした事物が多く存在する。最後にわれわれは、あるものはそれをわれわれがこれまで（真剣に）願望も意欲もしたことがなくてもわれわれにとって善いということを徐々に認識できるようになる。これらすべてのことは、われわれの願望や意図の可能的な新評価ないし批判の観点である。そうした新解釈や批判はつねに、われわれがこれまで願望し意欲していたものに対する距離と結びついている。もちろん特定の願望や意図からこうして距離を取るのが有意味であるのは、そのことが他の願望と意図の名において生じる場合に限られる。たとえその願望や意図が、それをわれわれの中で洗練・涵養したいと初めて願望するようなものであってもそうなのである。この場合には、ある事柄の価値についての確信がこの事柄への願望に先行する。そうでない場合には、この関係は逆転する可能性がある。しかし、ある願望の主観的な価値評価はつねに願望された事柄にも関係づけられているし、さらにある事柄の主観的な価値評価は現実のないし可能な願望にも関係づけられている。[36] 極端な場合には、特定の願望ではなく、変化へのいまだ規定されていない――特に否定的な――願望がわれわれの願望ならびに意欲の価値評価を導いているのである。

しかし、われわれがわれわれの願望の目標に到達するかどうかはまたもや、われわれの努力がどれほど反省的であっても、そうした努力の問題であるだけでなく、たえず、最終的には幸福なものとして生じるにちがいない多様な事情の結果でもある。こうした好都合な偶然の契機をエピソードとしての幸福から取り去ることはできない。幸福の事柄においてはわれわれの行為はつねに関与することである。われわれは特定の状況を努力して手に入れようとするが、その際に、その状況においてあらゆる（そのことに関連する）願望が満たされるような仕方でその状況が生じることを希望している。こうした目標に関してわれわれが想定しているのは、問題となっているのがわれわれにとって端的に善であるがゆえにその状況自身のためにその状況の中に存在しようとわれわれが意欲するような生の状況であるということである。その状況が善いのは、われわれがその状況から他のいっそう善い状況へと到達できるからではない。その状況はわれわれにとってそれ自体として善いのである。それに加えて、その状況が未来の他の状況にとって善いならば、なおさら善い。したがって、願望実現の状況がさらなる願望〔の余地〕をわれわれに空けておかないようにする必要も、またわれわれをその実現に近づけさせないようにする必要もない。しかし、願望実現の状況が問題であるのは、われわれがその状況を他のことを視野に入れてではなくそのものとして意欲するときだけである。われわれの願望は現実となったのであり、しかも、この現実が現前化しているのに直面してわれわれがその現実を実際に意欲するという仕方でそうなったのである。

　いずれにせよ、われわれが究極的に意欲するのは、その達成をわれわれが願望できるものであるべきであろう。ここでの「べきであろう」は特殊な性格を帯びている。この表現は仮説的な「当為」であり、少なくとも自分の願望のいくつかが実現されることをそもそも望んでいる人、したがって、自分の願望をどのように価値評価するべきかという問いに直面している人にはその当為から逃れることはできない。しかし、こうした利巧さの当為は（ハリー・フランクファートの用語で言えば）たんに第一段階の願望を抱いているにすぎず、したがって自分の願望の在り方に何らかの態度を取れない個人においては基礎を持たない。というのも、この当為は、実際にあるいはより豊かに実現されることが約束されているような願望を、行為の好都合で決定的に重要な観点にすることとの勧告を含んでいるからである。そもそも自分の願望に願望を持って関わりうる人は、その実現を実際に願望できるようなそうした願望を（主に）抱き追求することを願望するにち

（36）願望と意欲とのこうした相互依存関係については、Griffin, Well-Being, a.a.O., 26-31. さらにA. Kusser, Dimensionen der Kritik von Wünschen, Frankfurt/M. 1989, u. S. Gosepath, Aufgeklärtes Eigeninteresse, Frankfurt/M. 1992, Kap. VII を参照のこと。

がいない。そもそも自分の人生の在り方に関わることができ、関わらざるをえない人は、その人が実際にそのものとして経験でき価値評価できる実現をその人に提供する状況を手に入れようと努力するはずであろう。

こうした経験と価値評価はやはりつねに比較相対的な意味を持つ。というのもわれわれが――短期的に、さらにもちろん長期的にも――手に入れようと追求するのは、たんに一つの状況ではなく、複雑に結びつき合っている多様な状況だからである。その際にわれわれが、われわれの願望の多くが両立し続け、同時にまたは次々と実現されうることに留意するのは合理的である。そのうえ私は私の生を合理的に、ここでいま意欲するものにのみ固定しないように方向づけるだろう。私は私の長期的な関心を、したがって私の願望が変化する可能性があることを念頭に置かなければならない。しかもあらゆる選択肢が前もって決定される必要はないが、そもそも私が私の幸福のために何かを為そうとするならば、私の生の選択肢が構想され検討される必要がある（広範囲に及ぶ自由放任を選択する人でさえ、重大な選択肢を決定している）。言い換えれば、生の持続の中でできるかぎり豊かな願望実現として理解された全体的な幸福は、個人的な生構想 *Lebens-konzeptionen* の立案を共に含んでいる。というのも、生の経過の中で多少とも実現されるのは個別の願望ではなくて、願望の組み合わせだからである。合理的に相互一致でき、そのうえ非‐幻想的な性格を持つ願望だけが善き生の時間を導きうる。こうして目的論的な考察から、善き生は一定数の目標の達成を目指してそれらの目標を追求することのうちに見出される、と結論づけられる。善き生は、願望実現の途上で有意味な生構想のうちに予示されるような仕方で演じられるのである。

追求される目標のこうした秩序を私が簡潔に「生構想」と呼ぶとしても、それをあまりに硬直した意味で理解してはいけない。そうした構想がそれを持っている人々の手元に明示的な姿で提示されることはまれにしかない。そうした生構想は、そのつど多かれ少なかれ自覚的に実際に人生を導いている目標の秩序の中に見出される。そのことは、より重要なものがそれほど重要でないものより、また時間的により優先的なものが時間的にそれほど優先的でないものより優遇されるにちがいない決定状況において特に明らかになるとおりである。自覚的な構想であっても、それが計画・綱領・課題という形式を取る必要はまったくない。そうした構想は単純に自己自身や他者についての語り方、他者と自分の企図について語るその語り方また自己ならびに共同の生活史にもとづいて語るその語り方のうちに存在しうる。さらにそうした構想と共に形成される関連事項はたえず変化しうる。断固として確立している生の目標の最善の秩序という理念は不安定である。善いものにおいても悪いものにおいても、追求される状況の新たな価値評価を強いる事情が発生しうる。さらにそのうえ修正に開かれた生構想は、これまでとはまったく異なる目標追求に対して余地を残しうる。対立する目標の代わりになる選択肢はこうした構想自身のコンテクストの中で根拠づけられ、そのかぎりにおいて首尾一貫した価値評価の中へ——たとえば、肯定された実存的矛盾という可能的な結果をそれはそれとして肯定するという帰結を伴って、組み込まれなければならない。[37] そういうわけで、一つの生構想が限定的にだが相互に両立可能である対等な目標を際立たせることができる（職業と家族、哲学と文学、ルイーゼとアンナ）——さらに、それらの目標追求努力のバランスをどのように（さらにいかなるコストを払って）保つのかということをそれぞれの生構想に対して未定にしておくことができる。さまざまな生構想はそれが調

(37)「実存的矛盾」の概念については、私の Eine Ästhetik der Natur, Frankfurt/M. 1991, 337ff.〔邦訳：『自然美学』加藤泰史・平山敬二監訳、法政大学出版局、二〇一三年、三八二頁〕を参照のこと——有意味な生構想には実現することがきわめて不確実であるような願望も含まれている。その事例はガブリエル・ガルシア・マルケスの長編小説 Die Liebe in der Zeiten der Cholera〔邦訳：『コレラの時代の愛』木村榮一訳、新潮社、二〇〇六年〕に見られる。その小説の主人公はいつまでも（幻想なしに）自分の初恋相手への好意を、それは年を取っても依然として満たされないのだが、捨てきれない。しかしその好意が満たされなくてもこの主人公の視点からの報われない愛への固執は有意味であろう。というのも、その主人公は自分のその好意をきっと満たされるという確信でもって肯定できたからである。

和的であればあるほど、いかなる場合にも有意味であるということはないだろう。ただし過度に調和主義的な生構想ならびに過度に異質な生構想は、それぞれの仕方で〔相互を〕圧迫または弱体化するように作用しうる。[38] この点で特に実存的な構想のアイデンティティ形成機能が特に明らかになる。この構想によってある人物が願望し意欲するものが確定されるだけでなく、それと同時に、どのようにその人物が願望し意欲する（ことがその人物によって願望される）のかということも確定されることによって、その人物が何者であろうとするのかということも確定される——それでもってさらに、その人物が何者であるのかということが本質的に決定される。そうした構想の中で一人の人物は自分が何者であろうとしどのように生きようとしているのかについてイメージしている。こうした構想を修正するたびごとに、その人物は自己ならびに世界との変化した関係を手に入れるのである。

ただ一つの生構想がすべての主体にとって善いということはありえないにもかかわらず、すべての生構想がすべての主体にとって等しく善いというわけでもない。そうすると、その主体の願望の「少なからぬ」ものが実現してほしいという関心を抱きながら、主体はいかなる構想を自分のものにすればよいのだろうか。当然のことながら、唯一最善の構想ではなくも主体にとって最善である構想のうちの一つの構想であろう。どの構想がそれであるのかということを普遍的な見地から言うことはできない。というのも、ある主体の生を導くのはその主体の構想であるはずだからであり、その主体が自分の生をゆだねるのは、自分の願望や意欲であるはずからである。[39] それでもやはり、その主体による目標の選択および追求の最善の在り方について若干言うことがある。それに対応するように先に言われたのは、ある人物がその人の意欲の目標にできる「はず」であるのは、それを実現することをその人物が実際に願望できるものだけだということである。それに対応して私はついでに、個人の生構想がどうすればより「有意味」に見えるか、ということを語った。

すなわち、生構想が有意味と呼ばれるのは、それが第一に実際に個人の生状況を考慮に入れており、第二に批判と新たな経験に開かれており、第三に当事者によって実際に好ましいものとして体験されうる状況に行為を対応させるときなのである。

この場合「有意味」の代わりに「合理的」と言ってもよい。というのも、もっとも重要な自分の願望を実現するために重要なのは、目標が達成されるように願望や意欲を整えることだけだからである。それゆえに、善き生の目的論的な理論は、今日ではたとえばジョン・ロールズまたはジェームズ・グリフィンがそうであるように、つねに適切に理解された自己利益ないし合理的な欲求を用いて議論するのである。[40] 目的論的な理解によれば、幸福と善き生が存在しているのは、誰かが理性的に願望する事柄が実現される場合である。こうした言い回しでもって全体としての幸福の事実上形式的な規定が達成される。目標を自覚した人生の営みの選好上の合理性は[41]——この第一の規定に従えば——成功している生の遂行形式である意欲の仕方を表わし

(38) こうした構想が（どちらかと言えば）社会化ならびに伝統によって先に与えられているのか、それとも（どちらかと言えば）個人の選択の結果であるのか、（どちらかと言えば）自覚的かそれとも無自覚的なのか、どちらかと言えば調和が強調されているのか、個別にはどれほど詳しくてもあるいは曖昧でも異質な目標に対して開かれているのか——これらすべてのことが生構想の概念のうちでは未決定のままであることになろう。

(39) このことは、主体が自分の目標にするか、または自分の目標として引き受けるかする集合的な目標に対しても当てはまる。

(40) J. Rawls, Eine Theorie der Gerechtigkeit, Frankfurt/M. 1979, Kap. VII〔邦訳：『正義論　改訂版』川本隆史ほか訳、紀伊國屋書店、二〇一〇年、五一七—五九三頁〕, J. Griffin, Well-Being, a. a. O. (Anm. 4), Teil I.

(41)「選好上の」という表現を私はここでもまた以下でも「ある人自身にとって優先されるべきことを志向する」という意味で使用する。合理的な選好の場合に問題なのは、ここでまたは以下で記述される仕方で価値評価された願望と意欲である。したがってここでは「価値評価に関わる」合理性について語ることもできよう。しかし、私はこの表現を任意の人の視点から優先されうるものの哲学的な解明のために取っておく。

ている。それによれば、われわれが善き生を持っているのは、われわれが徐々に成功するときであり、合理的に構成された生構想を実現するときである[42]。

それに呼応するようにジョン・ロールズは、「(多少なりとも)好都合な状況下で立案した合理的な人生計画を遂行し(多少なりとも)成果を得ており、また自分の計画は成就されるだろうと確信している[43]」人間を幸福だと呼ぶことができる、と言っている。それゆえ、幸福な生という意味での幸福は、願望が(多少なりとも豊かに)実現されている状態ではなく、むしろ願望実現の(多少なりとも成功している)プロセスである。これは重要な成果である。エピソードとしての幸福がどのように測定されるべきだとしても、その特定の量ではなく、生を遂行する特定の方法こそが、成功している生を際立たせるのである。成功している生は目的追求のプロセス、それが成功することにおいて個々の願望の達成には依存していないプロセス——それにもかかわらず必然的に重要な願望の実現に関係づけられ続けるプロセスとして理解されうる。われわれはここで善き生の形式の第一の概念を手に入れる、その概念は、この生がプロセスを表わす概念であるに違いないというわれわれの期待に対応している。そうするとこの場合、最大の願望実現ではなくて、むしろ願望の組み合わせのできるだけ豊かな実現の方途が全体としての幸福と見なされる。それによると、善き生を持つのは、自分の現在の生活状況について、もっとも重要な目標に即して評価されればそれは有望であるとたえず言うことができる人である。善き生はこの場合にエピソードとしての幸福の達成が成功しているプロセスとして理解される。

二－四－一－二　ヴロンスキの問題

しかしながらこれは同時に目的論的な分析が躓く地点でもある。善き生の分析はそのプロセス的な理解を究極的に静態的な実現イメージに結びつける。たしかにある生の経過の中で徐々に実現されるべき生活計画は、つねに新しい目標を受け入れることができる修正可能な構想と理解されうる。しかし善の理念は、目標の最善な秩序への漸近的な到達に結びつけられたままである。それでもって生の成功はたとえ複合的なものであっても願望のそうした秩序の実現へと向けられる。再びロールズの言葉を借りて言えば、「したがって、人間は合理的計画を首尾よく遂行し、自分の努力が成功するだろうという適切に根拠づけられた確実性を持つとき幸福である」(44)。しかし、自分のもっとも重要な願望を実現できるだろう人はただではすまない――そのような人は、アンナ・カレーニナとの幸福をやっと手に入れたその数か月後にヴロンスキ伯爵を襲ったのと同じような抑うつ感に見舞われるかもしれない（周知のようにそれはその後のヴロンスキの不幸のほんの始まりにすぎなかったが）。

「しかしヴロンスキは、自分が長らく望んでいたことがすべて満たされたにもかかわらず、まったく幸福ではなかった。自分の願望の実現は自分が求めていた幸福の山からほんの一粒の砂を自分にプレゼントしてくれたにすぎないことに、ヴロンスキはすぐに気づいたのだ。こうした願望実現は、人間が幸福を願望の実

(42) ロールズが正当に強調しているとおり、「合理的に構成された」という表現はそれと共に、この構想が深遠な考察から生じたものでもあるだろうという意味で「合理的に形成された」ということを意味する必要はない。この構想が、当該の主体の視点から根拠づけられうることもあろうという程度で合理的であればそれで十分である。実存的ならびに倫理的合理性（の形式）というテーマについては、M. Seel, Wie ist rationale Lebensführung möglich? in: H. F. Fulda/R.-P. Horstmann (Hg.), Vernunftbegriffe in der Moderne, Stuttgart 1994, 408ff. を参照のこと。

(43) Rawls, a.a.O., 447〔邦訳：『正義論　改訂版』、五三七頁〕――私は以下では、ロールズが生活計画についてあまりにも平衡的で調和的な概念を使用している点について問題にはしない。以下において私にとって問題であるのは、できるかぎり納得のゆく目的論的な幸福概念の限界だからである。ロールズに対する批判に関しては、Williams, Moral Luck, in: ders., Moral Luck, Cambridge 1981, 20-39, u. U. Wolf, Das Problem des moralischen Sollens, Berlin/New York 1984, 169ff. を参照のこと。

(44) Ebd., 197.

現と考えるときに巻き込まれる永遠の誤りをヴロンスキにはっきり見せつけた。ヴロンスキがアンナと結婚して制服を脱いだ後、これまで知らなかった自由一般、特に愛の自由の大きなすばらしさを感じ、満足だった。しかしそれも長くは続かなかった。ヴロンスキはすぐに、自分の魂の中で再び何ごとかを願望できるという願望が活発になってくるのを感じた。すなわちヴロンスキは退屈していたのだ」[45]。

トルストイが指摘している誤りは概念に関わる誤りである。成功している生という全体としての幸福をできるかぎり豊かなエピソードの実現と理解する人は、この実現を達成していないことに気を使わざるをえない。というのも、いかなるエピソードとしての幸福も、それがどれほど際立っているとしても、成功している生の全体にとって十分でないからである。エピソードとしての幸福をあらゆる幸福の尺度とする人には、成功している生という幸福は拒まれている。実存的な成功をただ願望の実現としか理解しない人は両立できない二つの目標を追いかけている。すなわち、そうした人はできるかぎり十分な生構想を成功裡に実現しなければならないが、それにもかかわらず最善の構想を実現しないようにしなければならない。その人は自分にとってもっとも好都合と予測できる構想を達成すると同時に実現しないようにしなければならない。それは、目的論的な理論が善き生の幸福を、現実には(持続的には)幸福の現前として理解できない現前にもとづいてプロセス的に理解していることを意味するだろう。

ここでもちろん、誤りは特定の幸福理解のうちにではなく、むしろヴロンスキ伯爵のうちにあるのではないかと反論することもできるだろう。ヴロンスキ伯爵は、自分が自分の愛にのみ生きることができると思い込んだとき(それはおそらくアンナに可能であったと思われるのと同じように、ヴロンスキにも可能だっただろう)自分自身を欺いたのだというわけである。いずれにせよ重要なすべての願望を実現することそれ自身は逆説的な目的ではない。そうした願望実現は決して、そもそももはや願望を持つことができないということを意味する必要はない。むしろそれは、現在の生活関係を超え出てゆくような願望によってはもはや駆り立てられないことを意味する。そうすると、自分が気の向くままに管理できる庭を何よりも切実に望んでいる人は、その願望が満たされるならば、さらに多くの願望を果てしなく持つとしても、それらの願望は〔やはり〕庭の成功に関係するのであって、それ以外のまだ到達していない生の中心点には関係していない。このモデルが普遍化されるならば、それを指導する格率は、君にとって現在を超え出てゆくいかなる願望も残っていないような仕方で願望を持て、〔あるいは〕それが現前することを未来の成功を留保条件とすることなしに君が肯定できるような、そうした生の状況を追求せよ、というように定式化されることになるだろう。

もちろん、ヴロンスキと同じような状況に置かれている男女にはこの通りに行為することは不可能である。そうした人々の多くは、その願望をそれほど控え目に意欲しない。私は以下のような論証、すなわち、こうした控え目さをアパテイアならびにアクラシアというストア学派およびエピクロスの理想へと近づけて一般的に勝れたものとして際立たせられるような論証をまったく知らない。したがって目的論的分析は、それが願望を先のように制限しないような生構想をも包括するならば、さらに改良されうる。その場合には、超え出て行く願望を持つという願望が構成要素でさえあるような生構想もその目的論的分析に含まれる。そうすると根本的な格率は、中心的な願望が実現されてもつねにそれを超え出てゆくような願望〔「新たな挑戦」〕が君に開かれているような仕方で願望せよ、と定式化されるだろう。いかなる種類の格率がより善いのかということを理論が決定する必要はないだろう。理論は二つのタイプ〔の格率〕をより一般的な推薦の形式で

(45) Torstoi, L., Anna Karenina, übers. v. A. Luther, Zürich 1985, 108f.

把握できるだろう。君が実現したいとためらいなく望む構想に従って生きなさい（その構想を場合によっては適切に変更ないし修正しなさい）。今や、トルストイが思いついた解釈とは異なり、願望実現は（どちらのヴァージョンの場合でも）まったく矛盾なしに考えることができる。願望実現の努力ももはや逆説的ではないであろう。その努力は、できるだけ豊かなエピソードとしての幸福の追求であろうことになるだろう——その幸福とは、さらなる願望に開かれていたいという可能な願望をも含めて中心的な願望のすべてが実現されるかもしれない生状況の幸福である。善き生とはそうした状況が現前している中で過ごされうる生だと言えよう。しかしまた——ロールズが提案しているように——そうした状況の現前へと向かう途上にある生もたしかに善き生として理解されてよいだろう。

したがって、善き生の目的論的理論はこのことを、実際には実現の現前としては理解できないような、そうした実現された現在にもとづいてプロセス的に理解しているという反論は、そのもともとの形式においては無効になった。目的論的な分析は、生の計画が有意味に達成されるように生の計画の概念が理解されるや否や内在的にはもっともらしいものになる。その場合に問題となるのはもはや断固としてプロセス的な理論ではない。今や、ロールズによるようなプロセス的規定は静態的なヴァージョンに対してまったく無くても済むということが明らかである。このヴァージョン——理性的な計画の実現としての全体的幸福——は、価値評価的な善は何の中に見出されるのかについて語る。それに対してプロセス的な幸福理解——計画実現のまずまずな途上にあることとしての全体的幸福——は、この静態的ヴァージョンを弱めて、幸福概念の実在論的な使用を確実にする。それによれば、善き生は〔すべての願望が〕実現された生であるだけでなく、実現への善き展望を伴った生である。しかし、善のこうした実在論的な概念は、完全な意味での善き生とはあらゆる中心的な願望が実現されるような生であるという理想的な概念を背景としてのみ定式化されうる。この点で、この理論の幸福概念はただ目的として、つまり（どれほど複雑ではあっても）願望が実現されたさまざまな状況として理解され、エピソードとしての幸福のさまざまな状態として構想されているにすぎず、道のりとしては構想されていない、ということが明らかになる。それゆえこの理論は、それがもともと意図している思想、すなわち、人生の道の本性とは自分に固有な在り方が目標としうるものだという思想の定式化に際して挫折するのである。

一言で言えば、この場合成功している生は首尾よく成功した生によって理解される。しかしながら、目的論的理論は第一人称の視点に対して忠実であろうとし、幸福と成功についての決定をようやく生の最期に下そうとはしない。成功している生は首尾よく成功した生への途上にあるものとして姿を現わす。しかしこうした解決法では実存的な成功の時間構造が見逃される。善き（成功している）生は善き（首尾よく成功した）生へと進んでゆく生として姿を現わす。生の意味は、徐々に達成に近づくことで手に入る希望あふれる未来の出現として理解されるのであるが、その出現はそのさいそのつどの現実存在それ自身の未来に開かれた現在から理解されるのではない。幸福な生状況の中で善き展望を持つことがその幸福な生状況に多く含まれるほど、この状況がその展望の中に見出されるものすべての達成に対する不足分は少なくなる。展望と達成とはどちらとも善き生の現前にとって等しく重要であるのだから、その現前の在り方は達成だけからも不十分な生の目標だけからも理解されてはいけないのである。

こうした難しさは、成功している生の全体としての幸福を一貫して何ごとかへの途上にあることとして、あるいは何ごとかを達成したこととして理解することがいかに見当はずれであるかということを示している。たとえ善き生が熟慮して意欲するものを達成すること（またはその途上にあること）のうちに見出されるとしても、トルストイが正しくも言うように、善き生はそのような実現によっては（ならびにそうした実現への努力によっては）定義されえない。価値評価的善の理論はしたがって、これまで見出されたプロセス的規定を純粋に目的論的な理論よりも真剣に受け取る必要がある。前者の理論は善き生により強い現在的な意味を与えなければならない。善き生を、その不可避的に目的論的な在り方において、より強くその遂行の現前性から理解しなければならないのである。

二‐四‐二　満たされた瞬間

幸福と善き生との関連の分析はさらに、幸福がわれわれの個人的な幸福概念を超え出てゆくことも稀ではないという事情を正当に評価する必要がある。このことはエピソードとしての幸福の次元には初めから当てはまる。純粋に目的論的な考察は特にエピソード的幸福の切り詰められた理解の点でつまずく。というのも、すべてのエピソード的幸福が既存の願望あるいはそもそも具体的願望の実現として理解されうるわけではないからである。そのことが理解されうるのは、「自分がそのとき何を真に意欲しているのか」[46]を厳密に言うことは人間には不可能であるということをカントとともに思い起こすときである。目的論的幸福概念の問題点はすべてこうした難しさ、すなわち、いかなる個人にとっても自分がここで今意欲しているものあるいは全体として意欲しているものを知ること、正当に自分の願望や要求の実現だと見なしうるものを知ることの難しさから生じる。結局のところ――いかなる生の段階においても――私の幸福を意味するだろうが、今私が抱いている意欲や願望のうちには（まだ）まったく含まれていないものが多く存在するかもしれない。われわれは結局のところ自分たちが本当に何を意欲しているのか、われわれがいかなる状況を（いかなる序列において）それ自身のために評価できるのかということを知らないし、知ることはできないのだ。そのうえ、まさにこうした無知から生じてくるエピソード的幸福の固有な形式が存在する。純粋に目的論的な理論はその形式をまったく捉え損なっている。成功している生の全体的意味における幸福の目的論的理論による分析は、それがエピソード的な幸福の切り詰められた概念で分析を行なっているという点でも躓くのである。

二―四―二―一　情感的な幸福概念

私が問題にする特殊な種類の幸福は、充実した瞬間の幸福である。この形式の幸福においてはあらゆる幸福の偶然性の契機が直接に幸福経験それ自身の意味に含まれる。この幸福は追求して手に入れることができず、ただ偶然に姿を現わすにすぎない。幸福な瞬間は突然に現われる充実の状況を開示する。無意図的な注意の状態の中で、意図的に導かれる注意にはアクセスできない現前性において、その時々に与えられる状況が経験される。充実した瞬間はそれを経験する人を意図せずに、その瞬間状況の変更された知覚に解き放つ、と言うこともできる。こうした自由の経験は二重の経験である。つまり、その瞬間の外部に存在する多くのものからの自由の経験であるとともに、この瞬間の中で示される多くのものへの自由の経験である。したがって、充実した瞬間はつねに、それが生じる状況が不意に変化した現実の瞬間である。〔さらに補足すれば、〕不意に喜ばしく変化した状況の〔現実の瞬間である〕。しかし、すべての瞬間が幸福の瞬間であるわけではない。パニックならびに麻痺に陥る瞬間が、たとえば交通事故または試験のときには存在する。どちらの瞬間も突然さの様相を帯びて姿を現わす。しかし幸福の瞬間をあらゆる本物の恐怖から原理

(46) Kant, I., Grundlegung zur Metaphysik der Sitten, in: ders., Werke in zwolf Banden, g. V. W. Weischedel. Frankfurt/M., 1968, Bd. VII, 9ff., BA 46.〔邦訳：『人倫の形而上学の基礎づけ』、四九頁。〕

的に区別するのは、先に述べたようにその瞬間のうちで開示される自由の契機である。[47] パニックの瞬間、私は私の運動・位置・思考・体勢に囚われている。それに対して幸福の瞬間には私は、この瞬間が与えてくれるものに虜にされることによって、私の体勢が固定化されることを免れている（たんに観察者の視点からこうした状態を区別するのは往々にして困難であろう）。私にはおそらく違ったことが出来ただろう、継続することも、先に進むことも、見ないふりをすることもできただろう――しかし、私はその場に佇むのである。この佇みは、この瞬間のうちで生じておのれを示すものの形態・彩色・運動・展開、そうしたものとの接触によって満たされている。

ところで、満たされた瞬間の状況は（パニックの瞬間とは異なって）願望実現の状況と同様に、それが姿を現わすときにはわれわれがその中にそれ自身のために存在しようとする状況である。しかしながらわれわれは、そうした状況のうちの特定のどれ一つをもそれ自体のために追求することはできない。というのも、そうした状況に並はずれた質を付与するのは、その質のうちで思い通りに手に入る所与性ではなく、その真実らしくない所与性それ自身だからである。この幸福の本質を形作っているのは、純粋な現前性〔の経験〕としてのその幸福がその中で生じる、そうした状況の有様ではなく、その状況の中で生じる瞬間の自由である、と言うことができる。このこともさらに主観的側面と客観的側面とに解消されえない。そうした瞬間はたんにその瞬間を体験しようとする主観の心の準備によって生じるのではない（この心の準備はむしろ徹底的に邪魔になるかもしれない）。しかしまた、その瞬間は状況の客観的に記述されるべき質そのもののうちに見出されるのでもない。その瞬間は状況の個性と主体の感受性とのあいだの組み合わせである。満たされた瞬間の経験はたんに強調された感覚や体験あるいは感情の問題ではなく、つねに同時に何ごとか――私がそれの知覚に対して今自由であり今知覚できるもの――の経験である。もちろん、私が幸福な瞬間を経験するとき何に対してならびに何から私が自由であるのかを普遍的な言葉で語ることは不可能である。と言うのも、この自由は抽象的な次元でのみ相関的に規定されうるからである。私はふだん私にとって重要であるものから自由であり、私は私にとって状況がここで今開示するものの傍に佇むことに対して自由なのである。これを私はキルケゴールを念頭に置いて情感的な幸福概念と呼びたい。(48) キルケゴールによれば、できるかぎり満たされた瞬間の現前性——キルケゴールの言葉では「直接性」——において自分の生を生きようとする人、自分の生の成功を満たされた瞬間の多寡に即して評価する人は、情感的に生きている。したがって、エピソードとしての幸福のこうした理解もまた成功している生の在り方の規定のために引き合いに出されうる。これもまた間違った道であることの理由を理解するためにわれわれはまずこの瞬間の構造をさらに解明しなければならない。

目的論的理論が定位している願望実現の幸福の場合とは異なり、瞬間の幸福は、それの継時的ないし漸近

(47) それに対して情感的な恐怖はこの自由を分け持っている——それ以外のさらなる瞬間の在り方に私はここでは立ち入らないが、それには不安または懐疑の瞬間がある。そうした瞬間は、〔情感的な恐怖の瞬間と〕同様にキルケゴールならびにハイデガーを手がかりにして自由の経験として理解することができる。しかし、それには幸福の瞬間に比べて状況に応じた実現が欠けている。この点については注(61)も参照のこと。

(48) ここで私はキルケゴールの『あれか‐これか』において支配的な用語法に従うが、ただし、情感的なものの概念を用いずに、キルケゴールとともに美学の事柄をこうした広い範囲に固定しようとする。情感的なものという特殊な概念を、他のコンテクストで必要であるように明確に打ち出せば、瞬間の経験一般から特殊な情感的瞬間経験を区別できるだろう。それは、ハントケの主人公たちが一九七五年以来（『真実の感覚の時間』）、その瞬間への突然の注意においてその注意に注意するようになるときに、あるいはその瞬間において同時に瞬間経験の倫理学と詩学に気づくときに、しばしば体験するとおりである。そうした（幾重にも重なった）自己関係性は、狭い意味での情感的瞬間経験（ならびにその芸術的な描出）という特殊事例を特徴づけている。しかしそうした事例はここでは特に問題ではない。

的な獲得、何らかの意味で連続的な獲得ならびに総計とは両立しない。瞬間の幸福は〔そうした獲得や総計とは〕異なった仕方で生の時間のうちに存立する。生の時間が目標・計画・企図の追求によって刻印されているかぎり、瞬間の幸福は生の時間を中断する。たしかに満たされた瞬間という時間も、あらゆる時間構造ならびに時間経験にとって根本的な継起、すなわち、以前 Früher ‐ 今 Jetzt ‐ 以後 Später という継起の中から現われてくるのではない。したがって、ミヒャエル・トイニッセンが思いついているように、ここで無時間的な状態について語るのは根拠がないように私には思われる。(49) むしろ瞬間の持続のために時間経過との別の関係が有効である。その瞬間は経過として経験されるのではない。たしかに満たされた瞬間の持続においてもさまざまな仕方の変化が生じる。もちろん時間の不可逆的推移という普遍的法則は効力を持っている。しかし、思いがけず姿を現わした状況が存続するのは、それがそうした変化によっても影響されずに持続するかぎりのことである。そのときにかぎりその状況はそれが存在するとおりに存続する。その状況は生起するものである。それに応じて「佇むこと」は、事柄が生起する際にその生起に注意することを意味する動詞である。ある状況のうちでその出来事の現前に注意することを意味する動詞である。たとえば、人が風に揺らめく樹冠を直観的態度で観照しているとき、人はたしかに無数の変化を知覚しているが、それでもさまざまな現出の一つの持続的な戯れをも知覚している。この場合には多様な生起の事実 Daß がその内実 Was より優位にある。生起していることそれ自身は、それがどれほど過ぎ去りつつ生起しても、過ぎ去らない。そのかぎりわれわれは——そうした注意の場面で——不可逆的ではない生起に、すなわち、永続する状態の知覚に関わっている。それにもかかわらずその状態は時間的状態である。あるいはわれわれは戯れているとき、何ごとかが絶えず生起しているその戯れの持続の中で佇んでいる。しかし、そのときその戯れ自身を過ぎ去るものとして経験している必要はないだろう。戯れが持続するかぎり、われわれはその戯れの持続の中にいる。類似したことが、満たされた瞬間にも当てはまる。思いがけず際立った状況が姿を現わすことがその瞬間の本質を成すのであって、その瞬間の本質はその際に個別に生起している事柄ではない。われわれがそのことに（再び）関心を向けるや否や、ヴロンスキがもともと自分は幸福を手に入れることで何を始めるべきであり、その日々をいったい将来何で満たすべきであるのかという問題を抱えるや否や、あれこれの心配が再び決定的になるや否や、「無時間的」に現出してはいるが、しかし別の仕方では時間的である幸福は過ぎ去っているのである。(50)

瞬間の幸福は、根本的に今ここでの幸福である。それは生の際立った契機ではあるが、その生の全体を表わしてはいない。もちろん生全体のほとんどの内容がこの契機において何らかの役割を演じることはありうる――たとえば、プルーストの『失われた時を求めて』の主人公におけるほとんど回想的な幸福の瞬間のことを考えてみればよい。しかし生全体の内容がつねに瞬間の幸福において何らかの役割を演じる必要はない。満たされた瞬間は純粋に現前性のうちに――たとえば、樹冠または港湾地区の直観のうちに留まりうる。それは、たんにこれまでの生のあるいはまたこれまで期待された生の連続性からの現われの瞬間でありうる。その瞬間はそうすると、その生の事柄の著しい存在によって現実化する自分の生の正常さの欠如のうちに見出されるのである。

ところで満たされた瞬間はもちろん願望実現の瞬間でもある。私は自分が性的欲望を抱いている女性ととうとう同席している、私はとうとうテニスで一位になった、私はとうとうモンブランの頂上に立っている、

(49) Theunissen, Freiheit von der Zeit, in: ders., Negative Theologie..., a.a.O. (Anm. 28), 285ff.
(50) そうした瞬間の持続は無規定的である。その瞬間は数秒間あるいは数時間、数日または数週間も持続しうる。ところが、トルストイは自分の作品中の恋人たちに数か月の持続を与えることでおそらく最大の持続を認めている。

自由意志が自由な意志を意欲するとヘーゲルが言うときに考えていることを私はとうとう理解した――「するると突然世界がまったく異なって見える」。しかし、この幸福を願望実現によって定義することはできない。というのも、満たされた瞬間が願望実現の瞬間であるとしても、問題であるのはつねに、これまでの願望を超え出てゆく願望だからである。満たされた瞬間は、これまでの願望ならびに意欲とはまったく連続性を持っていない。その瞬間が姿を現わす際の突然さのうちで幸福は、期待され望まれていたのとは異なる特徴を示す。願望は――「悪い目覚め」が逆戻りしてきて――われわれが期待していたのとはまったく異なるようにに実現される。しかし瞬間の幸福の本質は、われわれが以前に囚われていたある願望から解放されていることのうちにも見出される。さらにそのうえ満たされた瞬間は――誰かが自発的に貞潔を支持して、またはヘーゲルに反対して、そのことが突然に美しいものへとひっくり返されるのを見るとき、われわれが抱いたことのない（あるいは抱こうと思ったこともない）願望を実現しうる。しかも結局のところ満たされた瞬間はそもそも願望実現の瞬間である必要はない。たしかにそれが満たされた瞬間であるのは、それがわれわれをある状態へ、すなわち、われわれがその中に存在しようとするある状態へ置き入れるからである。しかしこの状態は、外部からそれに向けられた願望や意欲と結びつけられている必要はない。そうした瞬間は個人の生活計画を変更または見直しさせるだけでなく、無関心にそうした計画に関わりうる。われわれはこうした〔計画〕構想から外へ出てきて、あとになってその瞬間が通り過ぎれば、ふたたびその構想の中へ歩み行ってわれわれの目標志向的な実践を続けるのである。一言で言えば、瞬間の幸福は願望実現の（連続的、継起的あるいは漸近的な）幸福に比べて自律的である。前者は後者を徐々に弱らせたり後者と一致したりしうるが、単純に後者と併存することもできるのである。

われわれの構想や企図とのこうした隔たりにおいてのみ、生の連続性の中断としてのみ満たされた瞬間の恩恵は経験されうる。しかしながらこうした経験はつねに「通常」の時間という〔その経験とは〕異なるコンテクストのなかに存在するのであり、そのことは、その時間が喜ばしくても喜ばしくなくても関係ない。それでもってその経験は、自己自身の生の全体的イメージ、すなわち、かの隔たりによって中断され変更されるというイメージのコンテクストのうちに存在する。こうした背景においてのみその瞬間は現実に存在するのである。そうした隔たりによって生の通常とは別の時間構造、自己充足的な現前性が際立たせられるのである。その瞬間がエピソード的幸福の形式として〔人を〕陶酔させるのは、まさにその瞬間がまったくエピソードであるからだ。その瞬間は、そこから個人の生の遂行にとって何が生じても生じなくても、まったくのエピソードであり、そうであり続ける。もちろんわれわれは未来と過去の意識から自由になることはないだろうが、その瞬間が持続するかぎり、未来への気遣いならびに過去とのしがらみを免れてはいるのである（というのも、こうした意識なしには未来や過去から距離を取るという経験は可能でないだろうからだ）。瞬間においてエピソードとしての幸福は忘我的な形式を手に入れる。そうした幸福は、あらゆるそれ以外の順調さにとっての危機が見出されうる混乱した側面を示す。というのも、この幸福は幸福についてのわれわれのイメージならびに幸福へのわれわれの期待を打ちこわし、その限りでわれわれをそこまで導いた実存的な定位の破壊への傾向を容易に含んでいるからだ。満たされた瞬間のうちでこれまでの生の現実を凌駕する現実が開示される。その瞬間はこれまでの願望ならびに意欲を超え出てゆく――そうして、われわれが何者であり何者になろうとするのかについて適切に考慮された構想をも超え出てゆくのである。

二-四-二-二　メフィストの警告

そうであるにもかかわらず瞬間の破壊的幸福を継起的な願望実現の幸福と対抗させようとするのは誤りだ

ろう。瞬間の幸福は追求して手に入れることも持続させることもできないのだから、その幸福の中に意識的な生のより高次の目標を見て取ることは意味がない。満たされた瞬間は決して最高の目標ではなく、きわめて肯定する価値のある状態にすぎない。それゆえに情感的な幸福概念は、善き生の納得ゆく概念に導く目的論的概念としてはとうてい役立たない。たしかに生は、陶酔的な瞬間がどれほど豊富であったか（これまでのところあるいは全体として）ということによって評価されうる。しかし、そうした瞬間は比較できないのだから、そうした評価は、中心的な目標のどれだけが達成され、どれだけが（未だ）達成されていないかという収支決算との類比で計算するのに適してはいない。つまり、そうした評価は善き生全体の質について、まさにそれがいくつかの重要な契機を持っているということ以外には何も述べないのである。[51]

さらに情感的な幸福分析は、目的論的な〔幸福〕理論とは異なり、実存的な成功のいかなるプロセス的概念をも、そのプロセスの性質が何であれ、展開することができないという短所を抱えている。首尾一貫して情感的な幸福理論にはただ全体としての成功の極端な概念に逃げ込むしか道が残っていないということになる。善き生は、できるかぎり拡張された瞬間として――たんに瞬間の中に佇むこととしてではなく、瞬間の持続的滞在として解釈されることになるだろう。

しかし、これは自己破壊的な理想であろう。瞬間の幸福は、それが実践的な生の連続性を中断するだけでなく、その連続性から出てくることになっているならば、自己自身を破壊する。というのも、そのときこの幸福の対照的な価値が危機に晒されることになるだけでなく、瞬間の中に佇むことの確実性も危機に晒されることになるだろうからである。一つの状態から他の状態への移行、未来に関係づけられた生「から」純粋な現前性〔現在〕への「帰還」、それとは逆に、連続的な生の実践「への立ち戻り」は、もはや何の問題もなく可能だとは言えなくなるだろう。[52] 永遠の瞬間としての生は、時間の中で自己を方向づけることの無能力と相まって瞬間そのものの死であることになろう。それゆえ瞬間の経験は、実存的な成功の説明のための適切なモデルを決して提供しないのである。

そうすると、すべての満たされた願望のうちに次の満たされていない願望だけを見て取ることが目標に相関的な願望の倒錯に含まれているのと同様に、瞬間に持続的に接することを願望するのは瞬間経験の病理に含まれる、と言いたい誘惑に駆られる人がいるかもしれない。しかし事情はそれほど単純ではない。というのも、その瞬間が続いてほしいというのは、瞬間の幸福の中に組み込まれたまったく自然な願望だからである。それどころか瞬間が持続してほしいという願望は、瞬間の経験そのものと結びつきうる唯一可能な願望である。[53] おそらく「とまれ、おまえは美しい」というゲーテの言葉は実際にこの経験そのものの構造に含まれているのだろう。瞬間〔の経験〕の中でわれわれは、その瞬間が持続することを欲し願望する。しかしそのことは直ちに、生の全体があたかも長く引き延ばされた瞬間であるといったことをわれわれが有意味に意欲できることを意味しない。生がそうしたものであるならば、瞬間はそれが束の間の状態として持ちうる幸福の性質をもはや持たないことになってしまうだろう。われわれは〔己の〕生の持続を、われわれが自ら決

(51) 瞬間はおそらく数えられるが、計算できないということは間違いない。というのも、この場合〔重要な契機を〕持っていることに、可能な「べし」は対応しないからである。

(52) こうした時間との関係については、Theunissen, Negative Teologie..., a.a.O., 19 u. 291を参照のこと。そこでは、生の失敗可能性が時間的な総合の失敗可能性のうちにあることがきわめて納得のゆく仕方で解釈されている。「現前性の欠如は、未来における自己喪失のうちにかまたは過去における自己喪失のうちに根拠づけられている。さらに瞬間における自己喪失は、未来および過去の欠如のうちに根拠づけられている」(ebd., 59)。

(53) もちろんそうした持続への願望は、瞬間の経験としばしばだけでなく必然的に結びついているということをあくまで疑うことはできるだろう。しかし私は以下においてこのことには触れないでおく。

定できず追求もできないある状態の恩恵に依存していることになろう。瞬間の経験以外の実践から距離を取りうることを本質とする自由は、われわれがいかなる距離を取ることもできない状態の不自由に変じてしまうことになろう。われわれは瞬間のうちに囚われてしまうだろう。われわれは幸福の瞬間をもはやパニックならびに麻痺の瞬間から区別できなくなるだろう。したがってわれわれは、瞬間にいつまでも留まろうとすることはすべての人間にとってと同様に善きファウストにとって善くないだろうという、メフィストフェレスの見解を是認することができるにすぎない。われわれが――瞬間が持続してほしいということを瞬間の中でどれほど願望しても、そのことを瞬間から意欲することはできないのである。

そうであるかぎり、切り詰められていない（瞬間の経験へと縮められていない）幸福の理念には必然的に幸福に関する挫折経験が含まれる。われわれが願望し、ヴロンスキが期待したようなある瞬間におそらく持つであろうし、あるいはそうした瞬間を期待して夢見るような大量の幸福を、われわれは手に入れないし、誰も手に入れない。というのも、瞬間は過ぎ去るものだからだ。しかし瞬間が過ぎ去ることは、それが与えるあらゆる閃きの条件であることを「ファウスト」の悪魔は知っている。瞬間の幸福は不可逆的な時間のコンテクストのうちにしか存在しない。そのかぎりにおいて――持続の願望はつねにそのコンテクストに結びつきうるし、おそらくつねに結びついているがゆえに――瞬間の幸福は、超え出て行く幸福としてだけでなく、熱狂的な幸福としても、完全には実現されえない願望の実現としても理解されうる。そのかぎりにおいて――ニーチェによれば――あらゆる快が瞬間の「永遠」を意欲するということはありうるかもしれない。しかし快が先取りされた永遠であるということ、その瞬間のうちではすべてのものがひとつになるということ、結局のところすべてが良いと明らかになること、そのようなことをわれわれは当てにしないほうがよいのである。[54]

われわれはここで人間の幸福定位におけるコンフリクト、すなわち、未来の目標のあいだでの選択（あるいは調整）への強制とは異なる種類のコンフリクトにぶつかる。それは幸福と幸福追求のあいだの――瞬間の性質を帯びた現前性の幸福と現存の願望実現が首尾よく追求できて持続的に達成される幸福とのあいだのコンフリクトである。[55] 瞬間の（できるかぎり持続する）実現の連続的な追求と瞬間の脱自的実現への要求とのあいだには対立が存在するが、その対立は幸福要求の制限と倒錯という代償を払ってのみ解消できる。幸福の理論はそれゆえこのコンフリクトを処分しようとしてはいけない。幸福の理論はこのコンフリクトを人間の幸福および成功の構造の構成要素として真剣に受け止めなければならないのである。

われわれは今や目的論的な幸福理論の弱点をもよりはっきりと理解している。目的論的な幸福理論は、エピソード的な幸福の特定の形式の超出的性格、すなわち、期待していなかった仕方で自己自身の願望を超え出てゆくことのうちに幸福が見出されるという事情を捉え損なっている。目的論的な幸福理論は、それが超え出て行く願望に開かれている生構想を予想しているならば、やはり幸福を捉え損なっている。というのも、瞬間は超え出て行く願望としてではなく、まずもって基本的に超え出てゆく経験として生じるからである。瞬間は、ある状況を、すなわちわれわれがそれによって、それが現われるや否や持続するだろうということを願望するそうした状況を開示する。しかしその際に、その願望が内容を持った願望の実現・発見・覚醒と結びついているかのように考える必要はない。[56]

(54) この立場を取っているのはシュペーマンである。Philosophie als Lehre..., a.a.O. (Anm. 9), 特に 17ff. そこでは瞬間は、自己の生についてのより高次の真理への入り口として、神の手の中にいるわれわれ、したがって結局は万人が幸福であることの徴として理解される。しかし幸福経験が宗教的かつ神秘的解釈に開かれているのは確かだとしても、その経験はそうした解釈と「つねに」結びついているわけではない。

(55) ゲーテのファウスト悲劇は、このコンフリクトをテーマにしていると解釈することができよう。

(56) グリフィンは「情報提供されたうえでの欲求」というものを、それを実現することで善き生が形成されるものとして規定するが、そ

満たされた瞬間の経験は合理的な選好への定位の根本的な敵対者であることがここで明らかになる。その経験は、われわれの生の現実をわれわれに与えられたそれぞれの関心に従ってのみ評価することを妨げる。その際、その関心がどのように根拠づけられているかということは関係ない。その経験によって、われわれがそのつどの時点で結びつけられている生き方との距離が作り出され、そのつどの時点での生き方に対する自由が作り出される――そのことによって、新しい指導的な構想の、おそらくは改善された選択に至る自由が確定される。しかしそのことは、瞬間の経験がたしかに願望実現への努力の敵対者でありかつ対照者ではあるが、決して願望実現の努力に楯突いているわけではないことを意味している。瞬間の経験はたんに視野が狭く硬直し倒錯した〔願望〕実現努力の対蹠者《せき》――すなわち、もはや現実の多様性に敏感でなく、たとえ思慮深くても一度固まった計画によって固定されるかもしれないような幸福追求の対蹠者であるにすぎない。したがって、われわれの願望の少なからぬものが実現されることへの関心は、正しく理解されるならば、満たされた瞬間の経験を、われわれの計画の力のうちにはまったく見出されない状態への関心を共に含んでいるのである。

それにもかかわらず、われわれの生の計画がそうした超え出て行く実現に対して開かれているように存在することを、われわれは願望し意欲することができる。しかし瞬間の経験に対するこうした開かれた在り方は生の計画の可能な内容ではなく、そうした計画の可能な形式であるにすぎない。こうした願望はわれわれの実存的な計画に対するわれわれ〔自身〕の態度に、したがって、そうした計画への関わり方に影響を与える。われわれがこの願望を実現できるのは、目標に向けられたわれわれの生の超出または一時停止の瞬間に敏感であることによってのみである。[57]

目的論的〔幸福〕理論がこの願望をも統合しようとしていたならば、その理論の相貌は完全に変わってしまっていただろう。そうした理論はもはや願望の反省された秩序の最善の実現を目的論的に目指したりしなかっただろう。そうした理論は真のプロセス的〔幸福〕理論になっていたことだろう。その理論が善き生を規定するとしても、それはもはや特定の善の構想を所有していることをとおしてではなく、そうした構想の特定の所有の仕方をとおしてだったであろう。その理論は善き生の質をエピソード的な〔願望〕実現の大きさと程度において把握することはなかっただろう。

目的論的なモデルを突破する途上で情感的な幸福理論も成功している生の形式的規定に寄与する。純粋に目的論的なすべての〔幸福〕理解の修正方法という役割において情感的幸福理論も同様に特定の意欲の仕方を際立たせる。しかしながら、この場合決定的に重要な規定は消極的である。満たされた瞬間の情感的次元でも幸福を経験しようとする人は、その人の意欲と願望から距離を取る覚悟と能力を持たなければならない。[58]瞬間の幸福とは幸福の意図的追求努力から距離を取ることなのである。しかし瞬間の幸福も一定の仕方で――自己の願望と意欲とを超え出る状態に開かれているような態度を取ることによって意欲されうるのである。

このことはそれ自身まさに理性的である――しかしそうであるのは、熟慮の上で選択された生構想の理性性に還元されないかぎりにおいてのことである。というのも、満たされた瞬間に開かれていることの理性性

うした欲求を実現される前には現存している必要のなかった願望に加算するとき、このことを見過ごしている（Well-Being, a.a.O., 14）。個別の瞬間の実現――さらに「その瞬間の」持続の要求――について、われわれはいかなる情報も持たないのである。

(57) いかなる方法でこの間接的にのみ実現される願望を追求することができるのかということを究明することは、一つの固有のテーマであるかもしれない。この点については後ほど二-五-四および二-五-五で再論する。――その場合でも私が注(48)で指摘した、狭い意味での情感的態度が議論の対象だと言えよう。この点については、M.Seel, Zur ästhetischen Praxis der Kunst, in: Deutsche Zeitschrift für Philosophie, 41/1993, 31ff. を参照のこと。

(58) こうした洞察のうちにショーペンハウアーの意志の形而上学の合理的な核心が見出される。

の主旨はまさしく自分自身の生構想に拘束されないこと、したがって、自分の生構想の中では予測されていない（全身全霊を込めても予見されえない）ような幸福の現実存在に開かれ続けていることのうちに存するからである。そのことのうちにこそ情感的幸福概念の重大な意味が見出される。その概念は、目的論的な幸福定位のモデルには合致しないエピソード的幸福の特殊な形式を目立たせることによって、成功している生の切り詰められていないプロセス的概念への要求を高めるのである。成功している生のプロセス的概念は、どのような最終的状態であれそうした状態からも把握されてはならないし、瞬間のラディカルな現前によって把握されてもならず、むしろ、成功している生の遂行を強調することができなければならない。しかし同時にその概念は、一方の適切に熟慮された目標の持続的追求と、他方での情感的な瞬間の非連続的な恩恵に対する開かれた在り方とのあいだの補完関係を指摘できなければならない。そのようにしてのみ、そのプロセス的概念は成功している生の目的論的次元と情感的次元とを等しく正当に評価できるだろう。

二-四-三　成功している自己決定

見通しの豊かな生構想を実現する順調な道を歩んでいるが、その構想に縛られない人は、際立った仕方で自己決定された生を生きている。自己決定の概念こそ、目的論的側面と情感的側面とを結合することができる。その際に自己決定は、まず実践的観点ならびに実効性のある実践的意図における反省能力として理解される。成功している生の全体としての幸福の本質は、こうした提案に従えば、自分自身の生の歩みを自由に選ぶことができる点に見出される。[59] 自由とはこの場合、初めから人間の幸福にとっての条件に含まれる消極的な自由の意味での〔自由、すなわち〕内的ならびに外的強制の不在を意味するだけではない。さらにこの自由は、生の現実、その中で個人が——複合的な願望実現と瞬間の幸福への展望をもって——実りある現実存在の可能性を持つような、そうした生の現実を自己自身に対して開示する個人の能力を意味している。しかし、願望実現ならびに瞬間の経験とのこうした関係にもかかわらず、ここで第一に強調されているのは、（できるかぎり）多くのことが私の「思い通りになる」ということ、あるいは私が（できるかぎり）多くの充実した瞬間を体験するということではない。強調したいのは、たいていのことが思い通りにいかない場合でもあるいはそのときこそ、私は私の行為自身を選ぶことができるということである。この意味での善き生を生きるのは、自己決定された生を生きることに成功する人——そのことにこれからも成功するだろうと期待できる人である。

二-四-三-一　過程を重視した幸福概念

この規定において初めて全体としての幸福は、エピソードとしての幸福に対する独自の重要性を獲得する。全体としての幸福はたしかに依然としてエピソードとしての幸福に必然的に関係づけられている。しかし、全体としての幸福はもはや、エピソードとしての幸福を尺度としては測定されない。自己自身の実存が自己決定されていることは、この場合、私が真に意欲していることの達成のために最も好都合な手段ではなく、私が何にもまして（あるいはすくなくとも何があっても）意欲するものそれ自身である。この場合は実際に

(59) Vgl. Tugendhat, Antike und modern Ethik, a.a.O.; Krämer, Integrative Ethik, a.a.O., S. 153ff. u. 250ff.——クレーマー（同上、161ff.）は、このコンテクストにおける自由の概念を「力量 Können」概念で置き換えることを提案している。なぜなら、力量概念のほうが自由の概念よりも哲学的に——イデオロギー的にも道徳的にも——負荷が少ないからである。そうではあるが自由はまさに、このコンテクストで問題になっている力量、すなわち、自分自身の生を強制されない能力にもとづいて遂行できる力量の遂行方法を表わしているのである。

道が目標なのである。自己決定の様相における生が個人をつねにエピソードとしての幸福のより豊かな可能性に導くかもしれないとしても、そのことが自己決定による生の優位を示す決定的な理由とはならないだろう。自己決定による生の本来の優位はむしろ、良い時間においても悪い時間においても世界に開かれた自分自身の意欲と一致して生きられることのうちに見出されるのである。

こうして、私の求めていた、過程を重視した全体としての幸福の概念、しかも目的論的理解の制約を免れた概念が手に入れられた。再びわれわれは〔幸福に関する〕形式的概念と関わっている。ここで自分自身の目的を追求する特定の仕方は指導的目的であることが分かる。この目的は、逆説的で想像上の目標状態を指摘しなくても提示されうる。この目的が際立たせているのは、他の目的に並ぶあるいはそれを超える目標ではなく、目標を持つ仕方である。そのように理解された自己決定は善き生の目的であるが、任意の目的ではなく、不可欠の目的であり、外的目的ではなく内的目的である。言い換えれば、成功している生が生きられる形式である。たしかに成功している生を生きることそのものがそれ自身、思慮深い生き方の目標となりうる。しかし、その目標は成功している——世界に開かれた仕方で自己決定された——生そのものの時間の中で到達される以外にないのである。[60]

「世界に開かれた」という付加語について私は以下でさらに詳しく解説するつもりである。さしあたり肝要なのは、願望実現ならびに充実した瞬間の豊富な生そのものではなく、自己決定された生が、これら二つのエピソードとしての幸福への関心において万人にとって最善な生であるというテーゼの説得力を吟味することである。というのも、それが主張しているのは、われわれはその少なからぬ願望実現への関心において瞬間の経験に対しても開かれているはずであり、したがって、自己決定の一つの形式に対して自由であるはずだということだからである。自己決定は、われわれの目標ないし目的を最大限に達成するためのたんに好都合な手段に尽きはしないのである。

したがって、過程を重視した善き生概念が説得力を持つのは、その概念が善き生の目的論的概念ならびに情感的概念を——それらの制約を克服することによって——実際にも包括する場合だけである。目的論的な分析はすでに自己決定の幸福論的な理解をもたらした。幸福とは合理的な——理性的な生活計画に定位した、あるいは合理的な選好に導かれた——生き方であるということである。その際、善き生は個人の特定の自己関係として理解される。自分で選択した目標に定位する能力は、成功している生にとって確かに中心に位置する。

しかしながら、この能力の目的論的な説明は短絡にすぎる。この説明は生の成功を目標の秩序への近似的到達と結びつけるが、この秩序のうちで最善のものでさえ脆いということを考慮に入れておらず、それどころか、この脆さのポジティヴな概念を展開できない。さらには成功している生をその成功の現前という事態から理解できないのである。

ここで瞬間に定位した分析がさらに決定的に重要な一歩を進める。この分析においてはあらゆる幸福の偶然性のポジティヴな理解が与えられ、したがってまた生の個人的構想を実現するという意味でのあらゆる自己決定の限界のポジティヴな理解が与えられている。充実した瞬間の幸福は、われわれの幸福についてのわれわれの表象を——われわれの幸福へと踏み越えてゆく。まさに合理的な生き方は、それがその実存的な定位を更新する能力を失いたくないならば、そうした踏越えに対して開かれていなければならない。選好的な

(60) 自己決定が自己目的の性格を持っているというテーゼについては、フォルカー・ゲアハルトの以下の論考を参照のこと。Selbstbestimmung, Über Ursprung und Ziel moralischen Handeln, in: D. Henrich / R.-P. Horstmann (Hg.), Metaphysik nach Kant?, Stuttgart 1988, 671ff.

意味において合理的であるのは、反省された自己利益のうちに見出される目標を追求する努力だけでなく、自分の構想からの突然の距離を幸福な充実として経験することを可能にするような、自分の目標や目的に対するそうした態度の展開もその意味で合理的であることが明らかになるのである。

したがって瞬間の経験のうちにはプラグマティックな行為を修正する方法が見出されるだけでなく、〔願望〕実現の追求と並行する〔願望〕実現の形式も見出される。その経験は幸福追求それ自身における追求の幸福の敵対者であり、連続的な幸福追求と持続的な〔願望〕実現でもってはアクセスすることのできない幸福の卓越した現前性の経験である。その経験はさらにあらゆる生の遂行の現前性に対する警告として解釈されうる。生と願望の連続性から逃れることにおいてその瞬間は、それを経験する人々に、彼らが有限の時間の中で彼ら自身によって選ばれたり選ばれなかったり、認識されたりされなかったり、尊重されたりされなかったりする可能性でもって彼らの生をここでいま生きる人々であることを気づかせる。その瞬間はその彼らに、彼らの企図が何であれ、それを変更して超え出てゆく彼らの能力を気づかせる。言い換えれば、彼らがどれほど彼らの生き方の選択においてある通りの世界を必要としており、それどころかその世界に依存しているとしても、その人がその選択に関して自由であるということに気づかせるのである。満たされた瞬間は満たされた自由の瞬間なのである。(61)

情感的な幸福概念それ自身も全体としての幸福の理論にとって十分でないということは容易に認識できた。情感的な幸福概念は成功している生の遂行にとって本質的であるエピソードとしての幸福の一つの形式を名指してはいるが、それ自身では全体としての〔生の〕成功に関する問いへの説得力のある答えを提示できていない。その答えが与えられるのはようやく厳密にプロセス的な〔幸福〕理解が導いてくれる自己決定の修正された概念によってである。自由な自己決定は、自己決定による生の遂行が——確定された目標の実現への固定に反対して――それ自身その生の根本的な目標として経験されうる場合に初めて可能である。こうして成功している自己決定は、自己決定された生を生きる能力のまったく特定の――道具的でも一面的でもない――使用である。意欲することを為したり為さなかったりする消極的自由はこの場合、為そうとするすべてのことにおいて自己決定された生を生きようとする積極的自由に変じるのである。(62)

この自己関係的な意欲の内実をより詳しく展開することは、二―五の課題となるだろう。さしあたり重要であるのは、自己目的的性格を持つ自己決定された生としての善き生の規定に導いてくれた論証を心に留めておくことである。われわれは、そもそも幸福でありうるすべての人は少なくともその人の少なからぬ願望が満たされることを願望するだろうという仮定から出発した。この願望実現に寄せる関心においては、願望実現の特定の方法をあらかじめ示しているような生構想を援用して自己〔の生〕を方向づけるのが得策であることが明らかになった。しかしそうした生構想は窮屈でもありうるし、願望実現として理解されえない（それにもかかわらずわれわれはその出現を願望しうる）エピソード的幸福の形式が存在するのだから、さらに自分の生の企

(61) もちろん脱自的自由の経験は幸福な状態で満たされた瞬間の経験と結びついているとしても、その結びつき方は実存的な必要が実存的な自由の記号と見なされるキルケゴールやハイデガーの不安‐分析に即して理解されるような仕方ではない。その反対に、満たされた瞬間を特徴づけるのは、その瞬間においては選択と決定のパトスが脱落し、それと共にキルケゴールやハイデガーが重きを置いていた常ならぬ状況のすべての深刻さが脱落するということなのである。満たされた瞬間は、例外的な状況の現前に伴っている拘束からの自由ならびにそうした現前の知覚への自由の可能性を確証してくれる。その可能性から当事者にとってどのようなことが帰結しようと関係ない（瞬間の経験に開かれた態度を身につけるという帰結それ自身はその瞬間のうちには見出されず、瞬間を超えて生を遂行してゆくにあたっての問題である）。

(62) 通常の用語法からは逸れているが、私は積極的自由ということで、それ自身この自由の行使の主観的目的であるような自由の形式を理解している。――〔消極的自由と積極的自由の〕区別の困難さについては、M.Cooke, Negative Freiheit? Zum Problem eines postmetaphysischen Freiheitsbegriff, in: Ch. Menke/M.Seel (Hg.), Zur Verteidigung der Vernunft gegen ihre Liebhaber und Verächter, Frankfurt/M. 1993, 285ff.

図にあまり強くこだわらずに、満たされた瞬間の経験に開かれていることが得策であることが明らかになった。しかしこの開かれた在り方は、私がある実存的目標をそれ自身として達成するために熟慮の末に選択し、それを追求している中で見出される自己決定の形式に決定的なものを付け加える。その開かれた在り方は、もはや自己決定をたんに最高の願望の獲得にとって好都合な手段としてではなく、それ自身で世界に開かれた生の遂行の途上でのみ実現されうる生の中心的な目的として理解することを可能にするのである。

総括すると、そもそも自分の願望を評価できる人にとっては、自分の願望の中に一定の秩序をもたらすことが善い。そうした生構想を持っている人にとっては、それにもかかわらずそうした構想によって拘束されないことが善い。生構想を持ちつつもそれに拘束されない人にとっては、その人が為すすべてのことにおいてつねに自己決定的に活動できる余地が重要である。要約すると、自分の願望を実現しようとしているすべての人にとっては、願望実現だけでなく、世界に開かれた自己決定という様相において生を追求することが最善なのである。――こうして、願望実現がその反対より善いという仮定は一定の仕方で自己決定的な生の遂行にとって論拠となっているのである。(63)

二‐四‐三‐二　リックの決断

われわれは依然としてそうした仮定をもともと論拠にしている問題を展開している最中である。自己決定にとって特徴的なのは、それが個別の一時的あるいは現実的な生状況においてではなく、生という状況〔一般〕においてのみ（多かれ少なかれ首尾よく）成功しうるということである。というのも、その状況において問題なのは、私は私の生を過去から未来へと広がる地平の中でどのように導いてゆくか、私は私の生の遂行と生の状況の中でこの私の生にどのようなスタンスを取るのか、私は私の生の時間の中で私の生がそれをとおして営まれる状況にどのように関わるのかということだからである。それが示しているのは、われわれが今や生全体の質の理解に到達したということである。われわれはここまでの議論を振り返って次のように言うことができる。すなわち、ある人が善き生を生きた〔と言える〕のは、その人が意欲したもののいくつかを為すことができて、その人が願望したもののいくつかが実現された場合だけでない――それは不幸で荒廃した生に関しても言うことができる――。それだけでなく、その人に出来たものまた出来なかったもの、その人にとって実現したものまた思い通りにいかなかったものにおいて、それにもかかわらず（多くの抵抗またはその欠如に対抗して）自分自身のイメージに従って生きられた生の針路を保持することができた場合、さらに、その人が生の過程のうちにその人の生の本質的価値を見て取ることができ、その過程の中で、固有な種類の悦びではないとしてもあらゆる（エピソード的で一時的な）悦びや苦悩の他に、自己信頼と世界信頼を保持できた場合にも、その人は善き生を生きたと言えるのである。

しかし他者について回顧的に言いうることは、生の只中において他者についてと同様に自己自身についても言いうる。しかも二‐一‐五における私のコメントが正しかったならば、そのように言えるのは、われわれの現在の生がこれまでのところ成功している生であるか失敗する可能性のある生であるか、そのどちらかであると言いうるからにすぎない。それに応じてわれわれは他者について次のように言いうる。すなわち、彼らは世界に開かれた自己決定によって導かれる生を生きる能力を手に入れて、これまでそうした能力を維持してきた。その人々にとって重要であるのは、その生のさまざまな状況の中でつねに自己決定された生の

(63) この論証‐構造――われわれは他の種類の根拠に出会う方向づけに巻き込まれる根拠を持つ――には道徳哲学のコンテクストでもう一度出会うだろう。二‐七‐一を参照のこと。拙論 Wie ist rationale Lebensführung möglich?（注42）はこのことを合理性一般の根本構造として理解するように提案している。

形式である。その人の生が善き生であるのは、その生を遂行する仕方がその人の生のその他すべてに伴う目的だからである、ということである。

自己決定のこうした自己関係性の中でこそ成功している生がエピソード的幸福のバラバラな状況を超えて現前してくるのであるが（私の生の中で私にとって大切であるのは自己決定された生き方である）、そうした自己関係性は、もちろん私の生において好都合な事情に支えられてたえずエピソード的な願望ならびに瞬間の経験に至るときにのみ持続可能である。エピソード的な〔願望〕実現の射程範囲の中でのみ成功している生のプロセスは遂行されうる。たとえそのプロセスが好ましくない生活状態をとおして導かれてゆくのだとしても、そうなのである。というのも、人間の自己信頼ならびに世界信頼のかなりの部分はエピソード的幸福の経験から由来するからである。それは、全体としての生の遂行の成功がつねにエピソード的な〔生の〕成功への希望によって、あるいはこの希望がたとえば生の終わりにわずかになっているとしたらその希望の追憶によって、活気づけられるのと同じである。自己決定の成功はそれゆえそれ以外の方法での〔願望〕実現と無関係に理解されるのではなく、むしろ多かれ少なかれ強くその実現によって支えられている。――全体としての善き生をわれわれは、不安定なエピソード的幸福のさまざまな状況を貫いて、強制なく自己決定される生き方のバランスのうちに保持される現実存在として理解できるのである。

しかし、このバランスの中にコンフリクトが隠れている。幸福ならびに善き生はつねに同列に並んでいるわけではない。願望実現の幸福ならびに瞬間の幸福は自己決定を危うくする可能性がある。それは、自己決定がエピソード的幸福に対する感受性を侵害しうるのと変わらない。自己決定に特定の願望への抵抗が含まれることは、それが他の願望の名においてであれ、これからも自己決定的に生きられるという能力の名においてであれ、稀ではない。それに呼応するように、エピソード的幸福への要求には、他の目標の達成が危険に晒されたり行為者の自律が脅かされたりするリスクを引き受けることが含まれることも稀ではない。善き生のバランスはこうした見方の下では二つの仕方で、すなわち、自律の肥大化によってまたは自律の喪失によって損なわれうる。肥大化した自律は願望への敵意の形式へ、総じて「生の不安」へ、すなわち、生の動揺／混乱へ引きずり込まれるという不安へ導いてゆく。自己決定はこの場合、暴力的なまたは心気症ぎみの自己保存、外向的または内向的な自己保存へと萎んでしまう。そうした萎んだ自己決定としての自己保存はエピソード的幸福の経験と相容れなくなる。自己自身へのパトローギッシュな後退には、他面ではやはり世界へのパトローギッシュな自己引渡しが対応する。その引渡しが——厳密な意味での願望実現における——世界の達成されるべき状態への引渡しであるか、——瞬間を追い求める中での——偶然にまさにそのように存在している世界への引渡しであるか、それはどちらでもかまわない。エピソード的幸福の一定の形式に心を奪われている人は、自分自身を失ってしまう。それに対して——エピソード的幸福の約束に不信感を持ち——自己保存に心を奪われている人は世界を失ってしまうのである。

これらは、与えられた現実の中で自己自身にとって恵まれた生の現実を開示する自由にとっと内在的な危機である。幸福と善き生との連関の分析は幸福追求のこうした本性的な病理を見過ごしてはならない。というのも、そうした病理は——しかもわれわれは二-四-二-二を想起して、改めて言わなければならないが——それによって硬直化させる答えが与えられるような、そうしたコンフリクトの可能性を一掃することによっては避けられない。(64) そのようなコンフリクトは自己決定された生き方に本質的に付け加わる。選好の点

(64) 二-四-二-二においては目的論的な幸福要求と脱自的な幸福要求とのあいだの緊張関係について語られた。それに対してここで探求された事例において衝突したのは、エピソード的幸福の二つの在り方ではなく、エピソード的な幸福と全体的幸福である。

から見て合理的な生き方はそれゆえまさに幸福と善き生とのコンフリクトを世界から排除しようとしないだろう。そうした生き方は幸福と善き生とのコンフリクトを乗り越えようとするだろう。そうした生き方はそのコンフリクトを乗り越えて、幸福の能力と自己決定の能力とが相互に支持し合えるようにする。その生き方はたんなる自己主張と、現在・未来・過去の現実に自己を引き渡すことの両極端のあいだにバランスを保とうとするのである。

しかしまたそれが成功するところでも、幸福と〔自己決定の〕成功とのあいだの構造上のコンフリクトが世界から排除されるわけではない。われわれは自尊心からさまざまな形式の断念を行うが、そうした断念の形式は、われわれが特定の自分たちの内実的な目標の達成よりも自己決定を高く評価するという性格を持っている。われわれは本質的な願望の実現を断念し、そうやってわれわれがその自己理解によりよく一致する（とわれわれが思う）可能性、特に、われわれが自分の成ろうとする（あるいは少なくともそのように見える）姿で他者の目に映るようにさせる可能性に対して開かれているようにするのである。

それにもかかわらず、自尊心または自己自身に対する忠実さは決してつねに道徳的な現象であるわけではない。たしかにマイケル・カーティスの映画「カサブランカ」の中でハンフリー・ボガードがイングリット・バーグマンを無視するシーンがあるが、その無視は道徳的な意味を含んだ無視として解釈することもできる。しかしそれが唯一可能な解釈ではないし、おそらく少なくとも納得のゆく解釈ではないだろう。真の男として（フランス人の署長との）男の友情を愛する女性との安定した結びつきよりも結局のところ優先することが、ボガード扮するリックにとってどうしても決定的であるわけではない。いずれにせよ、リックがつらい思いをしてイングリット・バーグマン扮するイルザを無視したのは本当に道徳的な決定にもとづくのかどうかは、きわめて疑わしいと言ってよかろう。むしろ、〔リックのその態度の理由は〕リックが自分の余生をイルザと共に生きるならば、——たとえその結びつきが幸せな結びつきであると仮定しても、リックがもはやリックではなくなるだろうという洞察であると言ってよかろう。われわれが自分たちの個人的自由という幸福のためにその自由のもっとも美しい果実を断念してしまうことになったら、それは必ずしも素晴らしいことではないが、そうしたことは生じるのである。(65)

言い換えれば、自己決定の善のために最高の内容を持った〔願望の〕実現を断念することはあくまで可能である。成功している生の名においてリックはイルザと共にいること——そのことの幸福——を断念する。しかしリックが自分の幸福を断念するのは、われわれが道徳的な動機を私の解釈に従って排除すれば、あくまでも自分自身の順調さの名においてである。実存的な成功の名においてリックは最高に実存的な〔願望〕実現を断念する。ところで、映画の中だけでなく——私が仮定するように——〔現実の〕生においても同様のことが生じうるとすれば、成功している生は幸福な生である必要はないという帰結が生じる。

(65) リックが自分の行為に対して持っている道徳的正当性は——なんといってもイルザは善のために戦おうと決心した勇敢なヴィクター・ラスロの勇敢な妻である——、むしろ実存的な危機の中で意志を強く持ち続けることを主人公に許す一服分の薬である。それと同時にその正当性はリックに、愛する人を見捨てつつもその人を恥じることなく見つめる可能性を与える（かの有名な「君の瞳に乾杯！」というセリフを思い出せばよい）。ラストシーンでは二重の裏切りが行なわれる。イルザの代わりにリックは、いつかの夜に自分とイルザのあいだには何も起こらなかったと言って哀れなラスロを騙す。それに対してイルザはヴィクターと自分の逃走のためにどうしても必要なパスポートを手に入れるために何でもする気になっていた。実際に起きたことはパスポートにためではなかった。リックが善人よりも悪人を演じる際のこの嘘はヴィクターに対するイルザの不貞をカムフラージュし、それと同時にリックがイルザを無視する——視野の中に入れない——ことをもっとも高貴なこと、私欲のないこととして現出させる。それゆえ、別れのシーンにかかっている霧はあくまで適切である。道徳的な善がリックの中で内面のつらい葛藤の後に勝利を収めたのではなく、リックにとって最善のことがその葛藤に決着をつけたのである。新たに手に入れた自由と新たに手に入れた悦びを持ってリックは滑走路を去ってゆくのである。

善き生は差し迫った切なる願望が実現される生である必要はない。――それはたとえば、イルザと共に生きることができつつも、リックはイルザが初めはパリでそれから改めてカサブランカで恋に落ちたリックで居続けられるという願望である。この種の何らかの喪失――差し迫った願望が実現しなかったこと――なしに善き生が存在することは稀にしかないと言えよう。しかしながら、成功している生は差し迫った自分の願望がつらいことに実現しないままである場合でも可能である。成功している生はドラマティックな実存的喪失と共存しうる。たしかに、〔自己決定と願望実現の〕どちらの見方からでも善き生を持ちたいと思うのは、自然で疑わしくない願望である。たとえば、われわれがその中に（それ自身のために）存在しようと思う状況あるいはその射程範囲の中で自己ならびに世界との自由な交わりを持ちたいという願望である。しかし成功している生は、〔それが〕その意味において同時に幸福な生であることと結びついてはいないのである。

もちろん、成功している生が幸福な生である必要はないという非情な命題は、きわめて限定された意味で理解されなければならない。ここでもわれわれは二―一―三で出発点とした二つの幸福概念を区別しなければならない。幸福でない生は切なる願望の実現に至っていない生である。しかしそもそもいかなる願望も実現されないとしたならば、先に述べたことに従えば、そうした生は成功している生でもありえないだろう。そうとはいえ本質的な願望が実現されなくても、生は成功しうる。そうすると、その生はエピソード的な意味において幸福な生でなくても、全体としての意味において幸福な生なのである。

しかしその反対の場合はどうだろうか。成功している生を犠牲にして幸福な生を持つことは可能なのか。全体としての幸福とエピソード的幸福とがコンフリクト状態にある場合、前者に反対し後者に賛成することは可能なのか。他のように決定できただろうリックの場合のように、たんにあれやこれやの構成要素の重要さの判定ではなく、両者のあいだでの実際の決定であるかぎり、こうした決定が有意味には可能でないことは容易に理解できる。エピソード的幸福の場合には、われわれはつねに幸福であることの特定の状況に関わっている（イルザとの一夜あるいは一生、イルザの子を儲けること、この優勝カップを手に入れることなど）(66)。われわれがそうした〔願望〕実現に反対して有意味に決定できるのは、順調さの他の可能性の名においてである。このことは必ずしも特別な生の可能性である必要はない。われわれは――リックの事例におけるように――コンフリクト事例においてより強い自己決定的生の一般的な可能性に賛成する決定を下しうる。しかし、こうした一般的な可能性に反対する決定を下すことは、有意味に考えることのできない選好上の選択ということになるだろう。というのも、このことは幸福の特定の可能性の実現に反対する決定ではなく、善き生そのものの可能性に反対する決定ということになってしまうだろうからである。

もちろんわれわれはそうした決定を、しかも自己決定的に下すことができる。というのも、自己決定の能力はこの能力の破壊的な使用の可能性に開かれているからである。しかしこの能力の使用が破壊的であるのは、まったく特定のエピソード的幸福への依存という危険を一旦は度外視すれば、そうした使用によって生の特定の状況を経験する可能性だけでなく、自己自身の生そのものを自己目的として経験する可能性が寸断されてしまうからである。

二－四－三－三　成功している生・善き生・幸福な生

なぜエピソード的な〔願望〕実現としての自己自身の生の成功を犠牲にする適切な根拠は存在しないのか。

(66) この幸福を「エピソード的」と特徴づけるからといって、その実現があくまで永続的実現でありうることが忘れられてはならない。しかしそうすると、そうした実現は生の特別の状況には当てはまるが生の状況全体にはあてはまらない。

それは、われわれが先に用いられた区別を精密化し、それによって善き生が一方では成功している生の形成に、他方では幸福な生の形成にどのように関わるのかを明らかにするときである。

　われわれが誰かに関して、その人が幸福な生を生きているというとき、われわれは、エピソード〔願望〕実現に富んでいた生のこと、あるいは本質的な願望が満たされた生のこと、あるいはその両方のことを考えている。われわれはそのとき「充実した」生ということを語る。そのさい最終的には、実現の豊富さ（そして断念の非存在）よりも本質的な願望の実現が決定的に重要な基準であってよい。したがって私は、全体として幸福な生を生きているのは、本質的な願望（彼が自分の生の時間の中で展開する）が幻想ではない仕方で、かつ実際に満足させる仕方で実現する人である、という言い方を用いる。

　それに対して成功している生について私が語るのは、どれほどわれわれの現存在の事情が〔われわれにとって〕好都合だったり不都合だったりしても、われわれが世界に開かれた自己決定の力でその事情の中で思い通りに生きられる場合である。この場合にわれわれは、決定的な箇所で願望と意欲の差異に再度遭遇する。全体として幸福な生は、われわれが生きたいと願う生である。それに対して全体として成功している生は――与えられた事情の下で自由な決定にもとづいて――生きようとする生である。

　この二つの生――幻想でない〔願望〕実現および自己決定による生き方――が合致する必要のないことは明らかである。同様に明らかなのは、この二つの生が広い範囲にわたって一致してほしいと万人が願うことだけはできるということである。二つの生が（ある程度まで）一致するならば、それに当てはまる生は、やはり予備的な考察（二‐一‐四）の中ですでに言及された強い意味において成功を期待できかつ幸福な生である。言い換えれば、仮に事情が同じであるとしたら、もう一度生きるかもしれないだけでなく、あるがままに私が肯定できる、そうした生である。成功を期待できて幸福な生は、それが無条件に願望し意欲することのできる生の状況を形成するがゆえに私が肯定できる生である。それに対して、ただ成功している生をわれわれは意欲できるが、十分な意味において願うことはやはりできない。しかしその一方で、栄えている生をわれわれは願望しうるだけで、自己決定によって意欲することができない。そうした生はまったく現実的な生でなく、むしろ想像上の生であるにすぎないか、あるいは実際に栄えている生ではないだろう。というのも、そうした生がわれわれにとって現実に善いとするならば、それを意欲する根拠もわれわれは持っていることになるだろうからである。

こうしたコンテクストによれば、完全に幸福な生がなぜつねに完全に成功している生でもあるのかということは理解される。というのも、ある生が世界に開かれ自己決定された生として成功するとは、非‐幻想的に願うことができ非‐強制的に意欲できるための条件だからである。そうした生だけが、すでに語ったし二‐五でもさらに語るであろう幸福追求の病理を免れていられる。そうした生だけが誇張された自律と見捨てられた自律とのバランスを保ちうる。そのバランスによってわれわれはエピソードとしての幸福の不断にして我を忘れるような実現に対して敏感でいられるようになるのである——最後に私は善き生の概念をも幸福な生ならびに成功している生との関係において精密化しておきたい。

成功している生を生きるのは、強制的でない仕方で自己決定された生を生きる人である。

幸福な生を生きるのは、自己決定された生において自分自身のもっとも重要な願望が実現されるような人である。

善き生を生きるのは、多かれ少なかれ幸福かつ首尾よく成功した生を生きる人である。

成功しているだけの生が一つの限界概念であるのに対して、上記の意味で理解された善き生は、全体として実り豊かな生、つまり自律的な実存の全体としての幸福を（いくつかの）本質的な願望の実現と結びつける生の通常の事例である。しかし、成功している自己決定がなければ、十分な意味での人間の善き生は可能ではないのである。

二-四-四　成功している世界開示

善き生を自己決定された生として特徴づけるとしても、それではまだ十分ではない。自己決定の概念は一方で、これまでの理解の仕方ではきわめて誤解されやすく、他方で誤解されないように理解してもあまりに狭すぎて、それだけでは人間の善き生という事態を特徴づけることができない。その概念によって際立たせられる自己関係が同時にいっそう厳密に世界関係として理解されるときに初めて、プロセス的な幸福概念はそれに期待される負担に耐えることができるのである。[67] しかし、以下の歩みにおいて問題となるのはもはやこれまでの歩みの修正ではなくて、いっそう厳密な仕上げであるにすぎない。われわれは、どの程度まで自己決定が世界に開かれた定位として成功しうるのかを解明しなければならない。

二-四-四-一　展望と回答

その際われわれは「自己決定」を狭すぎる意味で使用してはいけない。したがってここではこの概念は、カントを範とする場合に普通に見られるように、道徳的な自己決定のために取っておかれるのではない。しかしまたこの概念は、ここでは個別の事例からわれわれに現われてくる自己決定の特定の歴史的形式へと裁断されてもいない。自己決定はむしろさしあたり有効な実践的省察の能力として理解された。さらに私は成功している自己決定を、この能力によって選択する際に自由な選択可能性を保持するように、この能力を行使することとして規定した。その能力はそのあらゆる選択において自己決定された生の内的な実存的目的を見失わないのである。

それにしても、いかなる選択がそれぞれの個体にとって好都合であり、いかなる根拠がその選択を支持するのだろうか――その答えは大きく異なりうる。成功を期待して自己決定されたある生の根拠と選択が、われわれ（特定の文化または階級のメンバー）にも納得ゆくものである必要はない。職業人としての体面にもとづいて行為する人、あるいは私には理解できず私の行為の基準にはならないような宗教上の信念にもとづいて行為する人、そうした人を他律的と言うのは誤りである。ただ、私がそうした基準に従って行為しなければならないとしたら、それが私には他律のように思われるにすぎない。その人にとっては私自身とは異なる根拠が決定的に重要なのである（同一の文化圏や社会環境の内部においてすでに習慣になっているとおり）。自己決定された生の合理性は一定の意味において相対的である。それはそのつど利用できる知を使用（ならびに獲得）する様式であり、この事実上の知または推定上の知がいかなる性質を持っているかということとは一定程度まで独立に特徴づけることができる。というのも、推定上の知も合理的に使用されうるからである。真理への定位が最大の合理性に属するとしても、自己決定された生き方が一貫して（第三人称の視点から見て）真なる信念にもとづいている必要はない。自己決定された生き方は自己自身の信念ならびに省察にもとづく。そうした信念や省察はたしかに多くの点で長持ちし納得ゆくが、だからといって一貫して真である必要はない。[68] 人がその実存的な省察においていかなる知の源泉に依拠しているのかということは、

（67）この関連を納得ゆくように強調しているのはクレーマーである。Kramer, Integrative Ethik, a.a.O., 148f. u. 155.
（68）合理性のこうした相対性については、Seel, Wie ist rationale Lenensführung möglich? a.a.O. を参照のこと。

その源泉が自律的な省察と行為を許さないほど権威を振りかざしていないかぎりにおいて――もちろんそのかぎりにおいてのみ――自己決定の可能性にとって無関係である。自己決定はたしかに「個人主義」の何らかのヴァリエーションとは結びついていないが、個々人の個人性、個々人が自分の省察に従って実存的選択肢に決定を下す能力と結びついているのである。(69)

そうした決定へ至る途上でわれわれはその決定以前に自分自身にだけ語りかけることもできるしあるいは他者と相談することもできる。この二つのケースは互いに他方から独立ではありえないのだから、より広い観点においては自己決定を穏健な意味で理解する必要がある。自己自身の経験・省察・決定にもとづく重要な領分で自分が為すことを為す人は、穏健な意味において自律的に生きている。そうは言っても正当に理解された自己決定は、自分の生活条件に関わるすべてのことを自ら決定できるといったことを含意しない。それどころか、たいていのことはまさに一人では決定できない。自給自足は問題にならない。自己決定の理念に含まれるのはむしろただ、現実に与えられた条件下で生じているまたは生じうる重要な行為ならびに生の選択肢を一定程度まで自ら発見し展開し、しかし必ず自ら価値評価でき、さらに自分自身の行為のために決定できるということである。そのうえこのことが生じるのは必ず、自己決定された生を実践することによって引き受けられ修正されうる視点をそもそも初めて準備するような、そうした他者と共有された実践ならびに文化のコンテクストにおいてである。他者の実際の省察または可能な省察を取り入れることが〔自分自身の〕省察に含まれるのと同じように、自己決定された生き方も――それに含まれる省察も含めて――まったく孤立して遂行されることはありえない。自己決定された生き方は共有された生の実践を引き受け、その実践を自己責任において保持したり修正したりしながら継続させるのである。

そうであるかぎり、あらゆる自己決定は対比的な意味を持つ。というのも、自己決定は、人が社会的な交わりによって手に入れた決定との関わりにおいて、またその決定への答えにおいて遂行されるからである。独りで生きようと（それの意味するのが独身者であれ世捨て人であれ）決定する人も――それがその人の幸福だとわれわれが想定するとして――、それが可能になるのは、その人が他者と生きる能力を相対的に周辺的にしか行使しようとしないにもかかわらず、この能力を持っておりまた持ち続けるかぎりにおいてである。[70]というのも、自己決定には本質的に、それの誤りを――原則的に二通りの仕方で、すなわち、他者の意見によって、ならびに人が意見を持つ対象によって修正しうるということが含まれるからである。こうした二重の修正可能性にもとづいて初めて、自己決定における「自己」は簡明にして的確な意味を手に入れる。それは、その二種類の可能な障害に対して自分なりの答えを与える能力の記号となるのである。[71]一言でいえば、自己決定とは、所与の歴史的・社会的・伝記的な条件に対する応答として自らの経験および省察にもとづいて自分自身の行為の針路を決定する能力のことなのである。

こうした応答可能性は、自己決定された生の経過の中で主体が手に入れる積極的な自由の決定的な特徴である。[72]その自由は、先に（一二七頁）述べられたように、「個人が実りある現実存在の可能性を持つ生の現実を自己自身に対して開示する」自由である。しかし、それが成功するかどうかは、個々人の力だけは如何ともしがたい。というのも、そのためには個人の期待に――文字とおり他者の形を取ってであれ、比喩的に

(69) Nussbaum, Menschliches Tun und soziale Gerechtigkeit… も参照せよ。
(70) 世捨て人の事例については後に二–七–一–一–一で立ち返る。
(71) D. Davidson, Subjektiv, Intersubjektiv, Objektiv, in: Merkur 45/1991, 999ff. を参照のこと。
(72) このことに対応するように、トゥーゲントハットは（アリストテレスならびにエーリッヒ・フロムにならって）成功した生を、自律と「人間ならびに事象への呼応」との「調和」のとれた生として規定している。

個々人が生きる外的な事情の譲歩においてであれ——応えてくれる生の現実が存在する必要があるからである。二-三で名指しされた幸福の条件は、この観点における最小限の譲歩を定式的に言い表している。しかし自由な自己決定は、威嚇と圧迫の不在以外に、さまざまな願望実現ならびに生き生きとした瞬間経験の射程範囲の中で個々人が維持する行為の余地の獲得に依拠している。そうした行為の余地は、全体的には悦ばしくなく好意的でもない現実の中でも開かれている。成功している実存の遂行にとっての十分条件は、主体がその現実の中で満足ゆく仕方で自分自身の生の道行きの形成のための余地を見出すということである——それは再びその主体の行ないである。われわれの順調さのためにわれわれは現実との一貫した一致を当てにしない。しかしわれわれは、この現実の中でわれわれに好意的な生の領域および生の状況の持続的かつ更新的な開示の余地が残されているということを当てにしているのである。

私は二-四-三-一で自己決定された生の遂行は〔生における〕良き時間においても悪しき時間においても「世界に開かれた自分自身の意欲と一致して」生きられることのうちに見出される、と言った。今や、そのことで何が考えられていたのかということがいっそう明らかになる。問題となっている一致は必ずしも世界との一致ではないし、または在るとおりの生活環境との一致でさえない。そうした一致はいくつかのことを容易にするが、個人の善き生の必要条件ではまったくない。善き生を持つ人は、たんにこの世界の中で好都合な展望に恵まれた生を送ることができるという意味で、むしろ必然的に自己自身ならびに世界と一致しているにすぎない。そのことは、その人が歴史的世界を、その人自身のかなり狭い生活環境を含めてまったく適切と思っていないということを含みうる。その人の生の重要な展望は、社会的ないし自然的な世界の変化を必要とする状態との闘いという展望の中に存在しうる。それゆえに、先に述べた実存的な一致は端的に世界との一致ではないし、単純に自己自身との一致でもないのである。かの実存的一致はむしろ、与えられた世界の有意味な可能性に対して主観的に開かれた在り方のうちに、そうした可能性が開かれている世界のうちに存するのである。

そのことでもって今一度、実存的な成功の能動的であると同時に受動的でもある意味が強調されている。またここには、幸福ないし成功とわれわれが呼んでいるものの主観的ならびに客観的な構成要素の分離不可能性が示されている。善き生とは「展望の豊かな」生であり、そうした生は狭い意味で幸福な生を超えており、その中で本質的な展望が実現されるような生である。しかし「展望」は、主体がその生に対して何ごかを予定しているかぎりでその主体が持っているものであると同時に、主体の生の実現が所与の現実の中に根差しており、またはその現実の中に開かれている限りにおいて、そうした主体の生の現実の中に存在しているものでもある。それゆえ展望の豊かな生は、実現されうる展望が実際に現存している――生の可能性が開かれている――ところでのみ個人を導きうるにすぎない。そうした展望が存在しているだろうという信念だけでは不十分である。他方でこうした展望がたんに存在するだけでもやはり十分ではない。個人は、そうした展望を自己自身の生の取組むに値する機会として知覚できなければならず、その個人にとって実際に展望豊かな一つの現実をそのようなものとして経験できなければならないのである。

二-四-四-二　世界と現実

「実際に」という言葉は、そこで問題になっているのが現実へのアクセスではあるものの、その現実は個人にとってのみ存するのではないということを指し示している。むしろ、そうした個人は相互主観的な世界へ参加しており、その中でその個々人が彼らにとって（あるいは他者にとっても）実り豊かではあるが彼らにとってのみ存するのではない現実へのアクセスを見出すのである。こうした生の現実への主観的アクセスとこの現実の相互主観的な性質との間の関連こそ、世界開示の概念が強調するものである。「世界開示」ということで私は、個人にとってあるいはある共同体にとって有意味な現実の開示のプロセスのことを理解している。成功している世界開示ということで私は、それぞれの歴史的世界のメンバーにとって展望豊かな現実の開示のことを理解している。[73]

世界開示のプロセスにおいてわれわれは、つねに二重の変換基準に関わっている。すなわち、あるものは新たに現実性または可能性として有意味になり、あるものは現実性または可能性として新たに認識される。つねに要求されているのは、新たな関係に順応することである。このことは大規模にも小規模にも起こりうる。しかし世界開示の概念にとって、われわれが広範な政治的・社会的変革、重要な学問上あるいは芸術上の刷新、都市生活への新たな関係への形成のことを考えているのか、あるいは個人的領域において青年期への成長、職業またはスポーツ種目の習得、家族づくりなどのことを考えているのかどうかということはどうでもよい。つねにわれわれは、変更された実在性への変更されたアクセスを手に入れることが問題となる方向づけのプロセスに関わっているのである。

世界開示のプロセスはその際、それがそのつど行き着く世界理解よりもいっそう根本的である。というのも、ここには実際の終結はありえないからである。一方では文化的方向づけの世界に対する現実的なものの原理的な超越のゆえに、他方では人間の関心がそれにとって既知の事柄の範囲を実際に超え出てゆくがゆえに、そうなのである。ハイデガーに倣って「開示性」と言われるあらゆるものは（特に後期ハイデガーが強調するように）一時的であり、それはわれわれが全体としての開示性を、したがって、文化的世界の所与性を考えている場合でもそうである。それに対応するように、すべての個人的な世界開示プロセスは、つねに変化のプロセスの中で密かにあるいはあからさまに、はっきりとあるいは目立たずに理解されている文化的世界の「開示性」のうちに存在しているのである。

それは、自分自身の力だけで成し遂げられた世界開示などは根本的に存在しないということを意味している。世界獲得の個人的ならびに集団的プロセスはつねに、見渡しがたく複合的で多様であるがゆえにしばしば広い匿名性を持つ文化的な方向づけプロセスに関連し、そのプロセスの前進の中で生起する。しかし、善き生は「成功している世界開示」における生として理解されうるとわれわれが言うとき、私的な善き生、全体としての実存的な成功の意味での私的な幸福は存在しないと言ってはいけないのだろうか、私はそう〔言ってはいけないと〕思う。おそらくエピソードとしての実現の意味での私的な幸福――友情、恋愛、収集家・庭師・思案家の幸福は存在するだろう。それに対して、善き生の全体的幸福は相互主観的な世界の地平のうちで生じるだけでなく、この成果の形成にも関与している。その意味で実際にいかなる私的な生の経験も生き方も存在しない。主観的な生の経験は、主観的な生き方ならびに主観的な生の構想と同様に、たえず他者と共有された共同の相互主観的な世界の経験ならびに方向づけの一つの修正である。実存的な経験はつねに相互主観的な方向づけを獲得するという意味での倫理的経験でもある。個人的な世界開示のあらゆるプロセスは相互主観的な世界の主観的開示という性格を持っているのである。(74)

(73) 私はここで「世界」という語を現実への相互主観的なアクセスのために使用する。それに対して「現実」という語を、歴史的世界の内部でアクセスできたりできなかったり（あるいはそうなったりならなかったり）する対象・所与性・機会のために使用する。現実は世界を（歴史的に変更された世界の方向へ）超え出てゆくことができるが、世界だけが現実を（その現実の所与への文化的アクセスの意味において）開示しうるのである。（以下に述べることについても）Vgl. M. Seel, Über Richtigkeit und Wahrheit. Erläuterungen zum Begriff der Welterschließung, in: Deutsche Zeitschrift für Philosophie 41/1993, 109ff.

(74) これについて私は、以下の拙稿でいっそう詳しく論じた。In: M. Seel, Artikulationsformen ethischer Efahrung, in: H. J. Schneider / R. Inhetveen (Hg.), Enteignen uns die Wissenschaften?, München 1993, 29ff. 特に36–41.

歴史的世界になじむことはつねに他者にとってもアクセス可能な世界の現実になじむことである。いかなる他者もアクセスできないままである状況となじみになることが問題である場合でさえ、——学問上・芸術上、あるいは犯罪捜査上の発見の場合のように——われわれがこの場合でもある発見について語りうるのは、これらの現実に他者がまだアクセスしていないあるいはこれまでアクセスされなかった（さらにはおそらく決してアクセスされないだろう）かぎりにおいてである。しかし問題であるのは、他者にもアクセスできるだろう領域へのアクセスである。そのかぎりそうした領域もまた相互主観的世界の一部分である。しかし、このこと——〔生が〕少なくとも潜在的な相互主観的世界の舞台であること——は成功している生の現実の一つの条件である。成功している生の幸福にはその幸福の非幻想的な性格が含まれている、とわれわれがどうしても言いたいならば、その幸福にはそれが他者にとっても知覚可能な現実の開示性という幸福であることが含まれる、とも言わなければならない。その際、その現実が実際に他者によって知覚される——認識され捕えられる——かどうかはどちらでもよい。その開示の中で〔特定の〕この個人にとってのみの現実であるだけでないような、そうした生の現実へのアクセスが開かれる。その開示の中で善き生の余地が開かれるが、その際の「善い」は、もっぱら「私にとって善い」を意味するだけでなく、私と同様の誰か、それどころか万人あるいは特定多数の人々によって善いを意味する。そうすると、善き生は私だけの可能性ではない（歴史的・文化的）可能性が私において実現することである。さらに善き生の納得ゆく普遍的概念があるならば、このことは歴史的・文化的に相対的な意味においてだけでなく、そのうえ一時的な（特定の歴史的生活形式と結合していない）意味において言われる。すべての成功している生は、人間の善き生の根本可能性の個人的な、代替可能な、ありそうもない実現である。すべての個別の善き生は人間の成功している生の余地を〔それぞれに〕違う仕方で満たすのである。

こうした類の考察からチャールズ・テイラーは、善き生は「強い」価値評価のコンテクストにおいてのみ可能である、と説く。その強い価値評価の中で自分自身の生き方が、相互主観的な基準に従って、または、たとえあらゆる既成の基準と相容れなくても相互主観的な妥当性を要求しうる根拠との関係において、選択されうるのである。[75] 私は、私にとって善い生き方を、それは他者にとっても善い生き方であろうしまたはありうるだろうと言いうるような生の可能性の実現として経験する。先の定式表現を繰り返せば、私にとって善い生き方をある相互主観的な世界の私における主観的な開示として私が経験するその際にいかなる評価が「主観的」ならびに「相互主観的」という語にそれぞれに認められるのかということは未決定でありうるし、未決定であらざるをえない。というのも善き生は、個人主義的にかまたは共同体志向的に、因襲的な仕方でかそういうものに囚われない仕方でか、そのどちらでも進みうるからである。いずれにしても他者と共有された世界のコンテクストの中にのみ成功している生が存在するのである。

二―四―四―三　ある形式的な目的

もちろん世界開示それ自身が肯定的であるわけではない――個人的な事例においても集団的な事例においても。いくつかの歴史的世界はより正確には開示されていないかもしれない。それゆえに私は成功している世界開示のことを、その中で個人ないし集団が自らに対して展望豊かな生の可能性を見出す状況として語ったのだ。しかしその意味において展望豊かであるのは、自分自身の生の所与性に対して自分自身で答えつつ

(75) Ch. Taylor, What is Human Agency? In: ders., Human Ageny and Language, Cambridge 1985, 15-44. ここでは私はテイラーの客観主義的含意を、選好上の善さと道徳的な善さとの差異を無効にしようとするテイラーの性向と同様に度外視する。この点については、E・トゥーゲントハットによる的を射た批判を参照のこと。Korreferat zu Charles Taylor: What is Human Agency?, in: ders., Philosophische Aufsätze, 441ff.

――したがってまったく本質的に他者の生に対して自分自身で応答しつつ――その自分自身の生を生きることのできる余地をわれわれに残してくれる現実である。そうした現実の中でわれわれは世界に開かれた自己決定的な生を持つのである。(76)

いま私が述べたばかりのこの応答能力を獲得し保護・保持することは、同時に生活環境によって準備される応答可能性を獲得し保持することを意味する。この可能性を獲得し保持すること――それはすでに成功している生なのだ。成功している生の主旨は、この生の現実との自由なコンタクトを可能にする生の余地を自分自身で獲得することのうちに見出される。「世界に開かれた自己決定」とはまさにそのことを意味している。それゆえ、人間の実存の成功は成功している世界開示と同義である。言い換えれば、自己決定された生の余地を残しておいてくれる現実の中での生の遂行、すなわち、その定位において現実の多様性に対して開かれている生の遂行と同義である。成功している生はさらにその経過の中でいくつかの本質的な願望が実現されれば、善き生であり、さらにまた持続的で脱自的な〔願望〕実現に満ち溢れていれば幸福な生である。

この主観的能力とともに相互主観的ならびに客観的な機会にも等しく依存した〔生の〕成功は、まさしくわれわれが探求してきた類のプロセス的で形式的な性格を持っている。〔生の成功について〕こうして獲得された規定は、それがある種の生の遂行を前面に立てているかぎり、両方の要求を満たしている。成功している（たいていはまた善き）生とは、世界に開かれた自己決定の様態で遂行される生のことなのである。

それゆえそもそも自分の少なからぬ願望が実現されることを欲求する人は、そうした生を追求することになるだろう。というのも、そうした生は――そうした生を生きることないしそうした生に関与するだけでも(77)――人間の生の最善の形式だからである。

そうした生の形式のうちに生の目的が見出される、と人は言うかもしれない――その表現のうちにあらかじめ特定の意味が込められていないとしてのことであるが。というのも、「目的」はこの場合、何らかの仕方で本性的に人間がそのようにしか生きられないようになっているかのように、客観主義的に理解されてはならないからである。問題なのは、トゥーゲントハットが言っているように(78)、われわれの本性によってわれわれにあらかじめ指定され、われわれの中に組み込まれ打ち込まれているかのような生の形式ではない。問題なのは、たんにわれわれが実際に――他の可能性の中から選んで――持つ生の可能性であり、あるいは、たとえそのようにも生きることができる万人が他のようにも生きることができるとしても、万人にとってより善い生き方である。決定的に重要なのは、どのように生きようとするかという問いであり、その問いであり続ける。それゆえ私は、これまでの考察全体を反省された主観主義のスタイルで述べてきたのだ。そのスタイルは、自分の願望を評価できる任意の主体が自分の関心にもとづいて何を意欲できるのか、ということを問う(79)。それゆえ、われわれが目的について語ろうとしているときに、目下の答えにおいて問題になるのは、非‐客観主義的で非‐本質主義的な目的であり、万人がそれ自身の関心において意欲できるだろう生の道行きである。それは、自分自身の順調さに関心を抱いていてその意味で合理的であり、有意味で思慮深い、そうした意欲の目的なのである。

(76) これに対して、失敗する世界開示は、この応答性が制限ないし抑圧される（個人的または社会的）プロセスとして理解されることになろう。Seel, Über Richtigkeit und Wahrheit..., a.a.O., 76.

(77) この関与という点を付け加えることは、まだ自己決定された生を生きられていないすべての人を包含するために重要である。先の二‐一‐三ならびに後の二‐七‐三‐一、特に第三研究を参照のこと。

(78) Tugendhat, Vorlesungen, a.a.O., 97――とはいっても、道徳との関係においてである。

(79) 上記二‐一‐二および二‐二‐二を参照のこと――二‐四‐一‐二で批判した善き生の「目的論的」理論も同じ方法的原理に従っているのだが、しかしその扱い方が不十分なのである。

二―五　善き生の内実

しかし「世界に開かれた」自己決定は、非‐幻想的で非‐強制的な仕方で自己定立された目標に定位した生の可能性に対する以外に、何に対して開かれているのか。この可能性の中にはいかなるさまざまな可能性が含まれているのか。その可能性の中には特定の可能性が含まれているのだろうか。その実現が自己決定された生の内在的目的であるような、そうした生の可能性は際立たせられるのか。これまでに獲得された善き生の形式的概念はそうした生の普遍的内実によってさらに説明されうるのだろうか。成功している生がその身近で遂行されるような「実り豊かな生の可能性」の本質は何に見出されるのか、そのことは普遍的な地平の上で提示されうるのだろうか。

私は、そうだと考える。われわれは、自己決定された生を生きる現実化された能力のうちに〔善き生の〕内実に関するいかなる方向づけが見出されるのかということを探求する必要があるにすぎない。それゆえ、われわれは自分自身の願望の少なからぬものが実現されうることの願望が何を有意味に意味するのかということを考察し続けなければならない。これまでの考察結果は、願望実現の追求のもっとも好都合な形式は、世界に開かれた自己決定的な生の形式であるが、その生は、その質を――満たされた瞬間の経験に支えられて――その全体的な遂行の現前から獲得するかぎりにおいて、願望実現の努力を超えて出てゆく、ということである。目下の問いは、自己決定された生を生きようとする人であればそれに反対する決定を有意味に下すことができないような目的、自己決定的な生を指導する目的に内在しているような目的なるものが存在するか、簡潔に言えば、自己決定はいかにして自己目的として可能であるか、ということである。

第一ラウンドで問題だったのは、自分自身の願望と意欲とを価値評価できる能力の有意味な使用であった。それに対して第二ラウンドで問題なのは、この有意味な使用の含意である。言い換えれば、世界に開かれた自己決定的な生の試みの中にそれを追求することが何らかの仕方で含まれている、そうした目的である。そのことはこれから明らかにされるだろう。そうした目的は、成功している生が眼前に持っている目標として記述することはできないのであって、むしろ、成功している生にとって近づきやすい状況として理解されなければならない。成功している生の内的な目的はそうした状況の現実が近づきやすい限りにおいて達成されており、そうであり続ける。そうすると、またもや問題であるのは、「世界に開かれた」という付加語〔の意味〕を、もちろん先のとは別の地平で解明することである。今や問題なのは、もはや成功している世界開示一般ではなく、この世界開示の根本的な次元である。しかしそうすることでのみ「形式」と「内実」の差異がここで理解されうる。内実に関する分析は、根本的な形式的考察が解明したかの普遍的構造のいっそう具体的な説明を与えるのである。以下で問題にされる内実は、実り豊かな生の「形式の」根本的な「諸形式」なのである。

二-五-一　四つの次元

人間の善き生の中心をなす次元は、成功している仕事ならびに成功している相互行為、さらには成功している遊びならびに成功している観察である。これらの振舞い方のそれぞれは成功している生にとってアクセス可能でなければならない特定の現実の開示として理解されうる。その際にそうした生がこの次元をいかなる関係の中で追い求めるのか、あるいはそれらの次元のあいだのいかなる結びつきがそのつどの生活形式を支配するのか、ということは重要ではない。先に、不都合で気持ちをかき乱すような状況も数多く存在するに違いないとしても、成功している生が実現された生状況の「射程範囲」の中で演じられると言われた。それに対して、〔ここでは〕より具体的に、成功している生は仕事・相互行為・遊び・観察といった特定の射程範囲の中で演じられる、と言われるだろう。それによれば、善き生は（いろいろあったとしても）これらの機会の現前において存在している生なのである。

これらの次元[80]の探求は、成功している生にとって複合的な自己関係とともに複合的な世界関係を獲得することがいかに重要であるかということを明らかにする。すなわち、私が語っている人間の実践の状況が、その状況に到達する能力の価値とともに、これらの状況へアクセスできる場としての現実の価値を明らかにする。そのつど問題になっているのは、〔生の〕さまざまな可能性であるが、その可能性に対して——個々人が——開かれていることが重要であるとともに、その可能性が個々人にその生活環境の中で——現実として——開かれて向き合っているという事情も同じように重要なのである。

私がまさにこの四つの領域について語る理由は、結局のところそれらの領域の叙述そのものからしか明らかにならない。しかし私はいくつかの指摘を先取りしておきたい。仕事と相互行為について私が語るのは、一方では外的な所与性との交わりにおける成功が、他方では人間であるパートナーとの交わりにおける成功がここでは問題だからである。われわれは前者においては主体による客体の処理に、後者においては主体どうしの応対に関わる。私はヘーゲルならびにハーバーマスと共に、ここで問題であるのは人間がその世界と対峙するときの根本的な二つの形式であると考えている[81]。そうであるとすれば、問題になっているのは、成功している世界関係ならびに成功している自己関係のそれ以上さかのぼれない次元である。それに対して、遊びならびに観察を私は、人間の実践のこれら〔前〕二者の根本的形式を補完する形式として理解する。逆説的に言えば、遊びは外的な目的を欠いた仕事であり、それに対して観察は人格的パートナーを欠いた相互行為である。さらに付け加えると、遊びと観察は、それらが基本的かつもっぱら遂行志向的な行為であるということによって、仕事ならびに相互行為から区別される。その点で遊びと観察は仕事や相互行為よりも瞬間の経験のいっそう近くに位置している。しかしそれにもかかわらず、他者との相互行為もさらには仕事も——いずれにせよそれが自己決定された形で行われるかぎりにおいて、遂行志向的な活動として実行することができる、ということが示されることになるだろう。

人間的実践の中で理念的に区別されるこれら四つの次元のあいだの錯綜した関係、ならびにそれらの関係にさまざまな文化や伝記において認められるきわめて変わりやすい位置については、二―五―六で再度言及する。ところで、以下の考察はこれまでの考察よりもいっそうスケッチ風である。私にとって内容に関わる考察の道筋を示すことは重要であるが、これら四つの領域の土地を耕す〔具体的に叙述する〕ことはそうではない。そのうえ私は〔叙述の〕完全性を要求しない。言い換えれば、これら四つの領域だけが成功している生にとって中心的だなどと主張するのではない。むしろ、たんに少なくともこの四つの領域が成功している生にとっては不可欠だと主張するにすぎない。また私は人間の活動すべてを分類したいのでもない（どれほどそれがよいことだとしても）。私の関心はただ、自己決定された生の自己決定的な遂行として理解されうるような活動の区別にあるにすぎない。(82)

（80）私はここで「次元」という表現を、特定の種類の実践に属する状況・能力・活動を包括する用語として用いる。

（81）J. Habermas, Arbeit und Interaktion. Bemerkungen zu Hegels Jenaer ›Philosophie des Geistes‹, in: ders., Technik und Wisenschaften als ›Ideologie‹. Frankfurt/M. 1968, 9ff.〔邦訳：『イデオロギーとしての技術と科学』長谷川宏訳、平凡社ライブラリー、二〇〇〇年、九頁以下。〕

（82）ところで、善き生の四つの次元に関する私の一連の叙述にはいかなる発生的テーゼも結びついていない。私が言おうとしていることは、四つの側面のいずれもが個体発生のうえで優位に立つというテーゼと結びつきうるだろうし、それらの側面の等根源的な分離独立という想定とはなおさら結びつくだろう。

その際私はこれまでと同様に、幸福と善き生との差異から目を離さないようにする。たしかに私は仕事と相互行為、遊びと観察とを幸福の次元としてではなく、成功している生の次元として区別する——成功している生の遂行に開かれて向き合っている実存的な可能性として区別する。しかし、こうした可能性にアクセスしている人は、その可能性の現前の中でしばしばエピソード的幸福の状況をも体験する。そうであるかぎり、善き生の範例的状況の区別は、エピソード的幸福の内実——範例的状況——の区別でもある。しかしそれと同時にその区別は、幸福と善き生とのこれまで見て取られてきた構造的な差異に対する一つの証拠でもある。というのも、成功している生にとってこれらの領域の中で決してすべての重要なことが上手くゆくわけではないからである。成功している生は、この場合でもやはり上述の可能性を自由に使用できることのうちで成り立つ。そのうえさらに成功している生は、あらためて言えば、これらの次元の中で——あるいは少なくともこれらの次元のうちでわれわれにとってそのつど重要な次元の中で——もっとも重要な願望が実現されるということのうちに成り立つ。しかし、少なくとも善き生のうちでは、重要な仕事や相互行為のいくつかと——この生の主体の意見によれば——もっとも素晴らしい種類の遊びや観察のいくつかが少なくとも上手くゆくであろう。

二-五-二　仕事

人間らしい善き生には成功している仕事の次元——いくつかの次元——が開かれていなければならない。「仕事」という語を私はこの場合には一定のコストを伴いつつ外的目的を意図的に成し遂げようとするあらゆる種類の行為の短縮表現として用いる。こうした何かを成し遂げる行為は、ある目的ないし一連の目的を実現するための手段をできる限り効果的に投入することの中で生じる。その目的は成し遂げる行為そのものの中に――内的目的として――見出されるのではなく、――外的目的として――成し遂げる行為によって引き起こされ（その行為と無関係に存続す）ることになる。この目的実現の経過の中でそのつどの出発点の状態が意図的に変更される。仕事は意図的でかつ（多かれ少なかれ）コストのかかる作為であり、それにとって第一義的に問題であるのはこの作為の成果である。

ただし仕事について話題にできるのは、ようやく個別の――例えばジャムの瓶を開けるとか、コンピュータにコマンドを入力するとか、ペナルティキックを決めて得点を挙げるといった――行為が問題となるところではなく、むしろ秩序づけられた一連の行為という意味で何かを成し遂げる活動が問題となるところにおいてである。あらゆる仕事は、それの眼前の所与の現実――仕事活動のそのつどの対象である現実――をたとえ地味で広範囲であれ変更することである。ある仕事が成果を上げるのは、現実のある断面が意図的に変更されるときである。もちろん成果を上げるすべての成し遂げ行為が仕事として理解されてよいわけではない。仕事とは、たんに目的に向けられた行為の特定の事例であるだけでなく、対象に関わる成し遂げ行為の特定の事例である――この成し遂げ行為の（第一義的）意味が成し遂げ行為そのもののうちにではなく、成し遂げられたこと〔結果〕のうちに見出されるような事例である。したがって、仕事の意味にはつねにそのつどの仕事を片付けることが含まれ（もす）る――それゆえ、われわれはかなりコストのかかった仕事を終えると、「それは成し遂げられた」と言うのである。[83]

(83) こうした広義の仕事概念にはハンナ・アレントが「労働」と「制作」として区別する活動が、さらには「行為」として記されることのいくつかの要素が含まれる。H. Arendt, Vita Activa oder Vom Tatigen Leben, München 1981.〔邦訳：『活動的生』みすず書房、森一郎訳、二〇一五年〕きわめて広いが、しかし「活動」ともたんなる「作為」とも区別された仕事概念を、Th・ルックマンが展開している。Th. Luckmann, Wirklichkeit als Arbeit, Ms. Konstanz 1978.

もちろん、われわれはこのことを実際には、たいてい重大で長引いており労苦を伴う仕事の事例においてのみ言う。しかし、こうした事例は唯一の重要な事例ではない。われわれはオフィスや工場における一日八時間労働、ノーベル賞を受賞するような業績、政治上のライバルの排除のことを考えてよいだけではない。私はきわめて地味な技能による成果もいろいろな意味で仕事として理解されるし、仕事から生み出される。私は柵を共同で組み立てることができるし、自動車を修理することができるし、芝生を刈ることができるし、絵を描くことができるし、衣服を着ることができる――など。仕事の意味には、一度獲得されればその行使がもはや仕事とは見なされないような技能の獲得も含まれる――紐を結ぶことを身に付ける子ども、競技において正しい反射をするようにトレーニングするスポーツ選手〔などがその事例である〕。その際に、コストのかかる仕事とそうでない（無意識に行なわれる）動作との境界がどこにあるかということを一般的に言うことはできない。それは個人的ならびに社会的な生活事情にかかっている。いずれにせよこの境界は決して固定されてはいない。われわれが「みずから」為す多くのことはそれ以前になされた仕事のおかげである。そうした仕事には、われわれが子供のころに努力して身につけなければならず、〔それにもかかわらず〕歳を取るとその熟練さを失ってしまいかねない多くの単純な活動が含まれている。この場合しばしば重要であるのは、成就できることであって、その価値をわれわれは、この技能の熟練にいかなる理由からであれ自信を持てなくなる時に、初めて認識できる。コストがかかって目立つあらゆる仕事ならびにそうした仕事におけるあらゆる成功はその限り、地味で「忘れられた」仕事の成功によって支えられているのである。このような〔目立つ仕事を〕支える地味な技能も、われわれの仕事能力が脅かされると、それとともに脅かされるのである。

それゆえ、外的目的を成し遂げようとするすべての作為が真の意味で仕事であるわけではない。第一にそうした作為によって全体的に刻印ないし支配され、第二にスムーズな成し遂げ行為を超え出る一定のコストを（時間・集中力・技術上の資源に関して）必要とする活動だけを私は仕事と名づけたい。さらにまた、こうした基準を満たすすべての活動がもっぱら仕事だけである必要もない。この場合、純粋な成し遂げ行為（たとえば柵の共同制作）と開かれた成し遂げ行為（たとえば芸術作品に関わる仕事）と付随的な成し遂げ行為（たとえば祭りの共同準備）とが区別されるだろう。純粋な（しかもコストのかかる）成し遂げ行為として成り立つ仕事だけがもっぱら仕事でありうる。他のすべての種類の仕事に対しては、それらの仕事は付随的に、つまり、仕事と見なされない他の活動と結びついて為されうるにすぎないということが当てはまる。そうした活動がどのように分類されるのかということは、どのような活動が支配的であるかということにかかっている——とはいっても、何らかの支配的な活動が見られる場合にであるが。

そのように理解された仕事の概念にとっては、さしあたりそれに該当する活動が労苦の多い活動かどうか、専門職として為されるのかどうか、他者によって決定されているのか、自己決定されているのか、さらに自己目的な性格の遂行として理解されうるのかどうかといったことはどちらでもよい。それがどうであれ、問題であるのは目的の実現であって、その成果は、意図された結果が引き起こされうるかどうかによって達成されたかどうかが測定される。また仕事としての成し遂げ行為は、いっそう狭い意味で道具的である行為と等置されてはならない。いっそう狭い意味で道具的（あるいは戦略的）[84]な行為が存在するのは、活動のそのつどの目的が固定されていて、仕事の実行とはこのあらかじめ与えられた目的を実現することにすぎない場

（84）成し遂げる行為は事物ならびに出来事か、または（さらに）合理的なパートナーに関係づけられるが、成し遂げる行為のこれら二つの構成要素をハーバーマスは「道具的」行為対「戦略的」行為として区別している（ders., Theorie des kommunikativen Handelns, Frankfurt/M. 1981, Bd.1, 385〔邦訳：『コミュニケイション的行為の理論』（中）、河上倫逸ほか訳、未來社、一九八六年、二二頁〕）。しかし私はそうした構成要素をここではともに「道具的」行為という呼称で扱う。

合である。それに対して広い意味の道具的行為は、こうした仕方で固定されあらかじめ与えられているのではない目的を成し遂げることが問題である場合に存在する。[85] ここでは行為目的そのものの（さらなる）規定が仕事の遂行に含まれる。いまだ規定されていない目的に取り組む行為のもっとも極端な事例は、芸術に関わる仕事である。そうした仕事においては、いまだ規定されておらず、仕事の経過の中で規定されてゆきつつも、自らそれに収まらずしばしば未規定に留まる客体を生み出すことが関心事である。[86] もう一つの境界事例はいわゆる教育という仕事である。つまり、きわめて一般的に規定された目的（自律・社会性・子供の躾け）には、教育の種類に応じてあるいは教育されるべき人々の種類に応じて不特定の手段が必要となる。そこで、「私は今日講義をした。Ich habe heute an meiner Vorlesung gearbeitet.」、または「私は新しい長編小説を書いている。Ich arbeite an einem neuen Roman.」あるいは「彼に九九の表を覚えさせることはかなり大仕事だった。Ihm das Einmaleins beizubringen war ein schönes Stück Arbeit.」といった文言が仕事概念の多様な使用法の中に含まれ続けるべきであるならば、仕事の一般的概念は包括的な意味で道具的である遂行として理解される必要がある。[87]

それにもかかわらずこうした理解は限定つきである。というのも、外的な目的を成し遂げる行為がすべて初めから仕事であるわけではないし、さらにはすべての行為がそもそもそうした成し遂げ行為であるわけではないからである。成し遂げ行為ではない――「土着の」と言えるような――行為の形式には省察・性的満足・情感的知覚・歓談・演奏・遊びなどが含まれる。たしかにこうした活動のいくつかは作為的な成し遂げ行為と結びついているか、あるいはそれを内に含んでいる。しかし、そうした活動が第一に目指しているのは、そうした成し遂げ行為ではない。そうした活動の根本的な意味はその活動そのもののうちに存在するのだ。私は突き止める、私たちは喜んでいる、「わたしたちは楽しくお喋りしている、私たちはいっしょに遊んでいる――これらは何かを成し遂げる作為ではない、たとえその活動においてわれわれが何かを成し遂げる技能にどれほど依拠するかもしれないとしても。何かを世界の中で成し遂げようとする意図は、仕事に対しては当てはまるだろうが、こうした活動を本質的に限定はしないのである。

しかしそうすると、仕事はどのようにして成功している生の中心的な目的でありうるのか。外的目的への関係は善き生の遂行にとって仕事の根本的役割をまさしく不可能にするのではないか。広い意味で理解された仕事は善き生の必然的条件でもあるのだろうか。いかにしてそうした仕事はさらに善き生の必然的な遂行形式として理解されるのか。どの程度まで成功している仕事の次元は善き生に開かれてい「なければならない」のか。

それらの問いに答えられるのは、われわれがより詳しく成功している仕事の条件を問うときである。なぜなら本性的に仕事そのものは必ずしも善きものではないからである。仕事は強制的で肉体的・精神的にきつく、疎外的で、手間がかかるなどという可能性がある。したがって、仕事そのものは成功している生の不可欠の部分ではない。特定の種類の仕事についてのみ――われわれが成し遂げたいと願望するものをそれにふさわしい仕方で成し遂げる手段となるような仕事についてのみ、それは成功している生の不可欠な部分だと言うことができるのである。

(85) それに呼応するように、マックス・ヴェーバーにおける「目的合理性」はそのつどの行為目的が固定されていないこと、したがって、それの（さらなる）規定の必要性をあくまで考慮に入れている。ders., Wirtschaft und Gesellschaft, Tübingen 1985, 12f.〔邦訳：『社会学の基礎概念』阿閉吉男ほか訳、恒星社厚生閣、一九八七年、三五頁以下。〕

(86) これについては私の考察 »Über Arbeit des Schriftstellers«, in: M. Seel, Ethisch-ästhetische Studien, Frankfurt/M. 1996 を参照のこと。

(87) これに対してフリードリヒ・カムバーテルは、社会的分業、したがって社会的な「機能交換」に関与している活動を（社会的）仕事と名づけることを提案した。こうした仕事と、自己目的的‐自律的な活動の意味での「実践」の諸形式をカムバーテルは区別している（F. Kambartel, Arbeit und Praxis, in: Deutsche Zeitschrift für Philosophie 41/1993, 239ff.）。私の考察の狙いは、カムバーテルではほんの少し言及されただけの問い、仕事はいかなる意味で（社会的な立場に関わりなく）成功している「実践」でありうるのかという問いに答えることである。

仕事がわれわれにとって楽である必要もないし、われわれがそれを好んで為す必要もない。仕事の重荷からの解放はそれ自身が仕事の成功に共に含まれうる。（芸術に関わる仕事のように）それ自身のためにも行なわれる仕事だけが善き生の不可欠な部分でありうるというのは、まったく間違っていることになろう。私が仕事をしたいと願望することは、必ずしも、私がその仕事の遂行の中に身を置いていたいと願望することを意味しない。仕事の遂行の中に身を置くことはむしろ、私にとって負担である多くのことを為さねばならないということを含意している。しかし、私はこの仕事の成果を出そうと願望している（しかも誰も私からこの仕事を取り上げようとしないし、そう出来もしない）のだから、私は、多くの段階でまったく実行したくない活動の労苦も引き受けるに値すると考えている。それゆえに私はそうした仕事を為そうと意欲する。したがって、やりがいのある仕事は、仕事に従事する人々がその仕事の産物を実際にこの仕事の途上で達成したいと思っているかぎり（事実そうであるように）、必ずしも自己目的的な性格の仕事である必要はないのである。

それゆえ、成功している仕事についてわれわれが語りうるのは、仕事に従事している人が所期の目的のために歩もうとする道の途上でその目的が達成される場合に限られる。強制的な仕事も道具的に成果を上げることができるが、しかしそれは成功しえない。というのも、成功している仕事とは、その仕事を実行する人の視点から、その人が為しうるだけでなくその人自身の考えで自発的に為そうとする、そうしたことが為されるような、そうした仕事のことだからである。

したがって、われわれは特定の形式の仕事を自己決定された生の部分として理解することができる。善き生は仕事という活動と両立可能である。しかしながら、成功している仕事が――こうした両立可能性を超えて――善き生の不可欠な構成形式に含まれるということを示すには、さらなる論証が必要である。こうした論証が成立するのは、個別の仕事活動の価値に目を向けるのではなく、他者に決定されない仕方で仕事をする能力とその可能性の価値に目を向けるときである。こうした〔他者決定されていない〕仕事によってわれわれは現実の特定の一断面と何かを成し遂げるという形で交わるようになる。そうした仕事プロセスの成功においてわれわれはさらに、それぞれの活動領域における実践的な世界信頼を見出す。若きマルクスがヘーゲルの概念を用いて記述したように――われわれは仕事による交わりにおいて世界を自分のものとするのだ。このことをわれわれは一方で、そのつどの仕事遂行において、あれこれの外的目的を達成するために行なうが、他方ではわれわれの仕事する能力を活動させる中で、現実との習得的交換の中に身を置くために行なう。われわれは自分たちの生活環境に、誇張していえば、自分たちの世界に影響を及ぼす。われわれはわれわれの感覚において現実的なものの一部分に、たとえそれがどれほど少ない部分だとしても、影響を及ぼしている。こうした「世界への働きかけ」は、たとえそれが地味であっても、行為者がそのつどの仕事活動でもって追求せざるをえないような、仕事の外部に存する目的ではなく、すべての強制的でない道具的行為そのものの内部に存する目的なのである。

したがって、広い意味で理解された〔仕事の〕道具的な成功は個人的な生の実践の舞台上でたんに道具的ではない価値を持つというのが私のテーゼである。そのつどの外的目的の実現以上に、道具的な成功には現実との生産的な交換の中に存する内的価値が認められる。たとえ労苦が多かろうとその反対に気楽にであろうと成し遂げられるそのような仕事の意味は、世界の克服のうちに（あるいはそうした克服の希望のうちに）見出されるが、世界の克服とは、その中でわれわれがこの世界の所与性に対して生産的な答えを見出すわれわれの在り方である。[88]「疎外された」仕事においては自己自身の生ではなく（あるいはそれと同時にで

（88）その際、どの程度（開示された）文化的世界が新しい現実への方向へ超え出てゆかれるか、したがって仕事が世界開示であるのは

はなく）特にあるいはもっぱら他者の生が実現されるというのは、疎外された生の定義として最悪ではないであろう。それに対して、成功している仕事は――非強制的な仕事の技能のうちにもまたはまさにそのうちにこそ見出される「回答能力」の行使において――自己自身の生の個別の目的や計画を超えて、自己自身の生を実現することである。しかしこの能力は、二-四-四-一でのわれわれの考察が正しかったならば、自己決定された生を生きる能力にとって根本的であって、さらにその能力の行使は成功している生の遂行にとって根本的なのである。

このことが善き生のたんなる条件よりもはるかに多くのことを言っているのは、次のようなネガティヴな場合に特に明らかになる。それは、状況が私の手に負えなくなって私にとってもはやいかなる仕事も成功しそうにない場合、私にとって有意味な仕事活動が遮られているがゆえに、私にはもはやいかなる仕事も成功しそうにない場合、最後に私の生が仕事の実現以外の実現を知らない場合である。

単純な道具的仕事でさえもはや成功しそうにないということは、多くの個人的危機の偶然的な徴ではない。状況がもはやわれわれと連携していないように見える。その場合にはわれわれの周囲環境の状況のコントロールがままならないだけでなく――これらの状況の明白さもぼやけてしまうのだ。われわれの振舞いに対して「世界からの答え」は返ってこない。しかも、他者からの答えのことは度外視するとして、対象的世界の返答や好意、世界の手近な在り方、世界の適合は消え去ってゆく。われわれはもはや世界の抵抗に対して〔われわれの側から〕思うように抵抗できず、仕事によって世界との交換に入る能力を思うように行使できない。われわれが自分たちの行為の対象と協調できなくなるときに、われわれは、世界との無意識的な道具的協調の成功のうちに、善き生あるいは少なくとも満足ゆく生の重要な部分が存在することに気づくのである。

しかし仕事の能力は、有意味な仕事の社会的条件がまったく与えられていないまたは十分には与えられていないという状況下でも損なわれる可能性がある——現代社会における失業状況においてだけでなく、多くの労働条件においてそうである。[89] しばしば仕事は、それが共同体または社会での機能交換において目に見える貢献を果たしているとき——個人の仕事能力が同時に社会的な能力として理解されうるとき——にのみ有意味な活動として経験される。したがって、仕事の形態が切り詰められたり、仕事の機会が奪われたりすることのうちに見出される人間の生の侵害は、しばしば同時に可能な成功している生の一つの次元の喪失ではとうてい収まらない。

しかし、仕事の外部でのこうした生の機会の剝奪はまさに仕事そのものによっても生じうる。これは仕事の（たいてい個人的であると同時に社会的な）病理の第三の形式である。その病理の本質は、仕事以外には何も——いかなる価値も——知らないことのうちにある。しかし仕事以外の価値を知らないことによって、成功している生の遂行にとっての仕事の価値は相殺されてしまう。というのも、もっぱら道具的な成功を志向する生の実践に対しては端的に善き現実存在または端的に善き生のいかなる状況も閉ざされているからである。そうした実践はつねに、これから初めて成し遂げられるべき実現の途上にある。目的が実現されるや否や、それだけでもなお有意味な活動として経験されうる活動は止んでしまう。仕事の実現しか知らない人は、その仕事の目標に決して到達しない。道具的な成功の瞬間は実存的な失敗の瞬間となる。したがって仕事の追求努力が目的に向けられた遂行を通して基本的な自己目的になりうるのは、目的の実現を追求するこ

（きわめて）弱い意味においてであるのか（例外的にのみきわめて）強い意味においてであるのか、ということは、ここでは未決定のままにしておくことができる。二-四-四-二、特に注(73)を参照のこと。

(89) 仕事の可能性を骨抜きにする根本形式とは、社会的に承認された仕事をしないこと、感情を押し殺す仕事しかしないこと、そもそも仕事の形式をした活動の機会を持たないことである（たとえば、キャンプ生活をしている世界中の難民たちのように）。

と以外の目的を——仕事に従事している人にとってそれの現前が第一義的な目的でありうるようなそうした状況を実現すること以外の目的を、仕事に従事する人々が知っているときだけなのである。したがって仕事がすべてではないということは仕事それ自身にとって意義を持つ。仕事の成功には仕事の成功以上のことが含まれているのである。

二―五―三　相互行為

人間の善き生には他者との成功している相互行為の次元——諸次元——が開かれていなければならない。仕事はたしか人間世界の現実に対する一つの根本的な答えではあるが、唯一の根本的な答えではない。まったく異なる答えの可能性がなければ、〔何かを〕自分のものとするという目的のためにのみ存在しているのではない現実へのアクセスは失敗するだろう。

広い意味での相互行為は原理的に、一人のまたは一つの生きているパートナーとして知覚されるすべての存在者とのあいだで生じうる。植物ないし芸術作品とのメタファー上での相互行為を度外視すれば、問題となるのは、われわれの話しかけに答えるように反応できる生き物への共鳴的な振舞いである。こうした関係はいろいろな点で非対称的でありうる。簡潔であろうとするという理由から、ここでは一般に、すべての参加者が人間としてのパートナーの位置にいるような事例に定位する。[90] ハンナ・アレント（アリストテレスを受け継いで）やユルゲン・ハーバーマス（ヘーゲルとの関係で）は、原則的に相互行為を仕事のいかなる遂行の仕方とも区別した。[91] 仕事においてわれわれは対象の現実性を手本にして仕事をするが、相互行為においては他のパートナーの現実性に巻き込まれる。しかし、そのことはすでに相互行為の特殊な一つの形式であって、その形式は相互行為の普遍的な在り方から区別されなければならない。対話的な相互行為と戦略的な相互行為との区別をハーバーマスは特に重要視したが、そうした区別はこうした〔相互行為の〕普遍的な理解を踏まえているのだ。

この広い意味の相互行為を私は、行為能力を持つ個人どうしが関わり合う行為と理解する。それがどのように為されるのかはどうでもよい。行為者どうしが好感を持ちあっているのか否か、友好的か敵対的か、相互に理解を示しているのか否か、相互を道具化し合っているのか否かということは広い意味の相互行為概念にとって何の役割も演じない。この意味の相互行為はあくまで（しかもそれだけで）仕事の一つの形式でありうる。そうすると、この相互行為は成し遂げ行為の一つの様相であり、その対象が反応を返しうるパートナーであるという特殊性を持っている。この一般的な意味の相互行為にとって、当事者が人格またはパートナーとして尊重ないし尊敬されているか否かということは無関係である。当事者たちがその相互行為の能力ならびに機会を顧慮していれば、それで十分である。尋問・暴行・侮辱殴り合いでさえこの広い意味での相互行為である。

それに対して、狭い意味の相互行為を私は他者の答えに答えることにおいて——しかもこの対話による交換そのもののために——行為することと理解する。こうした〔他者の答えに対する〕答えは。語ることないし

(90) なぜ道徳哲学のコンテクストで、こうした相互性ならびに対称性の仮定を放棄するようなより広いパートナー概念が要求されるのか、ということについては、第三研究で解明する。

(91) Arend, Vita Activa, a.a.O., 特に Kap. V〔邦訳：『活動的生』、二二六—三二七頁〕、Habermas, Arbeit und Interaktion, a.a.O.〔邦訳：『イデオロギーとしての技術と科学』、九頁以下〕ders., Theorie des kommunikativen Handelns, a.a.O.〔邦訳：『コミュニケイション的行為の理論』（中）〕——こうした区別に反対する議論としては、Luckmann, Wirklichkeit als Arbeit, a.a.O.

沈黙、身振り、または接触として行われる。他者はこの場合（第一義的に）、われわれの成し遂げ行為の対象ではない。成し遂げ行為の場合、われわれがその振舞い方を考慮し予測するのだが、相互行為の他者は、自己目的としての交換においてわれわれに現われるパートナーである。そうした交換においてわれわれには共にこの交換の形式が関心事である。[92] この自己目的という要素が対話的な相互行為を戦略的にすぎないすべての相互行為から区別するのだ。戦略的な相互行為の中では他者を——その手段はどうであれ——自分が望む状態にもたらすことが問題であって、他者と相互に出会うという状況に居合わせることが問題なのではない。他者へ戦略的働きかけがいっそうコストのかかる形式を受け入れるや否や、先に定義した意味での仕事が問題になる。他者は、（同時に）私の現実存在ならびに行為の共同主観である代わりに、（たんに）私の目的遂行の対象にすぎなくなるのである。

したがって、相互行為をわれわれが意図するように仕事に対置しようとするならば、そうした相互行為そのものが特にまたはもっぱらその関与者たちにとって関心事となるような相互行為について語られなければならない。そうすると、われわれは対話的な相互行為について語る必要がある。[93] この場合、相互行為する者にとっては相互行為の結果だけでなく、その在り方もつねに大切なのである。この相互性そのものがこの相互行為において指導的な目的となる。さらにそのためには、そのつどの他者の答えに相互に開かれていることが前提となる。相互に対する振舞いの共同的な余地へのこうした関心は、対話的相互行為を戦略的なあらゆる相互行為から区別する。そうした関心は軽率な無礼を意図的な無礼から区別するし、ボクシングの試合をきわめて適切に〔ただの〕殴り合いから区別する。また、その関心は巧妙な交渉をあからさまな脅しから区別するし、打ち解けた雰囲気での誘惑を荒っぽいセクシャルハラスメントから区別する。さらにその関心は〔自分にとって〕都合の好い値段にまで値切ることをゆすりから区別するし、論証をたんなる説得から区別する。その関心は、他者の道具化を他者として顧慮することから区別する。これらの事例に即して、対話的な相互行為と戦略的な相互行為とがおそらく相互に力を合わせて共存しうることが理解されうる。ある相互行為がいかなるものとして分類されるかということは、あらためて、いかなる振舞い方が他者をそのつど支配しているのかということにかかっている。戦略的な相互行為はたんなる道具化という限界事例に切り詰められてはいけないが、それは対話的な相互行為が純粋に自己目的的な出会いという限界事例に切り詰められてはいけないのと同じである。しかし、他者との出会いの非道具性は決定的な差異を際立たせる。この出会いそのものが出会いの目的となるとき初めて、他者は私の計算の対象にすぎないのではなく、その他者に対する私の振舞い方への可能な（それほど安らぎに満ちてはいないとしても）対話による返答の主体なのである。他のパートナーとの対話的相互行為の中に身を置くことがやはりあるいは圧倒的に関心事となるや否や、われわれはたんなる戦略的行為の領域を去るのである。

対話的相互行為が戦略的相互行為を含みうるのと同じように、それは同時に仕事の遂行でもありうる。(94) 仕

(92) 対話的相互行為は、それが言語によるのであれよらないのであれ、伝達を意味するコミュニケーションと同じ意味ではない。両者がたいていはともに行なわれるとしても。たしかに相互行為はつねに個人どうしの振舞いであり、その個人は意思疎通のパートナーでありうる。しかし、相互行為は必ずしもコミュニケーションまたは意思疎通であるとは限らない。儀礼としての闘い、共同での遊戯、性的交わりといった行為も相互行為であるが、必ずしもコミュニケーション的行為ではない。相互行為はコミュニケーションに対していっそう広い概念である。しかしながら、コミュニケーション能力は対話的な相互行為の能力の前提である。

(93) それゆえ、私が以下で——すでに本項の見出しにおけるように——付加語なしに「相互行為」について語るときは、つねに「対話的な相互行為」のことを考えている——仕事と相互行為のハーバーマスによる対置の根底にもこうした理解が存している。しかし私には相互行為の自己目的性のほうが、ハーバーマスが前面に押し出している共同的あるいは同意志向的な相互性の契機よりもいっそう根本的であるように思われる。

(94) 相互行為の理論を詳しく展開するとしたら、その課題は戦略的行為がどの程度なら対話的相互行為と折り合いがつくのかという問題

事と相互行為は共存可能である。そういうわけで、ある行為〔演説・授業・自動車の共同修理・プロの音楽家による上演・プロスポーツ選手による試合〕は同時に両者——すなわち、仕事でありかつ相互行為でありうる。仕事と相互行為は相互に独立しても相互に結びついても遂行されうる。しかしこの場合にも、この二つの活動の仕方の原則的な差異は残る。その差異は仕事が必然的に外的目的の実現であるのに対して、対話的な相互行為は必ず自己目的的な相互理解であるという点にある。仕事はどれほど自己目的的でありえても、つねに外的目的に向けられている。対話的な相互行為はしばしば〔何らかの〕目的に向けられていても、つねにそれ自身が対話参加者の目的である。一方の活動がどれほど他方の活動に組み込まれているとしても、[95] 一方にとって第一義的に問題であるのは世界のある状態に影響を及ぼすことであり、他方にとって第一義的に問題出るのは、パートナーとの〔意思または感情の〕交換なのである。

対話的な相互行為は仕事と異なって、つねにまた自己目的的行為でもあり、他者と共有された実践を開示するのであるから、それが善き生にとって有意義であることは疑いない。そういう次第で詩作と自己満足的実践とのあいだの古代における区別のうちにはとりわけ相互行為的実践の強調がみられた。そこでプラトンならびにアリストテレスにとっては友情が人間らしい生の中心となる善であった——それは友情から得られる事柄のゆえにではなく、友情の中で共有される状況のゆえにである。プラトンにとって友情を育む能力はさらに善き生の中心的基準であった。自己自身・他者および神々と友情を育むことができる人は、しかもその意味において自己自身および世界と調和して生きている人は、その人に運命によってあるいは他者によって何が降りかかろうとも、成功している生を生きている、とプラトンは言う。友情においてわれわれは再び、ヘーゲル、ミード、そしてハーバーマスが成功している人格的同一性に関する理論の核心と見なした相互承認の範例的な構造に出くわす。それによると、相互主観的な承認の中で生きることは、善き生にとって根本的である。ただし、この「根本的」は善き生の発生上の条件の意味でも、善き生の不可欠な形式の意味でも理解されうる。相互主観的な承認のコンテクストの中で生きる（あるいは少なくとも、年長者として生きた）ことは、一方では個人の自律の発生的な条件である。しかしさらにそれ以上に対話的相互行為は成功している生の本質的な遂行形態の一つを示している。このことは、相互行為をたんに成功している生の条件としてでなく根本的形式として理解することが問題であるならば、根拠づけられるべき第二の仮定である。

もちろん承認の理論は、すでにプラトンにとって友情を育む能力が深く正義の徳と結びついていたように、道徳的承認の問題と密接に結びついている。しかしこうした道徳哲学に関する側面をわれわれは、序論で設けた規則に従ってさしあたりは——二―七での議論まで——度外視せざるをえない。われわれにとって目下の問いは、対話的相互行為の覚悟がどれほど道徳的に善であるかまたは道徳的に望ましいかということではなく、たんに対話的相互行為に参加できることが自分自身の順調さのためにどの程度まで善いのかということである。われわれが知ろうとするのは、相互行為への参加を支持するのは何かということである。そのこ

を解明することだろう。戦略的要素から自由であることは、子どもとの相互行為または（それ以外では）愛の策略に即して理解されうるように、少なくとも有意味な要求ではないだろう。ところで、たとえば共同の目的に向けた共同の仕事が問題であるならば、同時に仕事でもある相互行為がさらに同時に戦略的行為であってはならない。他方で、ヒエラルキー的に組織された仕事とたいてい結びついた戦略的相互行為は、つねに対話を含んだ実践に開かれているわけではない——両者の関連は仕事の詳しい分析の中で解明されなければならないだろう。

(95) たとえばチームでの仕事は、そのどちらでも（あるいはむしろ、そのどちらかで）ありうる。言い換えれば、仕事の能率を上げるための手段であるか連帯作業の一つの形式であるかのどちらかである。相互行為は——外的目的によって内的目的が破壊されるリスクを伴って、ある一定の程度まで——道具化されうる。［それとは反対に、］仕事は相互行為的に形成されうる——同様にある程度まで、この場合は外的目的に対して内的目的が独り立ちするという危機を伴って。

とを道徳的に支持するのは何かということであり、あるいはそうした参加から何が生じるのかということは度外視する。相互行為へのこうした参加（あるいは少なくとも参加の可能性）はなぜ、自己決定的な生の任意的で放棄可能な目的ではなく、不可欠で放棄できない目的であるのか。

非‐戦略的な相互行為においてわれわれは、身体を持ち言語を用いるパートナーとして相互に出会う――身体的接触をしていなくても身体を持つパートナーとして、言語を用いて何かを言っていなくても言語を用いるパートナーとして出会う。こうした状況でわれわれは生き生きとしたパートナーを持っていて、それに相対してわれわれ自身を生き生きとしたパートナーとして経験できる。こうした相互行為の状況の中でわれわれは他者の現実存在ならびに行為に答えながら行為し生きる。他者に「答えながら」と言う代わりに、他者と「照応しつつ」とも言いうる。この照応は相互に認め合った応答の自由なしには――相互承認なしには――不可能である。対話的相互行為が成功しうるためには、対話への参加者が相互の交換を肯定できるだけでなく、この交換のプロセスを肯定できなければならないのである。

この交換への参加者は、その人の意図・感情・態度・関心・意見・願望の相互による分節表現のプロセスに入る。[96] このあらかじめ与えられている文化的・言語的な手本を手がかりとした分節表現の経過の中で相互主観的に有意味な世界が形成される。その分節表現をとおしてどれほど論争的であろうとも呼びかけと返答が生じ更新される。主観的な行為計画の強制なき協調の実践的可能性に加えて、束縛なき共同生活の余地を手に入れることが関心事となる。相互行為のそれ以外の目的を超えてわれわれはわれわれの身振りと文章、態度と行為の対抗状況の中で共通の状況を生じさせる。相互性を可能にする共同性と共同性を可能にする相互性とは、多様な差異をとおして共有された行為目的である。この共同性においてわれわれはわれわれ自身を自由にさせる他者への自由、すべての他者の中で〔われわれが〕一人の特別な他者である自由を手に入れる。

個人性を保持しながらに同時にこうして自己中心性を解消することのうちに、対話的相互行為の内的意味が見出される。われわれは共通世界の形成・活性化・保持に関わっているのであり、相互主観的な世界との自由な照応の中で生きる可能性を手に入れるのである。

こうした事態が生じている場合、われわれは成功している相互行為について語ることができる。相互行為への参加者は、自分たちに共通の世界を現実化することに関与する。このような言い方は理念化しているように聞こえるかもしれないが、じつはきわめて陳腐である。われわれは可能な相互行為の幅広いスペクトルを視野に入れている必要がある。そのスペクトルには居酒屋のカウンターでの会話、商店のレジでの口喧嘩、隣人や同僚や友人どうし、また親子のお喋り、愛のささやき、それと同様によそよそしい挨拶、俳優と観客の相互行為、それだけでなく小さなサークルでの力のこもったコミュニケーションなどが含まれる。どの事例においても成功している相互行為は、ヘルダーリンないし初期ヘーゲルの意味での「一致」と等置されてはいけない。大都市の住人たちが公共の場で遭遇するような無関心もしばしば成功している相互行為の遂行なのである。成功している相互行為の基礎となっている一致または相互行為が生み出す一致が実存的な近さを意味する必要はない。相互行為は、共同の状況の中で相互を自由な――親密さの度合いには関係のない――パートナーにすることが成功するところでは、どこでも成功するのである。

自己決定の成功には世界の開かれた在り方が含まれており、世界の開かれた在り方には、自分と同様に世界に開かれる能力を持つ他者へと開かれた態度が含まれているとするならば、こうした他者の承認ならびに

(96) 分節表現のこうした概念については、Ch. Taylor, Human Agency and Language, a.a.O. 特に 45ff. u. 248ff. を参照のこと。

他者による承認、およびそれによって可能になる他者との交換は、成功している自己決定された生に不可欠な形態を示している。仕事の場合におけるように、こうした交換は何よりも一つの技能・能力であり、それを所有していることは自己決定された生の在り方にとって根本的である。われわれは相互に自らを応答し表現するパートナーにすることができなければならない。対象を習得する仕方で加工することならびにパートナーと承認する仕方で出会うこと、これらはどちらもそれを所有しないことがわれわれには有意味に意欲できない、そうした能力である。その際、どれほどの強さでまたどのような混ざり具合でわれわれがその能力を行使しようとするかは関係ない。

そのことは、われわれが対話的相互行為の失敗という基本的形式に注意を向ければ、さらに明らかになる。ハーバーマスと共に言えば、対話的相互行為の歪みと名づけられる事柄の核心は、相互行為ならびにコミュニケーション的行為における自由の喪失である。相互行為とコミュニケーションとが行われる形式は、もはや相互に肯定された形式ではなくなっている。つまり〔相互行為またはコミュニケーションへの〕参加者たちは彼らに課された振舞い方によって規定されており、こうした関わり方を変えてゆく力を持っていないかのように見える。〔ただし、〕そのことと相互行為の道具化とは区別されなければならない。相互行為の道具化においては一つの党派が（第一義的に）対話的であり、もう一つの党派が（純粋に）戦略的に相互行為するのだ。偽りの約束はもっとも単純な事例であるにすぎない。他者は、そのパートナーがその他者のことをも大事に思ってくれている、と思い込まされている。しかしその他者はそのパートナーがその意図を実現するための手段または障害にすぎない。しかしこうした道具化は、見通しのきかない相互行為の犠牲者を傷つけるに留まらず、おそらくは嘘を吐いた本人をも傷つけるだろう。というのも、嘘の当事者たちが対話的相互行為の仮象をその存在と見なすことに慣れるや否や、その相互行為そのものが危機に晒されるからである。相互行為的振舞いのルーティン化された道具化は徐々に、他者に対して開かれた仕方で振舞う能力を失わせ、――それでもって他者に対する生き生きとしたパートナーとして自己自身を経験する可能性を失わせるかもしれないのである。

しかし、〔相互行為の〕歪みならびに道具化が生じない場合でも、対話的相互行為のエネルギーが涸れてしまうことはありうる。成功している相互行為はたしかにつねに自己目的性を持った実践ではあるが、成功している生の唯一の中心に位置づけられるような自己充足的な実践ではない。ここでも仕事の場合とは異なる理由からではあるが、独り占めは危険である。あらゆる観点において相互行為的に遂行される生は、まさにその相互行為的な遂行の中で貧困化せざるをえないだろう。そうした生には、それを他者の生の形態から区別しうるテーマ、特に対照的テーマが乏しくなってくる（しばしば歪んだ相互行為関係の始まりである閉塞）。成功している対話的相互行為は相互行為する人々の集団や相互行為のコンテクストにだけ由来するのではない経験をその参加者の側で必要とする。個人と世界との対峙は〔他者と〕共同での〔世界との〕対峙によっては置き換えられない。われわれが相互に馴染みであり、またそうであり続けており、あり続けようとしているならば、われわれは相互にコミュニケーションする必要はますますなくなってゆき、特にわれわれ自身および他者の他性に対して開かれている能力を失ってゆくことになるだろう[97]――成功している相互行為は自己決定された生の中心的次元の一つではあるが唯一の、比類ない、あるいは端的に第一義的な次元ではない。成功している相互行為には相互行為の成功以上のことが含まれているのである。

(97) このことを、ヴィルヘルム・フォン・フンボルトは「あらゆる理解はそれゆえ同時に無理解であり、思考と感情におけるあらゆる一致は、同時に分離である」と不平を込めずに書くとき、明確に理解していた。Kawi-Einleitung, in: ders., Werke, Darmstadt 1988, Bd. V, 439.

二‐五‐四　遊び

仕事と相互行為は、人間の二つの根本的な振舞い方である。この二つの次元において成功している実践がなければ、自己決定された生は目的それ自身として経験されえない。仕事において自己目的として経験されるのは何よりもまず、仕事をする能力であるが、対話的相互行為の場合、自己目的はさらにそのつど行為の遂行のうちに見出される。しかし相互行為もまたつねに第一義的に遂行志向的な作為であるわけではない。ただ、たいていの場合にそうであるにすぎない。それに対して、これから考察される二つの活動――にとっては、それらがそもそも成功しうるのは、第一義的に遂行志向的な振舞い方としてのみだということが当てはまる。これらの活動へとアクセスできることは、成功している生にとって二つの理由から根本的に重要である。第一に、それらの活動のうちで自分固有の生がその生の中心に現前してくるということ、第二に、第一義的に遂行志向的な〔これらの〕活動は仕事や相互行為に本性的に付随する病理に対する重要な解毒剤だということ、この二つである。

善き生には遊びの次元――諸次元――が開かれている必要がある。遊びの概念を私は仕事および相互行為の概念と同じようにかなり広い意味で使用する。遊びの概念にはたんにルールに規定されたゲームだけでなく、戯れるという活動として理解されうるあらゆるものが含まれる。その意味での遊びは遂行志向的な行為であり、その第一義的な目的はそのつどの行為そのものを遂行することにある。遊びは一貫して固定された行為ではない。つまり、遊びはそれがどのような経過を辿るかよく分かっていないことに依拠している。遊びは熱中する行為であり、行為の状況に力を使い尽くすことのうちにその本領がある。最後に遊びは時間的に区切りを持つ行為である。つまり、遊びはそれ以外の生の正常さとコントラストを成しているところにその本領がある。(98)

われわれが遊ぶのは、われわれが熱中するために熱中しようとするからであり――熱中するために熱中しようとするときである。この熱中という状態は文字通りにも比喩的にも、あるいはその両方としても存在しうる。われわれは心を震わせ情緒的に感動し、感動させられる。遊ぶことの意味は、身体的または精神的に興奮することにある。その際、遊びが行なわれるのはつねに現在においてである。われわれは遊びの状況の中に特別な仕方で居合わせようとする。われわれは遊びまたは遊び行為が生起する中に身を置こうとし、範囲が限定されているとしても、予測しがたい形で現れる状況の中に身を置こうとする。われわれは普通でないことが現前する機会に立ち会おうとするのである。

遊びにおいて第一義的に問題であるのは、何が遊びによって得られるか、達成されるかということではない。むしろ遊ぶことそのものに関心を呼び起こすことである。遊びの目的は、遊びの規則・経過・時間によって区切られた現在に熱中すること、およびそれによって興奮させられることだ。そこには仕事の場合とは異なる種類の実現が見出される。遊び活動の中でもしばしば目的が追求される。しかし、その目的は遊びの空間および時間の内部でのみ追求する意味のある目的である。遊ぶことは、内実の変化した現実にもとづいている。その現実のうちにこの変化が持続しているあいだ特殊な行為の可能性と目標が存在する。この変化が遊ぶことを開示し、遊ぶことを、〔生きる上で〕根本的であり、しばしば無しでは済ませられない状況や活動、しかし遊びの時間のあいだは抑制され、遊びからは――真剣さによって――区別される状況や活動から隔てている。

(98) 私のこうした遊びの規定とよく似た、しかし明らかにより局限された規定を、J・ホイジンガならびにR・カイヨワが行なっている。J. Huizinga, Homo Ludens, Vom Ursprung der Kultur im Spiel, Hamburg 1956, 22 u. 37〔邦訳：『ホモ・ルーデンス』高橋英夫訳、中公文庫、一九七三年、四六頁以下および五六頁以下〕、および、R. Caillois, Die Spiele und die Menschen. Maske und Rausch, Frankfurt/M. –Berlin-Wien 1982, 16.〔邦訳：『遊びと人間』多田道太郎ほか訳、講談社学術文庫、一九九〇年、四〇頁。〕

る。この変化をこそ遊びに熱中している人は求めている。遊びに熱中している人々が求めているのは、遊び以外の目的・規則・時間とは一致しない振舞いという例外的状態なのだ。この変化が開示するのは、内向きの行為・義務・強制・困難・挑発、簡単に言えば、遊びに熱中する人々が遊んでいる間に晒されているそのつどの現実である。遊ぶとは、区切られた時間上で変化する世界状況と自発的に対峙することなのである。

　それゆえ遊ぶことは絶えず新たに始まりうる。たとえ遊びはいずれそのうち終わるとしても、遊びの時間ならびに遊びの経過の予測しがたさは繰り返される。遊びはそのつど最初から始まる。すべての遊びは次の遊びを持っている。スポーツにおける選手権試合はとりわけそのつど現前する遊びの緊張を高めるという目的を持っている。緊張が高まるというのは、何かが〔その試合に〕かかっていることによってであり、次の試合の存在が確定しているが、その結果は以前の試合と同様に分からないことによってであり、また、一連の試合が存在していてそこではすべて――相互に緊張をもたらす一連の賭けの現前――が最初から始まるということが確定していることによってである。何かがかかっていることは個別の試合の高められた緊張の現前に影響する。試合の緊張が生じるとき、その結果はどうあれ、遊びは成功したのである。競技試合に勝つか負けるかということは、試合の現前が関心事となる様式なのである。

　しかし、遊びはルールに規定された遊び、それどころか競技試合の実行と結びついてはいない。時間的に区切られた活動としての遊びにおいては、内実の変化した現在において力を出し尽くすことが関心事なのである。このことは一人遊びにも相互行為的な遊びにも、さらには子供たちの遊びにも当てはまるし――その場合、子供たちがルールに規定された遊びをしているのか、それともたんに一時的にサルや宇宙飛行士の役を演じているにすぎないのかはどうでもよい――、芝居（とその観客）にも、楽曲の演奏（音楽を聴くことの状況の多く）にも、スポーツのたいていの形式（およびその観衆）[99]にも、ダンス、ブランコ、かけっこにも、賭け事にも当てはまる。(100) それに対応する形で遊びへの機会は多く存在する。人は一人でも誰かと一緒にでも、厳かにも世俗的にも、儀式としてもインフォーマルにも、公共的にも私的にも、職務においても自由時間においても遊ぶことができる。(101) それゆえ、遊びは同時に仕事でもありうるが、しかし遊びが仕事として成功するのは、それが何よりまず遊びとして成功する場合だけである。さらに多くの遊びは同時に相互行為でもあるから――団体競技またはバドミントンの試合を考えてみるだけでよい――、遊びは原則的に仕事でありかつ／または相互行為でありうるということが確認されることになる。それゆえ、遊びはつねに閉鎖的な活動であるわけではなく、しばしば包摂的な活動である。それにもかかわらず、先に指摘した実践形式は衝突する可能性を孕んでいる。そうすると、一方では遊びの決まりごとと、他方では仕事ならびに相互行為の義務のあいだでコンフリクトが生じる。遊びの内的目的は仕事の外的目的と衝突しうるし、他者への開かれた態度は（特に競技において対戦相手がいる場合）、遊びへの集中を妨害しうる。成功している実践どう

(99) Vgl. M. Seel, Die Zelebration des Unvermögens. Zur Ästhetik des Sports, in: Merkur, 47/1993, 91ff.

(100) 徹底的に考え抜かれた遊びの現象学をカイヨワが提示している。Caillois, a.a.O.〔邦訳：『遊びと人間』。〕

(101) ホイジンガとカイヨワが遊びと仕事の結びつきはそれ自身としては遊びの転倒だと言うのは（Huizinga, a,a,O., 213ff., Caillois, a,a,O., 52ff.〔邦訳：『遊びと人間』、八九頁以下〕）、私には正しくないように思われる。遊ぶことは、それがいかなる外的目的とも結びつかない場合にのみ可能なだけではない。自分の健康のためにテニスをする人は、それにもかかわらずテニスを楽しんでプレーすることができる。その人は遊ぶために遊んでいるとき自分の健康にもっともよいことをしているのだ。この時代にスポーツを――特にお金のために――職業とする人々と事情は何ら変わらない。職業スポーツマンがそもそも成果を収めうるのは、その職業を楽しんで実践するとき、プレーにおいて実際に遊んでいるとき、遊びを道具化しないことに成功するときに限られるのである。〔訳注：ゼールは『ホモ・ルーデンス』からの引用箇所の指示を213ff. としているが、ホイジンガの原著の該当箇所は人名索引なので、誤りである。注(98)と同じ「文化現象としての遊びの本質と意味」の章の中の、「遊びの形式的特徴」の節に、「『日常生活』とは別のあるものとして、遊びは必要や欲望の直接的満足という過程の外にある」という一節がある。邦訳：『ホモ・ルーデンス』、三二頁以下。〕

しのこうした関係は、二一五–六でいっそう詳しく論じる。ここではただ、遊びが第一義的に一時的に変化した現在に熱中するという遂行志向的な活動であること、この活動はさらなる目的と結びつきうるが、〔つねに〕結びついている必要はないことを確認しておけばよい。

遊ぶ能力とその機会とが善であることを示すのに多くを語る必要はないだろう。しかしわれわれが改めて問うのは以下の問いである。すなわち、遊びの能力はどれほどまで根本的な善、つまり、それなしでは善き生が成功しえない善であるのか、われわれは世界に開かれた自己決定的な生のためにどの程度まで遊びの能力に依拠しているのだろうか、この能力の行使はどの程度まで自己決定された生の本性的な遂行形式なのだろうか。

遊ぶことは第一に未来に向けられたあらゆる予定に対して現在への回帰である。遊びに熱中している人は、特殊な仕方で現在に向けて自己決定している。しかしこの現在は、たんに恒常的な状況ではなく、遊びの時間の中で現実化しうる可能性の余地である。遊びに熱中している人は、この余地を、成功している生のためにわれわれが必要とする現実にすることができ、〔遊び以外の現実から〕区切られ〔われわれを〕熱中させる特有の現実の空間にすることができる。われわれがこの余地を遊びの空間にするのだ。われわれは、遊びの限界を超えた目的への固定とは無関係に、自己自身に目的を設定できる能力を行使している。われわれは、外的目的に束縛されずに、見通しのきかない現実にその現実そのもののために関わり合う能力を行使している。一人でまたは他者と共にわれわれは遊ぶという現実を生じさせる。遊びはこの現実との対峙の現前のうちにわれわれを留めておくのである。

遊ぶことからは第二に、それが瞬間の経験のきわめて近くに位置することが理解される。遊ぶことは、その中で満たされた瞬間への開かれた態度が獲得され、行使され、実践されうる形式の一つである。われわれはしばしば瞬間の可能性のために遊ぶ。[102] 少なからぬ遊びを瞬間の――しばしば公共的な――礼賛として理解することができる。たしかにこうした礼賛が瞬間の経験の家畜化の形式でもあることは珍しくない。瞬間の経験は、個人の生ならびに社会生活を不安定にしないように、遊びの限界のうちに留めおかれていなければならない。しかし、こうした限界づけは結局のところほとんど成功しない。というのも、瞬間の経験の本性には、それが社会的・時間的な区切りなど与り知らないということが含まれているからである。瞬間への能力を遊びとして開発することは、こうした超越を共有している。それゆえ、遊びの能力にとって重要な基準、すなわち、ある人が遊びの状況の中で瞬間の贈り物を受け取ることができるかどうかということは、たんに遊ぶ能力だけの基準ではなく、実存的な開かれた態度全般の基準なのである。[103] 遊びにおいてわれわれは瞬間に対して敏感であり、かつみずからそう見なしている。それゆえ、この〔瞬間への〕感受性は世界に開かれた自己決定にとって根本的だと言うことが正しかったとすれば、われわれはここで遊びについても同じことを言う新たな根拠を持つのである。

ただし遊びの実践にもやはり危機が内在している。すなわち、遊びは外的目的のために道具化されうる。または、遊びの興奮が絶対的に定立されうる。遊びが道具化されるのは、遊びと結びつけられる目的が遊び

(102) たしかに瞬間の経験は、たとえそれが遊びの中に現われるとしても、必ずしもつねに実現された瞬間の経験であるとは限らない。特にわれわれが競技試合のことを考えればそうである。競技試合の中では、「変化の瞬間」（キルケゴール）は一方の側だけに唐突な実現の幸福をもたらすことができるにすぎない。しかし、まさにこうした事情のために、遊びに参加するすべての人々は敗北の可能性を肯定できる。さらに言えば、参加者たちは敗北においてさえ、今回は彼らが味わえなかった瞬間の幸福に関わりうる。というのも、この幸福が遊びの中に現われうることは、次回には——あるいは次の瞬間には——その幸福がその人たちに有利になるように現れる可能性があることを意味するからである。

(103) たとえこの場合たしかに特定の遊びの領域に限定された偏った才能の持ち主が存在するとしても、そうである。しかしその反対に、瞬間を遊びとして経験する能力が一般的に実存的な瞬間の能力と両立不可能である、と想定することは許されるだろう。

行為の内的目的に対して前面に出てきて——その結果として遊びの現前性が危機に晒されたり破壊されたりするときだ。それに対して、遊びが絶対的に定立されるのは、遊びの現前が生の中で唯一やりがいのある現実として現出するときである。そのようにして遊びに熱中する人は、瞬間を持続させたい人と同じように、遊びの現前の虜になってしまう（上述二-四-二-二を参照のこと）。遊びの興奮は、遊びがもはや、それ以外の活動、それ自体としてはやり甲斐のある活動との距離を取って遂行されないときには、空回りしてしまう。賭博癖においては両方の倒錯が結びつくことがよくある。強制的にお金を手に入れるために遊びが行なわれるだが、お金を手に入れられることの興奮が他のすべてのことを押しのけて生き方の中心になる——ドストエフスキーがその小説の中で造形している賭博好きの人間のように。

しかし「賭博好き」の人物像が一般的に病的な事例であるわけではない。実存のタイプとして理解すれば、賭博好きな人物は、生をいかなるコンテクストにおいてであれできる限り広く賭けとして、またはそれに似たものとして生きることを格率とする人のことだ。そのような人は生の「真剣さ」——たとえば家族や社会、職業に関わる生の義務——をできるだけ回避しようとするが、そのことの中に冒険的な選択肢を支持する選択肢が見出される。自己自身の生の現前を強化したいという関心において、賭博好きの人物は、社会的コンテクストの中で通用している規則に反してあるいはそれを超えて、自分の恣意的な規則または恣意的に変更できる規則を立てる。このことが成功しうるのは、賭博好きな人物がその無軌道な生き方を他者の現実の経験の代わりに確保するかぎりにおいてであり、また、自分の遊びの区切られた現実を許すだけでなく、それでもって相互主観的な有意味さの世界を見放す限りにおいてである。自己決定された生のこうした極端な形式も、またはそうした形式こそ、自分自身の生のバランスには注意しなければならない。しかし賭博好きの人物もそうしたバランスをとることができる。そうした生は悪い結果に終わるとは限らない。しかし、賭博好きの人物は上手に遊ぶことができなければならない――しかも賭博好きの人物は遊び以上のことができなければならないし、自分の遊びに区切りをつけられなければならない。〔こうして〕賭博好きな人物の事例は、成功している生には成功している遊び以上のものが含まれていることを示しているのである。

二―五―五　観察

しかし遊びはすぐれて自己目的的な活動の根本形式の一つにすぎない。もう一つの形式が観察である。善き生には距離を取る観察の次元も開かれていなければならない。

観察ということで私が理解しているのは――伝統的に「観照」とか「熟考」と呼ばれてきたことを念頭に置きつつ――思考ないし直観しつつ自己目的的に対象のそばに留まることである。その場合、観照はアリストテレスがそのテオーリアの理論の中で言っているように、一つの自己目的的な活動であるだけでなく、純粋に自己目的的な活動である。(104) そうした純粋な観察は、他の多くの活動（芝刈り・授業・テニス）の場合にそうであるように、われわれがそれ自身のためにも行なう活動であるだけでなく、そのためだけに行ないうる活動である。それゆえこの意味での観察は、振舞うことにおいて――自己目的的に――振舞いの遂行〔そのもの〕が関心事であるような、振舞いの特殊事例である。

観察は厳密に自己目的的な活動として――たとえば遊びとは異なり――〔何かを〕現実化しようとする活

(104) Nikomachische Ethik, Buch X; Metaphysik, Buch I.〔邦訳：『ニコマコス倫理学』（下）、高田三郎訳、岩波文庫、一九七三年、一四九―一九二頁、『形而上学』（上）、出隆訳、岩波文庫、一九五九年、二一―七〇頁。〕

動すべてに対置される。その際、その現実化が仕事のコストを含むか否かは関係ない。この活動はいかなる成果も追い求めない——たとえそれが外から見て、時おり価値ある成果ならびに利用できる成果（たとえば、特定の認識または変更された態度）をもたらすとしても。観察という活動にとって重要であるのは、それを遂行することにおいて達成されることになる何ごとかではなく、特定の種類の直観的な遂行の中に留まることなのだ。

観照が「直観的」または「観察的」な振舞いとして記述されるならば、それはあらゆる種類の〔何かを〕実現する活動からの距離を示す指標として理解されるに違いない。ここでわれわれは決して文字どおりにあるいは比喩的に見ることだけを考えてはいけない。「観察」という表現はここではあくまで特殊専門的な意味を持っている（それゆえ私は時々この「観察」という表現をいっそう人為的な「観照」という表現で置き換える）。理論的な注視でもなく、視覚による知覚でもない観察の形式が存在する。そうした観察はただ草むらで虫が飛び回る音または街の喧騒に耳を傾けること、布地を触ること、香りを嗅ぐこととして単独でも遂行されうる。他方で観照は、たとえば数の本性への反省や地動説的世界像へのわれわれの愛着への反省のように、感性的な要素がまったく混じらなくてもまたは感性的知覚が欠けていても遂行されうる。一言で言えば、純粋な観察は理論的でも情感的でもありうるし、感覚的でも非感覚的でもありうるし、認知的でも非-認知的でもありうる。問題は遂行志向的な振舞いの特殊事例だけでなく、理論的ならびに情感的振舞いの特殊事例にも関連する。もちろん、理論的実践も情感的実践も——特に学問や芸術という領域では——観照的な活動だけには限定されない。どちらの実践もそうした活動を超え出てゆく部分を含む。しかし観照のすべての形式は、ここでは個別には問題にしないが、[105]それが何ごとかの直観・聞き取り・熟考であるという点で共通している。省察とは異なって観照にはそれが注意を向ける客観また向け続ける客観がある。[106]一言で言えば、観察は何ごとかとの出会いにおいて、そこに留まることが何より大切であるような振舞いなのである。
われわれが観照的に活動するのは、われわれがある出来事または事象と、それに出会うこと〔そのもの〕のために出会おうとするがゆえにであり――出会おうとするときである。われわれは思考ないし直観しつつ、ある出来事または事象の傍らに留まり、それでもって同時にこうした出来事または事象の直観または熟考のうちに留まる。観察されるものとの出会いにおいてわれわれは出会っていることの観察の中に留まるのである。

この出会いは対話的ではない。われわれが人間を象った彫像作品を眺めたり「双方向的」なインスタレーションを知覚したりするとき、観察はたいていの場合、比喩的な意味においてのみ相互行為である。観照の対象は対話のパートナーでもないし、成し遂げ行為の対象でもない。すなわち、対話のパートナーと同じように観照の対象は何かを生み出す成し遂げの行為の客観ではないという見方の下にあるにすぎない。われわれが思考しつつおよび／または感性的に聞き取りながら留まることができ、その結果として、対象に向けられる純粋な観察の機会となるすべてのものが、観察の対象となる――〔たとえば、〕洞察から洞察への進み具合を重視する熟考の機会、意味付随的であれ意味疎隔的であれ出来事の一時性と個別性を尊重する感性的知覚の機会、芸術的世界を想像力によって展開する機会、自然または都市の風景空間を感性に配慮して探求す

(105) 純粋な観察およびその限界の現象学については、M. Seel, Eine Ästhetik der Natur, Frankfurt/M. 1991, Kap. 1〔邦訳：『自然美学』、三五―九六頁〕、および、Theoretische, ästhetische und praktische Kontemplation, in: ders., Ethisch-ästhetische Studien, Frankfurt/M. 1994 を参照のこと。

(106) 省察が、それはそれとして観照の特殊事例として理解されうるかどうかは未決定にしておきたい。

(107) 人格としてのパートナーでさえ観照的な注意の特別な機会となるのか、ということを私は、Theoretische, ästhetische und praktische Kontemplation, a.a.O. で究明した。――それはそうと、私は観照の概念をここでは――目下の意図に合わせて――拙著『自然美学』におけるよりも明らかに広い意味で理解している。すなわち、その中に『自然美学』では想像として締め出されたものを含ませつつ、明らかに現代的な観照形式の特権化は断念している。

るかまたは超感性的なものまで踏み込んで探求する機会[107]〔などである〕。

観察も遊びと同様に完全に現前に向けられているが、しかしその向かい方はまったく異なっている——特殊な成し遂げ行為によってではなく特殊な仕方で留まることによって、内的目的によってではなく、与えられたものとの出会いによって現前に向かい合うのである。あらゆる成し遂げ行為からの距離が観察の場合には根源的な特徴である。そうした観察に関わり合う人は、たんにハイデガーが名づけたような「気遣い」の日常性からはみ出しているのでなく、むしろ遊びにとって本質的であり続けるあれこれのものへの配慮そのものからはみ出している。観察に没頭している時間のあいだわれわれは、われわれの世界ならびに現実における客観や利害関係に対して距離を取って〔観察に〕引きこもるのである。

遊びの形式と同じように観照も、人間が——プレスナーによれば[108]、エキセントリックな生物として——そのすべての認知的・政策的・コミュニケーション的・社会的活動のうちに持っている余地を通常でない仕方で利用するという在り方をする。ここでもわれわれのすべての活動のうちに与えられている余地が遂行志向的な活動の場所になる。そうした場所はある場合には遊びという没頭する運動の空間になる、それに対して観照の場合にはその場所は可能なものと現実的なものに対する距離を取る注意の空間となる——それ以上のことはない。たしかにその場合でも沈潜することは可能だし、そのかぎりで没頭することも可能である。しかし、この場合は観察しつつ留まっていることとそれ自身に没頭しているのである。その留まるという在り方が、視覚的・聴覚的な観照の際にはたいていそうであろうが、この観察の対象にわれわれが沈潜できる前提となっており、言い換えれば、その対象に注意を向けることができる前提となっている。われわれがこのようにして手に入れる事物や制作物の現象的な現存の普通でない近さは、理論的観照のプロセスの中で可能な問い、すなわち、われわれならびに世界とわれわれとの関わりに関する問いの普通でない深さと同様に、あらゆる行動・介入から距離を取る方向づけプロセスの途上で可能となる。観照的実践はこのようにすべての実現活動の此岸に留まっているので、遊びやその他すべての活動とは異なって実際に失敗することはありえない。観察以外のすべての実践形式が成功または失敗の余地の中に存在するのに対して、観察は、遂行志向的な知覚や熟考に退却することによって、成功か失敗かという両極端から距離を取っている。おそらくわれわれは多かれ少なかれ集中的に観察を遂行しうる。おそらくわれわれには、外的影響または内的素質によって、観照の遂行を開始すること、その遂行を最後までやり通すことは困難な場合もあるかもしれない。しかし純粋な観察の遂行はみずから失敗することはありえない。われわれが純粋な観察を始めるや否や、われわれはあらゆるプラグマティックな活動との充実した隔たりのうちに身を置くのである。(109)

遊びと同じように観察もあらゆるそれ以外の振舞いよりも瞬間経験の近くにある。しかし観照はその留まるという在り方によってむしろ、瞬間経験そのものの本質的な特徴を分け持っている。しかし観照が留まりつつ感覚することを満たされた瞬間の状態と分け持ち、観照が遂行されているあいだは失敗しえないにもかかわらず、観照の留まるという在り方は決して瞬間の脱自的幸福と同義ではない。第一に、観照には幸福の瞬間を開示する突然性というモメントが欠けている。第二に、こうした幸福の瞬間はつねにかつ至るところで生じるのであり、観照の時間のうちでのみ生じるとはかぎらない。ある幸福の瞬間は、たんにわれわれが観照に突然誘われるという仕方で、または観察のあいだに突然これまで決して存在しなかったものが見えるという仕方で生じうる。遊ぶ能力と同じように観察ならびに観察能力は、瞬間の経験そのものにであれ、それへの

(108) H. Plessner, Die Stufen des Organischen und der Mensch, Berlin 1975, Kap. VII.

(109) この側面については——世俗的な情感的観照の事例に即して——Ästhetik [der Natur], a.a.O., 83ff.〔邦訳：『自然美学』、九〇—九六頁〕を参照のこと。

開かれた態度にであれ、特殊な仕方で向かう傾向がある。観察は、それがわれわれのそれ以外の――プラグマティックな――実践上では見出されない直観に開かれていることにおいて、そうした実践活動そのものの中での振舞い能力の開かれた在り方を代弁しているのである。偶然に観照的な一時中断に没頭する人は、自分自身と世界とに対する距離を取る能力を開発している。その能力はその人を自分自身および世界といっそう自由に関わらせる。そのような仕方でも自己決定は自己目的として可能なのである。

自分自身の――たとえ最善のものであれ――生の構想への距離が成功している自己決定の一つの条件であるということがとりわけ正しいならば、観照的に留まることができる能力は、さらに、二-四-三および二-四-四で規定された善き生の形式にとって根本的である。というのも、観照的に留まる能力を行使しているときわれわれは、われわれが目指しているあらゆるもの、われわれにとって全体的な方向づけの中で重要であるあらゆるものに距離を、しかも目的から自由で充足した距離を取っているからである。この場合われわれはそうした距離を意図的に取ることができるが、その際には瞬間の意のままにならない好意を当てにする必要がない。この点でわれわれはつねにあらかじめ抱かれた目的追求の時間からはみ出している。これは、たいていの人がしばしばまったく日常的な舞台の上で行っているように、窓から外に目を向けたりある楽曲に聞き入ったり、一つの考えに耽ったりするだけでも、そうなのである。

観照の喜びがどれほど大きくても、ここで問題になっているのは、全体的な生の理想とするにはふさわしくないかなり限定された振舞い方である。この観点からは観照も失敗する可能性がある。観察に捧げられた生は、われわれが観察に固執するや否や、あるいはウィトゲンシュタインが哲学（観照的に営まれた哲学）について言ったこと、すなわち、人は哲学をつねに中断できなければならないということを肝に銘じなければ、ただちに失敗する。というのも、生の遂行の途中で中断する活動である点に哲学の全体的な意味があるからである。それは、完全な意味で観照的な生は神にのみ属するとアリストテレスが言うときに認めていたことでもある。観照の状態の中に留まろうとする試みをとおして、われわれは、遊びに熱中する人の状況ではなく賭博好きの人物の状況にも似て、観照的に留まる自由の出どころである余地、他のあらゆる実践に対する余地を失ってしまうだろう。観察がそれ以外のあらゆる活動よりどれほど優遇されようとも、観察がそれ自身を満たす隔たりを提供するのは、その隔たりが成し遂げる行為および対話的行為への関与からの逃避にならない限りにおいてである。成功している観察にもそれ以上のものが含まれているのである。

二-五-六　現実性と可能性

人間の善き生には成功している仕事、成功している相互行為、成功している遊び、成功している観察という状況が開かれている。私は以下でこれらの四つの状況がどのように相互に区別されるとともに結びつき合っており、それらへのアクセスが世界に開かれた自己決定的な生にとってどの程度根本的であるのかということを要約的に明らかにしたい。

私が議論の出発点とした根本的な差異は、一方では主観と客観との対峙の仕方の差異であり、他方では複数の主観と一つの主観との対峙の仕方の差異であった。バーバーマスに依拠して私はさしあたりこの差異を、一定のコストを伴って外的目的を成し遂げる「仕事」と対話による「相互行為」とのあいだの差異、一方で対象の実現に向けた加工と他方でパートナーとの自己目的的な出会いとの差異と解釈してきた。しかし、加工と出会いとの差異の中にさらなる差異が見出される。遊びも仕事と同じように何かを成し遂げる行為である。しかし遊びの場合には、この成就の状況のうちにのみ存在している内的目的が第一義的に追求される。

観察も対話的相互行為のように何かとの自己目的的な出会いである。それにもかかわらず観察における出会いはここでは、対話的関わりをも自制するような、そうした留まることという性格を持っている。遊びと観察は生の現実への態度の独自なヴァリエーション、一方は何かを成し遂げようとする態度の、他方は何かと出会う態度のヴァリエーションなのである。外的目的に向けられた現実占有に、内的目的に向けられた現実の消費が――仕事に遊びが対置される。相互承認に支えられた相互主観的世界の形成に、純粋な現前に向けられた出来事や事象との出会いが――相互行為に観察が対置される。

客観ならびに他の主観（これはそれ自体戦略的行為のたんなる客観となりうる）に対する行為者の態度とならんで、これらの活動の遂行志向の程度が第二のパラメーターであった。この観点では特に仕事と観察とが相互に区別される。これらの活動は特定の意味で正反対の位置にある唯一の活動である。観察は仕事活動と同時には遂行されえない。それにもかかわらず、観照〔観察〕は仕事活動の内部の一つの――たびたび本質的な――段階である。その場合の観察は仕事を一時中断させるが、その際必ずしも仕事を妨害するわけではない。むしろ、たびたび仕事の能率や生産性を支え高める契機となっている（たとえば庭仕事や芸術家の仕事におけるように）。たいていの相互行為や遊びに対しても、それらが停止されるべきでないとすれば、それらの中での観察はそれらの活動が一時中断してい局面でありうるにすぎない、と言える。それにもかかわらず、相互行為にも遊びにも特殊な形式が存在するのであって、その形式においては、例えばエロティックな出会いや儀式としての弓術においてそうであるように、観察の段階が必ずしも中断にならないのである。

それ以外の状況ないし活動がどのように相互に結びつく可能性があるか、ということについては付随的にコメントしておいた。たとえば、仕事は同時に相互行為でありうるし遊びでもありうるが、遊びは同時に相互行為であり、補足的に仕事でありうる、また相互行為は同時に遊びでも仕事でもありうる、という具合に。

他方でこれらの活動はそれぞれそれ自身だけで存立しうる。相互行為をいささかも含まず遊びによる消費にも観察における留まる姿勢にも開かれていない、そうした成功している仕事の形式が存在する。たとえば、専門家が爆弾の信管を外すことはそれである。仕事も遊びも含まない成功している相互行為の形式としては、たとえば議論することや物語を語ることが考えられる。仕事でも相互行為でもない成功している遊びの形式として、曲芸や水泳が挙げられる。最後に、観察はつねに孤独な実践であり、たいていは遊びの興奮にはまったく関わりがない。善き生のこれら四つの次元はそれゆえ、相互を普遍的に含み合わないし、普遍的に排除もし合わない。それらが個別にはどれほど相互に干渉し合う可能性があるとしても、原理的に妨害し合うわけではない。人はそれらすべてに精力を注ぐことができる。どの程度またどのような序列でそうでありうるのかということについて、これまでの記述は未決定にしてきた。また、どの程度またどのような点に重点を置いて選好上の理由からそうしたほうがよいのかということについてはとりわけ未決定のままである。これまではただ、これらの状況ないし活動のそれぞれが善き生にとって本質的であり、それどころか根本的であることを示そうとしたにすぎない。しかし、それらがすべて共にそうであるのはいかなる意味においてであるのか。

右の問いは、これら四つの次元のいかなる関係が善き生にとってもっとも好都合であるのかという問いから厳密に区別されなければならない。二‐六‐二で示そうと思っている通り、後者の問いに普遍的に答えることは不可能であり、可能なのは個別に答えることだけである。これら四つの次元がすべて成功している生あるいは善き生に含まれていることの提示が形式的アプローチの考察の地平上でなしうるすべてのことである。それ以上のこと――四つの次元のそれぞれの更なる価値評価的規定――は未決定のままである。

善き生には、成功している実践の四つすべての次元が含まれているという命題はさまざまに異なった仕方で解釈されうる。二つの解釈は初めから問題にならない。われわれは四つの活動がすべて同時に実現されえないということを理解した。それゆえ、善き生はつねに仕事・相互行為・遊び・観察に従事していることの中に成り立つのではない。そこで私は善き生に開かれている「次元」の代わりにそれぞれの活動の「時間」について語った。他方で、善き生にとってはあるときはよく仕事をし、あるときは見事に相互行為をし、ある時は有頂天になって遊び、あるときは静かに観察すればそれで十分だと言うとしたら、それは奇妙であろう。それではあまりの少しのことしか言っていないことになるだろう。むしろ、善き生は、その生の時間の中で成功している実践へとアクセスできることのうちに、言い換えれば、善き生は満足ゆく仕方で相互行為・仕事・遊び・観察ができることのうちに見出されるのである。

　しかしなぜ人はもっぱら一つの活動に、たとえば相互行為に専念できないのか。一貫して成功している相互行為によって支えられている生または支えられていた生を善き生と呼ぶことはできないのか。私が示そうとしたとおり、あくまでこうした相互行為に成功した人だけがそれ以上のことに成功しているだろうし、そうした相互行為能力を持つ人がそれ以上のことを行なう能力を持つだろう。これら四つのさまざまな実存的な成功の形式は自律的ではない。誰も一つの形式にだけ専念することはできない。先鋭化させていえば、人はすべてのことに専念しうるし、かえってすべてのことができる――それゆえ善き生の事象の中にはまさにスペシャリストは存在しえないのだ。われわれは、満足ゆく仕方で特にどれか一つの活動に専念したいならば、他の活動もできなければならない。先の諸節をそのつど締めくくった四つの論証は相互に密接に関わり合っている。仕事・相互行為・遊び・観察の内的で「本性的」な病理に対しては、仕事・相互行為・遊び・観察のどれか一つに固執せず活動ならびに活動領域を交代させることが役に立つ。仕事能力（私が仕事について語っているときのきわめて一般的な意味での）の欠如は、相互行為の欠如と同じように、結局は補償されえないと言ってよいだろう。というのも、これは実在性一般と対峙する二つの根本形式の欠如ということになるだろうからである。したがって、道具的な成功と相互主観的な承認とは、善き生の必要条件であると言えよう。遊ぶ能力ならびに観察する能力の欠如はたしかに、どちらかといえば何とか乗り切れるかもしれない。しかし、それは一般的にであり、何とかやっていける生にとっての話である。それに対して善き生にとっては遊ぶ能力と観察する能力はともに必要条件である。遊びは仕事の短所、すなわち、達成されれば自分の機能が停止してしまうような目的が仕事の遂行の中で追求されているという短所を補ってくれる。観察は相互行為の短所、すなわち、他者との出会いの中で他者の答えに依存してしまうという短所を補ってくれる。それとは反対に、仕事は遊びの短所、持続的なものを生み出すことができないという短所を補う。相互行為は観察の短所、すなわち理解し応答するパートナーがいないという短所を補ってくれる。これら四つの活動のあいだにある上述した差異すべてに対して、さらに付言することがある、こうした補償は今問題にしている活動の結びつきまたは接近によっても生じる。しかし、そうやって生じる「補償」はいずれにせよ、はるかに補償以上のもの、すなわち、それ自身において見込みのある有望な生の可能性である。というのも、そうした可能性の補足に成功することによって、つねに同時にその可能性を超え出てゆくさらなる〔生の〕展望が開かれるからである。

　しかし、いかなる意味でこれらすべての領域は生の時間の中でこの生の成功に付加されるのだろうか。本当にすべての次元に生の実践がアクセス可能である必要はあるのだろうか。そうだとしたら、それはあまりに厳しすぎる条件ということになろう。ある人間の生は、仕事の能力または遊びの能力が高齢になってその人から失われるからといって――あるいはまた、その人にとって重要なこれらの能力の行使の仕方がその人に閉ざされているというだけでは、失敗したことにならない。こうした欠如は損失ではあるだろうが、その損失によってその人の生全体の価値評価が必ずしも修正されるわけではない。また、人は特定の能力――たとえば観察の能力――を少しずつ獲得することができるが、その人のそこまでの人生が無駄だったと言おうとする人はいないだろう。われわれはまた、極端だがしかし有意味な価値評価の余地を無視してはならない。自発的な世捨て人の生は相互行為を一般に観察によって置き換えている。怠け者の生はできる限り仕事を避けようとする。特定の仕事に没頭した人の生は、遊び・相互行為・観察をできるだけその人の仕事の進行に組み込もうとしている。人付き合いにのみ快感を覚える人の生は、孤独な観察にそれほど余地を与えないか、またはせいぜい公共的な状況の中で――たとえば、教会またはカフェにおいてそうした観察に専念するにすぎない。したがって、自己決定された自由な決意にもとづいて中心的な能力の行使を放棄することは可能であるが、その能力の所有を放棄することはできない。私は私の順調さの名において自己決定の特定の次元に狭い余地しか与えないようにすることはできる。しかし私は、仕事または相互行為、遊びまたは観察の能力を持たないことまたはそれらにアクセスしないことを意欲はできないのである。

中心となる活動を重要視するという観点の下でも生の成功は、バランスの比喩によって記述できる。しかし、脱自的幸福または持続的幸福の追求における均衡（二―四―二―二）、さらには願望と自己実現とのあいだの均衡（二―四―三―二）の場合のように、ここでもまたわれわれが語りうるのは、バランス一般についてではなく、ある一つのバランスについてのみである。その基準は今の場合も、構成要素の一方を優遇することで他方を達成する能力が衰えないようにすることである。「バランス」は今の場合、アリストテレスの「中庸」概念よりも的を射た表現である。というのも、有望な主観的世界開示の形式は一つではなく、見極められないほどたくさん存在するからである。成功している生は仕事と相互行為、遊びと観察の「中庸」を見出す必要はない。むしろ、そうした善き生の放棄しえない構成要素のあいだに、それぞれ固有の行為可能性を保持していて、その限りで（のみ）一面的でないようなバランスを見出さなければならないのである。

こうしたバランスの中に見出される実存の余地は今や、自己目的的に自己決定された生の実現可能な機会の現実として理解されうる。善き生にとっての余地のたんなる存立とは異なり、第二研究第三章で強調した条件によって特徴づけられるとおり、いま問題になっているのは、善き生にとっての余地を特定の仕方で、世界に開かれた自己決定において充実させることである。善き生にとっての余地がそうした充実に開かれていることは、人間の善き生の必要条件である。この余地が世界に開かれた自己決定の意味で利用されうることは、さらにそれ以上に善き（二-四-三-三によれば成功している）生の十分条件である。主観的かつ客観的な意味で善き生の根本的な可能性が自分に対して開かれている人、しかも、その可能性を捕えられるだろうというだけでなく実際に捕えられる人、そうした人が、その捕え方はどうであれ、善き生を生きている人なのである。(110)

成功している仕事の際にわれわれは、自分の生活環境に影響を及ぼして変更を加える能力を自己目的として経験できるし、あらゆる対話的相互行為のうちで他者に対して生き生きとしたパートナーでありうるという自己目的を見出しうるし、遊びの中でわれわれ自身を、自分の生の波乱万丈さによって翻弄されうる存在として経験するし、観察において自分たちの聞き取り能力ならびに思考の能力を賛美する知覚存在者であるが——それと同様に、これらすべての能力に依拠していて、かつ世界に開かれた自己決定能力の中に一つの技能ならびにその意識が見出される。その技能とは、それを行使することのうちに少なくとも生の成功が見出され、善き生の成功が見出されることもよくあり、全体として幸福な生の成功が見出されることもたびたびある、そうした技能である。

(110) 善き生にとって根本的な現実性と可能性とのこうした交差については、G. Figal, Das gute Leben als Leben im Moglichen, in: ders., Das Untier der Liebe, Stuttgart 1991, 31ff. 特に47.

二―六　善き生の定数と変数

われわれは内実の具体化に開かれた善き生の形式的概念を手に入れた。今度は、そうした概念を持つことが何を意味するのかということを検討しなければならない。この概念が実存的な成功の歴史的・文化的・伝記的差異を正当に評価しうるために十分に形式的かつ普遍的であるかどうかということをわれわれは吟味しなければならない――それが本章の課題である。それに続いてわれわれは、善き生の普遍的概念が道徳の説得力ある概念の解明にいかなる寄与を為しうるのかということを吟味しなければならない――これは最終章の課題である。

二―六―一　回顧

幸福の哲学的分析という主題は、人間の善き生にとって特徴的であるような「全体的」幸福の規定である。この全体的幸福は「エピソード的」幸福というもう一つ別の幸福と無関係に理解することはできない。善き生は生の充実した状況というコンテクストのうちでのみ可能である。したがってわれわれの主要な問いは、幸福と善き生との関係に向けられたのであった。

第一の答えは、この両者を依然としてほとんど完全に同一視した。それによると、善き生はわれわれの願望ができるだけ豊かに実現されることのうちに成り立つ。しかしそれはいかなる願望だろうか。内容は何であれとにかくもっとも実現したい願望である。それゆえ、われわれのよく考えられた目標を（たとえ暫定的にせよ）有意味な秩序にもたらす理性的な生構想を少しずつ時間をかけて実現することにおいて善き生は成り立つように思われた。しかし、そのようにもっぱら生の目標に定位した規定は、成功している生の現前を捉えそこなうということが示された。善き生の質は、純粋に目的論的な善分析の土台の上で可能であるよりもいっそう強く、その生の遂行の仕方から理解されなければならない。

こうした批判的な診断はエピソード的幸福の形式、すなわち、願望実現モデルによってはそもそも理解されえない形式の考察を通して確証された。すなわち、充実した瞬間の幸福は、その幸福が予測不可能な仕方で未来志向のすべての願望を凌駕するということによって特徴づけられる――〔これは〕善き生が一面的に既存の生構想の実行と理解されてはならないということのさらなる証拠である。他方で、情感的な幸福概念も、それ自身として受け取られると、実存的な成功の説明の十分な基礎を提供しない。密度の濃い瞬間に恵まれた生は、それにもかかわらず失敗する可能性を孕んでいる。瞬間の幸福の中に留まろうとする試みはどうしても挫折せざるをえないのである。

こうして、善き生の在り方を充実した生状況から――エピソード的幸福の多さとしてであれ、その密度の濃さとしてであれ、この幸福への道としてであれ――理解するのは不可能だということが明らかになった。そこで試みられたのが、善き生の目的論的次元も脱自的次元も正当に評価できて、それでも全体的幸福をエピソード的幸福へと還元する誤りを避けるような幸福理解であった。私が提案したのは、善き生を世界に開かれた自己決定の中で生きられる生として理解することであった。

幸福をこうしてプロセスとして規定することでもって、ようやくある特定の生き方を好都合な状況への到達の手段としてでなく、実存の主要な目的として際立たせることのできる善き生の理解が手に入れられたのだった。世界に開かれた自己決定とは、われわれの意欲の仕方、われわれがそれ自身のために意欲できる意欲の仕方のことを言っている。なぜそれ自身のために意欲できるかといえば、その意欲の仕方によってわれわれはその生の現実との自由な付き合いの余地の中に保持されるからである。それゆえに善き生の在り方は成功している世界開示としても、有望な相互主観的世界の成功している主観的開示としても理解されうるのである。

それぞれの生の現実との報われうる対峙および出会いのこうした余地を私は形式的な根本規定を超えて、仕事・相互行為・遊び・観察の差異を通して内容的に解明したのだった。これらの次元のそれぞれが遂行志向的な技能と自己決定された能力との根本的側面を特徴づけており、それでもって実存的な成功の根本的機会が特徴つけられている。こうした分析は詳しく展開されたというより要点を示唆されたにすぎないが、まとめて、自己決定を自分自身の生の内的目的として理解することがどのように可能であり、それが何を意味するのかということを解明している。善き生とは積極的な自由——〔何かを〕実現する仕事、対話的相互行為、元気づける遊び、距離を取る観察への自由——の余地の中で広範囲にわたって遂行される生のことなのである。[11]

成功している活動の四つの次元を具体的に指摘することを通して〔成功している生と〕エピソード的幸福とのつながりも保証される。成功している実践の現実性はつねに（といっても一貫してではないが）エピソード的幸福の（きわめてさまざまな種類の）現実でもある。全体としての幸福とエピソード的幸福とのこうした緊張に満ちてはいても解きほぐせない絡み合いのゆえに、ただそれだけのために世界に開かれた自己自身の意欲と一致した生は人間にとって最善の生であると言われうる。二-四-三-二で究明されたように、このことは、善き生が多くの種類のエピソード的な不幸と共存可能だということを示している。それどころか、そのことは、成功している生において本質的な願望の実現が拒絶され続けているならば、その生は無条件に善き生であるわけではないということを含意している。しかし、生はそれにもかかわらず、中心的な生の可能性の自由な実現の余地のうちに保持されている限りにおいて成功する可能性を孕んでいるのである。

いずれにせよ「広範囲にわたって」である。成功している生あるいは善き生は——危機的な状態のあいだでも——自己決定された生の在り方のうちに保持される生であり、あるいは絶えずそうした生の形式へ近づきうる生である。それゆえ、善き生の展開された概念（それと対比するとたんに成功しただけの生の概念は限界事例であるような概念）はあくまで段階を含む概念である。全体的に善き生は、多かれ少なかれ幸福であり、多かれ少なかれ成功してもいる。しかし、その生がつねに成功している世界開示として遂行されている必要はない。他方で全体として善き生については、それが——広範囲にわたって——世界に開かれた自己決定のうちで営まれる生でありそうであったと言えるだろう。

私はここでもう一度この「強い」概念と弱い概念、しかしだからといって重要でなくはない概念とが区別されうることを思い起こしておきたい。[112] すべての人間——いわんや感覚能力を持つすべての生き物——が自己決定された生を生きることに自分の幸せを感じるわけではない。というのも、すべての人間がそのような生を生きられるわけではないからである。そうした〔自己決定的に生きられない〕人々の順調さは、そうでない人々、つまり自分の願望ならびに意欲に価値評価的に関わりうる人々の順調さとは異なった仕方で理解されなければならない。どのように理解されなければならないかについては、ここではやはり未決定にしておこう。ただし私は、その順調さが善の強い概念への関係なしには理解されないということを、したがって、こ

（111）同じようにアマルティア・センも自己決定された実存的選択能力と生の中心的機能を行使する自由とのあいだに関連を見ている。「ケイパビリティ（…）は積極的な意味での自由の観念である。あなたが営む生に関してあなたがいかなるリアルな機会を持つかということである」。A. Sen, The Standard of Living, a.a.O., 36.

（112）第二研究第一章第三節を参照のこと。

こで展開された概念は人間らしい順調さのすべての理解にとって基礎的であることを前提している。[113] 自己決定された生を生きることができるすべての人間にとって、その生を実際に――ここで記述された仕方で――自己決定された生として生きるならば、それは善いだろう、と私は言いたかったのである。というのも、自己決定できる人にとって、自己決定的実践の余地を（それが社会的に与えられている場合に）利用しようとせずにそうした余地を持つことは、最善の選択ではないだろうからである。

二―六―二　被規定性と無規定性

しかし、自己自身と世界とに対して何らかの態度を取ることのできる「すべての人にとって善い」というこのことは、いかなる意味であるのか。そもそも自分の願望に関わりうる人は少なくともその人の抱く願望のうちの少なからぬものが叶えられることを願望するということを、私は議論の出発点にした。この単純な前提に続く省察の全体は、この第二階の願望の価値評価的な解明であった。その解明が取りかかったのは、どのような仕方でこの普遍的な願望はもっとも好都合に叶えられるのか、自分の少なからぬ願望の実現を目指すとはどれほど有意味なことを表わしうるのか、という問いであった。われわれが実り多き生のために意欲しうる事柄を解明するのが、私の「反省的主観主義」の戦略であった。

もちろんこうした考察の過程でわれわれは善き生の一つの概念にたどり着いたが、それでもって万人が事実として意欲しているものが名指されているとはもはや言えない。むしろその概念は、万人が――自分自身の順調さのために――意欲するべきものを名指している。万人が自分自身の善き生のために意欲するべきものとは、私の考察が正しければ、特に意欲の仕方であり、意欲の特定の形式、意欲の特定の余地、意欲の特定の自由である。こうして見出された善の概念は、万人にとって最善であろうと考えられる意欲の仕方の概念なのである。

したがって、万人にとって善である事柄に関するこうした言明のうちには、それがそもそも自己決定できる主観すべてに当てはまることを言おうとする要求を掲げる限りにおいて、何がしか客観主義が見出される。上述の言明は、ある任意のそうした主観の視点からの反省にもとづいて獲得されたのであるが、そうした事実によっていま述べた事態が変わることはない。私が今吟味したいのは、こうした客観主義に対しても善の事柄における客観主義の他の形式に正当に向けられてきた異論が向けられるのかという問題である。結局のところそれが唯一の異論なのであり、善の普遍的概念は個人の実存的な成功の多様さや特殊性に対して無理解であり、それゆえに規範的観点において個人の幸福や自由の代弁者として現れうるというより、それを危機に陥れるのではないかという異論として表現される。

私はこの問いを二段階に分けて追求する。まず、これまで見出された価値評価的な善の概念はそうした善の複数性に対して開かれていることを示したい。それに続いて（二―六―三で）その概念からパターナリスティックな結論は出てこないことを明らかにする。

とりわけ消極的な確認事項が重要である。善き生に関する普遍的な言明でもって、たとえそれに説得力があるとしても、特定の個人ないし集団の実存的な成功については何も言われていない。成功している生の形式について言われているにすぎず、いかなる生の現実が個別にこの形式を充足するものとして理解されうるのか、については語られていない。善き生の概念は、個人の善の基準を提供はしない。善き生の概念はむし

（113）第三研究を参照のこと。

ろ個々人の生活状況の価値評価が依拠しうる善き生の理解を提供する。したがって、その価値評価がどのようにかして個々人の生活状況からのみ生じるのではない。一言で言えば、幸福の定数に関する語ることはそもそも、その定数が無限の変数を意識して使用されるときにのみ意味を持つのであり、その変数を介してその変数の中で特定の種類の生だけが誰かにとって善き生になるのである。

というのも、これまでの分析の中で際立たせられた善き生の形式的定数は（その内実に関する構成要素と同様に）歴史的・文化的・伝記的なヴァリエーションの形式においてのみ実在的だからである。善き生はつねに特殊な事情の下での生であり、そうした事情の中で善き生の形式が現実化されるのだ。あるいは本質主義的にならないように言えば、善き生は特定の主観的および相互主観的な生の現実の中で遂行志向的な自己決定の余地が開かれ、かつ保持されている場合にのみ存在しうるのである。それゆえ、ここまでに与えられた善の規定がどんなに意外なほどこの善を規定しておらず、また普遍的な地平では与えられないさらなる規定に対して開かれているのかということを、われわれは明確に理解する必要がある。人間の善き生の普遍的な哲学的理解は、マーサ・ヌスバウムが正しく言うように、どうしても多くの点で曖昧にならざるをえない。それは、その理解が、その中で善き生の形式が現実化されるきわめて多くの形式に対して開かれている必要があるからだ。そのようにしてのみその理解はそもそも有意味な〔善の〕規定を含みうるのである。[114]

明確化のために、善き生の種類が相互に区別されうるさまざまな地平を明確にとらえておくことが有益である。しかし、そうした差異のタイプに関する以下のリストはまったく開放的である。つまり、さらなる差異のタイプが見つけられるかもしれないということだ。今ここで重要なのは、善の普遍的理解が実存的な成功の複数性についての知と両立可能かどうかということに加えて、さらにその複数性の理解をどれほど容易にしてくれるのかということを、確認しておくことである。[115]

（一）善き生は、世界とのどちらかといえば反省的な関わりか、またはどちらかといえば没頭する関わりによって支えられている。この差異が自己決定のさまざまな様相の段階を形作る。あらゆる自己決定には、自分自身の実践的熟慮にもとづき自己を方向づける能力が関わっており、成功するあらゆる自己決定には、この能力の経験に開かれた使用が含まれている。しかし、どの程度において、またどれほどの強さにおいて生にその進路についての省察が伴っているのかということは、成功している生についてのわれわれの規定によってはまったく未決定にされる。周知のように、ここには過小だけでなく過大も見出される。ただ一度しか自分自身で何かをじっくり考え自己決定したことのない人は、たえず自分の生の全体を反省的に捉える人と同じく、自律的な生き方の自由には到達しないだろう。しかし今の場合どこに正しい中点、またはより慎重に言えば、過多と過少の境界が存在するのか、それを当事者の個人的性格ならびに生活状況と無関係に語ることはできない。

（二）善き生においては仕事か、相互行為か、それとも遊びか、あるいは観察という活動のいずれかが前面に立つ。自己決定された生にとって根本的なこれらの活動のうちのいずれを重視するか、その点に関する差異が生活計画の可能な方向づけの幅広い多様性を特徴づけている。さまざまな個人および共同体によってこれらの実践形式はさまざまに価値評価されうる。これらの活動の差異はさまざまな仕方でおそらくあらゆる発展した文化の中で形成されてきたにもかかわらず、歴史上存在した文化は〔それらの形式の〕重要性をさまざまに判定してきた。これらの実践のそれぞれが生の優先的な内実として位置づけられる。充実した仕事

（114）Nussbaum, Menschliches Tun und soziale Gerechtigkeit, a. a. O., 333 u. 341.
（115）善の多様性については、v. Wright, Variety of Goodness, a.a.O., 92ff.; u. Tatarkiewicz, Analysis of Happiness, a.a.O., 17ff.

生活、社交的生活、遊びに没頭する生活あるいは遊びに偏重して遂行される生活、そして観照的生活という具合にである。ここで展開された善の概念においては、何も次のような価値評価の序列――仕事生活よりも観照的生活、あるいは観照よりもコミュニケーション的実践を優先するといったような――を排除しない。これらの活動のすべての釣り合いのとれた実行という理想もまったく部分的な理想である。排除されているのはたんに、「病理」として特徴づけられる一面化だけである。そうした一面化は多様性全体を貧弱にし委縮させてしまう。この意味においてのみ四つの領域の「バランス」の必然性が語られる。これらの活動は、それらすべてに対する能力が生の経過の中で（ひょっとしたら生のさまざまな局面において）獲得され、しかもできるだけ長く保持され続けるように、実行されるべきなのである。

（三）善き生においては、能動的な喜び、または受動的な喜び、あるいは身体的な喜び、または精神的な喜びのいずれかが追求されうるし、より多くのあるいはより少ない願望の実現が目指されるし、われわれは調整ないし安全、あるいはリスクないし冒険を考慮しうる。これが生活計画の内実的な方向づけのさらなる観点である。ここでも――いやここでこそ――方向の異なる結びつきが有意味に可能である。どの結びつきがそれぞれの個人にとって有意味であるか、それは――それぞれの歴史的・文化的コンテクストの中で――本質的にその個々人の気質・性格・素質に依存する。個人が選ぶ生の在り方は、その個人がいかにあるか、また在りうるか、あるいはなりうるかということに適合したほうがよい。さらに「バランスが取れていること」という一見明白な理想がふたたび慎重に解釈されなければならない。最善の生は一般的に精神的喜びと身体的喜びの中庸、願望の多さと少なさの中庸、安全とリスクの中庸などのうちに見出されるというのは根拠がないと言えよう。せいぜい、極端にどちらか片方へと還元してしまうと成功している生のバランスが危うくなると言うのがよいだろう。精神的享楽だけ、あるいは身体的享楽だけを評価する人、唯一の願望または考えられるすべての願望を実現したいと思う人、いつでも安全かリスクを選ぶ人、そうした人は一面的な方向づけによってその人にとって重要な喜びを減じまたは壊しているのである。

（四）善き生は目的志向的にも瞬間志向的にも遂行されうる。この差異は、われわれがわれわれの生活計画に対して持ちうるさまざまな態度に影響を及ぼす。われわれは計画の段階で確定された目標の秩序の実現に多かれ少なかれ強く束縛される可能性がある。二‐四‐一と二‐四‐二での議論によれば、自分自身の生活計画に縛られるのは、自分で選び価値評価し重要視した目標による方向づけを放棄するのと同じくらい、〔生を〕窮屈にするだろう。それゆえその場合も特定の意味でバランスを保つことが大切になる。その際、端的に正しい実存的態度は追求される幸福への希望と脱自的幸福への希望とのあいだの調整・中庸のうちにあると言えなくてもよい（ここでも「中庸」が何を意味するのか、明らかではない）。

さまざまな可能性のこうした多様性のそれぞれに関して、たしかに生の展望の「バランス Balance」といったものが大切であるが、正しいバランスの一般的な図式は提示されないだろうという指摘は、今一度成功している生のバランスの脆さを際立たせる。さまざまな「バランス Balancen」〔の脆さ〕と本来は言わないといけないだろう。というのも、成功している生においてわれわれは一つの尺度ではなく、複数の尺度にさまざまな仕方で適合しなければならないからである。[116] その際、生を成功させる観点は相互にやはり妨害し合

(116) このことのうちに人はふたたび、全体的な生の幸福に関して、あらためて形式的な規定が最後に追加されたのを見るかもしれない。生の全体的幸福は、まったく一様であってはならない。善き生はそのうちにつねに善の新たなヴァリエーションが開示されうるような在り方をすべきだろう。たとえそうしたヴァリエーションが実際には開示されないとしても、そうであるべきだろう。幸福と善き生とはそのかぎり、つねに実存的な成功の捉え違いや挫折とだけでなく、その可能性の萎縮ともコントラストを成している――これはもちろん生の失敗可能性の新たな（一時的であるか持続的である）形式である。われわれが――形式的ならびに具体的な意味で、エピソー

う可能性がある――たとえば、一つだけ事例を挙げるとすれば、誰かが仕事に恵まれた生と瞬間志向的な生とを同時に生きたいときがそうである。対立の事例も調和の事例もさらに数多く挙げることができよう。この点においてわれわれはまったくさまざまに異なった自己決定の形態に直面する。その自己決定の形態は、成功している自己決定が問題であるかぎり、さまざまな歴史的・文化的・伝記的位置における「世界に開かれた態度」が意味しうる事柄のさまざまな側面を露わにしてくれる。しかし、そうした自己決定のさまざまな形態の規定作業は、善き生の形式の哲学的分析の限界を踏み越えてしまうだろう。というのも、以下の事例において自己決定は――歴史的ならびに文化的に――それぞれ正確に何と理解されるだろうか。すなわち、女性にとって職業に従事しあるいは共同体の組織に参加する可能性はどれほど自分たちのものになっているか（われわれが今日思っているのと比べて）、あるいは女性たちの自律は果たしてまたどの程度「家庭」の全領域に限定され続けているのか[117]、瞬間の幸福はどのように解釈されるべきか――神秘的にか、それとも宗教的または世俗的にか、仕事は第一義的に生業についていることとして理解されるのか、それとも雇い主への奉仕として理解されるのか、遊びは神々の行為に対する祝祭として、または娯楽産業界における一分野として理解されるのか、観照は永遠の真理を見ることとして、それともあらゆる意味からのあるいはあらゆる意味に対する距離として理解されるのか――これらことをここで提示された分析は決定しない。むしろそうしたことは未決定にしておくべきだし、そうせざるをえない。というのも、これらはすべて善き生の可能性の解釈であり、善き生の理論は、それが善に関する普遍的な考察という要求を放棄しようとしないかぎり、そうした解釈に束縛されてはならないからである。さらにこの分析が前道徳的な善概念〔の解明〕に費やされたのは、明らかである。それゆえ、われわれはいかなる特殊な道徳的尺度も、善き生の形式のこれまでの分析の中に密輸入してはならない。問われるべきは、ただ一つ、自分自身の順調さのために成功している生がいかなる普遍的形式のうちで可能であるのかということであったし、今でもそうである。

ただしそれにもかかわらず、与えられた答えは、先のパラグラフで示されたように、歴史的に空虚な空間の中に置かれているのではない。というのも、善の平等主義的な解釈にも非平等主義的な解釈にも、宗教的解釈にも非宗教的解釈にも、形而上学的解釈にも非形而上学的解釈にも開かれていることが、善の一般的可能性の断固として現代的な解明のメルクマールだからである。こうした多くの異なる解釈に対して中立的でありうることは〔善に関する〕現代の理論の長所である。〔ただし、〕そうした理論が善き生の形式について語るとしても、その善き生は現代的な生である必要はない。理論が取り上げる生が、善き生についてのわれわれの文化的イメージに一致する必要はない。その生は、「われわれ」（それで誰のことをわれわれが考えるにしても）が共有したいと思う善の形態である必要はない。その背景には、部分的で価値評価上で相互に排除し合う生の形式だけがそもそも実存的かつ社会的に魅力的だという洞察が控えている。「われわれ」は歴史的・文化的・伝記的に特定の――したがってまさに部分的な――生を願望できるにすぎない(118)。ここで理論的な原則を述べるとすれば、「できるだけ相対性を、必要なだけ普遍性を」となるに違いない。

しかしこのことは、できる限り中立性を、しかしできる限り以上にではなく、ということを意味している(119)。

ド的ならびに全体的な意味で――幸福と呼びうるのは、われわれを幸福の最終的な一つの形式へと押し込めないもの、言い換えれば、その幸福においてわれわれにわれわれのそのつどの幸福の在り方への余地を残してくれる事柄だけなのである。

(117) 人はこの点について、家庭の領域で「世界に開かれて」生きられると想定するに違いない――これは私の見解では、特定の文化にとって歴史的にあくまで可能な解釈である。

(118) 生活形式の必然的な部分性については、M. Seel, Ethik und Lebensformen, M. Brumlik/H. Brunkhorst (Hg.), Gemeinschaft und Gerechtigkeit, Frankfurt/M: 1993, 244ff.

(119) 政治哲学のコンテクストでの中立性の問題については、後の二‐七‐二‐二を参照のこと。

目下の分析は善き生の形式の多様な文化的・個人的・解釈に対してのみ中立的なのであって、形式そのものに関してはそうではない。世界に開かれて自己決定された生だけが成功している生でありうる。われわれの分析が的を射ているならば、そのような生は、人間の少なくとも成功している生の、たいていはしかしまた善き生の必要条件であり、そのうえ「世界に開かれた」という表現の持つ権限によって十分条件である。こうした生を——内的または外的な理由あるいはその両方の理由から——生きられない人は、善き生（強い意味の）を持っていない。しばしばそれは他者によって妨げられている。女性や黒人、社会的・政治的共同体の少数派または多数派の生活状況においていかなる自己決定も認められていないところでは、その当事者たちが主観的に自分たちの置かれた状況に満足しているはずだと言われる場合でさえ、その人たちには十全な意味での人間の善き生そのものが妨げられている。そうでなければ、なぜわれわれはそうした人々に自己決定された生の可能性をつかみ、あるいは要求するように、それどころかときどき言われるように、その人々がその可能性を〔みずから〕要求することによってつかむように勧めたりするだろうか。

　しかしここでもまた「世界に開かれた自己決定」が具体的な歴史的・個人的・文化的条件の下で意味することは、きわめてさまざまであり、それゆえに善き生の理論の中では一般に未決定に留まるという指摘が繰り返されなければならない。したがって、現状では同様に、善き生を歴史的・社会的に具体化することに関して何が善き生（あるいはそれへのアクセス）の障害と見なされなければならないかということも未決定に留まる。しかし、われわれが善き生を持っているか否か、そうした生の条件が与えられているか否か、誰かに善き生へのアクセスが保証されているか妨げられているのか、そうわれわれが問うときに問われていること——そのことを価値評価的善の理論はできるかぎり詳しく規定しようとしているのである。

二-六-三　問い

これまでの考察の結果は以下のように要約されうる。善き生一般について（任意の一人にとっていかに生きるのが善いかについて）の言明と個別の善き生について（一人の、若干の、多くの特定の人にとっていかに生きるのが善いかについて）の言明のあいだには根本的――善のいかなる理論も顧慮すべき――差異が存在する。〔善き生についての〕普遍的言明は、「善き生は構造を有する」という形式を持つ（たとえば、「世界に開かれた自己決定的な」とか「敬虔な」とか、「愉快な」とか「苦痛のない」生といった）。それに対して〔善き生についての〕個別の言明は、普遍的に善い構造を持つ生のこの特殊な種類はこの人またはあの人にとって善い、ジェイムズ・グリフィンの言葉で言えば、「判断の形式は、この結びつきのほうがあの結びつきよりいっそう価値ある生活を形作るということである[120]」。

普遍的言明は、人間は自分自身のために生のこうした形式を優先させるほうがよい、と言う。この種の命題が根拠づけられるのは、万人が実際に願望する何ごとかが存在するという仮定にもとづく場合だけである。それに対して、個別的な言明は言う。この人間は何らかの具体的な種類の生を選ぶことになる（特定の人間集団に合致するように）。この具体的言明は、この人がとりわけ願望し意欲する物事についての仮定にもとづいてのみ根拠づけられる、言い換えれば、この特定の人物（あるいは集団）の生活事情に関する情報なしには根拠づけられない。というのも、個人の生が善いのは、それが本質的な目標・有望な機会・開放的な態度の好適な位置関係の中で遂行される場合だからである。この〔生の〕成功は予測不可能であるが、まさに

(120) Griffin, Well-Being, a.a.O., 36.

それ成功というものなのだ。

あらゆる実際の幸福ならびに成功の個別性と主観的相対性とをこのように記憶にとどめることで、たとえ形式的で普遍的な善の規定であってもパターナリスティックな帰結をもたらすというのではないかという初めから潜んでいる異論には根本のところで答えが出たと私は考える。善の概念は基準として理解されえないのだから、人々に自分たちが意欲もしていない善を指示するのに利用することもできない。さらにそのうえ、善き生を自由自在に自己決定された生として事柄に即して規定すると、定義からして、私にとって善であり私に幸福をもたらすものを他の誰かが私の頭越しに私に提供できるという考えは排除される。自由に自己決定できるすべての人にとっては、（二‐四‐三‐一で解明された「穏やか」な意味で）、自分の生がどのように進むべきかについて自己決定することが自分自身のためにいっそう善い。それに対して、パターナリズムは他の誰かが私自身の代わりにこの決定を引き取るということ意味する。自己決定への自由の中に善を見ている善き生の倫理学の立場は、何があろうとパターナリズムに反対するのである。

それでもなお私は道徳理論の部門への移行として若干の問いに答えておきたい。その問いは、善き生の倫理学に対してなおも、それは——望んではいない結果だとしても——世界における善を増やすというよりは減らすような事柄なのではないかと疑いの目を向ける。こうした問いはすべて、われわれの理論に従えば、いっそう善く生きられるのにそう生きようとしない人のことをどのように理解したら（さらに、そうした人とどのように関わったら）よいのかということに照準を当てている。

しかし、こうした善を意欲しない人がいるとするならば、どうだろう——われわれはその人に言うだろう、その人は最善の事柄を放棄している、と。

では、われわれの見るかぎりすべてのものを持っている——「あらゆる可能性をもっている」——にもかかわらず、まったく順調だと感じない人がいたら、どうだろうか。その場合、そうした人が自分自身について間違った判断を下しているか、またはわれわれがその人について間違った判断を下しているかのどちらかである。言い換えれば、その人自身かまたはわれわれが、その人の状況について間違って捉えているのだ。すべてを手中にしているように見える人を欺きうるのは、その人の感情である必要はない。われわれ、つまり他者がその人にすべての可能性を持っていると信じ込ませたがゆえに、その人がそう思い込んでいるだけかもしれない。その人の考えがその人を誤らせるのだ。しかし、その人の感情はその人に言う。それは真実ではない、何かが間違っている、自分は好ましい状況にいるように見えるにすぎない、と。しかし、その人の気分もその人を自分の置かれた状況に関して盲目にする可能性がある。すなわち、自分はすべてを持っている。と——しかし、これは、いまの場合、その人がすべてを持っていることに気づく状況にいさえすれば、すべてを持っていると言えるだろうということを意味する。人が「すべてのもの」——善き生の可能性——を実現された可能性または実現されうる可能性の意味で持つのは、ただ、人がそうした可能性を持っていることに情動的に気づきうるときだけである。というのも、その可能性はそれぞれの私の可能性、つまりその中で私が私にとって善き生の現実を見出す可能性に違いないからである。

では、すべてのものを——満足ゆく仕事も、友人も、遊びの喜びも、観察における安らぎも——持たないにもかかわらず、自分の生に満足しているという人がいたら、どうだろうか。その時われわれが好意的であれば、われわれはその人のことをわがことのように喜ぶだろうが、その人の幸福を羨んだりその人と交代しようとは思ったりしないだろう。

では、ある人がやって来て、私——われわれの唱えた善に反対する人たちの一人である私——は幸福である必要はないし実のところ幸福であってはならないと私に言ったら、どうだろうか。私はその人に言うだろう。もちろん君は正しいもしれないが、私の立場になってみてほしい、と。君が持っている幸福概念はたんに君が持っている概念――一つの概念、一つの理解にすぎない。それを基準として他者に適用することはできない。そのような基準は存在しない。それは良い芸術作品の基準が存在しないのと同様である。存在しうるのはすべて、個別の人間や共同体あるいは人間文化をも理解する際に指導的役割を演じている――またはそれ自身の吟味に晒される――人間らしい可能性の理解〔の仕方〕なのである。自己決定的に行為し、自分の生の現実に対して開かれているということが個別の人間にとって実際に何を意味するのか、それはその個人の生の現実に精通して初めて明らかになりうる。幸福の普遍的形式は、幸福が追求されたり捕え損なわれたりする、その多様な在り方を記述はしない。幸福の形式はいかなる人をも、生き方の特定のフォーマットに縛りつけはしない。幸福の形式が際立たせるのは、幸福ならびに不幸の舞台である空間である。この舞台が生活史の中で形成されるということを、他者の幸福について判断しようとする人は、よく心得ていなければならない。

ではしかし、ある人がやって来て、私に私の幸福を押し付け始めたらどうだろう。その人は私に言う。私に仕事を世話し、友人を紹介し、遊びを教え、観察の喜びに気づかせてあげよう――そうでないと私はもはや我慢できないだろう、と。それに対して、私は、こうした機会につねに言われてきたことを言うだろう。すなわち、君が欲しているのは、私の幸福ではなく君〔自身〕の幸福だ、と。人は他者に幸福――自分の幸福を押し付けることはできない。時おり誰かがその人の幸福の特定の条件を破壊しないように、その人が何かをしたりしなかったりするように導く〔極端な場合にはやはり強制する〕ことはありうる。しかし、こうした影響力の行使がそもそも有意味であり、他者が幸せである見込みが持てるのは、その影響力がもっぱら自己決定された生の条件に関わるときだけであり、その生の遂行に関わるときではない。〔他者への〕一時的な干渉が他者にとって（ふたたび）アクセスできるはずの〔自己決定の〕余地のいっそう近くにとどまっていればいるほど、影響力の行使のそうした目標はいっそう早く達成される。この余地そのものを他者に対して設定することはわれわれには――最善の意図をもってしてもできない。最善の意図も、それが自己目的の余地そのものの設定を目指しているならば、悪しき意図である――援助されることになる人々にとって好ましくない。そうした意図は、それが約束しているものを遠ざけてしまうのである。

私はここまで道徳については沈黙してきたが、右に述べたことでもって道徳が何でありえないかということは明らかである。〔道徳は〕人々を何らかの仕方で幸福にするという約束〔ではない〕。道徳は（ましてや政治的な道徳はなおさら）、人々を助けて幸福を獲得させるという目的を伴った装置ではない。道徳の意味はむしろ、万人に実存的な成功の余地へのアクセスを保証することのうちに見出される。その余地がどのように自分たちのために利用されようとかまわない。しかし、各自それ自身にその幸福と成功への道を決定させるという周知の要求は、善の一つの〔形式的〕概念にもとづいているのであって、任意の概念にもとづいているのではないことを、私は示したい。というのも、こうした要求を掲げることができるのは、他者に決定された生より自己決定された生のほうが自己決定できるすべての人にとって善いと考える人だけだからである。

二―七　幸福と道徳

幸福の問題について情報を得るために道徳ならびに道徳理論の言葉はほとんど必要ないとしても、幸福の問題がみずから道徳の問題を指し示すことはありうる。特定の意味ではそれは事実である。問題は、いかなる意味においてそうなのかということだけである。われわれは今や今問いに対して答えを見出せる位置にいる。われわれは、証明された道徳的善の概念をいまだ含んでいない個人的な善の細分化された概念を持っている。われわれは今や、そうした善は道徳的善とどのような関係にあるのかと問うことができるし、同一性の論理と差異の論理との古典的な対立が間違った対立である理由を認識することができる。すなわち、同一性の論理の中心的洞察が差異の論理の土台の上でのみ根拠づけられる理由を理解できるのである。

それにもかかわらず、議論の出発点となる問いは、他者に配慮して接することがはたして、そしてなぜ道徳的に命じられているかという問いではない。他者に配慮して接することはむしろここでは、これから問題にする問いの前提である――もちろんその前提は、これから問われる問いへの答えによって影響を受けずにはすまない。ここで問われる問いとは、道徳的な規則に従うことがはたしてそしてどの程度まで幸福に定位した世間知による指示であるか――はたしてそしてどの程度まで道徳的であることが得策であり報われるのか、ということである。道徳的態度を無条件に引き受けることは各人にとって自分のために最善であるということは、証明されるのか。証明されるとするならば、道徳的な定位と幸福への定位との本質的な同一性という古典的な哲学的テーゼは、その最も強い形式において根拠づけられることになろう。つまり、無制限にかつ一貫して道徳的善に即して自己自身を方向づけることは、われわれすべてにとって道徳以前の意味で善いことになるだろう。

この問いはこれまでの考察によっては答えられていなかった。世界に開かれていて善き生を導く自己決定は、道徳的な自己決定、つまりたとえばカントの意味での自律と同義ではない。(広い意味で)倫理的な自己決定と(狭い意味で)道徳的な自己決定とが相互にどのように関わり合うのかという問題はこれまで未回答であったし、そうでなければならなかった。私の考察で展開された自己決定の概念は、二つの答え――善き生と道徳的に善き生徒の原理的な同一性という答えと両者の原理的差異という答えを許容するし、自己決定された生の事柄を、それがみずから道徳的配慮の味方になるのはどのようにしてかという観点から探求することをも許容するのである。

概念と事柄のこうした差異はしばしば見逃される。カント的な自律概念を現代ではロールズやハーバーマスが、善き生の理論にあらかじめきっぱりとした限界を設定することによって受け継いでいる。[121] それに対して、それ以外の人々はじかに、自分自身の順調さへの定位がすべての他者の順調さへの配慮を必然的に含んでいるという古代〔哲学〕の見解に従おうとする。[122] どちらの立場も幸福追求と道徳的定位との関係、すなわち、いかなる意味ならびにいかなる程度で幸福の合理的追求が他者への道徳的配慮を相互に含み合っているのかという問いを予断なしに問うことを困難にしている。善と正義とのつながりはいろいろな仕方で定立されるが、二つの定位の差異を現象としても概念的にも真剣に踏まえて論じられてはいない。両者のこうした差異を真剣に受け取ることは初めから非道徳的ないし相対主義的結果を先取りしているという悪い予感が支配しているように思われる。しかしプラトンの事例からわかるように、こうした悪い予感は的外れである。プラトンは、この差異が事柄として正しいことを他の誰よりも精力的に疑ったが、哲学史上の誰よりも両者の差異を真剣に受け止めている。ただしプラトンにとっては用語上の決定よりも事柄上の決定のほうが関心

(121) J. Habermas, Vom pragmatischen, ethischen und moralischen Gebrauch der praktischen Vernunft, in: ders., Erläuterungen zur Diskursethik, Frankfurt/M. 1992, 100ff.〔邦訳：『討議倫理』、一一五頁以下〕、J. Rawls, Eine Theorie der Gerechtigkeit, Frankfurt/M. 1979, z.B. 560f.〔邦訳：『正義論　改訂版』、六七六頁以下〕、vgl. ders., Die Idee des politischen Liberalismus, Frankfurt/M. 1992, z.B. 267ff.

(122) R. Spaemann, Glück und Wohlwollen, Stuttgart 1989; R. Dworkin, The Foundations of Liberal Equality, in: The Tanner Lectures on Human Values, Bd. XI, Salt Lake Ciry 1990, 1ff.; Th. Rentsch, Die Konstitution der Moralität, Frankfurt/M. 1990.

事だったので、両者を区別し差異を際立たせたのである。しかし、この差異はプラトン自身の解決にもかかわらず抵抗力を持つことが分かったのだった。

幸福への定位と道徳的定位とがいかなる意味でどの程度一致するのかを理解することは、第一段階である。それに接続する第二段階は、幸福と道徳との関係に関する出発点の問いへの答えから生じる道徳のイメージをスケッチすることを課題とする。

二-七-一　善き生の構成要素としての道徳

善き生の事柄について情報を得るために道徳の言葉はほとんど必要ないが、道徳の言葉がまったくなければ、価値評価的な善の分析は済まされない。そういう次第でわれわれの分析では若干の箇所で善き生が依拠している社会的関係の「信頼性」を話題にしたのだった（二-一-三、二-一-四-三、さらに、二-五-三）。二-五-三ではさらに、対話的相互行為の枠組み内での相互人格的承認が成功している生の根本的な遂行形式として規定された。そこでは道徳に関わる用語が直接に善き生の構造の性格づけに関与している。しかしそこからは決して幸福追求と道徳的定位との同一性または収斂さえ帰結しないということを私は示したい。

二-七-一-一　承認の要因

善き生には相互主観的実践への参加と成功している対話的相互行為の経験とが含まれているということが正しいならば、道徳と善き生とが内的に関わっていることは明らかに分かる。善き生は道徳的関係や道徳的結びつきの外部では可能でない。われわれは道徳的承認のコンテクストでのみ自己決定できる人格になりうるということは、発生的にそう言えるだけではない。成功している生にとっても道徳的な色合いを帯びた相互人格的承認は根本的である。(123) 誰かをたんに自分の行為の射程範囲内の一要因として顧慮するだけでなく対話のパートナーとして認めることは、道徳的な輪郭を持つ相互関係性を含意している。われわれが相互に生き生きとした能弁なパートナーの位置に留まりうるのは、われわれが相互にそうしたパートナーとして尊重し合う場合だけである。われわれがそうしたパートナーでありうるのは、われわれが他者をそうしたパートナーと位置づけ、他者は他者でわれわれをそうしたパートナーとして位置づけるときだけである。

人はこのこと――相互に相手をパートナーの位置に置くこと――を内在的な約束として解釈できる。それは、相手に対して相互に自由なパートナーであるという在り方、または少なくともその可能性を損なうようなことをしない、そのつどの他者から実践的応答の能力とその可能性とを奪うようなことをしないという約束を含んでいる。人は相互に、対話的な相互交流への自由を約束している。すなわち、お互いを事実上であれ潜在的であれ、パートナーとして承認しているのだ。こうした種類の信頼性は先に記述した成功している相互行為にとって本質的に重要である。われわれは、自分自身を自分自身の行為のたんなる客観にせず、われわれ自身を道具化しないことを信じられなければならない。成功している相互行為は、相互承認にもとづいて形作られた(多少なりとも)信頼できるコンテクストにおいてのみ可能である。一言で言えば、成功している相互行為はつねに成功している道徳的関係でもある。対話的相互行為の善さは相互的な配慮の善さと結びついているのだ。

(123) 承認関係の道徳性の根本的な在り方の現象学を、A・ホネットが提示している。A. Honneth, Kampf um Anerkennung, Frankfurt/M. 1992.〔邦訳:『承認をめぐる闘争』山本啓ほか訳、法政大学出版局、二〇〇三年。〕

もちろん、信頼や信用は程度問題である。当然、成功している相互行為の基礎である信用は相互行為の参加者によって破られうるし、外的強制の下で崩れることもありうる。しかしそのことそれ自身が道徳的な関係である。なぜなら、信用の崩壊は、承認の拒否・承認の破壊・承認の妨害と同じように、道徳的期待・判別・基準を前提としており、それらがあることを道徳的拒否としてあるいは道徳的に非難すべき妨害として理解することを可能にしているからだ。しかしさらに言えば、先に述べた種類の相互行為のすべてが何をおいても道徳的であるわけではない（それゆえ、そうした相互行為の失敗がすべて何よりもまず道徳的な失敗であるわけでもない）ことも当然である。断固として道徳的な相互行為は、むしろ相互行為する主観どうしが振舞いの望ましい相互性の在り方について対峙する〔相互行為の〕特殊事例である。それにもかかわらず、道徳性は先に述べた種類の相互行為の根本的な次元である。そうした相互行為はつねに道徳的承認によって支えられているからである。われわれはこの種の承認関係に入るや否や――ふつうの社会化において見られるように――道徳的関係に参加し、道徳的な相互行為またはそうした色合いの相互行為の能力を手に入れる。われわれが――暗示的にはわれわれの振舞いを通して、明示的には自分自身で熟考することによって――対話的相互行為を本質的で内的な目的とする生を生きようと決定するや否や、われわれは道徳的配慮に留意しようと決定しているのである。

　いずれにせよわれわれがそうやって決定する理由は、われわれを特定の相互行為パートナーとともに非強制的な対話的関係に置き入れることを必要とし、共同の生活空間の相互主観的な分節化を可能にすることである。承認のこうした形式は、対話的相互行為の必要不可欠な要素であるが、必ずしもその行為の中心または目的である必要はない。特定の人格どうしの承認は、それらの人格がそれ自身として行なう分節化としての相互交流を可能にするが、この相互承認はそれらの人格を、その人格どうしの相互交流ならびに相互行為の特定の目的には、それが道徳的であれ非道徳的であれ、それ以外の目的であれ、結びつけない。それゆえ相互に実行される承認がどの程度まで第三者に対する振舞いを規定しているか、特定の他者の承認が任意の他者の承認を含意しているのかどうか、それはさしあたりまだ未決定に留まらざるをえない。これまでの考察が示しているのはただ、自分にとって善き生が大切である各人が（少なくとも若干の人に対して）道徳的義務に関わり合う選好上の理由を持つ[124]ということにすぎない。先に述べたように、成功している相互行為は成功している生が演じられるさまざまな領域の中のたんにある一つの領域ではなく、さらに他の多くの領域——仕事や遊びといった——の中へ達する端的に中心的な領域である。成功している相互行為の可能性の欠如は、成功している生そのものを不可能にする。仮にそのようなことになれば、他者をその他者性において認識し承認できることを本質とする世界への開かれた態度の第二条件はもはや存在しないことになってしまうだろう。

二―七―一―一―一　隠者と無道徳者

ふたたび主観的ならびに客観的可能性の概念が大きな意味を持つ。私が明らかにしようとしたのは、善き生には他者との成功している相互行為の可能性が開かれていなければならないということであった。しかし、そのことは他者との交流の現実の中で決して支配的である必要はなく、むしろ他者との交流の中に含まれないこともありうる。自ら決意して世捨て人になる場合がそうである（われわれは、そのような世捨て人を絶望か

(124) 私は「選好上の」という表現をこれまで同様に、道徳に定位した態度と内容的に収斂したりしなかったりするが、固有な種類の道徳的理由を含んでいないような、そうした自己利益に定位した態度を表わすために使用する。

ら世捨て人になる人と区別できる。前者の世捨て人が他者となおも付随的にはコミュニケーションしたいと思っているという点で）[125]。しかし他者との成功している相互行為の可能性を持つのは、その可能性を利用する能力を持つ人だけである。自ら決意して世捨て人になった人を絶望からの世捨て人と区別するのは、まさに前者にとってコミュニケーションならびに相互行為の能力の行使は——たいていの他者ほどには——特に重要ではないだろうが、それでもそうした能力を持っているという点である。そのうえ自発的な世捨て人はほとんど完全に道徳的な関係の外部で生を演じる人である。というのも、その人の生は特定の仕事または特定の観照の遂行に費やされているからである。それにもかかわらず二‐五‐三の考察が正しかったならば、そうした世捨て人が最小限にでも成功している相互行為をできず、またその住まいを出ることが不可能である場合には、自発的世捨て人の順調さには本質的なものが欠けていることになろう。というのも、そうでなければ、われわれはその世捨て人を決して自発的な世捨て人として、すなわち、孤独を選んだのであって絶望からの世捨て人のように孤独な状態へと陥ってそこに囚われているのではない人として理解できないだろうからである。

それゆえ私は先に、誰も有意味にこの相互行為能力を持たないことを意欲はできないが、その能力の行使に付随的な空間しか与えないことを意欲はできると言ったのである。ここで道徳理論のコンテクストにおいてこの問題がもう一度いっそう先鋭化された形で立てられる。この能力を他者との交流において使用しないこと、それゆえ、他者との交際を戦略的な相互行為だけに限定することを意欲できるのか。答えは否だ、と私は考える。われわれは、自分たちの生をできるかぎり遂行志向的な生として生きることを有意味なこととして試みるし、それゆえ他者との交流にわれわれがいっそう大きな空間を与えるならば、そうした交流をそれ自身のために——したがって対話的形式において——遂行するように形成することを、有意味なこととして試みる。しかしそれにもかかわらずわれわれは、他者との承認関係に入らないことを意欲できる。意欲という概念のうちには、自分の順調さのために有意味に意欲されうるものだけを意欲するようにわれわれを縛るものは何もない。それゆえ第二の問い、すなわち、相互行為的承認の能力を他者との交流において使用しないこと、したがって他者との交際を戦略的相互行為だけに限ることをそもそも意欲できるかという問いに対しては、そうだ、そのように意欲することはできる、と答えられる。

私と同様にトゥーゲントハットも、道徳の外部に立つことを意欲はできると強調する。[126] われわれは、自分たち自身をあらゆる他者との戦略的関係にまったく限定することができないような形で他者との道徳的関係に立っているわけではない。他者と対話する能力を手に入れた人は、その対話に自らを委ねることを拒否する自由、その対話をやめる自由、対話を過小評価する自由をも持っている。他者との承認的交流の能力を軽視または喪失してしまった人は、世捨て人という生活形式を選ばないとすれば、無道徳者として人々のあいだで生きる。[127] またもや二つの場合が区別されうる。道徳的結びつきを引き受けようとしない自発的な無道徳者に、道徳的結びつきを引き受けることのできない病的な無道徳者が対置される。病的な無道徳者には他者を承認する能力が欠けている——そのような人はその能力を獲得していないか、または喪失してしまっている。それに対して自発的な無道徳者はこの能力を、したがって道徳感情を開発する前提条件を所有はしているのに、この能力を過小評価している——そうした人は自分の同胞との（広範囲にわたって）戦略的な交わりを優先させるのである。

---

(125) どちらの世捨て人もその生活空間は静かな森の中か都会のアパートである。
(126) Vorlesungen über Ethik, a.a.O., S.77, 85, 90ff., 280.
(127) しかし世捨て人自身は決して無道徳者ではない——世捨て人は承認する能力を評価することができ、（想像の上であれ、住まいを離れる機会においてであれ）その能力を鍛えることができる。ただ世捨て人は相互行為的な生を大幅に避けるのである。

病的な無道徳者には自己決定された生の可能性が明らかに閉ざされている。というのも、そうした人は善き生の一つの中心的次元をまさに顧慮できないからに他ならない。それに対して、自発的な無道徳者は善き生の可能性を支持する決定にもとづいて道徳の外部に立っているように思われる。というのも、そのような無道徳者は道徳的理由によっては自己決定しないことを決意する点において、やはり特定の種類の自己決定にコミットしているからである。しかしここでの問いは、自己目的が成功している生にとって必要だとするならば、それと同様にこうした〔自発的無道徳者の〕自己決定の形式も自己目的として可能であるのか、ということだ——長い目で見れば結局のところこうした自己決定はまさに不可能だと言ってよいだろう。というのも、自己目的的な相互行為の可能性を完全に拒絶する人は、少なくとも仕事・遊び・観察の遂行に集中した生の遂行の危険な一面性に対抗するのに不可欠な釣り合いを拒絶しているに等しいからである。二—五—四で獲得された賭博好きの人物像とは異なり、無道徳者は初めから生の可能性の幅広い多様さを放棄しており、それでもって成功している生の根本可能性の多様さ全体を危険にさらしている。そのことを正当化する理由は存在しない。それに反して他方、賭博好きの気質を持っている人にとっては、たとえば二重生活の魅力を享受するために他者との結びつきを危険にさらすことを正当化する理由は存在しうる。無道徳者はそうしたリスクを回避している。なぜなら、無道徳者は、他者と自分の非道具的な関係を危険にさらさず、そうした関係をはじめから引き受けないから、ないし見かけだけそうした関係に留まっているにすぎないからである。さらに無道徳者は、他者との承認的交流への道を、自発的な世捨て人のようには少なくとも確保していない。自発的な世捨て人にとって他者との対話的相互行為は、善き生の一つの——ほとんど利用はされないが——可能性ではあり続けているのに対して、無道徳者はこの可能性そのものを拒絶しているのだ。自発的な世捨て人や合理的な賭博好きとは異なって、無道徳者には自己目的的な実存の基礎的次元が欠けているのである。

したがって、対話的相互交流の可能性の拒絶を決意することはまったく合理的ではない。そのように決意する人にとってそうした拒絶は善でないだろう。むしろ、どちらかといえば悪い選択だろう。(128) そのような選択をする人は——あれこれの瞬間を強調すれば話は別だが——生き生きとしたパートナーとして他者と関わろうとする可能性を放棄している。そうした人は、他者とその実存的重要性を共有できる世界を喪失するという代価を払って、自分の選択を行なう。世捨て人は、世界の中心の近くにいると信じる宗教的・神秘的根拠でも持つのでないかぎり、この世界の周縁に居場所を見つけているかもしれない。それに対して無道徳者は、この世界の中に——したがって、信頼ならびに信用の上に築かれる世界の中に——居場所を見出していない。無道徳者は、他者とのいかなる承認的交流の始まりにも置かれる約束を撤回してしまった。したがって、無道徳者に対しては道徳的にではなく選好上の観点で自分自身の利益の観点からしか議論できない。人が語りうるのは、その無道徳者がその生き方を通して何を犠牲にし、何を逃しているのかということだけであり、

(128) それに対してトゥーゲントハット (Vorlesungen, a.a.O.) は、道徳感情の欠如を選択することは有意味に——それゆえ合理的に〔選好上の合理性の意味で〕——可能であるという前提から出発する (S.77 における「病的原因で」道徳感情を欠いている人と「自分の決意で」道徳感情を欠いている人との区別を参照のこと)。たしかにトゥーゲントハットは自ら、順調さについての「説得力ありそうに見える仮定」(271) を展開している。その仮定も〔私の議論と〕同様に、対話的相互行為の能力と意思を持たないことは善き生にとって有害であると忠告する (特に 280)。しかしトゥーゲントハットは、こうした〔対話的相互行為の〕可能性を持つことは一般的に言ってより善いという結論は下さない。おそらくそうすると、客観主義的・独断的方向へ導かれてしまい (280)、しかも、情熱的に強調された人間の自律と対立してしまう (89) という懸念を抱いているのだろう。しかしながら、世界に開かれた自己決定的な生を生きることは万人にとっていっそう善いという確認事項も、万人に、対話的相互行為の可能性を拒絶するのとは別様に決定する自由を残している。反省的主観主義 (二―一―二) と反省的認知主義——これは、道徳以前の善の認識が可能であることから帰結する認知主義であって、トゥーゲントハットが批判したような、道徳を理性から導出したがる認知主義ではない——とは、ここでの議論と矛盾対立せず、むしろ相互に条件づけ合う。こうした仕方で自己決定された生を指示する決定は、根拠づけ可能でありかつ自由であるような決定でありえなければならないのである。

君はあまりにも単調な世界に生きているということだけである。それゆえにトゥーゲントハットは正しくも次のように記述するのだ、「われわれが示しうるのは、何が道徳感情の欠如と結びついているのかということのみである。道徳的にも動機づけの上からも絶対的な「ねばならない」は存在しない」[129]、と。

しかしおそらく、選好に関わる「べし」は存在する。たしかに生を対話的相互行為のコンテクストの中で意欲することは強制的ではない（分析的にも経験的にも自己決定能力のうちに含まれてはいない）。しかしこのネガティヴな結果には、十全な意味での善き生——われわれにとって最善である生き方をじっくり考えるときにわれわれが有意味にそれだけで意欲できる生の形式——には、他者との道徳的結びつきが共に含まれているというポジティヴな裏面がある。したがって、対話的でつねに道徳的な色合いを帯びた相互行為の構造に巻き込まれること、ないしその構造の中に留まることには選好上の強い理由が存在するのである[130]。

二-七-一-一-二　コミュニケーション的自由

それが正しいならば、十全な意味での善き生を選好の点から合理的に追求することはいずれも道徳的定位を共に含んでいる。そのことは、成功している自己決定がまったく道徳的関係のないところでは不可能だということを意味する。道徳的関係を引き受ける能力は、自分自身に対して距離を取るさまざまな形式の一つである。この自分自身に対して距離を取ることは自己決定を首尾よく実現させる能力の中に必然的に含まれていなければならない。二-四-四-一で話題にした自己-修正-できることは道徳的に-自己-修正-できること、すなわち、道徳的批判へと開かれた態度、他者の道徳的要求に耳を傾けつつ自分の道徳的要求を、しかも根拠を提示して他者に行なうという能力を共に含んでいる[131]。自分に対して距離を取る他の形式と同じように、道徳的態度も自分自身に対する自由を含意している。このことが関係するのはここでは、（理論的認識や情感的知覚に関わる直観におけるような）事柄や状況との出会いではなくて、他者との自己目的的な出会い、自分自身の先入観を括弧に入れる心の準備も含んでいる出会いである。しかし、他者との出会いにおいて自分に距離を取る自由が存在するのは――瞬間という例外的状態の他に――相互承認のコンテクストにおいてのみである。この自由はただ対話的関係においてのみ行使されうる。この自由は、二―五―三で話題にした「他者への自由」の一部分である。というのも、この自由は、人がハーバーマスと共に「コミュニケーション的自由」と名づけるものに含まれているからである。(132) この自由は――たとえつねに危険にさらされていて脆いとしても――他者との相互配慮という社会形式のうちでのみ与えられる。コミュニケーション的自由――妨げのない対話的相互行為への自由として理解された――は、相互に保証された自由として、相互のためにかつ相互に対して開けておかれた自己目的的相互行為の余地として生み出し保持されうるのである。

---

(129) Ebd., 280. ――トゥーゲントハットとは異なり、ハーバーマスは、無道徳者の選択は誰も実際にそのように生きられないという経験的な理由から直接的に自己破壊的であると考えている（J. Habermas, Diskursethik – Notizen zu einem Begrundungsprogramm, in: ders., Moralbewußtsein und kommunikatives Handeln, Frankfurt/M. 1983, 53ff., 特に 108ff.〔邦訳：『道徳意識とコミュニケーション』三島憲一ほか訳、岩波書店、二〇〇〇年、七五頁以下、特に一五六頁以下〕）。それゆえハーバーマスは、自発的な無道徳者とやむをえずまたは絶望から無道徳者となった人とのあいだの差異を認めない。より正確には、強い無道徳者の決定は（それがどれほど真実らしくないとしても）たしかに非合理的であるが、実際に――少なくとも一定の時間のあいだは可能であると主張する中間的立場が出現する。しかし、全体的な生が続くあいだ強い無道徳者は先に挙げた幸福追求の病理から逃れるのに苦労すると言ってよく、その限りでハーバーマスは正しいだろう。

(130) こうした議論については、M. Seel, Das Gute und das Richtige, in: Ch. Menke/ M.Seel (Hg.), Zur Verteidigung der Vernunft gegen ihre Liebhaber und Verächter, Frankfurt/M. 1993, 219ff.

(131) 道徳的な知覚と道徳的な根拠づけ要求との内的な結びつきについては、Habermas, Diskursethik…, a.a.O., 19 ならびに Tugendhat, Vorlesungen…, a.a.O., 38 u. 50 を参照のこと。

(132) J. Habermas, Faktizitat und Geltung, Frankfurt/M. 1992, 151f.〔邦訳：『事実性と妥当性』（上）、河上倫逸ほか訳、未来社、二〇〇二年、一四八頁以下。〕

ただし道徳的態度がかのコミュニケーション的自由を開示するのは、道徳的態度が道徳的共同体のメンバーの自由を同時に社会的交流の形式、すなわち、ある人の自由がそれ以外の人の自由と両立しうるような形式に限定することによってである。相互的な道徳的配慮はその配慮の名宛人どうしのあいだに、その名宛人の順調さのためには無視しえない特定の行為形式を可能にするが、それは、そうした配慮が同時にすべての関係者の行為可能性を、以下のような行為へと、すなわち万人の根本的な行為可能性の尊重と両立しうるような行為へと規範的に限定することによってである。このことは、われわれが対話的相互行為の内部で獲得し保持する承認がその相互行為にのみ当てはまるのではないということを意味する。誰かを人格的パートナーとして承認することは、われわれがその人の自由を認めわれわれもその人から自由を認められることを期待するような、そうした人を自分の生きたいように生きることができる人として承認することを意味する。そのことを、われわれは相互にそうした生への権利を認め合うと言い表すことができる。この権利には他者と共に特定の状況の中で自由なパートナー関係にあることの許可より以上のものが含まれている。その権利はむしろ、あらゆるコンテクストの中で、交流が戦略的であるところでさえ、潜在的パートナーとして尊重されることを期待しかつ要求することの（人格どうしのあいだで相互に与えられた）許可を含む。というのも、成功している対話的相互行為にとって根本的な自由を私が他者に、他者が私に保証できるのは、私が他者に、この関係を変更または解消する自由をも同時に保証するときだけだからである。[133] 相互行為のパートナーどうしのあいだでの道徳的承認は、こうした理由からつねにその承認自身を超え出てゆく方向を指し示している。この承認は私の承認的関わりの潜在的名宛人でありうるすべての人々に対する配慮を目的としている。相互行為を通して道徳的関係に入ってゆくことによって、その当事者たちに道徳的理由が与えられ、当事者たちは、自分たちの行為のそのつどの状況、そのつどの仲間、そのつどの名宛人をはるかに超え出てゆく理由に直面させられるのである。

こうした理由は、個々人が選好上の理由から肯定ないし否定できる事柄をはるかに超え出ている。そもそも道徳的承認に関わり合うことは、もちろん各自にとって利益となる。しかしそうやって各自が関わり合うのは、自分の行為ならびに他者の行為の理解であるが、その理解は自分の利益という尺度によってではなく、権利ならびに義務という尺度に従って、われわれが他者に、他者がわれわれに負っているものに従ってそれらの行為を測定する。われわれはここで改めて自己利益にもとづいた反省の力学、各自の自己利益のストレートな追求からこの反省を連れ出す力学に直面する。瞬間の経験によって、願望の実現は有意味にわれわれが願望すべきことのすべてではないということが示されたように、対話的相互行為の経験はわれわれにとって利益を生じる事柄のうちにのみ価値があるのではない（あるいはそもそものうちには価値のないような、そうした他者関係が存在するということを示している。たしかに、「なぜ道徳的であるのか」という問いに対しては、あくまで今でも――それどころか、もっぱら――選好的に根拠づけられた答えが与えられる。すなわち、道徳的であることだけが友情と連帯のある共同存在の世界を開示するからだという答えである。しかし、こうした選好的に根拠づけられた答え方でもってわれわれは、決して選好的定位に還元しえない行為尺度に関わり合っているのである。われわれは、自分自身をまったく他の種類の理由に直面させる関係にコミットさせる強い選好上の理由を有する。それはすなわち、ある一人の他者の承認のうちには、われわれの承認の潜在的な名宛人であるあらゆる他者の承認への歩みが含まれているということである。[134]

(133) それゆえ、A・ヴェルマーは次のように言う。「万人に対する平等な消極的自由の制度化にもとづいていないようなコミューン的自由は、現代世界では考えられない」。Ders., Freiheitsmodelle in der modernen Welt, in: ders., Endspiele, Frankfurt/M. 1993, 15ff.40.

(134) 類似した議論は、Seel, Das Gute und das Richtige, a.a.O., 232ff.

一言で言えば、道徳的配慮は、そもそも道徳的配慮を行う理由としてわれわれが持つ、そうした選好上の理由に対して超越的である。われわれの自己利益のうちにどれほど、われわれの承認を若干の他者に限定することが見出されるとしても、それ以外の他者もわれわれの承認の名宛人でありうるだろう——それというのも、われわれは、われわれが承認する人に、その承認の中でまさにわれわれとは共同しようとしない自由を認めざるをえないが、そうやってわれわれが承認し、われわれもその人から承認されることを期待するその人がわれわれの援助を必要としているまさにそのときには、その人に対してわれわれは承認を拒否できないからである。ある一人の他者の中にはつねにすでに任意の他者の承認が含まれており、任意の他者の承認のうちには、そもそもわれわれの道徳的承認の名宛人でありうる万人の承認が含まれているのだ。われわれが承認関係に入るや否や、われわれは万人に対して道徳的配慮の態度をとる理由を手に入れる。われわれがただ一人を承認するとしても、われわれはわれわれが配慮でき、われわれの配慮を必要としている万人を配慮をもって扱う道徳的理由を手に入れるのだ。一人を承認するならば、万人を承認すること、これは道徳的立場である。いかなる道徳にも、そのつどわれわれが特に気に欠けている人だけでなく、配慮に値するすべての人は配慮をもって扱われるべきだという原則が含まれている。すべての道徳は公平な配慮という原則を含んでいる。その意味においてそもそも道徳に関わり合っている人は、道徳というゲーム全体に関わってしまっている——その人は、あの人やこの人、あの行為やこの行為にだけでなく、万人〔の行為〕に関わる判定の基準を引き受けてしまっているのだ。(135)

しかし道徳に関わりを持つ人が、この理由に従う動機を持つかどうかは、まったく別の問題である。というのも、万人にではなく若干の人々に、というのが選好にもとづく立場だからである。われわれは、道徳の世界に入るとともに自己利益にもとづく振舞いと道徳的な配慮に満ちた振舞いとの潜在的コンフリクトの世界に入る。[136]道徳的であろうと決意しても、それだけでは、どれほどわれわれが道徳的であろうとするか、またはどれほどわれわれが道徳的配慮を真剣に考えようとするかということまで決定されたわけではない。決定されたのはただ、他者がわれわれに対して掲げる道徳的要求にわれわれが敏感に反応でき、われわれがみずから道徳的要求を掲げられる状態にあるということにすぎない。要するに、われわれはどれほどの重要性を与えるかどうかに関係なく道徳的定位を持っているということにすぎない。道徳という「ゲーム全体」に関わり合うことは、そのゲームに「完全に」関わり合うことを意味する必要はないのだ。

道徳の外部で生きることを意欲できるかという先に言及された考察に続いてトゥーゲントハットは、以下のような評価を下している。「私が自分と親密な人々と結ぶ情動的関係が満足ゆく関係であるべきならば、私は（…）その人々に対して道徳的に振舞わなければならない。しかし、人が親しい人々に道徳的に振舞うとき、人は万人に対して道徳的世界一般に入りこむ、ということをわれわれは同時に理解した。それにしても、私が私と親密でない人に対して道徳的に振舞うように動機づけられてはいないと感じるだろうとしても、それは当然である。たしかに私はそのとき、そうした人々にも道徳的に振舞う必要があることを心得てはいるが、そうする動機を場合によっては持っていないかもしれない。このことは、われわれの道徳的な考え方の普遍性とわれわれの道徳的動機づけの射程範囲の狭さとのあいだの分裂を表わしている。これは、われわれの時代にとりわけ顕著になってきた分裂である。道徳的に普遍主義的な立場で考える人にとっても、本質

(135) 道徳的承認にふさわしい「万人」とは誰のことか、これについては第三研究で答えようとした。そもそも自分にとっての善き生を持ちうるすべての存在者（人間と動物）がその万人に当たる――しかし、以下の考察にとっては普遍主義的道徳の射程範囲の直観的理解で十分である。

(136) 第一研究を参照のこと。

的に〔道徳的関わりを〕自分の家族に限定し、その他の人々には契約主義的な動機から正しくあろうとする傾向は強い。孤独はきわめて狭い交際範囲の中でも顧みられなくなる」[137]。

二-七-一-二　非同一性

トゥーゲントハットはそこで、われわれが純粋に自分の順調さのために行為する理由という意味で、「動機」という言葉を使っている。道徳的行為理由と選好的な行為理由とのこうした区別はただちにわれわれを第三の問いに導く、そもそもわれわれはいかなる生を道徳以前の関心において意欲できるか、と。第一の問いは、道徳的関係の外で生きることを人は有意味に意欲できるか、と問うた。答えは、否だった。第二の問いは、道徳的関係の外で生きることを意欲できるか、と問うた。答えは、「そうだ」であった。今や第三の問いは、万人に対してではなく若干の人々に対して道徳的に配慮することを有意味に意欲できるか、と問うのである。

われわれがそもそもそのように問いうるということは、決定的な問いが善き生と道徳的配慮との内的結びつきの証明でもってはまだ答えられていないということを示している。善き生はその中に道徳的配慮を含んでのみ可能だという考察結果は、それだけでは答えを含んでいない。というのも、その考察結果は、道徳が善き生の不可欠の構成要素だということしか意味していないからである——この点で初めて意見が分かれる。そのことが示しているのは、善き生が道徳的に善き生の限界外ではなく限界内でのみ可能だということだ、と一方の立場は言う。他方の立場は、そのことが示しているのは、善き生と道徳的に善き生とは必然的に交差するということであって、善き生が道徳的に善き生の限界内でのみ可能であるというようなことではない、と主張する。

一方では、善き生と道徳的に善き生とは収斂すると言われる。「善い」の二つの意味は、前者の選好上の「善」は（ある人格の生に）帰属させられてよいだけだが、後者の道徳的「善」は（その人格に）帰属させられうる、という仕方で関連し合っているというのだ。これを私は、序論で述べた意味で倫理的同一性の立場と名づける。したがって、選好に関わる「善」を生（これまでのであれ全体としてのであれ）に帰属させることは、道徳的な「善」をその生の主体に関して認めることと同一である。[138] その際、同一性はつねに前者が後者に厳密に依存していることを意味しているのであって、決して両者の述語〔善い〕が同一のことを意味しているとか、道徳以前の意味で善いすべてのことが道徳的な意味でも善いに違いないということを言っているのではない。古代哲学に特徴的な道徳的幸福主義は、むしろ正確には、道徳以前の意味で善いすべてのことは道徳的な善と両立可能に違いないと言っているのだ。このテーゼを必要以上に強くとる必要はない。このテーゼは十分に強力である。このテーゼは、道徳的に善き生のこちら側には決して善き生は存在しないと言っているのだからである。

しかし事柄はすべてもう一方の立場のほうが正しいと言っている——この立場は、選好的な意味での「善」の帰属は道徳的な意味での「善」の帰属と無関係である——生とその主体とが全体的に重要であるときには、いずれにせよ無関係である、と主張する。善き生が（全体として）道徳的に善き生である必要はない。誰かが善き生を持っているということは、その人が（人格として）善いということを意味する必要はないからである。もちろん、前者の事柄が後者を意味することはありうる。差異の倫理のテーゼは、善である

(137) Vorlesungen…, a.a.O., 281.

(138) プラトンは、道徳的に善き生がつねに善き生でもあるという正反対の立場も支持している。この極端な言い方に対して私は以下でより穏健なヴァージョンに定位したい。二‐七‐一‐三を参照のこと。

と同時に道徳的に善である生を生きることは不可能だとは主張しない[139]。差異の倫理のテーゼはただ、（人格の）道徳的善さは（その人格の生の）実存的な善さにとっての必要条件では決してないと主張するにすぎない。より厳密には、〔生の全体を〕一貫する道徳的な善さは、実存的な成功にとって必要ではない、とそのテーゼは言うにすぎない。というのも、先の考察によれば、ただある程度の道徳的な善さが成功している生に必ず付け加わるだけだからである。それにしても、われわれが幸福のために相互の道徳的承認に依拠していることはさしあたり、この承認をわれわれは自分の順調さのために万人――承認能力を持つかあるいはせめてそれを必要としている万人に保証しなければならない、ということを意味しない――少なくとも「ねばならない」または「べきである」の前道徳的意味においては意味しない。自己決定が道徳的関係を前提してのみ獲得され実践されうること、それは自己決定が道徳的関係の意味で実践されうるということを意味しない。自己決定の幸福は部分的な道徳性という基礎を必要としているということが結論づけられるにすぎないのである。

同一性テーゼの支持者も当然のように、私の幸福追求によって私が絶えず道徳的に望ましい他者への配慮とのコンフリクトに陥る可能性があることを認める。未決定であるのは、こうしたコンフリクトがどのように成功している生の中で解消されうるのかということだけである。しかし、私自身の利害関心を取り下げることあるいは修正することが、そのつど道徳的に望ましいとしても、その道徳的に望ましいことに従えば、いつでも私自身の順調さのためになるとはかぎらないし、そうである必要はない。私が善い人間であることを重視するような人物であるならば、つねに道徳的に正しいことを為すように決意するだろう。しかし、私が、まあたとえば、有名かつ裕福になることを重要と見なすような人物であるならば、私はそのつどそうなるように決定するだろう。差異の倫理を支持する人々のテーゼは、道徳的な善人のように行為するように、したがって一貫して道徳の原則に従うように私を誘導できるような選好上のあるいは価値評価上の理由は存在しない、と主張するのである。

そのテーゼは、何にも妨げられない幸福追求は他者への無制限な配慮と同じ意味ではない、ということを意味するだろう。自分の幸福への定位が成功していることには確かに部分的で散発的な道徳的配慮は含まれるが、普遍主義的で持続的な道徳的態度は含まれない。トゥーゲントハットが言うように、「孤独はきわめて狭い交際範囲の中でも顧みられなくなる」。部分的と私が名づけるのは、個人には当てはまるが万人には決して当てはまらない道徳的配慮のことである。そうした配慮には無制限な道徳的態度が対置される（この態度について私は、それが現代の精神において普遍主義的であることを承認する）。散発的と私が名づけるのは、われわれが（若干の人々または万人に対して）しばしばあるいは時折行なうが、決してつねに行うのではない配慮のことである。そうした配慮には持続的な道徳的態度が対置される。この二通りの区別は簡単に、選択の余地のある道徳的態度と（万人に対していつでも）一貫して保たれる道徳的態度のあいだの差異として理解される。私が以下で意味を限定する付加語なしで「道徳」と言うときは、つねに内容の点で普遍主義的で持続的な、それゆえ一貫した道徳的態度のことを考えている。その態度には本質絵的に道徳的価値評価がそれ以外のすべての種類の価値評価に対して規範的に優位に立っているという想定が含まれている。[140] それに対して、たんに選択の余地のある道徳的態度はこうした優位を受け入れない。

(139) こうした主張（この場合はニーチェ）は、これはこれで極端で説得力がないであろう。これについてはここでは立ち入らない。ニーチェについては第一研究の一－三を参照のこと。
(140) この想定の正当化を私は第四研究で試みる。

しかし、そのような選択の余地のある態度は、十全な意味で成功している生にとっての必要条件であるにすぎない。これは本当に弱い条件である。成功している生には、われわれが若干の人々に道徳的配慮を払う（あるいはその心づもりができている）ことが含まれる。それ以上のことは含まない。それゆえ、世界に開かれた自己決定的な生の全体的幸福が道徳的結びつきに依拠していることは、その幸福が一貫した道徳的態度の存在するところでのみ見出されうるということを意味しない。幸福はおそらくそのように存立しうるだろう。幸福は道徳なしには可能でないが、しかしあくまで道徳を犠牲にしても可能なのである。

このテーゼは、多少なりとも不品行な人間こそが善く生きられる、と言っているのではない。また道徳は一般に善き生の途上における障害物である、と言っているのでもない。こうした主張は、差異の倫理の大げさなヴァリエーションであって、「承認という要素」の射程の広い意味を捉えそこなっている。またこのテーゼは、人間の善き生は道徳の十全な拘束の外部でも生じうるのだから、普遍主義的かつ持続的に理解された道徳というのはどこか誤っている、と言っているのでもない。こうした道徳はまったく誤っていない。道徳とは、われわれが実際にどのように相互に振舞うべきか、ということを語るものだからだ。道徳を犠牲にして成功している生は道徳的には（多少なりとも）悪しき生である。非道徳的に成功している生が非道徳的な仕方で失敗しうる生より道徳的にいっそう善いということは決してない。しかし、前者は——前道徳的な「いっそう善い」の理解では〔後者より〕いっそう善い。〔同一性倫理のテーゼのように〕連結された帰属の条件は当てはまらない。善き生が存在するのは、ただ部分的で散発的な道徳的配慮のコンテクストにおいてのみである。

私はこの主張をいくつかの事例に即して検討したい。事例として私が選ぶのは、非道徳的な態度または振舞いであるが、それらは同一性の倫理のテーゼが正しいとしたならば、同時にそれぞれの生のそれ以外の性質に影響を及ぼすに違いないだろう。その際、特に問題なのは、この態度または振舞いが、その態度に含まれるものまたはその振舞いによって示されるものの側から、幸福追求能力を危機に晒すのかどうかということである。というのも、道徳へのいい加減な関係が長期的に結局は世界に開かれた自己決定的な生を生きる能力を弱めるのかどうかということが、同一性の倫理と差異の倫理の争点だからである。選択の余地を含む道徳性はいかなる意味で幸福追求の病理を悪化させる道徳性であり――いかなる意味でそうではないのか。

私はエルンスト・ユンガーの有名で悪名高い文章でもって議論を始めよう。ユンガーの『パリ日記』に一九四四年五月二七日付で以下のような記述がある。

「警報が鳴って、敵機の来襲があった。『ラファエル』の屋根から見ていて、サン＝ジェルマンの方向に猛烈な爆発の雲が立ち上がり、敵機の編隊が高空を飛び去って行った。攻撃目標はセーヌ川に架かる橋であった。補給路を断つ措置をこんな風に連続してやるところを見ると、優秀な頭脳をその背後に感じる。日没時の、二度目のときには、ブルゴーニュ産のワインに苺を浮かせて手にしながら、攻撃を眺めた。パリの町の夕日に赤く映える塔やドームは、強力な美に包まれていた。受粉を前に死を覚悟した萼のようでもあった。すべては劇的な光景であった。苦痛の年月を重ねて高められた純粋の力であった[141]」。

われわれは事例として（もちろん否定されることになるが[142]）、ここでは――特に最後の文章での瞬間を誇張する説明において――戦争の恐怖に対する道徳的に非難されるべき態度が表現されているとも取れる、と

(141) Jünger, E., Das zweite Pariser Tagebuch, in: ders., Sämtliche Werke. Erste Abt., Tagebücher III, Stuttgart 1979, 271.〔邦訳：『パリ日記』山本尤訳、月曜社、二〇一一年。〕

(142) テクスト全体を瞬間の表現として読むかぎり、このテクストは最後の文章の解釈も含めて、態度の表現ではなく、たんに体験された瞬間の表現である。

考えてみよう。非難されるべき点は、ただし、無力な（そしてきわめて相対的な）安全の状態の中で現実的な恐怖に情感的〔美的〕に敏感であるという点ではないだろう――というのは、道徳がすでに恐ろしいもののこうした知覚を禁じているとするならば、世界へ開かれたある一つの態度を禁じるだろうからである。非難すべき点はただ、出来事を、こうした荘厳な光景の一部になることがまるで「優秀な頭脳」によって計画された爆撃の際にも生じるだろう名も無き犠牲者の気持ちに沿っていると解釈し、それゆえ、この出来事もそれと共にその出来事を引き起こした戦争も痛ましいが肯定されうると解釈していることにある。この態度はシニカルであるとも言えよう。というのも、それは爆撃の犠牲者に出来事の肯定を実存的になすり付けているからである。そうした肯定はこの出来事を知覚した主体だけが情感的〔美的〕に行なうもののはずなのだ。しかし、こうしたいかがわしい態度を持っている主体はどうなのだろうか。こうした態度は自己決定された生と両立しえないのだろうか。なぜそうであるべきなのかを理解することはできない。こうした態度が自己破壊的であるとしたら、それは、そうした態度を取っている人があらゆる状況に対してそのような情感的‐美化的態度を取るとされるとき、その人にとってすべてが宿命論的に解釈された光景、その中でその人が行為者としてもはやいかなる有意味な役割も演じられないような光景になると言えるとき、そのとき初めてでありそのときだけであろう。その場合にのみ、その態度を取る人はキルケゴールの「あれか、これか」の中に出てくる倫理家あるいはユイスマンスの小説『さかしま』で饒舌に記述された絶望の中に自己を誘い込むのだろう。その人はそのシニカルな観察によって相互行為への道を見出すことはないだろう。しかし先の道徳的に非難されるべき態度が、人の振舞いの理由となる唯一の態度である必要はない。先のいかがわしい態度をとる人が特定の他者に別の態度をとることが可能であるかぎり、その人には何ものによっても善き生への道は閉ざされていないのである。

それに対応して言えば、多くの人から尊大だと軽蔑されるような人がどうしても不幸になる必要はない。尊大な人は他者の判断や好意に重きを置かない。その人は、自分の道具／楽器――ヴァイオリンであれ、さもなければ権力であれ――を他者よりいっそう上手に演奏／操作できるがゆえに、他者の判断や好意などに依拠していないと思っている。その人はそうであることが許されるし、おそらく「貴族は嫌われることを好む」という格率に従ってそうでありたいと思っている。その人は親切な同僚や隣人でないことから満足を引き出している、と想定しよう。誰からも愛されたいとその人は思っていない。多くの人から怖がられ、感嘆され、羨まれることで、その人は十分に満足なのだ。多くの人によれば、尊大な人はつねに至るところで尊大に振舞えばますます、善き生への――他者との緊密な関係への、さらにまた自分自身に対する自由のために必要な自己との距離への――道をも失う危機に陥るだろう〔と言われる〕。「彼らはそうした道を家庭で、またはカーニヴァルの団体で身をもって知ることになるだろう」。承認の飛び地を持つこと、強制もわざとらしさもない共同存在の飛び地を持つこと、それだけしか尊大な人は自分にとっての善き生のために意欲し必要としない。そのようなことは可能である。それは人間としてかつ道徳的に無条件に美しいわけではないが、必ずしも実存的な愚かさの徴でもないのである。

これらは行為の事例ではなく、態度の事例であろう。とはいっても、われわれは容易にその態度に相応する行為を考えつくことができる。部下に対する思いやりのなさ、思いやりや援助がふさわしい状況なのに関与しないこと、他人の不幸を喜ぶ気持ちの表現、自分にとって大切でないすべての人には嘘を吐いてもよいと自分で自分に与えた許可、など。人はこうした振舞いを今この議論をしているこのコンテクストでは、たんに道徳的動機の欠如として記述するだけではいけない。ひねくれ者や尊大な人は、普遍的に期待され道徳的に適切であるだろうという仕方では決して一貫して振舞わないことから喜びを引き出す。〔しかし、〕こうした人々の振舞いには、快が見出されるどころか、無関心と関与、戦略的振舞いと承認的振舞いのバランスをその人たちが上手く保つならば、行儀の良さを超える技が見出される。(143) 無道徳者ではなく、選択的道徳者だけが、自分の自由を道徳的に使用する時折の自由の中で生きる可能性を持つ。その人は、他者との相互承認の中で生きることも、相互承認的交流の規則を超えて生きることもどちらも意欲する。その人はジキル博士とハイド氏でありたいのだ。このバランスは、賭博好きの事例で説明されたのにも似た、生き方のとりわけリスクの大きなバランスかもしれない。（ある意味で選択的道徳家はみな人物のタイプとして賭博好きである）。しかし、実存的なリスク――選択的道徳家または何か他のタイプの人々のリスク――は、決してそれ自身としては悪くない。世界に開かれた自己決定的な生の多くのバランスの新たな事例であるようなバランスを保てると信じる理由があるかぎり、そうしたリスクを有意味に意欲することは可能である。倫理的な首尾一貫性は道徳的な非首尾一貫性とある特定の点までは両立可能である。しかし、それはどの点まででであろうか。

われわれはサディストの傾向を持っている人のことを考えてみよう。その人は他者をその意思に反して苦しめることに、しかも特にその苦痛がその人自身によって他者に加えられた苦痛であるときに、(144) 最高の喜びを見出す。この場合、満足の〔追求〕が自分自身の幸福〔追求〕能力の危機または破壊と、直接にではないとしても、間接的に適合する。サディズムは、対話的相互行為の能力、したがって他者に対して自由なパートナーである能力を破壊し、対話的相互行為のスイッチを切った中での相互行為の楽しみである。一方的な相互行為が相互行為の理想像となる。サディストは他者の尊敬の限界、他者との交流において長期的には二度と下回れない限界を超え出てゆく。成功している生にとって中心的な二つの能力の破壊は幸福〔追求〕能力の破壊に行き着くのである。

さらにそのうえサディズムは――殺人・レイプ・侮辱などと同じように――社会的に是認されないだけで

なく、非難される行為の事例である。しかし、特に一緒に生きてゆきたい人から非難されるというリスクは、それ自体、誰もが自分自身の善き生のために避けるに違いないリスクである。この避けようとする意志は、必ずしも真の道徳的動機からではなく、しばしば、たんに非難されることおよびその結果を恐れることから生じるにすぎない。こうした恐れのためにわれわれは、トゥーゲントハットの言うように、少なくとも「契約論的な動機から正しくあろうとする」理由を持つ。この場合、それぞれの道徳的共同体の中で非難されることを何もしないというのは、抜け目なさの問題である。このように、特にこうした間接的な方法で道徳的な義務が善き生の考慮の中に関与している。

しかしこの二つの側面——自己自身の幸福〔追求〕能力の危機と他者による非難——は緊密に関係し合っている。というのも、道徳的に承認されないだけでなく非難され（何らかの仕方で制裁され）るものが、同時に、それに対応する行為を行う人にとって自己破壊的であるだろうというのはよくあることだからである（あるいは少なくともそう見なされる）。この点で道徳と善き生との内的関連が特に明らかになる。道徳的（ならびに法的）に守られている（その軽視が特に制裁を受ける）規則は、しばしば、それを尊重することがあらゆる当事者の——そのような行為を行う人の——善き生の可能性にとって根本的であるような規則である。道徳的規則ならびにそれの承認は、この意味でわれわれをわれわれ自身から、言い換えれば、特に、他者を傷つけることから守ってくれる。他者を傷つけることは、他者と対話的相互行為に入る能力を破壊するがゆえに、同時にわれわれ自身を傷つけるからである。

(143) よく注意してほしいのは、〔この技とは〕行儀の良さと称されたものを道徳的に超え出るのではなく、まさに行儀の良さを——当事者たち自身が（その隣人どうしで）行儀の良さとして承認しているものを超え出る技だということだ。

(144) 相互の申し合わせにもとづくサドマゾヒズムの実践はまた別の事例であり、私はここではそれを考慮しない。

したがって、幸福と道徳は決して完全に分離されない。道徳の外部で善き生を生きることは可能ではない。しかし何らかの分離は存在する。道徳感情そのものがたんに選択的に呼び起こされるのではなく、冒される場合に初めて、道徳的に誤った振舞いが幸福追求能力そのものの病理と見なされるのである。〔善き生と道徳的な生とのあいだの〕移行は流動的である。しかしその移行は存在する。すべての善き生は道徳的な生であるが、必ずしもあらゆる観点において道徳的に善き生であるわけではない。成功している生は無道徳性とは一致しないが、しかし選択的な不道徳とは両立しうる。[145] 自己決定はたしかに道徳的自己決定を内包するが、一貫して道徳的な自己決定を内包はしない。幸福は道徳なしには可能ではないが、道徳を犠牲にして可能である。しかし、幸福がこうして道徳を犠牲にして進んでゆきうるのならば、ソフィストの——さらにカントの——テーゼ、すなわち、道徳はおそらく幸福を犠牲にして進んでゆくというテーゼのうちにも真実が存するであろう。妨げられない幸福追求また熟慮された幸福追求は他者への無制限な配慮と同義でないということが明らかになる。成功している生の幸福が道徳のうちに見出されることはないし、道徳が全体的幸福の追求の中にもともと見出されることもないのである。

二‐七‐一‐三　救済の試み

こうした考察が正しいとしたら、善と道徳的善との同一性は反駁されたことになろう。というのも、成功している生が選択的な道徳と折り合うということは、同時にその生が部分的な不道徳と両立可能だということ、したがって、善き生は同時に道徳的に善き生である必要はないということを意味するからである。道徳哲学上の同一性テーゼが救われるのはただ、われわれの考察に対して、道徳的規則の重大な毀損だけでなく、道徳の根本命令との賢い一致の限界内に保たれている選択的道徳も幸福追求能力を弱め、あるいは少なくとも萎縮させてしまうということが証明されるときだけである。私は同一性テーゼを救う二つの論証を提示してみよう。その論証は、同一性テーゼに反対する議論の改善をわれわれに強いるだろう。

第一の救済策は、視点の交代によって生じうるだろう。善き生がどの程度道徳的に善き行為を含意するのかということを省察するのではなく、道徳的に善き生がつねに善き生でもないのかどうかということが考察されることになろう。その論証は、道徳的に善き生がつねに同時に倫理的意味でも善い実存形式、生の事柄にとって開かれた実存形式でもあろうと表現されるだろう。道徳的知覚には本質的に自分自身ならびに他者の善き生の可能性を予断なく知覚することが含まれているということだ——この論証はもちろん、「知覚」という語の二義性が気づかれずにいるかぎりにおいてのみ、筋の通った論証として現われうる。私が実践的可能性を認識する状態にあるか、私がこの可能性をつかむ可能性があるか、その二通りである。そのどちらもが「知覚する」という表現で表わされている。それに応じてこの論証がたどり着く結論は、一つのではなく、二つの主張を含んでおり、それらの関わりが解明されなければならない。第一の主張は、首尾一貫した道徳的態度には狭い意味での道徳的なものを超え出てゆく注意が含まれ、その注意は自己自身の生と同様に他者の生の可能性にも該当すると言う。こうした考えは（第四研究で私がこのことを詳しく示そうとするとおり）まったく正しい。第二の主張は、首尾一貫した道徳的生き方にはそれ自身として、ある人自身にとって重要な生の可能性をつかみうること、またはつかんでいることが含まれると言う。この主張にこの論証のすべての力がかかっている。この主張が正しいときにのみ、道徳的に善き生そのものが初めから成功している生であるということも当を得た主張となるのである。

（145）その点ではグリフィンと考えが一致する。Griffin, Well-Being, a.a.O., 69ff.

一貫した道徳的態度のうちに生の幸福が見出されうるのは、ただ、道徳的承認が実際に善き生の核心である――友情や愛情（もちろんそれ自体は道徳的承認の中に埋没しない）の場合だけでなく、仕事・遊び・観察の成功においても――とされるときだけであろう。しかしこうした主張は、根拠薄弱な還元主義という代価を払ってのみ可能だろう。どれほど道徳的承認が善き生の一つの核心領域であるとしても、善き生の核心領域のすべてではない。同一性テーゼを支持する論証は、いざとなれば、善き生のこの可能性が開かれている人には、それでもってその人にとって善き生のあらゆる他の可能性もまた開かれているだろうということの指摘によって擁護されうるかもしれない。しかしこうした指摘は、はじめから間違っているだろう。なぜなら、この開かれた在り方は――二-四-四での考察によれば――決して個々人とその個々人が自分の生状況に向ける態度との中にそれだけで存在するのではないからである。個人の生の質は実存的な成功の問題であるが、成功する保証はまったくない。道徳的に善であることも成功を保証はしない。他者に対する配慮は、カントがまったく正しく捉えていたように、たとえ自由な行為から生じたときでさえ、事情によっては自分自身の順調さを制限することになりかねない。われわれがその考察において、有限で傷つきやすく失望しうるし幸福になりたがるそうした個人の脆い生の事情を度外視しようとするときにのみ、この点に関して提案された方程式は解ける――道徳的に善いことが実存的な成功に至る、と言いうるだろう。

　いっそう見込みがあるのは、善き生と正しい生との収斂を支持する別の類似の論証である。私はその論証を「世界に開かれた態度の論証」と名づけたい。この論証は前節の考察に対する反論としてもっともよく定式化されうる――しかも、この考察の内在的批判として。この反論が言うのは、先の考察が正しいのは、成功している自己決定についてではなく、ただ自己決定された生の普遍的な可能性についてわれわれが語るときだけである。というのも、十全な意味で世界に開かれていて、そしてその点で成功している自己決定された生は道徳の限界内でのみ生じうるからである。いったい人間らしい生の世界には他者の――しかもすべての他者の現実は含まれていないのか。道徳的定位のうちには、それが成功している生に必ず含まれているように、他者への注意への超出、すなわち、あらゆる情感的超出をはるかに凌駕している超出は見いだせないのか。それどころか――エマニュエル・レヴィナスに依拠して言えば――「他者の瞬間」はわれわれをそもそも初めて現実へともたらしてくれる瞬間ではないのか。他者の現実、したがって相互人格的な実践の現実に開かれていることの中にそもそも初めて、対象的現実ならびにその現実の支配を除去するきっかけが見出されはしないか。さらに、トゥーゲントハットがアダム・スミスに依拠して普遍主義的道徳の中心的徳として規定しているように、世界に開かれた自己決定の中に本質的に相互主観的な開かれた態度が含まれていないか。[146] 二-四-四で話題にした現実への開かれた態度は、他者の苦痛や他者を無視することに盲目であったり無関心であったりすることと本当に両立可能であるか。そんなことがありうるのか。他者の生に対して部分的に道徳的に盲目で生きることは成功しうるのか。

こうした論証は、ローベルト・シュペーマンの倫理学書の中で特に強調されて見出されるように、強力で印象深い論証である。[147]「現実に目覚めている人」は、他者の実在性に気づいていて、他者を道具化するような仕方で他者と関わることをもはや意欲できない。前道徳的な「意欲できる」、つまり、これまでわれわれが誰でも幸福追求において「有意味」に意欲できるのは何かを問うたときに話題にした「意欲できる」が、道徳的に理解された「意欲できる」、つまり、カントが定言命法の定式化において、道徳的に善い行為とは

(146) Vorlesungen über Ethik, a.a.O., Kap. XV.

(147) Spaemann, Glück und Wohlwollen, a.a.O.; なお、M. Seel, Die Wiederkehl der Ethik des guten Lebens, in: Merkur 45/1991, 42ff. における私の批判を参照のこと。

万人に妥当する普遍的法則になることをわれわれが「意欲できる」格率に定位する行為だと言うときに語っている「意欲できる」と収斂するときにのみ、初めて世界に開かれた自己決定において成功する生について話題にしうる、と言うのである。同様にロナルド・ドゥオーキンは、明らかにプラトンに立ち戻りつつ、善き生のためにはアクセスすることが不可欠な、そうした資源の公正配分（ならびにそれへの感受性）はそれ自身で善き生の根本的な条件である、と主張している。[148][149]

倫理的同一性テーゼを救うこうした試みに対しては二つの反論が可能である。どちらの反論も世界に開かれた態度と首尾一貫して道徳的な世界に開かれた態度との等置に異を唱える。第一の反論は、選択的道徳家の口から言われる。選択的道徳家は同一性を主張する理論家の論証を、一貫した道徳性は世界に開かれた態度の障害となりうるという指摘でもって退けるだろう。この反論に曰く、たとえば、一貫した道徳性はある特定の種類の情熱的な結びつきへの開かれた態度を排除する。というのも、この反論によれば、一貫した道徳性は各人にある他者を見るときにはつねに片方の目をそれ以外の他者に向けておくことを強いるからである。道徳性にもとづいて世界に開かれた態度は、瞬間の無政府状態、特に二人での瞬間の無政府状態に対して盲目である傾向がある。さらに道徳的に善い人間は現実を見る視野がまったく狭くなる。というのも、そうした人はあらゆる関係をまずしかも特にそれの道徳的善さを目安にしてみるに違いなく、その結果として、その関係のその他の善さを失ってしまいかねない――後者の善さが道徳的な善さと一致しない場合には特にそうなるからだという。道徳的知覚は世界に開かれた態度に付加的に属する――それはたしかだ。しかし道徳的な知覚は、人間に関わる事柄の唯一の形式あるいは端的に第一の形式ではない。世界に開かれた態度は、道徳の優位の上に固定されるべきではないし、それ以外のすべての実践的定位に対する道徳の優位の信仰の根底には、世界に開かれた態度の制限されたイメージが置かれている。道徳的定位はその本性上、行為と知覚とを制限し、それゆえ、生の事柄に開かれた在り方の最高形式として褒めそやされてはいけない、というのである。

しかし私は、この反論に依拠するつもりはない。というのも、道徳は行為の制限であるがゆえに知覚の制限にもなる、というのは誤りだと私には思われるからである。それに関連してさらに、確実に主観的自由を制限してしまう道徳の肯定のうちに必ず自己決定的な生の世界に開かれた態度の制限が見出されるということも、私には誤りだと思われる。道徳性は必ず生の事柄に対する盲目さと結びついているわけではない[150]。したがって提示された第一の反論は選択的道徳家の立場を繰り返すことができるにすぎず、何ら新たな論証を提示できないのである。

生産性があるのはもう一つの反論のほうだ。倫理と道徳の同一性テーゼを救う第二の試みは、それがカントに依拠して話題にした二種類の「意欲できる」を曖昧にしているがゆえに、筋が通っているように見えるにすぎない。1・私は何を（根拠づけられた仕方で）善き生のために意欲できるか、2・私は何を（根拠づけられた仕方で）あらゆる他者のために意欲できるか、という二つの問いに対して、この試みは同一の答え、つまり、あらゆる他者に対して承認的に配慮する生という答えを与えたがっている。本来的に道徳的な第二の問いへの答えが同時にさしあたり自分自身の善き生にのみ該当する第一の問いの答えを与えるということになっている。しかしわれわれの考察は、第一の問いに対してはさしあたりかなり弱い答えしか説得力を持たないことを明らかにした。つまり、善き生には若干の他者に対する承認的配慮が含まれる。選択的であっ

(148) Kant, Grundlegung, a.a.O., 51 (BA52).〔邦訳：『人倫の形而上学の基礎づけ』、五三頁以下。〕
(149) Dworkin, Foundations..., a.a.O., 71ff.
(150) このテーゼについては第四研究を参照のこと。

ても道徳的である態度が善き生には属している。倫理的同一性テーゼが救われるとしたら、この前道徳的な「若干の」から道徳的な「すべての」への移行がさらに道徳的前提なしで行なわれうるときであろう。

したがって「世界に開かれた態度論証」は、選好上の「若干」から道徳的な「すべて」への移行が初めから、善き生は道徳的に善き生の軌道上でのみ可能であるとする道徳的幸福主義が生じるように選好的な理由によって強いられていることを示さなければならないだろう。しかし、そのような根拠づけは理解されえない。[151] 救済のために提示された論証が説得力を持つように見えるのは、世界に開かれた態度があらかじめ道徳的に世界に開かれた態度として理解されているからにすぎない。道徳的に世界へ開かれた態度からはそうした態度が当然のごとく万人に対して実践されるに違いないことは、おのずと示されうるのだ。これは首尾一貫性の論証であって、決して一つの態度から別の態度への根拠づけられた移行を証明しうる論証ではない。これは筋の通った道徳的論証であるが、筋の通った利巧さの論証ではない。しかし、そのような道徳的論証だけが、ここで為されるべきこと、すなわち、善き生が一貫して道徳的な態度を前提ないし基礎にしていることを証明しうるだろう。求められている結論が得られるのは、善き生が初めから道徳的に善き生として理解されるとき——したがって、証明されるべきであったことが前提されているときだけなのである。

他者を道徳的な視点で知覚する能力は、制限された状況を超え出てこの知覚能力を実践的に恒常化することとは別のことであり、また別であり続ける。自己決定は一貫した道徳的感受性がなければ成功しえない。それにもかかわらず、同一性理論家の異論は、開かれた生に対する善き生の要求と道徳的要求のあいだの連関、たとえコンフリクトに満ちていても切り離せない連関を確証する。われわれは善き生を持とうとするならば、道徳のリスクを引き受けなければならない——同じことが利巧さの論証でもって示されうる。各自にとっていずれそのうち自分の利益と衝突もしうる他者に対する義務でも、それは引き受けたほうがよい。各自にとって道徳的要求に敏感に反応できて、道徳的理解力を持っているほうがよい――たとえどれほどその道徳的理由がそれ以外の行為理由を支持しようとも、そのほうがよい。一言で言えば、道徳的に困惑させられることが善き生には付加的に属するのだ。しかし、どの程度において人は自分の道徳的知覚に空間と力を付与するのか、その際に道徳の優位が承認されるか否か――これは前道徳的な論証では決定できない。それに対して――少なくとも――示されうるのは、幸福と道徳のあいだの潜在的なコンフリクトは道徳のためになるだけでなく、成功している生の幸福のためにもなるということである。

このコンフリクトの克服という理念は理性的な道徳には縁遠いし、理性的な幸福追求にも縁遠い。この点、すなわち、このコンフリクトの（可能性の）原則的な肯定のうちに、正しく理解された幸福と正しく理解された道徳とが収斂する。しかし、これはそのつど振舞いを規定する理由の収斂ではない。選好上の合理性は道徳上の合理性に還元されえないし、後者も前者に還元されえない。それゆえ私は第一考察で、カントと共に「同一性なしの統一」ということを言ったのである。幸福に定位した生き方と道徳的な生き方とは、自己決定的な生においては避けられないその両者のコンフリクトを克服するという仕方では必ずしも収斂しない。

---

(151) たとえばドゥオーキンの論証は明らかに不完全な論証ないし循環論証である。善き生には特定の資源へのアクセスが含まれているという事実から、善き生にはそうした資源への公正な配分が含まれていることが引き出されることになる。しかしこの結論が引き出されるのは、善き生が初めから公正な生（あるいは公正な社会的状態の下での生）として理解されている場合だけである。他方、万人が善き生のための資源へのアクセスを頼りにしている事情は、決して、その資源の公正な配分が個人の善き生の条件であることを根拠づけない。この論証に欠けているのは、根本的な前提である。しかしその前提が、個人は万人が善き生の条件への公正なアクセスを持つときにのみ善き生を持てると述べるとしたら、この結論はまたもや循環論証である（ドゥオーキンは、「善き生が公正な資源配分の行なわれる状況に適していることを規定することによって」善き生と公正な生とを緊密に関係づけるとき、こうした循環論証を行なっている。a.a.O, 72.）。この論証に対するいっそう詳しい批判については、R. Forst, Kontexte der Gerechtigkeit. Politische Philosophie jenseits von Liberalismus und Kommunitarismus, Frankfurt/M. 1994, 97ff. を参照のこと。

善き生への定位にはたんに選択的な道徳性というオプション、したがって（部分的に）承認された道徳的諸要求の対立というオプションが開かれている。すべての善き生がその中に置かれている幸福と道徳とのこうした緊張関係は、成功している生のうちでさまざまな仕方で克服されうる。〔しかし〕それは残り続ける。言い換えれば、（少なくとも）選択的な道徳を欠いた善き生は不可能である。〔しかし、〕一貫した道徳性を欠いた善き生は可能なのだ。

二-七-二　道徳の要点としての幸福

こうした結果は興ざめさせるかもしれないが、思われるほど災難ではない。というのも、この結果によってそもそも初めて道徳のもっとも適切な理解が開示されるからである。道徳は結局のところ利巧さの問題ではない[152]ということが分かる。道徳が拘束性を持つのは、各個人にとってそれが個人的な順調さのために勧められるからではない。道徳的配慮は、私自身に対する配慮ではない。むしろ、他者に対する配慮である――なぜなら、他者は特定の観点におけるその他性において私自身と同じだからである。すなわち、他者にとっても私にとってと同じように善き生が関心事だからである。それゆえ、はじめから特定の道徳的帰結を狙っているのではない善き生の分析はそれ自身、道徳のいかなる完全な概念をも含んでいない。しかし、この分析は、無制限な道徳的配慮において何が問題となっているか、それは、善き生の普遍的な条件ならびに形式の保護が問題になっている、と言うのを容易にしている。それと同時に、この分析は、幸福への定位と道徳的定位とのあいだのコンフリクトはなぜ人間の善き生において避けられないのかということを理解させてくれる。なぜなら、道徳的定位とは、社会的な生において万人に個人的な善き生の余地――正当な規範と不当な規範とのコンフリクトに各自を絶えず引き込む余地を開けてやる試みに他ならないからである。二つの定位の統一はこのコンフリクトそのもののうちに見出される、すなわち、幸福の経験が道徳的規則についてのわれわれの理解を、反対に道徳的経験がわれわれの幸福理解を修正しうるが、その際に両者の関係があらかじめどこかで決定的に示されているようなことはないといった事情の承認のうちに見出されるのだ。

二-七-二-一　幸福の形式に対する尊重

道徳的態度はすべての善き生の必然的な構成要素であるにもかかわらず、善き生の強い概念がみずから道徳の強い概念に行き着くことはない。一本線の倫理学は可能ではない。善き生の追求がおのずと一貫して道徳的に善き生へと至ることがないように、善き生の理論がおのずと道徳の理論に至ることもない。しかし善き生の理論は、道徳の理論にとってきわめて大きな意義を持っている。というのも、道徳の強い概念は、善の強い概念なしには定式化されえないからである。何が道徳的に――万人に対する配慮において――善いのか、それを言うには、何が倫理的に――万人の生において――善いのかを言わなければならない。善の概念の展開はたしかに道徳ならびにその拘束性の完全な概念には至らないが、道徳の内容・道徳の目標・道徳の要点のまったく完全な概念に至る。善の形式的な概念は、普遍主義的な道徳の実質的な核心部分――道徳的配慮が問題とするもの、あらゆる道徳的配慮の主要な観点を形成するものを指摘するのである。

(152) これに対して、J. Mackie, Ethics. Inventing Right and Wrong. Harmondsworth 1977〔邦訳：『倫理学-道徳を創造する』加藤尚武監訳、哲書房、一九九〇年〕、マッキーへの批判については、E. Tugendhat, Zum Begriff und zur Begründung von Moral, in: ders., Philosophische Aufsätze, Frankfurt/M. 1992, 315ff., 特に 323ff. を参照のこと。

このことは先に（二四五頁以下で）区別した二種類の意欲できることとの関係に即して示されうる。私が選好上または道徳上の関心から有意味にあるいは首尾一貫して意欲できるのはそのつど特定の善である。二種類の善は形式的に特定の意欲の仕方として特徴づけられる。善であるのは、特定の仕方で遂行される生、すなわち世界に開かれた自己決定において遂行される生である。同じように、道徳的に善であるのは、特定の仕方で遂行される行為の仕方ないし生き方、すなわち、すべての他者に対する公平な配慮において遂行される行為の仕方ないし生き方である。一見しただけでは目立たないが、第二の定式表現は第一の定式表現に関係している。道徳的な意欲の仕方は前道徳的な意欲の仕方を引き合いに出している。というのも、われわれが道徳的態度において配慮し、またそれにおいてのみ意欲できるのは、実存的な成功の余地、誰もそれを持たないことを有意味に意欲できないそうした余地を保持することだからである。適切に理解された善き生のためにわれわれが意欲できるのは、世界に開かれた自己決定的な生を生きることのみである。首尾一貫した道徳的配慮にもとづいてわれわれが意欲できるのは、万人に対して世界に開かれた自己決定的な生き方を承認することだけである。道徳的配慮とは万人にとって善であることに公平に配慮することなのである。

トゥーゲントハットもカント解釈の中で、道徳的な「意欲できる」は前道徳的な「意欲できる」を指し示しているという、私と似たような理解に達している。「カントにおいても公平な判定原理は一つの見方を指示している。その見方とは、当事者たちの利益の公平な顧慮である。それゆえわれわれは、『各自が何を道徳的に善いと見なすのか』という問いと、『各自は自分のために何を願望するのか』という問いとを区別しなければならない。第一の問いが第二の問いに上乗せされているというのがカントの構想の特徴である」[153]。ここではカント自身がどのように自分の構想を理解していたかということは重要ではない。トゥーゲントトハットがカント解釈者として提案している論理構成はどれほど筋が通っているかということだけが重要である。奇妙なのは、トゥーゲントハットが、二つの問いを区別しているにもかかわらず、しばしば道徳的善の概念を善き生の概念と関係づけないで説明していることである。そうすると、あたかも前道徳的な善の概念は道徳的な善の概念を把握するのに必要ないかのように見える。[154] しかし、この見かけは当てにならない――トゥーゲントハット自身が最後に認識するに至るように。個別の道徳的判断の根拠づけ可能性が問題であるとして、トゥーゲントハットは以下のことを強調する。すなわち、「カントの原理には二つの要素が含まれている、一つは、『任意の一人が何を意欲するだろうか』というある程度経験的な心理学・人間学的基礎に関する問いの中で表現される要素、何が災いで何が財であるかということに関する要素、第二の要素は規範的な上部構造、規範的判断そのものの上部構造として特徴づけられうる要素である。端的に言えば、自らにふさわしい財を損なってはならないあるいは保護すべきであるという仕方で振舞うように万人が万人に道徳的に要求することを本質とする上部構造である」。[155] こうした考察をトゥーゲントハットは、「道徳的に判断する人の尺度になっているのは、すべての当事者にとって気がかりである財と災いを考慮する任意の判断者の視点からいかにしてこの〔幸福と道徳の〕コンフリクトが解決されうるのかという問いである」[156] と要約する。

ここで以下のことが明らかとなる。万人――〔理念的な〕万人一般またはそのつどの当事者たちすべて

(153) Tugendhat, Vorlesungen..., 316. カント解釈については、同上、Kap. 6 u. 7, v. a. S. 146.
(154) たとえば、トゥーゲントハットが――同上、S. 86 で――定言命法を「君がある任意の人格の視点から、万人が行為することを願望するような、そうした仕方で(万人に対して)行為せよ」と定式化しなおすときがそうである。
(155) Ebd. 329.
(156) Ebd.

——にとって気がかりな災いと財こそ、道徳的判定の存在理由なのだ。万人にとっての関心事への公平な配慮こそ、道徳的配慮における関心事なのだ。しかし、万人にとっての関心事はできるかぎり善き生である。トゥーゲントハットが取り上げる財と災いは、それを獲得したり避けたりすることが一般的に——任意の一人の視点から——不可欠であるか、またはしかし——特殊な状況で——すべての当事者にとって、しかもつねに自分たちができるかぎり善く生きるために本質的であるもののことである。

トゥーゲントハットにおいては——他の多くの著者と同様に——道徳的配慮の理解がたしかに善き生の特定の条件についての仮定とつねに結びつけられているが、しかし善き生の在り方とは結びつけられていない、というようにわれわれは理解できるだろう。この立場を私は、二‐七‐二‐二でいっそう詳しく考察するつもりだ。しかしこの立場は、右の引用文の中でトゥーゲントハットが実際に言っていることと一致しない。というのも、「任意の一人が意欲する」ものとは何であろうか。もちろんたんに、万人が事実として意欲している、あるいは意欲するだろうというものではない。万人が事実として意欲するのは、各自が自分自身のために意欲するものである。それはきわめて多くきわめてさまざまであり、さまざまな仕方で両立しないであろう。それが何であり、両立しうるかどうかということは、行為のそのつどの——歴史的・文化的・伝記的——コンテクストに依存する。それゆえ、任意の一人が特定の状況で意欲するだろうというもの、また、ひょっとすると万人に（道徳的または政治的に）期待され要求されうるものも、そうしたコンテクストに依存する。それに対して、任意の一人が（特定のコンテクストや状況に制限されず）一般に意欲するだろうというものは、万人が有意味に意欲できるもの、各自の視点から善いと証明されうるものである。ところで、われわれが——二‐二‐二によれば——万人が有意味に意欲できる（それゆえ任意の一人が意欲するだろう）ものについて何ごとかを知りうるのは、万人が事実として意欲するものが少なくとも一つ存在するときだけである。こうした普遍的願望——自分の願望の少なからぬものが実現されるかもしれないということ——は、各自が自分のために意欲するべきもの、言い換えれば、任意の一人が自分の順調さのために有意味に意欲できるものへのわれわれの問いの出発点であった。自己決定された生を生きることが万人の適切に理解された関心のうちに見出されることが明らかになった。そうすると、上述の二段階の論理構成が正しければ、そうした生を生きる可能性への公平な（保護し援助する）配慮が道徳的当為の意味であるということが帰結する。各々の任意の人のためになることを公平に考慮することは道徳的に望ましいのである。(157)

もちろん、トゥーゲントハットの定式化から容易に思い浮かぶように、これはたんに経験的な問いではない。任意の一人がそもそも意欲できるものは何かという問いに対する答えは、たんに経験的な仮定（すべての人は自分のさまざまな願望に関して少なくとも上述の一つの願望を抱く）に接続し、経験的言明を結果として生み出す（人が必要条件の意味での世界に開かれた自己決定のために何必要とするかを考察するならば）。しかし、その答えそれ自身は決して経験的ではなく、真正の哲学的な答えである。その答えは、われわれが自分の願望にどのように関わるのが最善かということの価値評価的反省から生じる。その答えは、事実としての願望や意欲から出発しつつも同時にその願望や意欲を超え出てゆくような、そうした公平な実践的配慮の起点を露わにする。したがって、道徳的態度は、いかなる生き方が万人にとって最善かということについての少なくとも暗

(157) たしかに「倫理学講義 Vorlesungen über Ethik」第一四章（特に266-268）でのトゥーゲントハットにも、人間の善き生の在り方に関して広範に述べているが、トゥーゲントハットはその言明を道徳そのものの説明に対してではなく、道徳的動機づけの問いの究明に対してしか役立てていない。「私は道徳的であろうとするかどうか、そしてそれはなぜか」という問いに関して「説得力を持つように思われる順調さに関する特定の仮定から出発しなければならない」(271) だけでなく、道徳的であるとはいかなる意味かという問いにおいても、価値評価的な善の概念に立ち返ることは避けられない。

黙の仮定から切り離すことはできない。道徳的立脚点の解明は成功している生の普遍的な構造についての言明から除外されえない。というのも、道徳の意味は幸福の形式の保護のうちにあるのだからである。

この形式を記述しようと試みる道徳哲学上の認知主義は、道徳的規則を、理性ないし言語の本性からではなく、万人にとって等しく中心的である生の可能性への要求の相互性から説明する。[158] 道徳的規則は、この生の可能性の名において、善き生のこの形式の名において通用する。道徳的規則は任意の他者、そのつど関係する他者または当事者たる他者への非‐戦略的配慮の規則である――この他者のための規則であり、私が私自身のために他者に対して善き生を要求するように、他者も善き生を持つことができるための規則である。[159] その際、この規則の根底にある万人にとって重要であるものが存在するだろうという仮定は、第一義的に理論の仮定ではない。それはたんに道徳的な知覚能力そのもののうちに初めから存しているものを表現しているにすぎない。というのも、道徳的承認のうちに含まれ、そのうちに見出されるのはつねに、他者は原則的に私がいるのと同じ状況にいるという認識だからである。もちろん、この認識はそれだけですでに道徳的承認だと本末転倒して言われるかもしれない。無道徳的な観照の冷めた眼差しにもこの認識はアクセス可能であろう。この実存的対称性の認識が実践的承認になる――この認識が承認として遂行されるとして――のは、ただ、それが相互認識／承認の継続である場合だけである。その内部で行為者は自己自身が承認されたことを知り、また知ろうとするのだ。こうした対称性の認識は、それが中立的な観察の表現ではなく、公平な観察の表現となるや否やただちに承認になるのである。[160]

ところで、そのような公平な判定がそれぞれ個別の場合にすべての当事者の事実的関心に関係づけられなければならないとしても、そうした判定は一つの反事実的尺度なしには――万人にとって善であるもの、譲れないものに定位することなしには、有意味でなく意欲されえない。道徳的判定の尺度――〔カントの〕定言命法またはトゥーゲントハットによるその再定式化が述べているような――は、行為可能性ならびに生の可能性、それを通して万人に善き生へのアクセスが開かれるような、そうした可能性を保証することのうちに存する。道徳的規則の普遍性はこの意味での普遍性である。形式的な善の保護が望ましいのは、万人がこの善を事実的に追求するがゆえにではない。というのは、それは事実ではないからである。むしろ形式的な善の保護が望ましいのは、この善が万人とってその生の好都合な形式だからである。それゆえにこうした善へのアクセスは、たとえ万人がその善を〔実際に〕追求していなくても、道徳的に万人に、しかも――その人の振舞いが道徳的配慮と正しい振舞いの存立を脅かさないかぎりで無道徳者に対してさえ、開かれているべきなのである。

道徳的行為の本質はいずれにせよ、万人の事実的関心にもっとも好意的であるように行為することのうちには見出されない。というのも、この事実的関心は反道徳的であるかもしれないし（たとえば少数派の抑圧に向けられていて）、そうした関心の実現がその関心を抱いている人々の生の展望を破壊することになるか

(158) このことがいかなる意味で「道徳の根拠づけ」として理解されうるのか（さらにいかなる意味でそう理解されないのか）、それについては Seel, Das Gute und das Richtige, a.a.O., 232ff. で解明されている。

(159) したがって、トゥーゲントハットが Drei Vorlesungen über Problem der Ethik (in: ders., Probleme der Ethik, a.a.O., 57ff., vgl. ders., Vorlesungen über Ethik, 45ff.) で提案しているような、道徳的規則の概念と潜在的な制裁との結びつけは――U・ヴォルフが Das Problem des moralischen Sollens, a.a.O., (Anm. 43), Kap. 1 ではっきり理解しているとおり――不適切であるように思われる。道徳的規則は、社会的制裁という当然の帰結を伴った承認の規則であり、その意味が制裁という脅しと内的に結びついている仮説的規則ではない。ハーバーマスが述べているように、「制裁は当為の妥当性にとって本質的ではない。制裁はむしろ、規範的に規制された生活連関のすでに体験された過去の侵害に対する兆候を示しているのである」。Erläuterungen zur Diskursethik, a.a.O., 144f.〔邦訳：『討議倫理』一七〇頁〕。この問題の解明にはトマス・ベッシュとの議論が有益だった。

(160) これについていっそう詳しくは、第三研究を参照のこと――道徳的知覚の認知的／承認的構造を納得ゆくようにシュペーマンが記述している。Spaemann, Glück und Wohlwollen, a.a.O.

もしれないからだえる（たとえば、そうした人々の多数派がその各自に対して有害な仕方で〔その関心の実現に〕病的に熱中するならば）。しかし道徳的行為は、たんに万人にとって前道徳的な意味で最善であるような仕方で行為することのうちにあるのでもない。というのも、財の公正配分という問題の場合、不公正な比率では決して万人にとってより望ましくはないからである――裕福な人々または権力者は公正な秩序においては以前より状況が悪くなる。むしろそうした再配分は、それが政治的・社会的正義という原則のおかげであるならば、公平な観察に従って万人にとって善であるものの名において行われるだろう。この意味においてのみ、万人への配慮を伴った道徳的な善（あるいは政治的正義）は「同等」に善い。若干の人々だけにではなく万人に対して成功している生の余地を開けておいてくれるのは、このこと（行為の仕方、社会的・政治的秩序の性質）なのである。

　しかし、どのように生きることが万人にとって善であるかを知ることはそれだけではこの普遍的な善への道徳的配慮の態度と同義ではないということが、改めてこの考察から帰結する。ここで善と道徳的な善のあいだの差異が別の面から明らかになる。善き生の普遍的な概念が初めから普遍主義的な道徳の原理を定式的に述べているわけではない――しかし善き生のそうした普遍主義的概念がなければ、その原理を定式化することはできない。万人にとっての善に公平に配慮することによって初めて道徳的態度なるものが形成される。形式的に把握された善は、こうした配慮の観点・内実・「質料」・をあらかじめ与えている。それに対して、任意の一人が行為状況を公平に判定することは、他者との配慮に満ちた出会いの形式を提示する。この両者が合わさって道徳的態度が形作られる。両者――形式的に理解された普遍的な善ならびにこの善に対する形式的に理解された普遍的で公平な配慮――が一つになって、一貫した普遍主義的で持続的な道徳的態度を形成する。公平さの理念と善の理念とが合わさって、道徳的な正しさという概念を定式化する。形式的に理解された善は、何が公平な判定に従っているかを語る。それは、成功している生の根本的可能性へのアクセスである。公平性の原理は、このアクセスがどのように規制されるべきかということを――〔その答えとして〕若干の人々だけでなく万人に成功する生が可能であるように〔規制されるべきである、と〕語る。(161)

任意の一人が願望するだろうし願望できるように行為することの道徳的要請は、普遍的だが初めから道徳的に捉えられてはいない、そうした善の概念を拠り所としていることを私はしっかりと書き留めておく。「任意の一人が意欲するだろうもの」、そうしたものに定位することは「任意の一人にとって善いもの」に定位することである。しかし、ここで善として設定されてよいのは、実際に各自が意欲できるものだけである。善き生の形式的概念は、ここで問題になっている「善い」についてふさわしい解釈を与える、と私は思う。私がここで展開しようとした核心において形式的な〔善の〕概念だけが、この課題――いかなる善が道徳の保護下に置かれるのかについて語るという課題に答えられる。道徳の保護下に置かれるということは、しかし同時に無条件に保護される(162)ということを意味する。その結果、特定の人々だけでなく、例外なく万人が保護されることになり、言い換えれば、特定の個人や集団だけでなく任意の個人が善き生のために意欲できるものが保護されることになるのだ。(163)

(161) こうした考察は、Seel, Das Gute das Richtige, a.a.O. で私が提示した二つの倫理学の根本概念の「相互依存」の説明を改良したヴァージョンである。その拙論で私は、正しさに対する善の「論理的優位」を主張したが、それは善の形式的概念がそれ自身で初めから規範的定位を行っているという印象を呼び起こす可能性がある。しかし、そうした印象を持たれることは本意ではない。（対話的相互行為から獲得されつつも、その範囲を超えて普遍化された）生のチャンスへの相互要求の公平な判定と合わさって初めて、価値評価的な善の概念は道徳的な正しさの規定に寄与するのである――この問題ではライナー・フォルストとの議論がきわめて有益だった。

(162) こうした無条件な妥当性の意味は第四研究で分析される。

(163) その際「任意の名宛人」が論じられる場合には、正しく理解されるならば、個人としての特殊性を、ただし万人が個人として特殊で道徳的配慮のこうした規定は、それが第一義的には何を意欲するかでなく、二通りの意欲の仕方を問うているという点で形式的である。しかし、ここで選ばれた考察方法は、道徳の観点が実践的問題を特定の仕方で判定することによってのみ解明されるだろうという意味で形式主義的なのではない。カントがそうした意味での形式主義者であったのかどうかについては議論の余地がありうる。私自身はそうは思っていない。カントの路線で議論する討議倫理学はもちろん、みずからをこの意味での形式主義的道徳理論だと理解している。というのも、討議倫理学は公平な実践的判定の形式の解明を介してのみ道徳の観点を把握しようとするからである。したがって討議倫理学の側から、ここまでの考察方法や考察結果に対して重大な反論が予想される。私は道徳的配慮の内実についてさらに語る前に、こうした反論に短く答えておきたい(164)。

「道徳は万人にとって善であるものの公平な配慮である」という言明を前にして討議倫理学の支持者たちは、この言明は冗長であると反論するだろう。実践的な事柄の公平な配慮という理念の中にはすでに善の最小限の概念、つまり、それなしに道徳理論が——どれだけのものが道徳理論とみなされるとしても——立ち行かない概念が見出されるというのだ。しかし、この最小限の善の概念はコストのかかる価値評価的な善の理論によって外から調達される必要はないという。その概念は初めから道徳的な正しさの概念そのもののうちに見出されるという。善き生の構造的な条件であるものをそもそも提示できるために必要であるのは、道徳の説得力ある概念であるという。社会的規範の普遍的正当化の理念は普遍的な善の理念を含んでいるが、その反対に善の理念がその正当化に観点を設定することはないというのである。

ハーバーマスをそのように理解できるのは、討議論理が「カントと比べて正義の義務論的概念をはるかに広く善き生の諸側面、つまり、コミュニケーションによる社会化という普遍的観点からそれぞれの生活形式の具体的全体性によって際立たせられるそうしたわれわれの生の諸側面にまで押し広げる――しかしながらその際ネオアリストテレス主義のような形而上学的窮地に陥ることはない」[165]とハーバーマスが述べるときである。ネオアリストテレス主義ということで、人間という実存の客観的目的を規定する試み、または歴史的共同体の支配的伝統によって善を設定する試みのことが考えられている。[166]こうした二者択一をわれわれの考察は免れており、反省的主観主義の価値評価的論証は特定の伝統や文化の価値基準には必ずしも結びついて

あることが強調される。万人の一人ひとりに対するわれわれの関わり方は、われわれの好みに委ねられてはいけない。そういうわけで、任意の他者への配慮の原則は、トゥーゲントハットが言っているように、善き生という共通の目標の中で万人の願望と意欲がどれほどさまざまであれ、随意さとは正反対のもの、すなわち、万人との連帯という核心を際立たせている――〔しかし〕それと同時に「任意」の他者が論じられる場合には、説得力ある道徳理解が万人の好みを配慮してのみ根拠づけられるということも意識されている。これがすべての目的論的客観主義に対するニーチェの批判の真の核心であって、ニーチェは目的論的客観主義に自己立法という手続きを対置する。「人類に一つの目標を提唱するということになれば、これはまったく別なことである。その場合は目標はわれわれの自由裁量の余地あるものとして考えられている。そうした提唱に人類が同意するとすれば、人類はそれに応じて同様にその自由裁量から一つの道徳律を自らに与えることもできよう。しかし、いままで道徳律は自由裁量以上のものとなっていた。人はこの道徳律を自らにそもそも与えようと欲せず、どこかで受容するか、どこかで発見するか、あるいはどこからかそれが命じられてやってくることを望んでいた」。F. Nietzsche, Morgenrothe, in: ders., Samtliche Werke. Kritische Studienausgabe, hg. V. G. Colli und M. Montinari, Munchen 1980, Bd. 3, 96 (Nr. 108);〔邦訳：『ニーチェ全集』第I期第九巻、一〇八頁〕この文章の解釈については、V. Gerhardt, Selbstbegründung. Nietzsches Moral der Individualität, in: Nietzsche Studien 21/1992, 28ff. を参照のこと。

(164) 私は以下では、ハーバーマスのヴァージョンに定位して議論を進めたい。それに対してK・O・アーペルについては、K. O. Apel, Diskurs und Verantwortung, Frankfurt/M. 1988. を参照のこと。

(165) J. Habermas, Treffen Hegels Einwände gegen Kant auch auf die Diskursethik zu?, in: ders., Erläuterungen zur Diskursethik, a.a.O., 9ff., 20.〔邦訳：『討議倫理』、五頁以下、一五頁。〕

(166) Vgl. H. Schnädelbach, Was ist Neoaristotelismus?, in: ders., Zur Rehabilitierung des animal rationale, Frankfurt/M. 1992, 205ff.

いないということが示された。しかしながら、ハーバーマスはおそらく、価値評価的議論はどのような種類のものであれ、道徳原理の無制約性の解明をサポートするには弱すぎると返答するだろう。そこで善に関するすべての困難を回避するのが望ましいということになる。道徳的討議の中心で――論証状況の構造に即して――形成されうる善だけが普遍的な善として承認されうるということだ。こうしてハーバーマスは以下の「あらゆる道徳が一点で合致する」というテーゼに至る。「すなわち、あらゆる道徳は言語に媒介された相互行為という手段――社会化された主体の傷つきやすさの原因となっており、またその弱さを保証するための中心的視点ともなっているものから引き出される」[167]というテーゼである。これはハーバーマスによれば、言語による意思疎通と正当化との理念であり、そこから実践的な相互交流の主要な観点が由来するのである。というのも、万人が非強制的な討議において同意しうるような実践だけが万人に対して正当化されうるからである。[168]

しかしなぜ万人が同意しうるというのだろうか。提示された規則が自分たちのためになるからか、それとも、その規則が道徳的に正しいからなのか。どちらの考え方も客観性要求でもって判定されうるだろう。しかし一つの場合だけ、われわれは道徳的客観性、すなわち公平性について語るだろう。では、この種の客観性をその他すべての客観性から区別するものは何か。特定の手続きか、それとも特定の事象的観点か。私には（他の注釈者と同じように）後者の規定なしに済ますことはできないと思われる。「公平」とはネガティヴな表現であるが、党派的でないという意味である。しかし、たんに党派的でないことは、われわれが道徳的公平さについて語るときに考えていることではない。人は全般的に公平ではありえないのであって、何か特定の事柄との関係においてのみ公平でありうるにすぎない。「道徳的規則との関係において」と言うならば、何が道徳的規則において公平に規制されるべきかについても言わなければならない――それは、善き生へアクセスする機会であろう。道徳的判定は、所与の行為仕方または規則がいかにして万人（当事者）にとって善き生の可能性を指示してくれるかということにもとづく判定である。いったい何が適切にまたは正しく処遇されなければならないかを言わないような、そうした公正や正義に関する概念は可能ではない。道徳的配慮は特定の観点における配慮なのだ。道徳的配慮の解明はその観点の解明を含んでいなければならない。したがって討議倫理学に対しては、道徳的観点は――公平な正当化という理念とともに――特定の内実によって――われわれが先入観に囚われずに配慮すべきものによって、与えられている、と言わなければならない。したがって、道徳の形式主義的――純粋に手続き主義的――解明は、循環論証であるか、または誤り

(167) A.a.O., 17.〔邦訳：『討議倫理』、一三頁。〕

(168) 同じように、ライナー・フォルストも、Kontexte der Gerechtigkeit, a.a.O., 344ff. で、私の Das Gute und das Richtige (a.a.O.) の分析に異議を唱えている。私が企図した善の形式的概念はあらかじめ道徳的配慮の限界内に見出されるように把握されている、と。しかしこの指摘は的を射ていない。それは、二-七-一-二での考察から明らかだと言ってよいだろう。しかし、フォルストが私への異議から引き出した結論は興味深い。「道徳がどのように解明されるとしても――個人的な善であれ社会的な善であれ、その特定の概念によって――道徳はその解明に特定の普遍化基準および形式化基準を課する。それは、相互性と普遍性という基準である。その基準は規範のあらゆる道徳的妥当性ならびにそれの「理性的」根拠づけに先立って人格どうしの「あいだ」に与えられている。「究極的」な善がないからには理性のこの自己批判的・再帰的な無制約性のうちにこそ「手すりを持たない」道徳の要点が見出されるのである」(346)。こうした異議の正しい点は、善き生の概念がそれだけでは決して道徳的に正しい生の概念を定式化も含意もしないということだ。しかし仄めかされた逆の推論、道徳の解明が善の概念を(どれほど形式的であれ)必要としないという推論はほとんど納得がゆかない。というのも、実践的規則の「普遍的正当化の原理」は、その規則が内容的に意味するもの、すなわち、善き生の形式(ならびにそれに属する条件)の保護がその中に含まれていないかぎり(フォルストにおいては明示的または暗示的につねにそうなのであるが)無内容なままだろうからである。フォルストは続ける。「普遍的な正当化の原理はその手続き的性格によって、何らかの善の理論に依拠することなく、共同体の中での人格の善という実質的構想を正当に評価する。(…)「道徳性」という実践理性は「道徳」の内実を排除せず、個人的ならびに集団的な自己決定を共通に可能とする原理を定式化する」(Ebd., 346, 強調は私自身による)。ここでは自己決定が密かに価値評価的な目的として定立される。さらに論証は、自己決定が各自にとって最善であるような生の様相であることを前提としている。こうした一般的善の仮定がなければ、正義の理論は無意味になってしまうだろう。

である。[169] 善き生への関係は道徳哲学上の必要条件である。善に対する感受性なしに道徳的善は存在しない。価値評価的な善の概念を欠けば、道徳的善の概念も存在しないのである。[170]

二-七-二-二　幸福の条件に対する尊重

こうした価値評価的な善について私は二-四-四-三で、それが人間の生き方の目的を特徴づけている、と語った。したがって幸福の形式の道徳的保護とはこの目的の保護であり、より詳しくは、この目的が普遍的に到達可能であることの保護である。しかしこの目的論的構成要素を認めるだけで、道徳を目的論的に理解することになってしまうわけではない。功利主義のような目的論的倫理学は、それの達成が道徳の規則によって促進され保証されるべきであるような、そうした目的によって道徳の観点が定式化されることによって初めて生じる。個人の善き生という概念はこの目的のために、各個人にとってではなく全体として善いものの概念へと、言い換えれば、善のできるだけ多くの実現の意味での全体利益の表象へと変換されざるをえないだろう。この戦略のよく知られた困難について私はここでは立ち入ることはできない。私には（この点ではハーバーマスやトゥーゲントハットと同じく）あらゆることが正反対のやり方を支持しているように思われる、すなわち、承認能力を持つ主体が相互に認め、その結果として主体がそれを保持するように相互に義務づけ合う権利から始めることを支持しているように思われる。こうして人は、譲り渡せない権利、万人に対して保証されなければならない権利を義務論的に理解できるようになる。この権利は、成功している生の余地へアクセスする権利である。それだからこそその権利は「譲り渡せない」のだ。つまり、誰も有意味に成功している生の余地へのアクセスを放棄することなどできない。というのも、個人の善き生は少なくとも成功している生の余地へのアクセスが開かれている社会的コンテクストの中でのみ可能だからである。普遍的な基本権は万人に成功している生の可能性へのアクセスを保証すべきである。(171) 道徳の理念とは、万人が万人に対して善き生の余地へアクセスする権利を保証することなのである。

二—七—二—二—一　政治的リベラリズム

しかしただちに、私の主張は過剰であるという主旨の反論が新たな形式で立てられる。すなわち、何がこ

(169) このことを多くの人が討議倫理学との対決の中で理解してきた。Ch. Taylor, Motive einer Verfahrensethik, a.a.O.; A. Wellmer, Ethik und Dialog, a.a.O.〔邦訳：『倫理学と対話』〕、R. Spaemann, Glück und Wohlwollen, a.a.O.; E. Tugendhat, Vorlesungen…, a.a.O.

(170) ハーバーマスの言葉で言えば、自己決定の相互実現は、道徳的配慮の「規範的」根本原理である。なぜなら、自己決定された生のうちに人間らしい生の最高の「価値」が見出されるからである。ハーバーマスが突き止めた「価値」と「規範」のあいだの差異ないし「倫理的」問いと「道徳的」問いのあいだの差異——若干の人あるいは万人にとって多かれ少なかれ善いことと万人への配慮でもって無条件に命じられていることとの〔差異〕——からは、ハーバーマスが性急に結論づけているように、後者が価値評価的な善のいかなる一般的な理解も含みえないし含んではならないということは帰結しない（Habermas, Erläuterungen zur Diskursethik, a.a.O., 100ff. u. 168ff.〔邦訳：『討議倫理』、一一五頁以下、ならびに二〇〇頁以下〕、Faktizität und Geltung, a.a.O., 309ff.〔邦訳：『事実性と妥当性』（上）、二九五頁以下〕）。むしろ含むことは避けられない。すなわち、規範は万人にとって善である事柄に関係づけられている——この「善」が初めから道徳的に意欲されたものでも、たんに万人によって事実的に意欲されたものでもなく、任意の一人の視点から善またはいっそう善であるものを意味しているときにのみ、有意味である規定〔に関係づけられている〕。こうした理解にハーバーマス自身も近づいているのであるが、それは、道徳的規範の「当為妥当性」が「ある行為期待が特定の名宛人にとって望ましい結果をもたらすという相互主観的意味ではなく、むしろ『万人にとって』等しく善であるという相互主観的意味を持つ。なるほどここで善悪への関わりが無条件に断ち切られているわけではないが、規範は普遍化を通して万人にとって善い規則としての資格を手に入れるのである」（Erläuterungen…, 170〔邦訳：『討議倫理』、二〇二頁〕）とハーバーマスが言うときである。しかしこの引用文も、任意の参加者の視点から最善であるものへと道徳的善が構成的に関係していることを隠している。「万人にとって善い」もの、そして万人にとって善であるがゆえに道徳的に善いものは、万人にとって——初めから道徳的なのではない「善い」の意味で、善いにちがいない。道徳的に善いものは、倫理的善いものを指示しており、とりわけそれによって定義されているのであって、その際に後者がまさか前者と同義であるなどということはないだろう。

(171) トゥーゲントハットも同じように言っている。Tugendhat, Vorlesungen…, a.a.O., 337f.「万人にとって譲り渡せない権利を考慮すること

の善き生の余地を特徴づけるのかと問われるだろう。この余地は二－三で区別されたエピソード的幸福と全体的幸福の条件が満たされることといかなる点で区別されるのか。善き生の形式についての言明は道徳的配慮において配慮されるべきものを規定するのになくても済むのではないか。いったい幸福の条件を保護することの他に何が幸福の形式の保護と言われるのか。個人の自律の名において善き生の在り方についてはなるべく――できれば何も――言及しない古典的なリベラルの立場が適正な立場なのではないか。それゆえ、幸福と善き生の哲学的理解を詳しく論じるのは、幸福の条件への配慮の意味を捉え損なっているのではないか。幸福の条件を保護する意味は、拡散する幸福可能性を実現するための広い空間を確保することのうちに見出されるのではないか――これは、幸福の条件を保護する道徳的ならびに政治的必然性を根拠づけるために、善き生の複数の構想ないしヴァリエーションを超えた善き生の形式的理論はそれ以上必要ないということを意味していないだろうか。この結論――成功している生の余地の普遍的な保護――に到達するのに善の普遍主義は不必要なのではないだろうか。その結論がその概念〔善き生の形式〕を援用して獲得されたというのは誤解であって、善き生の条件の繊細な理解があれば、道徳理論ならびに民主的法治国家の理論には十分ではないだろうか。基本権として保証されるべき善き生の条件の概念は、善き生そのものの形式の概念に対して自律的なのではないだろうか。

こうした反論は政治的リベラリズムの側で、いっそう正確には道徳哲学や政治哲学の厳密な倫理的中立性を主張するすべての理論によって考慮される。こうした立場は今日ではたとえば、ジョン・ロールズ、ブルース・アッカーマン、ロナルド・ドゥオーキン（一九八九年まで）、トマス・ネーゲル、ユルゲン・ハーバーマスなどによって支持されている。(172) この場合の厳密な中立性とは、それ自身ふたたび倫理的な――善き生の特定の理論による――基礎を持たない中立性を意味する。こうした概念を、たとえばドゥオーキンが一九八九年のタナー講義で探求している。[173] 道徳的配慮が――法や民主的法治国家のシステムと同じように――個人の善き生の条件の一つの保証であることは、道徳ならびに法の古典的でリベラルな理解に本質的に含まれている。しかし、そのことはここでは、幸福または善の条件についての語りが善き生の在り方のいっそう広い解明から完全に切り離されるという仕方で理解される。実り豊かな生の条件は――典型的には基本財のリストによって――万人が実際に意欲するものに依拠して提示されうるが、万人が有意味に意欲できるものへの反省によっては提示されない。それによれば、善の条件は、万人が何を意欲するにせよ、その中で要求する（あるいは少なくとも自由に使用できる）に違いない財の共通部分以上のものではない。ロールズの『正義論』がそのことを明示している。[174] トゥーゲントハットも、何が任意の一人にとって基本財でありま

は、（個人どうしのあいだで計算される）全体利益という構想と反対の目的論的構想である」。Vgl. Scanlon, Value, Desire and the Quality of Life, a.a.O. (Anm. 6), 195:「道徳に関する論証における幸福の役割をめぐるいかなる議論も、この概念に根本的な役割を割り当てる功利主義の背景に対抗して生じる。しかし非 - 功利主義的な理論においてさえ権利や原理の正当化は少なくとも部分的には、そうした権利や原理が保護し促進する利益の重要性に言及せざるをえず、それゆえ、そのような理論のいずれも、それらの利益がどのように特徴づけられるべきであり、その利益が要求する道徳的重要性がどのように正当化されうるのかという問いに直面せざるをえない」。

（172）J. Rawls, Eine Theorie der Gerechtigkeit, a.a.O.〔邦訳：『正義論　改訂版』〕, ders., Der Vorrang des Rechten und Ideen des Guten, in: ders., Die Idee des politischen Liberalismus, a.a.O., 364ff.; R. Dworkin, Bürgerrechte ernstgenommen, Frankfurt/M. 1984; ders., A Matter of Principle, Cambridge-London 1985, bes. 181ff.; B. Ackermann, Social Justice in the Liberal State, New Haven 1980; Thomas Nagel, Eine Abhandlung über Gleichheit und Parteilichkeit, bes. Kap. XIV; J. Habermas, Faktizität und Geltung, a.a.O., 309ff.〔邦訳：『事実性と妥当性』（上）、二九五頁以下。〕

（173）Dworkin, Foundation of Liberal Equality, a.a.O.――法治国家の原則の中立性をめぐる論争については、フォルストによる優れた描写を参照のこと。Kontexte der Gerechtigkeit, a.a.O., 56ff.

（174）『正義論』におけるロールズの「弱い」善の理論は、善き生の条件の解明である。Vgl. ebd. 111ff. u. 433〔邦訳：『正義論　改訂版』、一二二頁以下、および五一八頁〕（ロールズにおける五つの基本財とは、自由・機会・所得・資産・自尊心である）――しかし興味深いのは、ロールズが自分の過去の考えをいつの間にか修正したことである。基本財の選抜はもはや経験的にではなく、明らかに自律的な生き方の必要条件から根拠づけられる。自己決定の思想が今や財の適切な選抜の差異化された根拠づけの前提となる。J. Rawls, Die

た根本悪であるのかと問うとき、同じように考えていると思われる。(175) 古典的リベラリズムが善に対して禁欲的であることをはげしく批判するマーサ・ヌスバウムにおいてさえ、列挙される基本財のリストが、実際に万人が意欲するものの表現であるかどうか、あるいは万人が自分たちにとって実り豊かな生のために意欲するものの内容豊かな表現であるのかどうか、十分に明らかではない。(176) 前者の立場が事実であるとしたならば、善き生の条件の確定のためにいかなる価値評価的解釈も必要ないことになろう。そうした基本財の調査はむしろ——旧来のリベラリズムが旗印としていた中立性の意味における善き生の在り方の理解に先立っていることになろう。

しかし、まさにこの中立性は可能ではない。ある程度しか説得力のない基本財のリスト——その豊かさの程度はどうであれ——は、たんに万人が必要とするものの確定であるだけでなく、同時に万人にとって成功している生の追求において善であるものの解釈でもある。というのも、万人がもっともらしいリストに挙げられる財のすべてを実際に追求するわけではないからである。たとえばロールズは——現代社会にとっての——公職にアクセスする機会を強調する。すべての人がその機会を利用しようとするわけではない。それにもかかわらず公職に就く機会は万人に法的に保護されている。たしかにほとんどの人にとって所得と財産を獲得することは重要であるが、すべての人にとってそうではない。すべての人にとって公開の場で語る自由が重要であるわけではない——それにもかかわらずそれらに対する可能性も適正な理由にもとづき道徳的に、特に法的に保護されている。私が二−三で限定したきわめてつつましい、現代の法治国家に合わせて設定されてはいない〔幸福の〕条件でさえ、少なくとも人間の生の質的可能性の直観的理解なしには理解されない。信頼できる外的ならびに内的関係が保護に値する生の条件であるということは、それが一般に善き生にとって重要であるという仮定を含んでいる。運動の自由と決定の自由（現代社会では移動の自由、集会の自由、職業選択の自由、信仰を選び実践する自由、言論表明の自由など）が善き生の根本条件であると言うことは、人間としての順調さにはたんなる感覚的な幸せ以上のものを包含しているという仮定を含んでいる。ただし、そうした感覚的幸せは、いざとなれば、閉ざされた空間においても成就されるかもしれないとも言えよう。いずれにせよそうした仮定は、それ自身としてみれば、ありふれて自明であるかもしれないが、それでも善き生の在り方についての仮定である。そうした仮定は、人間の善き生の根本的在り方が世界に開かれた自己決定的な生であるという考え方に合流する。したがって、二―四と二―五で私が詳論したことは、すべてのリベラルな理論に――たいていは暗黙の裡に――共有されている価値評価的前提を明示的に打ち出す試み以上のものではない。善き生の条件について語る人は善き生について沈黙していてはいけないのである。(177)

Idee des politischen Liberalismus, 1992, bes. 87f. u. 94ff. これについてはW. Hinsch, Einleitung, ebd. 7ff. さらにForst, Kontexte, a.a.O., 92ff.――先に二―四―一でコメントしたロールズの幸福ないし善き生の理解は、それ以外に、道徳的配慮の対象ないし公正な秩序の対象を確定するためにではなく、むしろ、公正な社会秩序が善き生への普遍的な展望と完全に一致することの証明に使用されるにすぎない。

（175）Tugendhat, Vorlesungen.., a.a.O., 329.

（176）Nussbaum, Menschliches Tun…, a.a.O.; Vgl. dies., Non-relative Virtues: An Arisitotelian Approach, in: dies./A. Sen, The Quality of Life, Oxford 1993, 242ff.

（177）同様の議論を功利主義の立場からグリフィンが展開している。Griffin, Well-Being, a.a.O., 49ff. u. 72.――それに対してヴォルフガング・ケアスティングは、»Wohlgeordnete Freiheit. Immanuel Kant Rechts– und Staatsphilosophie«〔自由の秩序―カントの法および国家の哲学〕の改訂版（Frankfurt/M. 1993）の序論〔訳注：邦訳（舟場保之・寺田俊郎監訳、ミネルヴァ書房、二〇一三年）はさらに後に刊行された二〇〇七年のものを底本としている〕で、法理論にさしあたり善とのいかなる関係を禁じておいて、リベラリズムの沈黙の掟を規定しなおそうとしている。「リベラルな国家は生存と善き生のためにではなく、生存と権利のために存在している」（48）。もちろん、「われわれの最高の関心が、われわれに価値ありと見なされる生、善き生についてのわれわれのイメージに一致する生を生きることのうちに見出されることをリベラルな人は知っている」（53）。その際、自己決定の能力に特別な価値が見出されるのは、その能力が個人的な善の構想を形成するすぐれた形式であるがゆえにであることが強調される。「われわれの個人的アイデンティティとわれわれの生活計画とを熟慮しつつさらに形成する能力、使い慣れ道徳ならびに法が、善き生の特定のヴァリエーションの成就と促進としてではなく、善き生の社会的条件の保護および創造として理解されなければならないという事情は、右のような理解と決して矛盾はしない。というのも、道徳ならびに法の保護の下に置かれる（しかも、その保護なしにはまったくあるいは一般に存立しえない）〔善き生の〕まさに実質的条件は、善き生そのものの在り方という普遍的概念による形式的解明を必要とするからである。自己決定が成功している人間の生の根本形式であると同時に中心的な内実でもあるということが示されないとしたら、実り豊かな生の条件はリベラルな理論の中で捉えられているのとは、まったく異なった様相を呈するかもしれない。[178]善き生の条件に対する尊敬は善き生の形式に対する尊敬なのである。

こうした理由から、善き生の条件の保護には道徳的・法的・政治的にきわめて大きな意味が与えられる。その保護は、万人にとって同等に善である実存的な余地を、万人に対して——その余地がひょっとしてそもそも重要でない、あるいはしばらくは重要ではないという人に対しても保証する。すなわち、善き生の条件の確保は個人がどの程度この余地を利用する意思と能力を持っているかに関係なく必要なのだ。たしかに二―六―三で示されたように、すべての人に自己決定された生を生きることが可能なわけではないことを度外視して、誰に対しても自己決定を強制することはできない。しかし、強い意味で善き生を意欲しないし意欲できない人々に対してこそ、強い意味での善き生の保護が必要である。というのも、この保護は人間共同体のすべてのメンバーにとって中心的だからである。このことに私は二―七―三―一でもう一度立ち戻り、さらに論証を追加したい。いずれにせよ、強い意味で善き生の余地が確保されている場合にのみ、より弱い意味の善き生は脅かされ続けることなく可能である。承認が承認能力を持つ人々のあいだで実現されているところでのみ、自らは十全な相互行為的かつ道徳的承認の能力を持たなくても承認関係に与る人々の順調さは信頼できる仕方で保護されるのである。[179]繰り返せば、道徳的（さらにまた法的）配慮はただ、万人が実際に意欲するものに当てはまるだけではなくて、自己決定的な生への余地にも当てはまる。そうした余地が存立することは、万人にとって、つまり、その余地を十全な意味で利用しようともしないし利用できもしない人々にとっても善なのである。個人がどれほどこの余地を利用しても、その人々はなおも自己決定された生の余地を持っていることになるだろう。正しさの普遍主義には善の普遍主義が含まれているのである。

二―七―二―二―二　「倫理的」リベラリズム

したがって、リベラリズムに対するコミュニタリアニズムの立場からの批判者は、(180) 正しい点と正しくない点を同時に抱えている。コミュニタリアンの批判者が正しいのは、道徳の根底には善の特定の理解が存しているというテーゼに関してである。善について語ることに関する道徳哲学ならびに法哲学上のタブーは打破されなければならない。しかしコミュニタリアン的批判者は、善の概念がその把握され方には関係なく哲学的倫理学の唯一の根本概念だという仮定に関しては正しくない。すなわち、社会的な公正さ、言い換えれば

た方向づけ基準と正当化基準とから反省的に距離を取る能力は、われわれにとって価値がある」(54. 強調は私自身による。M・S)。示されたのは、善に対する法／権利の自律と言われるものが自己決定的な生の善さの強い仮定を援用してのみ定式化されうるということである。

(178) 基本財の厳密に中立的な――善の条件に純粋に限定された――リストへの信仰に対してヌスバウムが説得力のある反論を展開している。M. Nussbaum, Aristotelian Social Democracy, a.a.O. (anm. 30), 特に 210ff.

(179) したがって、自律はたんに、グリフィンが言うような他者との関係を滑らかにする媒体にすぎないというのは少なくとも性急だ、と私には思われる。Griffin, Well-Being, a.a.O., S. 54, 58 u. 67. 強い意味で幸福になりうる人々にとってはそうしたことは、われわれの考察が正しかったならば、本末転倒であることになろう。それに対して、ただ弱い意味で善き生を持ちうるにすぎない人々にとっては、これはもちろん正しい。しかし、そうした人々の善き生も成功している承認関係に依存しているということが正しいならば、自律は――ただしここでは相互に尊重された自律の形式において――直接的にも間接的にも万人にとって中心的な善である。

(180) その中でも特に Charles Taylor, Motive einer Verfahrensethik, a.a.O.

無制限で普遍的な、万人に対して正当化されるべき〔善き生をどんな仕方であれ成功裡に追求している〕他者の承認という思想がなければ、われわれは道徳の説得力ある概念を手に入れることができない。道徳哲学は自立していなければならない。しかし、「コミュニタリアニズム的」と言われる人々の多くは、善の非部分的理解はそもそも可能でないという考えをリベラルな論争相手と共有しているかぎり、それ以上の間違いを抱えている。結局のところ私の考察が――特にヌスバウムを受け継いで――反論しているのは、そうした先入見である。リベラリストにもコミュニタリアン的批判者に対しても〔私の〕アンチテーゼは、現代の条件下でも説得力のある普遍的な、それゆえ非部分主義的な人間の善き生概念を展開することは可能である、と定式化される。しかしそうであるならば、この概念こそが、自己決定的な生へのアクセスの開かれた在り方が万人にとって最善であるという暗黙の仮定の代わりに道徳理論ならびに政治理論の中へ取り入れられることになろう。こうした補完でもってリベラルな理論はコミュニタリアンの論争相手に対して広く正当性を保つ。ただし、その理論の論証的基礎は〔これまでとは〕異なったものとして現われる。

道徳的ならびに政治的なリベラリズムの新たな定式化の必然性を、ドゥオーキンは先に言及したタナー講義において正しく理解していた。善き生の内容的な構想に対する中立性という政治的原理、いかなる哲学的リベラリズムにとっても根本的であるその原理は、それ自身「倫理的」な根拠づけ、つまり、すべての観点において中立的であるわけではない根拠づけを必要とする。たとえドゥオーキン自身の根拠づけの試みは循環論証として退けられなければならないとしても、政治的リベラリズムの倫理的な――これまで展開してきた善き生の形式的概念に依拠した――根拠づけは必要である。[181] 初めから道徳的限界に縛られていない善き生の概念だけが、ドゥオーキンの望んでいること、つまり、かつリベラルな法秩序を支持する根拠で、とりわけ動機づけに関わるような、そうしたいかなる根拠をわれわれは持つのかを明らかにするという課題に十分に答えられるのである。われわれは倫理的ならびに道徳的根拠を持つ。倫理的根拠は、何らかの他の法秩序よりもリベラルな法秩序のほうが自己決定された生の関心により適切に一致するということである。道徳的根拠は、リベラルな法秩序が万人の生の成功に相当大きな余地を残すということである。その際、ドゥオーキンはリベラリズムの伝統の中で正当に、政治に関するコンテクストで第一に問題なのは順調さの平等を気遣うことではなく、成功している生の可能性への平等なアクセス――成功している生のための資源ないし条件の平等を気遣うことである、ということを捉えている。「政府は正しいステージを設定すべきである」、しかも等しい権利と機会を保証することによって。(182) しかし繰り返して言えば、この保証は、それの存立が成功している生の可能性の必要条件であるような、そうした条件であるということによってのみ根拠づけられている。同様にヌスバウムも可能性/能力――ヌスバウムは「機能」と言っている――と普遍主義的道徳の中で無条件的な保護の下に置かれる条件との関係を捉えている。(183)「政府は価値が高いと見積もられる行為へと

(181) 先の二七一-三を参照のこと。中立性の問題については、Dworkin, Foundations, a.a.O., 20ff. u. 41 を参照のこと――政治的リベラリズムの「厳密」な中立性への批判については、J. Raz, The Morality of Freedom, Oxford 1986, Kap. 5. を参照のこと。

(182) A.a.O., 98.「倫理的リベラルたち」は、したがって、ドゥオーキンによれば、「幸福にもとづいた正義‐構想」を拒絶する(96)、つまり、(反パターナリズムの視点からの考察にもとづき)〔人々の〕順調さを公正な配分の(第一義的)対象として理解することを否定する。しかし、倫理的リベラルたちが倫理的リベラルであるのは、まさにその資源に定位した(平等主義的な)正義理解の根拠づけにおいて、公正な配分によって平等に実現されるべきものとしての善き生の概念に訴えている点においてである――A・セン(Capability and Well-Being, a.a.O.)とマーサ・ヌスバウム(Aristotelian Social Democracy, a.a.O.)は、それに対して、資源の公正な配分への制限に反論し、「能力」(ケイパビリティ)の平等を支持する。しかし、この差異は、私の考えでは、道徳的ならびに法的に確保されるべき資源がそれによって開示され、保持され、展開されるべき可能性/能力の条件として理解されるや否や、解消する。

(183) その意味ではヌスバウムの力のこもった「アリストテレス主義」も、ドゥオーキンの場合と同じくやはり政治的リベラリズムではあるが、しかし方法の異なるリベラリズム、強く倫理的に根拠づけられたリベラリズムである。以下の引用は、Nussbaum, Menschliches Tun..., a.a.O., 342f. を参照のこと。

市民を強いてはいけない。むしろ政府は、そのように行為できるのに必要な条件や資源をすべての人間が自由に使用できることを保証するように仕向けられる。十分に栄養を摂取できる人はいつでも断食しようと決心できる。性的な自己表現の機会を奪われなかった人々は（…）いつでも個人的または社会的理由から性的関係の放棄を決定できる。健康保険手当を利用できる人はいつでも自分の健康を損なう可能性のある決定ができる。この意味において、現存する〔倫理的・政治的〕構想は市民がこうした機能に関して決定するのを妨げない。むしろこの構想はそうした決定だけがその機能にその十全な人間らしい身分を付与するだろうということを強調する」。何ための資源かといえば、それは世界に開かれた自己決定的な生を生きる自由のためである――その自由には、そのように開示された可能性の制限された使用またはエキセントリックな使用の自由も含まれているのである。[184]

二-七-二-三　幸福のヴァリエーションに対する尊重

この段階で政治哲学ならびに法哲学へと歩みを進めることも考えられるが、本研究ではそれができない。その代わりに道徳的配慮がどのように理解されるべきかについて、さらにもう一歩踏み込んで明らかにするにとどめたい。すなわち、道徳的配慮は、幸福の形式の名における幸福の根本条件に対する尊敬として理解されるだけでなく、同時に、幸福や成功の多様なヴァリエーション、つまり、それぞれの社会の伝統や文化やそれぞれの個人的な生活史に具体的な形態を付与するような多様なヴァリエーションに対する尊敬としても理解されるのだ。というのも、善き生の条件の道徳的・法的・政治的保護がつねにすでに善き生の形式の保護として理解されるように、善き生の条件／形式の個人的・集団的・法的・政治的実行はつねに同時に幸福のヴァリエーション、いっそう厳密に言うと、それぞれ歴史的に展開されきわめて異質な多様性を形成している幸福のヴァリエーションの保護として理解されなければならないからである。

言い換えれば、幸福の形式の保護はまったく本質的に、部分的で複数存在する生活形式の保護である——それは、該当する個人・文化・共同体・社会にとって等しく当てはまる。幸福はそれ以外の在り方ではまったく不可能である。というのも、個人的自己決定も集団的自己決定も、もちろん自由であること、その人自身に最善と思われる生き方を選ぶことを意味するからである。その生き方は、ある特定の生き方であり、多くの他の生き方、選択されなかった生き方であれ歴史的・文化的・伝記的に手の届かない生き方であれ、多くの生き方を排除するだろう。価値評価的な善の形式の保護は、その善の部分的な実現の保護でしかありえない。というのも、部分的実現においてのみ幸福あるいは善き生といったものが存在するからである。[185] このことは個人または小さな共同体の生において当てはまるだけではなく、それに劣らず、社会ないし国家組織に対しても当てはまる。歴史的に規定された形式においてのみ社会も国家も、集団の順調さの可能性の多少なりとも善き保護を提供する体制を手に入れるのだ。そのかぎりにおいて、個人の行為や法の秩序、そして政治制度によって実行された幸福の形式に対する具体的な尊敬は、つねに善き生の事実的なさらには可能的なヴァリエーション——したがって同時に二―三ですでに強調した歴史的・文化的・社会的に変わりうる条件[186]——に対する尊敬である。この保護は善き生の以下のような可能性、すなわち、個人や個別の共同体が歴史的コンテクストの中で選択する可能性または選択しうる可能性に当てはまる。そのように理解すれば、部分的な生活形式の承認はまさに、すべての道徳的な配慮の意味なのである。

(184) A. Wellmer, Bedingungen einer demokratischen Kultur, in: ders., Endspiele, a.a.O., 54ff.
(185) 第二研究第六章第二節を参照のこと。
(186) 生活形式だけでなく、善の必要条件の具体的形態のこうした多様性を、センも強調している。

しかし、それは道徳的配慮の普遍的な意味である。普遍主義的道徳ならびにそれによって支えられている権利の制度化を保護することは、たしかにつねに特定の生活形式の利益になるが、しかし同時に、そうした生活形式の中に開かれている一般的〔形式的〕な余地にも当てはまる。部分的な生活形式の複数性の保護と善き生の一般的形式の保護とは同じことである。というのもこの保護は、個人が実り豊かな生のために必要とする社会的および政治的コンテクストもろともあれこれの個人に向けられるだけでなく、その実り豊かな生が可能になる生活形式すべてに向けられるからである――ただしそれは、これら個人・文化・共同体がこの余地を自らの側で他者に対して開けておくかぎりにおいてのことである。そのことのうちに、道徳的定位が――法制度によって支えられ、強化され、負担を軽減されて[187]――個人の行為に設定する限界の意味も見出される。その意味は、実りある個人的ならびに社会的な生のあらゆる他の実現の仕方にも余地を残しておくこと、したがって余地の全体を特定の実現の名において占有してしまうような、または、この余地を自分自身にとってのみ要求しようとするような社会生活上の行動様式や組織形態を排除し、できれば妨げることのうちに在る。道徳や法が〔善き生の〕こうした削減や制限に対して行なう限界設定は、その妥当性を善き生の余地へアクセスする各自の権利にもとづいて保持するのである。

権利ならびに正義に定位することに含まれるこの阻止効果の意味――道徳と法は、われわれが他者を傷つけたり、軽蔑したり、だまして利益をえたりしないように、われわれを抑制するべきだ――は、それによって可能になる事柄の意味から導かれる。この意味はその根拠を、万人にとって善である事柄に公平に配慮することのうちに持つ。道徳的配慮はその意味を、生の形式と共同生活の社会的・政治的組織の形式とを可能にし、あらゆる種類の非難に対して万人が善き生を見出す可能性を保持することのうちに持つ。道徳的配慮がその意味を保持するのは、そうした配慮に少なくとも相対的な成功が約束されているかぎりにおいてであり、言い換えれば、他の個人や共同体に対して理由なくして禁じることができない仕方で相互に尊敬し合う個人や共同体が若干でも存在するかぎりにおいてである。しかし仮に道徳的配慮が成功するとした場合でも、それで道徳的ならびに政治的コンフリクトが終わることはないだろう。というのも、成功している生の余地を万人が万人に対して尊重するということは、さまざまな関心や生き方がどのように一致させられるべきかに関するコンフリクトが激しい暴力なしに決着されうることを意味するにすぎないからである。

二―七―三　包括的な善

幸福の形式・条件・さまざまなヴァリエーションに対する尊重――これらは統一される。個人はその長期的な順調さを自己決定的な生の成功のうちに見出すが、そうした個人に対する一つの尊敬の三つの側面が問題なのである。しかし、すべての人間が個人としてそうした順調さを追求しようとはしないし、できるわけではない。さらに人間以外のすべての生き物の幸せはまったく質が違う。しかし、そもそも幸せを持ち苦しみうる生き物も道徳的配慮の名宛人に含まれるのであり、われわれは、幸福と道徳に関するわれわれの考察によって手に入れた道徳理解が本当に道徳的配慮の十全な概念をもたらすのかどうか、検討しなければならない。したがって私は最初の結論として、なぜ獲得された道徳理解が道徳的配慮の十全な解明を遮るのではなく容易にするのか、ということを示唆しておきたい。

(187) 道徳と法の関係についてはハーバーマスの説得力ある説明を参照のこと。Habermas, Faktizität und Geltung, a.a.O., 146ff.〔邦訳：『事実性と妥当性』（上）、一四三頁以下。〕

幸福の形式・条件・さまざまなヴァリエーションに対する尊重——それは、すべての道徳的に善き生だけの根本特徴ではなく、そもそも善き生の根本特徴でもある。たとえその生があらゆる観点において道徳的に善いとは言えなくても、そうである。それゆえ最初に強調しておいたように倫理的同一性の間違ったテーゼにも幾分は真実が含まれているのであって、つまり幸福と道徳は同列に置かれはしないとしても、切り離すことはできないのである。したがって私の第二の結論には、幸福と道徳の統一という思想が差異の倫理を土台としてのみ考えられうる理由を納得させることが求められる。

二-七-三-一　善の強い概念と弱い概念

今や私が最初に幸福と善き生との強い概念に議論を集中することで付与した制限を外すときが来た。この強い概念の特徴は、それが自己決定された人格的な生を生きることのできる生き物に限定される点にある。そうした生き物にとっての善き生は、その能力を生の持続のうちで特定の仕方で使用することのうちに成り立つ——成功している相互行為・仕事・遊び・観察へとアクセスできるような、自由で遂行志向的で世界に開かれた生き方のために使用することのうちに成り立つ、ということをわれわれは確認した。こうした生の可能性への公平で普遍的な配慮が相互人格的承認の道徳の核心を形成していることが、それに引き続いて示された。

しかしこうした承認は、私が第三研究で詳しく根拠づけようとするとおり、自己決定能力を持つ個人〔個体〕の相互承認をはるかに超えた射程距離を有する。人格どうしのあいだで確立され人格によって行使される承認は、人格だけに該当するのではない。そうした承認はむしろ原則的に、そもそも善き生を、それが強い意味だろうと弱い意味だろうと持ちうる存在者すべてに当てはまる。弱い意味での善き生の概念は、順調さが期待され、想起され、そのコンテクストで体験された実存的な成功と失敗という差異化された時間地平の中に存在していない生き物の長期的順調さを意味している。そうした生き物の生はその生の時間意識の中で遂行されるのではない。しかしそうした生き物の生も人格的な生と同じように（多かれ少なかれ）善き生または悪しき生であり、順調さの脆弱性に晒されている。そうした生き物にはこの脆弱性の意識は欠けているとしても、その生き物の生活状態の質は該当する個体にとって、そうした意識を持つ個体にとってと同様に重要である。それゆえに道徳的配慮の目的・内実を提示する善の概念は、それが、そもそも善き生を持ちうるすべての存在者を包含するように拡張されるべきである。この拡張の理由は単純である。強い意味での善き生を生きられる存在者も幸福になる能力を持つ人格に徐々になってきたのであり、つねに——病気・事故・高齢・暴力によって——ふたたび自己決定された生の能力を失う状況に陥る可能性を持っているからである。したがって、人格どうしのあいだでの尊敬は、言葉の強い意味または弱い意味での善き生の条件への配慮を初めから包含しており、すべての人間だけでなく、さらにそもそも幸せを持ち苦しみうるすべての生き物を視野に入れている。善き生の基本的条件に対する尊重を道徳の内実として理解する、そうした道徳理論は、調子が好くも悪くもなりうる生き物すべてを考慮に入れなければならない。[188] しかしまだ、どのような仕方でそれが理性的に実現されうるのかという問いはまだ未回答である。そもそも善き生を持ちうるすべての存在者は、その存在者にとって実りある生へのアクセスを妨げられない権利を等しく持っているのだろうか。私は、そのようには考えない。すべてを一括してしまう平等主義は、人間と動物が共生する状況を〔かえって〕歪めるであろう。

それゆえ、道徳的配慮の名宛人である「すべての存在者」とはいったい誰のことかという問いには一つの

（188） こうした立場を代表しているのが、U. Wolf, Das Tier in der Moral, Frankfurt/M. 1990, 特に 88ff. である。

答えではなく、少なくとも二通りの答えがあるに違いない。第一に、首尾一貫し安定した道徳的配慮の名宛人は、その生において調子が好くも悪くもなりうるすべての存在者である。そうした存在者はすべて、できるだけ大切に扱われ勝手に苦痛を与えられない権利を有する。その理由は単純であって、そうした存在者が——苦痛を感じうるという——もっとも中心的な観点においてわれわれ人間主体と同じだからである。第二に、すべての生き物が同一の意味において道徳的配慮の名宛人であるわけではない。すべての存在者が社会的パートナーであるわけではない（少なくともすべての人間は社会的パートナーであるが、それ以外の生き物は特定の条件下でそうでありうる）。人間らしい相互行為におけるパートナーの位置に身を置く存在者に対してのみ、その存在者にとって善き生の条件をあらゆる状況下でも保持し保証する義務が生じる。社会的パートナーの位置に身を置く存在者には強い意味での道徳的権利が認められる——恣意的でない権利侵害の命令は、そもそも善き生を持ちうるすべての存在者に該当する。しかし無条件な尊敬の命令は、さらに社会的パートナーの位置に身を置くすべての存在者に当てはまる。

社会的パートナーの位置に身を置くすべての存在者には道徳による十全な保護が認められる。その存在者が善き生を持ちうるのは強い意味でか弱い意味でかということはどちらでもよい。ここで自己目的的な相互行為へのアクセス可能性の中心的意義が明らかになる。この可能性が人間の善き生の最低条件であるのは、それが人間としての生を共有している万人に当てはまるからである。そのうえさらにどのような能力をその人々が持ちたいかにはどちらでもよい。しかし、この最低条件を社会という共同性の中で保持し、社会のすべてのメンバーに対して保証するためには、人間としての善き生の根本次元すべての社会的保証——したがって同時に、成功している仕事・遊び・観察の可能性の保証が必要となる。それゆえに弱い意味での善き生の形式・条件・ヴァリエーションに対する尊敬は、強い意味での善き生に対する尊敬としてのみ可能である。しかもこのことは逆の場合にも当てはまる。強い意味での善き生の条件に対する首尾一貫した尊敬は、より弱い意味の善き生への尊敬を含む――〔しかもその尊敬は〕人間の共同体の境界を越えてゆく。それゆえ、価値評価的な善の強い概念は道徳的義務の解明に際してだけでなく、道徳的権利の解明の際にも根本概念である。善き生を持ちうるすべての存在者は、その人にとって善き生の条件を尊重してもらう権利を有する。強い意味での善き生の形式の保護はすべての道徳的配慮の必要条件である。この善の形式の保護は（人間であれ動物であれ）善き生のあらゆる形式への配慮にとっての前提条件である――この人間以外の存在者の善き生がどのように理解されようと。というのも、この保護だけでもすでに人格的な生をはるかに超え出る射程を有する道徳的配慮という態度を構成しているからである。善き生のあらゆる弱い形式への配慮は自律した個人どうしの相互配慮の帰結である。それゆえ、道徳の強い概念は、善の強い概念に還元さてはならないとしても、その概念に依拠せざるをえないのである。

二-七-三-二　「善い」と「道徳的に善い」

この強い意味での価値評価的な善は人格としての生を生きることのできるすべての存在者、したがって道徳的配慮を行なえるすべての存在者にとっての最善の生き方である。それゆえ、善き生への配慮の倫理学は、そうした存在者にとって善き生とはいかなる生であるかという問いから始まらなければならない。この善は道徳的な善とは区別されなければならない。道徳的善は、あらゆる他者の善き生の形式・条件・ヴァリエーションへの配慮のうちに本領を有する。この〔善き生の善とは〕異なる善を、私は折に触れて「正しさ」と呼んできた。われわれの主題はこの二種類の善の関係であった。そこで問われる問題は、道徳的に行為できる人の視点だけから成り立っている。そうした人にとって善き生への定位をあらゆる他者の善き生の条件への配慮と結びつけることが問題である。

ところで一方では、この問題が自分自身で熟慮して善き生を追求できるすべての人にとって不可避であることが示された。そうした人々は〔自分が〕こうした問題を持つことに関心を抱かざるをえない――それは、道徳的態度の中で自己利益を超え出てゆけることへの関心である。他方ではしかし、このような道徳的態度への前道徳的関心は、無条件の道徳的関心との一致のうちに自発的におのずから見出されるわけではないことが示された。善き生は道徳の外部には存在しないが、それでも選択的道徳の内部でのみ可能である。しかし、たんに選択的であるにすぎない道徳は、われわれが本来の意味で道徳的な権利と義務について語るときに念頭に置いているものではない。われわれが考えている道徳とは、その中で万人が配慮されるもののことであり、その配慮は道徳的承認の論理にもとづいて万人に認められるのである。われわれが承認という要因と能力とを善き生のために顧慮しないことは少ないとしても、こうした顧慮の本来的に道徳的な帰結をわれわれは選好上の関心にもとづいて部分的に軽視ないし回避することはありうる。道徳的に優先されるべき行動様式とは（つねに）何の問題もなくあっさりと優先される行動様式で（あるわけで）はない。道徳的定位の中でわれわれを行為の決定へと導く理由は、われわれを選好上の決定に際して導く理由とは種別的に異なる――われわれがいずれにせよ意欲するものが、われわれが道徳的に為してよいものであることがどれほどしばしばであれ、またはどれほど稀であれ、異なるのである。ある人々は、われわれが万人の中の一人としていかに振舞うべきかの根拠を語る。他の人々は、どのように振舞うのが自分または自分たちにとって最善であるのかの根拠を語るのである。

それゆえに、倫理的（生き方全般に価値評価的に関係づけられた）善と道徳的（万人の機会に規範的に関係づけられた）善は同一ではない。それにもかかわらず、両方ともが倫理学の根本概念として相互に指示し合う。道徳的善の概念は倫理的善との関係なしには理解されえないし、倫理的善の概念は道徳的善の制限された概念を含んでいる。善の包括的概念は善と正しさのこの関連を、したがって両者の原則的な非‐同一性を把握しなければならない。それゆえ、善の包括的概念は差異の倫理学の土台の上でのみ可能である。しかし、善の包括的概念は、区別された両方の善概念の関連と差異の反復を克服することによって可能であるということを、古典的な同一性倫理学の不変の洞察が示している。いかなる差異の倫理学もその洞察を正当に評価する必要がある。善の包括的概念は両者の善概念が必然的に交差する地点から定式化されうる。善――価値評価的な意味で――でありうるのは（どれほど部分的であれ）道徳的な観点において修正されうる生き方だけである。価値評価的に生き甲斐のある生は、共有された相互主観的定位という倫理的コンテクストにおいてのみ可能である。善――道徳的な意味で――でありうるのは、倫理的経験において――そのときまで知らなかった自分または他者の幸福のヴァリエーションの経験によって修正される生き方だけである。道徳的な生き方は倫理的な誘因を持つ修正方法に開かれていなければならず、倫理的に利巧な生き方は道徳的な修正方法に開かれていなければならない。「世界に開かれていること」を中心的メルクマールとするそうした修正可能性の中に、二つの構造的に拡散してゆく善への定位が交差する点が見出される。この修正可能性は「善い」の両方の意味において善いものなのである。

こうした修正可能性はとりわけ〔感知し〕実行する能力を前提としている。道徳的に善き生はある程度まで倫理的に〔感知され〕実行できなければならない。さらに倫理的に善き生はある程度まで道徳的に〔感知され〕実行できなければならない。倫理的に善き生の主体は、この生の根本的可能性を――対話的パートナーの道徳的承認をも実行できる。道徳的に善き生の主体は、自分と同じように善き生または成功している生を追求している他者の幸せや苦しみを感じ取れ、特に善き生を持つ機会の公正に配分でき、しかしまた自分の生の幸福に関わりのある可能性を感知できる。倫理的かつ道徳的に善き生の主体であるならば——理性的に、それゆえ限界づけられた、とはいえまた恣意的に限界づけられていない程度において——どちらの観点においても感知し実行する能力を持ちまたそうする心の準備ができていることだろう。今一度ここで同一性テーゼが迫ってくるように思われる。というのも、〔倫理的に〕善き生と道徳的に善き生とを生き、またそう生きようと努力している人は〔そうでない〕すべての他の人々よりもいっそう高い意味で知覚能力を持っているとわれわれは言う必要がないだろうか。そしてその点で、いかなる意味で〔いっそう高いのか〕、ともう一度問い返すことは無意味ではないだろうか。

しかし、その問いをもう一度問い直すことはまさに無意味ではない。というのも、〔倫理的に〕善くかつ道徳的に善い生を追求している人は、いかなる意味で、選択的道徳に身を委ねている人より「いっそう高い意味で」感知し実行する能力を持っていると言えるのか。もちろん道徳的な意味においてである。われわれは道徳的に善い人間とは別のより高い意味で——たとえば、必ずしも道徳的な視点と一致しない情感的な意味ないし観照的な意味で知覚能力を持つ人間を容易に考えることができる。したがって、幸福と道徳の統一点は改めて両者に含まれる定位の同一性のこちら側で探し求められなければならない。その点は、倫理的‐道徳的に、善と正しさに関して自らを固定せず感知し実行できることのうちにある。その点は道徳による自己利益の超越に対して、さらに自己または他者の幸福の経験による自分の道徳理解の超越に対して開かれていることのうちに在る。この——まったく世俗的でまったく見きわめがたい人間の現実に向けられた——超越は〔倫理的〕善への成功している定位にも正しさへの成功している定位にも共通である。この超越こそ〔倫理的に〕善くかつ道徳的に善き生の特徴である。両方の意味において善き生は、不可避的に両方の善の緊張関係の中に置かれているのである。

第三研究　道徳の名宛人と道徳のパートナー

いかなる道徳にも、万人は公平な判定に従って自分たちに認められるような仕方で行為すべきだという観念が含まれている。この意味ですべての道徳は、その規範的尺度が平等であるか否かとはまったく無関係に、万人の平等な処遇に向けられている。すなわち、万人は、この尺度の公平な適用において正当化されうるような仕方で、平等に処遇されるべきなのである。

そうすると、道徳の省察にとって二つの根本的な問いが生じてくる。

(一) 公平な配慮という原理はどのように理解されるべきであるか。さらに、その原理はどのように根拠づけられるのか。

(二) そうした平等な配慮に値する「万」人とは、誰のことであるのか。

第一の問いは道徳的配慮の意味に関わり、第二の問いは道徳の射程範囲に関わる。私が本研究で取りかかりたいのは、第二の問いである。私が検討したいのは、われわれが道徳的義務を負っている万人とは誰のことなのか、ということである。

もちろん、道徳の射程範囲への問いは、それが道徳の基礎への問いと無関係であるならば、有意味に答えられない。というのも、道徳的義務の意味についてわれわれがどのような理解を持っているかに応じて、この義務の名宛人への問いに対するわれわれの答えもそれぞれ異なるだろうからである。たとえば功利主義にとって、道徳的配慮は傷つきやすい存在者に対する連帯のうちに基礎づけられる。それゆえに功利主義においては、動物は直接的に道徳的配慮の名宛人の範囲に含められる。それに対してカントにとって道徳的な権利ならびに義務は、理性的な存在者がその拘束力を相互に承認しなければならないものである。したがってカントにおいて動物は間接的に道徳的配慮の名宛人になりうるにすぎない。それゆえ、若干のあるいはすべての動物のうちに直接的な道徳の名宛人を見て取る適切な根拠が存在するならば、そこから、道徳の意味のカント的な理解に関しては何ごとかが正しくない可能性があるという帰結が得られる。一方で、あらゆる傷つきやすい存在者の平等な配慮への一まとめにされた要求をあっさりと根拠づけることはできないということが示されるならば、それは、功利主義的倫理学の特定のヴァージョンが持ちこたえられないのではないかという疑念が生じるきっかけとなる。したがって、第二の問いは第一の問いに答えなければ解明されないのである。

そこで私は、道徳的な配慮の基礎を簡単に提示することから始めよう。私は、相互承認の倫理だけが道徳的配慮の意味を納得ゆくように理解させてくれるという見解を支持するつもりである。ところが、道徳的配慮のこうした理解は、われわれが道徳的配慮の射程範囲に関するわれわれの直感を解明しようとするまさにその場合に、困難をもたらす。たとえば、妊娠中絶を道徳的に許容するかどうかという問いあるいは動物に対する望ましい振舞いという問題がそうしたケースである。こうした困難を私は、ユルゲン・ハーバーマスとエルンスト・トゥーゲントハットのいくつかの発言を事例として描き出す。それに続いて私は、こうした困難から抜け出す道を見出そうと試みる。すなわち、承認の倫理は、その承認が相互的ではない場合にどのように道徳的義務の意味と射程範囲とを理解できるようにするのかということを示したい。

三－一　承認の倫理

倫理学においては道徳の主体と客体とを区別するのが普通である。道徳の主体ないし道徳的行為者（倫理学の用語法では）とは道徳的に配慮することができる人のことである。道徳の客体（あるいは道徳的に処遇される者）とは道徳的配慮を受入れられる者――つまり、道徳的義務が向けられるパートナー、または向けられうるパートナーのことである。

このことだけから一八世紀以来の道徳理論にとって影響力を持ってきた原理的な選択肢が生じる。つまり、道徳的な事柄の根本現象は、この二つの立場が一致するところか、または道徳的主体に、〔客体であると〕同時に（あるいはいずれにせよ必ずしも）道徳的主体ではないような、そうした道徳的客体が対立するところに位置づけられうる。前者の場合、道徳は第一義的に道徳的能力を持つ主体が相互に義務として負っているものとして現われる。後者の場合、道徳は第一義的に道徳的能力を持つ主体が特定の存在者に義務として負っているものとして現われる。その場合、その存在者がそれ自身道徳的能力を持っているか否かは関係ない。前者の立場が承認の倫理の立場であり、後者の立場は共感倫理の立場である。[1]

（1）道徳的配慮の位置づけに関して、契約論ならびに功利主義はそれぞれ、上述した両方の立場のヴァリエーションとして理解できる。契約論は、契約を結ぶことができる個人どうしによる道徳形成的な契約から出発する。それに対して、功利主義（ベンサム流の）は道徳の名宛人を、人が共感を抱きうる存在者と見なすが、それは、その存在者が傷つきやすいからである。したがって功利主義は、後者もちろん、承認倫理の立場でも、それ自身人格でない生き物に関して道徳的義務があることに議論の余地はない。それと同様に共感倫理の側でも、人格どうしが尊敬し合うところでのみ差異化された道徳が存在することに議論の余地はない。しかし、この関係の意味に関しては論争が行なわれている。道徳的配慮とは第一義的に、他者が傷つきやすい存在者であるがゆえに、われわれが他者に義務として負っているものであるのか。それとも、われわれが道徳的能力を持つ存在者として相互に負っているものであるのか。

道徳の内容に関しては、これは確かに誤った選択肢である。われわれが他者に義務として負っているものは、われわれが二つの立場のどちらかに立っているから、「第一義的」に義務として負っているのではない。われわれはその義務を他者に負っている――それだけである。しかしながら、道徳理論に関しては、道徳的な名宛人の一般的な規定が道徳的主体のあいだの関係の規定に先行しうるのか、あるいは後者の規定を素通りできるのかという問いはどうしても生じてくる。私は素通りできるとは思わない。私は、道徳を第一義的に道徳的主体の関係として理解する承認の倫理だけが道徳について納得のゆく理解を定式化できると考えている。承認の倫理だけが、「他者に何ごとかを義務として負っている」とは何を意味するのかということをそもそも理解可能にする。道徳的義務の意味は、道徳的能力を持つ主体どうしが義務づけられているという状態から出発してこそ理解されうるのだ。しかしながら、この義務づけは――その射程範囲に関して――決して道徳的主体に限定されない。相互人格的な配慮の分析の方法上の優位から、人格への道徳的配慮が事柄上でも優位であることは帰結しない、ということがむしろ明らかになるだろう。

原理から導き出され反省的な適用に開かれた道徳が存在するのは、道徳的主体と客体という両方の側面が一致する生き物が現存するところ、道徳的主体が同時に道徳の名宛人〔客体〕であり、道徳の名宛人が同時に道徳の主体であるところ、義務に権利が、権利に義務が対応するところ、道徳的権利と道徳的義務とが人格によって相互に認められ相互に要求され合うものであるところ、道徳的定位が道徳的判断の交換と根拠づけを介して形成され修正されるところにおいてのみである。しかし、このことは道徳の発生と存立に関する経験的事実であるだけでなく、それ以上に道徳的配慮そのものの内的意味にとって不可欠でもある。というのも、道徳的規則は原理的に任意ではない共同生活の規則として理解されなければならないからである。言い換えれば、道徳的規則は社会的な規則である。この規則の非任意性は、万人によって承認され万人に向けて正当化されうる行動の仕方を提案することが〔この規則においては〕重要だということから生じている。なぜなら、その規則は、自分にとっての善き生が問題となっている任意の他者に対する配慮の規則だからである。その規則の意味は、相互の交わりにおいて万人に彼らにとって善き生の余地を残すことにある。この規則をたんに戦略としてだけでなく尊重することは、他者も私と同様に実り豊かな生のためにその根本条件を頼りにしており、それゆえに私は私の側でも他者に認める気のない何ものをも他者から要求できないという洞察にもとづく。(2) したがって道徳的な承認が成り立つのは、道徳的能力を持つ主体——反省能力を持つ人格——が相互に相手を共同生活の規則に拘束するところにおいてである。それゆえ、道徳的規則の妥当性は人格との関係のうちにだけでなく、人格どうしのうちにある。道徳の拘束力には、道徳の規則がそれを相互に拘束力を持つと見る人々の目において拘束力を持つということ——あるいは、その規則がそうした拘束力を名乗るということが含まれている。

の立場に含まれる。ただしその際、共感倫理に関する論証が功利主義倫理の構想を詳しく展開するにあたりどのような役割を演じるかということは関係ない。

（2）これについては第二研究第七章とそれ以下を参照のこと。M. Seel, Das Gute und das Richtige, in: Ch. Menke/M. Seel, Zur Verteidigung der Vernunft gegen ihre Liebhaber und Verächter, Frankfurt/M. 1993, 219ff., bes. 232ff.

このことが正しいならば、道徳的規則の拘束力はこの義務づけの相互性の理念なしにはそもそも理解できない。道徳的な拒絶は、自分と同様に道徳的主体であり、正しい交流の規範の毀損に対して私を批判し軽蔑し、あるいは罰しもできる、そうした事実としての他者あるいは潜在的な他者を拒絶することである。道徳的に誤った行為とは、つねに共同生活の原則、社会的に望ましい共同（それはもちろん社会的に確立された共同である必要はない！）に違反することである。その点は、たとえその当事者の交わりが道徳以外の場合にはどれほど近いまたは遠い交わりだとしても、また共同生活の原則の解釈が当事者のあいだでどれほど議論を呼び起こそうとも、変わらないのである。

したがって、承認の倫理にとって道徳とは核心において人格どうしのあいだの尊敬であり、当たり前のようだが人格に対する尊敬である。人格ということで私は、自分の生の在り方と統一性に反省的な態度を取りうる生き物を理解している――すなわち同時に、道徳的能力を持つすべての個人を意味している。そうすると、この理解によれば、すべての人間が人格というわけではない。したがって、道徳のこれまで象られた概念が不十分であることは明らかである。というのも、道徳的義務づけはもっぱら人格との関係の中にのみ存在するわけではないからである。人格は決して道徳の唯一の名宛人ではない。それにもかかわらず、あらゆる道徳的義務づけは人格どうしの義務づけである。そうであってのみ道徳的規範の拘束的性格がそもそも理解されうるのだ。そうするとわれわれは、人格どうしの義務づけが人格の範囲をはるかに超えた遠くにまで届く理由、言い換えれば、人格どうしの道徳的義務づけが人格に対して成り立つだけではない理由を明らかにするという課題に直面しているわけである。

こうした指摘がもっともらしいとしても、道徳性は二項関係ではなく、三項関係である。道徳性は主体の共同生活の形式であるが、それは、その中で、決して道徳的能力を持つ主体だけを含むのではない個人（個体〕の集合が配慮の対象となる形式なのである。

道徳的配慮は、人格および非‐人格に対する人格どうしのあいだでの尊敬である。

したがって、理論〔原理〕的倫理学ならびに応用倫理学における少なからぬ問題は、私の見方では、これら三つの関係項のうちの一つがほとんど考慮を払われない、あるいは視野からまったく抜け落ちているということに関わっているのである。

それほどしばしば道徳は、人格的なパートナーではない名宛人に対する道徳的振舞いはどのように理解されうるのかについての詳しい情報なしに、人格どうしの道徳として解明される。これは、たとえば討議倫理学において長らく事実であった。道徳的名宛人のうちの論証能力を持つ部分だけが考慮されたために、論証能力のあるパートナーの立場が道徳的パートナーと同義であるかのように見える可能性もあった。この欠陥を克服する試みに私は以下でより詳しく立ち入るつもりである。しかしながら、道徳的承認を相互承認モデルに従って理解するということは、従来の討議倫理学に偶然見られる欠陥ではなく、おそらくすべての承認倫理が晒されている危険なのである。

他方で、誰がいったい道徳的配慮の名宛人に数え入れられるべきであるかということが問題にされると、道徳的主体どうしの関係は飛び越えられてしまう。道徳は相互主観的な関係にもとづいてのみ存在するという事実はむしろ、誰がいったい道徳の客体に数えられるのかという自称決定的な問いの当然の前提として扱われる。こうした傾向はとりわけ「応用倫理学」の中にきわめて広く行き渡っている。承認倫理の道は、応用倫理学から見るとしばしば回り道のように、それどころか道徳の名宛人の問いからの逃げ道のように見える。というのも、名宛人の集合が人格の集合と完全に等しくないことは明らかだからである。

実際に、道徳の名宛人に関する考察においては、なぜ直ちに個人をそうした名宛人にする特性または名宛人にしうる特性――「合理性」「共同〔する〕能力」「感覚能力または傷つきやすさ」などといった特性が語られないのか、と人は問うことができる。結局のところ、誰または何が道徳的配慮に値するのかという問題は、こうした道徳的に重要な特性に依拠しつつ正当化されうるだろう。しかしながら、私が思うに、誰に対する正当化であるのかということが度外視されるならば、この正当化の意味は曖昧なままに残る。つまるところ、この正当化は道徳的能力を持つすべての主体に対する正当化である。そうした主体どうしのあいだで道徳的原則の拘束力は発生し存立する。道徳の名宛人に関する問いに対しては、われわれは自分を道徳的主体と理解すると同時にこうしたわれわれの地位を説明しようと試みるという仕方で答えることができるにすぎない。したがって、道徳的関係の三つの極のいずれも無視されたままではいけないのである。

三―二　普遍性と平等

私が先に人格どうしの尊敬を特徴づけた仕方の中で、道徳的名宛人の規定に向けた決定的な歩みが記されている。私は相互人格的な道徳の核心を、善き生の条件に対する相互的な配慮として規定した。道徳的主体の側に、私にとってと同様にすべての他者にとっても重要なもの――できるかぎり善き生が存在することの知覚への配慮はもとづいている。私は第二研究の中で、さまざまに異なる個人的かつ文化的実現に開かれた（「形式的」と名づけられた）善き生の理解が普遍主義的な道徳的配慮の実質的核心部分であることを詳しく論じた。しかし、こうした――さしあたり人格的承認の倫理というコンテクストの中でのみ展開された――見解でもって相互人格的な配慮への制限は根本的にはすでに乗り越えられている。というのも、善き生あるいは具合の悪い生を持っているのは、人格だけではないからである。たしかに人格が生きる生はきわめて特殊かつ複雑な仕方で成功を期待できるし失敗する可能性もある。つまり、人格だけが全体として成功している生を気遣って――かつそれを希望して――生きることができる。しかし、そのことは道徳の名宛人への問いにとって、それほど多くの実りをもたらさない。というのも、人格どうしの尊敬も、特別に興味深く複雑な仕方で幸福でも不幸でもある人々に関わるだけでなく、善き生が――それぞれの仕方で――問題となるあらゆる存在者に関わるからである。しかしそれゆえに、そのことは、順調であるとか不調であると言うことのできる生き物すべてにとって問題なのである。

つまり、傷つきやすい生き物すべてについて人は、そうした生き物にはその生においてその生き物にとっての善き生が問題である、そうした生き物にとってはその生において順調であることが関心事であると言うことができる。[3] 苦痛と無痛とのあいだの段階と混合の具合がそのつどどれほど細分化されていようとも、たんに意識的な努力あるいはさらに無意識的で反省的な努力、たんに感覚能力による努力あるいはさらに関心を伴い意志を持った努力のいかなる仕方が善き生への傾向の背後に存在していようとも――そのつど問題となるのは個体、すなわち、その生の知覚において多かれ少なかれ傷つけられうる個体である。私は、何らかの生の在り方がそれ自体としてより豊かで、より善く、より価値があり、それゆえに特別に道徳的な保護を受けられると言えるような仕方で、先入見に囚われた前道徳的な視点から、人間の生または動物の生の絶対的価値であれ相対的価値であれに関して判断する可能性があるとは思わない。また私は、そうした中立的な視

(3) しかもその結果として、その生き物がどのような調子であるかということがその生き物にとって重大なのである――その点にあらゆる植物との差異が見出される。植物にはたしかに順調な生長を帰することはできるが、順調さの感覚、植物が繁茂ないし枯死するという意識を、それがいかなる種類のものであれ帰することはできない。

点からさまざまな幸せないし苦痛の在り方の質を序列化できる可能性があるとも思わない。というのも、ある細分化された意識が生み出す苦悩を、この意識は想像と想起によってたびたび緩和することができるからである。言い換えれば、より高次の意識の欠如が与えると自称する曇りのない喜びは同時に、距離を取ることのできない苦痛の裏側であり、より高次の意識を持った生き物はそうした苦痛に晒されてはいないのだ。したがって、私がウルズラ・ヴォルフ(4)の考察に同意しつつ想定しているとおり、前道徳的な価値評価において、人格の苦痛は人格ではない生き物の苦痛よりも重大であるとか重要でないとか、人間の生はそれ自体として動物の生よりも悪い（あるいはその反対である）と言ういかなる根拠も存在しない。またそれに対応して、乳児の幸福は成人の幸福よりも内向的であるまたは貧しい、ネズミの幸福はネコの幸福より――その幸福が何であれ、慎ましいと言ういかなる根拠も存在しない。そうした比較は、それがそもそも何ごとかをもたらすとしても、倫理学のコンテクストの中で論拠として投入されるようなものを何ももたらさない。われわれが形而上学的に根拠づけられた価値秩序を拠り所にするつもりでないならば、われわれは、いかなる生物学上の生活形式もいかなる個体の生もそれ自体としては他の形式や他の生より価値を持つということはないということから出発しなければならないのである。(5)

　しかしそこから、われわれがその順調さにおいて配慮するべき「すべて」の他者が順調な生の可能性を持つということは帰結しない。なぜ順調な生の他の在り方ではなくて特定の在り方が保護されるべきであるのかということを理解する根拠はない。したがって、道徳的尊敬にもとづいて配慮されるべき「すべての存在者」は、善き生を生きることができるすべての存在者である。それゆえに道徳の原則は以下のように定式化される。すなわち、君がつねにすべての他者に対してその他者にとっての善き生の可能性を尊重するような仕方で行為せよ。

私が展開したい議論は、この原則の解釈に関わる。この原則は、カントとの類比において、特定の他者ではなく任意の他者に配慮することを勧める一つの普遍主義的な道徳の立場を定式化している。[6] こうした普遍主義のうちには同時に強い平等主義が含意されている。私も含めて誰であろうと万人が等しく、すなわち、道徳の中心的内容——善き人格的生の条件の保護——に関して正当化されうるように扱われるべきである。われわれが端的に——カントのように——人格のあいだの道徳を考えている限り、啓蒙主義の普遍主義的道徳をすべての道徳の平等主義的な構成要素の首尾一貫した拡張として理解できる。平等な扱いは、道徳の形式——伝統的にはたいてい平等でない既存の原理の公平な適用に該当するだけでなく、その内容にも関わる。すなわち、道徳的に中心的な観点——理性的存在者であること、または理性的存在者の種属の一員であること——から見て道徳的な行為者自身と同様に存在する万人の平等な扱いということである。しかし、道徳的な名宛人の範囲が先に提案された仕方で——しかも極端に——拡張されるや否や、この対称性は改めて疑問視される。われわれは全員を、すなわち、われわれが——定式化され直した原則に従って——道徳的に平等に配慮するべき全員を本当に道徳的に等しい程度に配慮できるのか。傷つきやすい存在者すべての基本的な

(4) U. Wolf, Das Tier in der Moral, Frankfurt/M. 1990, 114f., vgl. 140ff.
(5) 生の推定上の「価値」——あるいは「無価値」——といったものに定位することはとくに道徳的には致命的であるということを、私はピーター・シンガーの『実践の倫理』を視野に入れて示そうとしたことがある。in: M. Seel, Über den Sinn »angewandter« Ethik, in: Merkur 47/1993, 326ff.
(6) カントが定言命法を基本的に「格率が普遍的法則になることをその格率をつうじて君が同時に意欲できるような、そうした格率に従ってのみ行為せよ」と定式化するときもふくめて、行為の「普遍的法則」に関して語るときは、そのことが目指されている。I. Kant, Grundlegung zur Metaphysik der Sitten, in: ders., Werke in zwölf Bänden, hg. v. W. Weischedel, Bd. VII, 7ff., BA 52.〔邦訳:『人倫の形而上学の基礎づけ』、五三頁以下。〕

平等という観点で普遍性の制限を解除するのは、同時に道徳的配慮そのものの平等を制限することを意味しないだろうか。上記の原則が正しい場合にわれわれが万人に対して課されている尊敬が原則的に万人に同じ権利を付与するとしても、その尊敬はわれわれを万人に対して原則的に同じ義務に拘束するのだろうか。われわれは、以下のうちの一方または他方――普遍主義の制限の解除または制限、道徳的配慮の平等の制限または解除――を道徳的主体として矛盾なく意欲することができるだろうか。

普遍主義の制限解除が正しいとわれわれが仮定するならば、平等主義のあいだに制限つきならびに制限なしという区別が生まれる。制限なしの平等主義は、傷つきやすい存在者すべてがその善き生への努力において「等しく」(「どのような仕方でも」)配慮されるだけでなく実際に「等しい程度に」配慮されるべきだと答える。この立場は高潔であると同時に単純であると思われる。しかし、のちに明らかになるように、それが非の打ちどころなく首尾一貫しているように見える点において徹底的に矛盾しているのである。

制限つきの平等主義を私は支持したいが、その立場は別の答えを与える。傷つきやすい存在者すべてに対する普遍的な配慮は、その名宛人のうちの特定の対象への特殊な配慮を排除するのではなく、むしろ包含する。道徳的なパートナーの立場にいる者には特殊な権利が帰属するということを、私は論証したい。それゆえに私が論じるテーマは、「道徳の名宛人と道徳的パートナー」なのである。そもそも道徳的配慮に値するすべての存在者は道徳の名宛人の立場にある。すべての道徳的主体が特殊な義務を負っている存在者は、それに加えて道徳的パートナーの立場にある。私は、道徳的パートナーの立場が道徳の名宛人一般の立場とどのように関わっているのか、ということを明らかにしたい。私は、等しい扱いの細分化された原則だけがすべての傷つきやすい存在者へと拡張された道徳的普遍主義と結びつきうるということを示したい。

したがって私が展開する論争は、ここでは詳しく論じることはできないとしても、承認の倫理の支持者、すなわち、道徳的名宛人の狭すぎる概念に固執する人々に関わるだけではない。それと同様にこの論争は、一括的な平等主義の提案者にも関わっている。その人々は、すべての道徳の名宛人を厳密に対等な立場に置き、この名宛人のうちの特定の存在者——たとえば人間——の特別視を正当化するいかなる試みをも非難する。対等な立場に置くことはこの場合、すべての観点において等しく扱うことを意味しない——誰がネズミと人間、成人と子どもをすべての観点において初めから等しく扱うというのだろうか。むしろ、対等な立場に置くことで考えられているのは、すべての傷つきやすい存在者が何であれ、それの順調さを等しいバランスで配慮すること、言い換えれば、そうした生き物はすべてその生き物にとって善き生の条件を保護される等しい権利を持っているだろうということである。ラディカルな動物倫理の指導的代表者たち——たとえばピーター・シンガー、トム・レーガン、ウルズラ・ヴォルフ[7]——は、道徳の名宛人の規定（傷つきやすく関心を持ちうる存在者という）を、万人に対して等しい扱いの義務が生じるように道徳的配慮の原則の規定と直接に結びつける傾向を有する。しかし、これは短絡的な推理であって、首尾一貫した道徳的実践とだけでなく道徳のもっともらしい説明ともほとんど一致しない。すべての動物——人間を含む——が道徳的に見て等しいというのは真実でない。若干の動物はそれ以外の動物よりも高いレベルで等しい——若干の動物は普遍主義的道徳の主体としてより多くのまたより厚い配慮に値するのである。[8]

（7）P. Singer, Animal Liberation, New York 1985〔邦訳：『動物の解放』戸田清訳、技術と人間、一九八八年〕, T. Regan, The Case for Animal Rights, London 1984; U. Wolf, Das Tier i. d. Moral, a.a.O.

（8）二つの周知のタイトルを揶揄している。P. Singer, All Animal are Equal, in: Philosophical Exchange 1/1974, 103ff.; L. P. Francis/R. Norman, Some Animals are More Equal than Others, in: Philosophy 53/1978, 507ff.

三―三　トゥーゲントハットならびにハーバーマスにおける非‐相互的な義務

傷つきやすい存在者すべてに拡張された道徳原理のこうした解釈を展開するにあたり、私は冒頭でスケッチした承認倫理の立場を引き合いに出す。この立場はたしかに道徳的義務づけの意味の正しい説明を提供するが、もっぱら人格どうしの尊敬モデルに定位する限りにおいて、道徳の名宛人の規定に関しては不十分である。したがって私は、道徳の名宛人に関してさまざまな境界事例を視野に入れても説得力を持つ納得のゆく概念を手に入れるために、この立場を一歩ずつ修正してゆきたい。その際に私はさしあたりただスケッチされただけの道徳的配慮、傷つきやすい存在者すべてを道徳の名宛人と認める道徳的配慮の理解を次第に取り戻してゆこうと思う。

道徳の客体の狭すぎる規定を段階的に拡張してゆくというこの戦略には重要な方法上の意味がある。人格どうしの尊敬から正当に出発する承認の倫理がそれにもかかわらずどのようにして普遍主義的で恣意的に制限されていない道徳という細分化された概念に到達できるのかを私は示したい。なぜ道徳の名宛人のたんなる規定（ここでは、傷つきやすい存在者という）がそれだけでは正しく理解された普遍主義に関する問いへの十分な答えを提示しないのかということを、私は明らかにしたい。というのも、われわれは、これらの名宛人に普遍主義的道徳の内部でどのような位置が認められるのか、言い換えれば、尊敬に値するすべての存在者に対する尊敬は、道徳的主体どうしの尊敬、――個別の個体に対する共感とは異なり――あらゆる道徳的配慮を担う尊敬とどのように関係するのか、を探求しなければならないからである。

しかし、この問題において承認の倫理に突きつけられる困難を理解しておくことが重要である。すなわち、承認の倫理はそれが前提とする相互承認の対称的な関係を非対称的で非相互的な道徳的義務の説明の基礎としても用いようとしなければならないということである。承認の倫理は、道徳的関係そのものが明らかに非対称的であるところでも、道徳の名宛人の権利に義務がまったくあるいは少ししか対応していないところでも、道徳的に有意味な対称性を見つけ出さなければならない。このことがまったく容易ではないということを私は、さしあたり二つの事例――エルンスト・トゥーゲントハットの『倫理学講義』第九章での考察ならびにユルゲン・ハーバーマスが『討議倫理』の最終節で動物への道徳的配慮の基礎に関して行なったコメントに即して説明したい。(9)

エルンスト・トゥーゲントハットは承認倫理の原則と根本問題をまったく飾り気なく口にする。トゥーゲントハットにとって道徳的義務は、その言うところによれば、核心において共同可能なすべての存在者に対して存在する。道徳的判断においてわれわれは、誰かが「社会的共同存在者」としてどれほど善くあるいは悪く振舞うかということを語る。世俗的な道徳においてこうした判定は特定の共同体の価値秩序に結びついているのではなく、共同体を構成する能力一般といったもの、言い換えれば、「相互主観的な公明正大さ」という態度に支えられて相互に他者を道具化せずに交わる能力を意味している。こうした普遍主義的な道徳においては〔道徳の〕形式と内容とが一致する、とトゥーゲントハットは言う。「相互の要求を他者に対して立てられる者たちの総体性――道徳の「主体」――は、われわれが道徳的に義務を負っている者たちの総体性――道徳の「客体」――と同一である。こうした存在者に対してのみ尊敬が可能である」(187)。

(9) E. Tugendhat, Vorlesungen über Ethik, Frankfurt/M. 1993; J. Habermas, Erläuterungen zur Diskursethik, in: ders. dass., Frankfurt/M. 1991, 119ff.〔邦訳:『討議倫理』、一三九頁以下〕――本文中のページ表示はこの原典にもとづく。

しかしトゥーゲントハットは、このことは「最初の一歩」でしかありえない、と付け加える。結局のところやはり——そして特に——小児や特別に援助を必要とする者たちは道徳の客体として理解されるべきである（193ff., 356f., 376f.）。道徳的配慮のこうした拡張のためにトゥーゲントハットが持ち出す論拠に、私はいずれのちに立ち戻るであろう。しかしこうした拡張が行なわれた後でも、直接的な道徳的配慮の世界の範囲は、明確に限界づけられている。道徳的客体の身分を手に入れられるのは、トゥーゲントハットによれば、「われわれの仲間の一人である」と言われる者に限られるのである。

「道徳が本質的に共同体に関係づけられたものであるということが正しいならば、「われわれの仲間である」というこの言い方は、道徳的な考え方にとって決定的である。この言い方を原理的に不公平と見なすことは誤りである。共同体が特殊なものとして前提されているならば、不公平であるが、共同体が普遍化されているならば、言い換えれば、共同可能な生き物や、さらに生成段階のメンバーや傷ついたメンバーといったさまざまな周辺集団をも包括しているならば、不公平ではない。そうした存在者たちもメンバーに含まれる。しかし、道徳はその概念から相互的な要求の秩序であるがゆえに、「われわれの仲間である」という言い方を放棄することはできず、その結果として、〔仲間ということで〕特定の性質を持ったすべての存在者が表現されることもありえよう。そうすると、傷つきやすい存在者ないし自然存在者すべての共同体について語ることは有意味であり、この意味で人は自分が「〔その共同体に〕属している」と感じうるにもかかわらず、その共同体は、道徳的な共同体またはそのようなものと理解されうるような共同体ではない」（195f.）。

人間以外の動物やその他すべての自然物と結びついていると感じ、そこからそれに応じた実践的帰結を引き出すことは、トゥーゲントハットが明確に認めているように、まったく「有意味」であるにもかかわらず、そうした動物は、ましてやそれ以外の自然物は道徳的秩序から脱落する。道徳的原理そのものが動物に対する振舞いを述べていない。人間どうしのあいだのある一つの道徳が動物やその他の自然存在者に対する類比的な特定の振舞いを「思い起こさせる」(189)だけである。トゥーゲントハットは自分自身の答えを提出していないにもかかわらず、ここでカントの答えにほとんど接近している。動物に対する残忍な扱いが道徳的に禁じられるのは、人間どうしのあいだの残忍な扱いが悪であり、そもそも避けられるべきだからである。そうするとしかし、動物に対する配慮は、カントが明確に述べているように、動物のため、動物に対してではなく、動物「に関して」のみ有意味であることになろう。[10] 動物は、われわれの道徳的配慮の直接的な名宛人ではなく、間接的な名宛人にすぎないことになるであろう。

トゥーゲントハットと同様にハーバーマスも、承認の倫理を支持する。「義務の感情は、基本的な承認関係のうちにその基礎を持つ。すなわち、われわれがコミュニケーション的行為の際、つねにすでに前提している承認関係のうちにその基礎を持つ」(223)と、ハーバーマスは想定している。ハーバーマスにとって道徳的義務はすべて「相互行為の義務」(225)である。というのもその義務は、関与者すべての利害関心に適う規則に共同で同意できる討議パートナーたちによる相互承認の能力に由来するからである。それゆえに、さらにまたハーバーマスにとって道徳的規範は本質的に社会的規範であり、しかも言語能力を持つ——したがって卓越した意味で「共同可能」な——個体によって相互に確立されうる規範である。道徳の核心概念はここでもまた、社会的配慮の主体であると同時にその客体である人格による対称的承認である。

ところでしかしハーバーマスにとっても明白なのは、ただちに動物に関する決定的な事例を想起すれば、

(10) I. Kant, Metaphysik der Sitten, Tugendlehre, §16.〔邦訳：『カント全集』一一、『人倫の形而上学』樽井正義ほか訳、岩波書店、二〇〇二年、三二二頁以下。〕

「傷つきやすい被造物すべてに対する残忍な行為を避けることが利巧さという根拠からだけでなく、またわれわれ〔人間〕の善き生のためにだけでもなく、むしろ道徳的に命じられているということである。われわれは、カントを持ち出さなくても、動物に対する義務ではなく動物に関する義務を持つという事情を考えつくことができる。動物は、損なわれやすい被造物としてわれわれに向き合っている。われわれは、そうした被造物をその自然的な完全性においてそれら自身のために保護しなければならないのである」(220)。

ハーバーマスは、動物に対するわれわれの義務をたしかに道徳的配慮の原初的な事例としてではないが、人間関係における「相互行為の義務」にどこまでも類比的に理解することを提案している。ハーバーマスはその際に、「われわれが動物たちを、たとえ非対称的にであれ、われわれの社会的相互行為の中へ引き入れるや否や」(223f.)、動物たちとコミュニケーションできるということから出発する。われわれは、動物を社会的相互行為の中へ引き入れるや否や、動物たちにも相互行為パートナーとしての役割を認める。そうすると、そのことから、この意味においてわれわれがパートナーとして把握する(あるいはより厳密には、そのように把握可能な)すべての生き物には道徳のパートナーという身分を保証することができるというテーゼが生じる。

それに対応して以下のように言われる。すなわち、「生き物たちがわれわれの社会的相互行為に参加する限り、そうした生き物たちは保護を必要とするパートナーとしての他我の役割においてわれわれと出会う。このパートナーは、そうした役割でもってその要求をわれわれが受託者として知覚する資格を根拠づけている。〔このように〕第二人称の役割において(完全に果たされてはいないとしても)われわれに立ち現われてくる動物たちに対しては道徳に類似した責任が存在する――このパートナーをわれわれは他我のように直視するのである。しかし、われわれがパフォーマティヴな態度を取りうることは、多くの動物たちに対しては当てはまるが、植物に対しては当てはまらない。そうすると、動物はもはやわれわれの〔道徳的〕観察の対象ではなく、ましてやわれわれの感情移入の対象でもない。むしろ動物は、われわれと相互行為することによって、その固有の意味を認めさせる存在者であり、その仕方は、石が鉱物としての固さを働かせたり、植物がその有機性を環境から浸透圧を用いて区切ったりするのとは異なるのである」(224)。
すべてのパートナーは道徳のパートナーである——定式化すれば、ハーバーマスがここで支持しているテーゼはそうなるのである。

三-四　第一次の拡張

右記のテーゼを私は吟味しようと思う。このテーゼは、たとえ初めのうちははっきりしないとしても、正しい方向へ進んでいる[11]。それゆえに私は、このハーバーマスのテーゼをまず、それが果たすべきことの一部分を果たしうるのに明瞭で十分強力になるように、改良したい。

このテーゼはいずれにしてもすべてを為しうるわけではない。そのことは、ハーバーマスが解明しようと試みたまさにその直感——保護する関わりが傷つきやすいすべての被造物に対して命じられているという直感においてハーバーマスの提案が挫折することに即して理解される。たとえば一頭のトラ、しかも飢えたトラはたしかに傷つきやすい存在者である。しかし、そのトラを残酷に扱ってはいけないという命令は、われ

(11) 同じように不十分であるが類似した提案を以下の論考で私自身したことがある。Ästhetische Argument in der Ethik der Natur, in: Deutsche Zeitschrift fur Philosophie, 39/1991, 901ff., 特に910ff.

われがそのトラに親しい間柄の関係で向き合うことからは生じない。われわれは、われわれが——動物の調教師でない限り——パフォーマティヴな態度で有意味に出会うことのありえない生き物に関しても義務を持っている。しかしながら、ハーバーマスが提案した一歩は、見込みのある一歩である。というのは、この一歩が保証されるならば、第二の拡張が為されうるからである。その拡張は、われわれがコミュニケーションのパートナーとして関係することのありえない存在者に対しても道徳的義務を持っていることおよびその理由——決してあらゆる道徳の直接的な名宛人がわれわれに対して道徳のパートナーの位置にあるのでないことおよびその理由を明らかにしてくれるのである。

三-四-一　必要性を根拠とする議論

パフォーマティヴな態度の対象であること、あるいはそうでありうること、それはおそらく有意味な道徳的配慮の可能な対象であることの必要条件であるが、間違いなく十分条件ではないであろう。パフォーマティヴな態度を特に芸術作品や樹木、自動車、あるいはコンピュータに対して取る人々がいる。しかし、それによって道徳の名宛人の範囲が少しでも拡張されるだろうという可能性もない。もちろん、芸術作品や樹木、自動車の扱いも道徳に関わっているが、それは、われわれがそれら——芸術作品・樹木・自動車——に対して何ごとかを義務付けられているからではなく、われわれがそれらを人間的な関心への配慮でもって慎重に扱うべきだからである。[12] 特に芸術作品においてわれわれは、それらにはパートナーに対して振舞うのと同じように振舞い、それゆえそれらにパフォーマティヴな態度で出会うことができるし出会うべきであると、しばしば語る。しかしながら、このことは端的に一つの非道具的で遂行志向的な知覚の仕方を強調しているにすぎず、道徳的な意義を持たない。そのような非道具的な知覚の対象を潜在的な道徳のパートナーから区別するものは、そのパートナーに対してわれわれが振舞いうるし振舞おうとする仕方だけではなく、そのパートナーがわれわれに対して果たしてまたいかに振舞いうるかまた振舞おうとするかということである。それゆえ、道徳のパートナーの拡張された概念が明確な輪郭を手に入れるのは、われわれがパースペクティヴを裏返して、われわれがパフォーマティヴな態度を取ることに依拠しているすべての生き物は道徳のパートナーとして理解されうる、と言うときである。[13]

こうした修正は、関連する相互行為の双方向性を強調するかぎりにおいてハーバーマスによる詳しい議論にも含まれてはいる。しかし、こうした双方向性よりも、多くの生き物が人格的な心遣いと呼びかけを必要としているという事情のほうが道徳的に決定的な事柄である。相互行為的な心遣いへのニーズは、まさに承認されたりされなかったりする可能性がある。このことは、もとから狭い意味において道徳的に注意してもらうことへのニーズであるわけではない。むしろ、生活環境へのニーズこそ第一義的であり、その環境の中で個体が自己目的的な相互行為において他の個体の生きているパートナーとして自己を経験しうるのである。そうした環境の中で成長し続けることは、多くの――人間や動物といった――生き物にとって善き生の無視できない条件である。[14] こうした事実から――それはその普遍性において文化の事実というより自然の事実であるが――もちろんようやく人間の道徳にとってあることが帰結するのは、人間の心遣いこそ当該の個体が

(12) これは、動物に関する配慮を含むとカントが見なそうとする問題を考慮に入れた間接的義務の一事例である。
(13) ハーバーマスの見方の真理契機を私は第三研究第六章第二節で再論するが、この契機は、一連の修正の最後になってようやく適切に評価される。
(14) 人間の善き生にとっての相互行為の意義については、二–五–三を参照のこと。

必要としていることである場合であり、人間の共同体というコンテクストにおける（あるいはたんにそれとの接触における）生がそれら生き物にとって恵まれた生の必要条件に数え入れられる場合である。私が思うに、道徳の主体による相互行為的な呼びかけと心遣いへの依存という事実こそが、ある個体を特殊な仕方で道徳的な名宛人の範囲の中へ位置づけるのである。その事実とはすなわち、その個体がその生存能力と順調さとにおいてわれわれによるその個体にふさわしい扱いに依存しているという意味においてわれわれに相互行為のパートナーの役割を要求するという事実である。こうした状況に置かれた個体について私は、それらの個体が社会的パートナーの役割――あるいはもう少し弱く、こうした役割へのアクセス可能性――に依存していると言いたい(15)。

しかし、こうした役割――あるいは少なくともこうした役割へのアクセス可能性――への依存は道徳的配慮への依存を含意している。というのも、自己目的的な相互行為と道徳的な相互行為とは決して同一でないにもかかわらず、この二つの構成要素は結局のところ切り離すことができないからである。自己目的的な相互行為はそれ自身で道徳的な次元、すなわち、自己目的的な――身体的に相互を思いやった対話的で遊戯的な――交わりへの自由のうちに留まることができる相互信頼を内包している。したがって、一方――相互行為的な思いやり――への依存は、つねに他方――道徳的配慮――への依存を含意している。

もちろん、人はここで、それが当てはまるのは、関与者がそのような相互行為のうちに留まっている限りにおいてのみである。と異論を申し立てることができるかもしれない。しかしながら、この異論は、その全体的な実存的順調さにおいて――その恵まれた現実存在 *Dasein* にとって――そうした相互行為へのアクセス可能性を持つことに依存しているすべての存在者には当てはまらない。そうした存在者たちはこのアクセス可能性の持続的な保護に依存しているが、その際どの程度この存在者たちが社会的パートナーの役割を要求しているかどうかは関係ないのである。

依存性の観点が決定的に重要であるのは、われわれが誰かを道徳的パートナーと見なすかどうか、さらにいつそう見なすかということを、われわれが恣意的に選択できないという理由による。決定的であるのは他者の状況であって、他者に配慮するという私のそのつどの素質ないし傾向性ではない。社会的パートナーの位置は一方的な依存性として十分に規定されている。そうした状況にある存在者は道徳的パートナーとして配慮されることへの正当な要求を持つ――その際にその存在者がこの要求を自ら提起できるか否かは関係ないのである。

しかし、そのことはどのようにして根拠づけられるというのだろうか。この点で、道徳性を三項関係として理解する提案の意義が明らかになる。というのも、一方的な依存性という論拠、言い換えれば、場合によっては一方的な承認の必然性を支持する論拠が決定的に重要であるのは、まさに相互承認という関係にも根を持つ事柄をその論拠が有効に働かせるからである。というのもこの承認が、承認の相互性を超えて承認にもとづいた相互依存性を構成するからである。人格どうしの道徳的な承認にもすでに、この承認が病気や窮乏の場合には完全な相互性を（遠く）超えてゆく可能性があることが含まれている。[16] この場合に承認は、相互承認している人々がそのつど入り込む可能性のある生状況の多彩さ全体に関係しており、したがってまた、ある存在者が自分では応答できないケアに依存しているといった、そうしたあらゆる事例にも関係して

(15) その際、私は社会的パートナーの概念を以下の生き物の短縮表現、すなわち、その順調さの点で人間の生のコンテクストにおける相互行為パートナーの役割へのアクセス可能性に依存している生き物の短縮表現として用いている。
(16)「完全」な相互性とはここでは、相互的な道徳的義務を履行する無制限の能力を意味している。それを超えて「完全」な相互性など存在しえないしするはずもない。というのも、われわれは際限のない差異において承認されるべき個人に関係しているのだからである。

いる。最終的に人格どうしの承認は、承認能力そのものに関わる危機に構造的に晒されている傷つきやすい生き物としての承認である。この承認において関与者たちは尊敬と保護への権利を認められる。この権利の遵守を関与者たちは義務づけられていて、関与者たちがどのような個人的な状況にあるかどうかはそこでは関係ない。まさにそのことが、道徳的承認をさまざまな種類の戦略的な盟約関係から区別するのである。なぜなら、権利が付与され義務が引き受けられるのであるが、その権利や義務は、特定の生状況に合わせて調整されているのではなく、関与者そのものに属するからである。

それにしてもそれは何ものとしての関与者に当てはまるのだろうか。人格としての関与者であろうか。もちろんそうである——しかし、それは義務が問題である限りにおいてであって、権利が問題である限りにおいてではない。というのも、いかなる人格もその道徳的な自律性を侵害されるという状況、またはそれを失うという状況に陥りうるからである。それだからとって人格がその基本権を失ったと考える必要はないであろう。[17] その（相対的であれ）順調さにおいて人格的相互行為への参加に（制限されているにせよ）依存している個体として個人は、その根本的な権利を保持している。それゆえ、さしあたりは純粋に人格的に考えられた承認の事例においても、万人が相互に尊敬と保護、場合によっては援助への一般的な権利を認める（すなわち、それにふさわしい道徳的および政治的規則を根拠づける）ように義務づけられている限り、権利は義務を超え出てゆく。その権利は、個人がもはやこれらの尊敬や保護を、場合によっては援助を受け入れる状況にない場合でも、万人に対して妥当しつづける。そこから三つのことが帰結する。第一に、対称的な人格的承認関係も非対称な配慮のさまざまな形式に対して開かれている。[18] 第二に、人格だけが義務を引き受けることできるにもかかわらず、権利の範囲は人格に限定されない。第三に、人格どうしに当てはまる権利は、——人格の場合と同じように——順調さのために人格との相互行為的な出会いに依存している万人に認められるのである。

こうして、道徳のパートナーとは、その順調さに関して誰かがパートナーとして関わるということに依存しており、またそのことへの権利を持っているすべての存在者のことである、と（まだ暫定的にではあるが）言うことができるだろう——しかも、その存在者がどの程度こうした好意に応答できるのかということは無関係である。われわれがそのことに依存しているすべての存在者を社会的パートナーと特徴づけるならば、先に手に入れた定式表現でもって、すべての社会的パートナーは道徳のパートナーである、と言うことができる。

しかしながら、このことは中間結果にすぎない。というのも、道徳の名宛人すべてが社会的パートナーの立場にあるわけではないからである。そうはいってもまたこの中間結果は、相互承認にもとづく義務が、そうした一方的承認の義務を含意していることを書きとめている。さしあたり、順調さにおいて信頼に足る相互行為的な援助、すなわち、道徳的な配慮のコンテクストの中でのみ可能であるそうした援助に依存しているすべての個体〔個人〕に対する振舞いにおいてそう言える。この一歩でもって手に入ったことがもっともはっきり現われるのは、われわれが動物の道徳的身分をしばらく脇において人間どうしの道徳の問題に集中するときである。というのも、われわれがパフォーマティヴな態度の修正された基準でもって手に入れたものは、さしあたり、依然として完全に人間中心主義的に考えられた道徳の名宛人のもっともらしい理解だからである。そこで道徳的配慮の対象に関する問いに対してわれわれは、道徳的配慮はすべての人格に該当す

(17) 人格はたんに法的な意味で、たとえば契約を結ぶ権利を失う可能性があるが、その能力を人格はもはや知覚することはできない。
(18) ところで、等しい相互関係にある権利義務の道徳的な対称性がつねに、知識・能力・気質・出自・年齢などに関して多種多様な人格的非対称性と共存することは自ずと理解される。

るだけでなく、その生存能力ないし順調さに関して人間的な配慮（あるいはそうした配慮へのアクセス可能性）[19]に依存しているすべての存在者にも当てはまる、と今では言うことができる。道徳的尊重において認められるのは、人格による承認であり、その人格はとりわけ自己目的的な相互行為にとっての空間――つまり、社会生活への参加の余地を、人格のあいだで、かつ人格とともに開く。その空間には人格だけではなく、順調さに関して人間の語りかけが大切なすべての存在者が依存しているのである。それゆえ、その順調さが、人間の生のコンテクストの中で生きられることに懸っている存在者すべてに、こうした尊重が示されなければならない。その際、存在者が人格である程度は関係ない。道徳的承認が意味するのは――そうである限り――同等の権利を持つ人格どうしの承認だけでなく、事実としても潜在的にも人間生活の文化に参加する存在者の承認である。この意味での参加者として扱われうるのは、人間的な生を送る存在者、およびその順調さの条件として、（相互行為による、したがってまた道徳的でもある）人間による配慮のコンテクストのうちで生きることに依存している存在者である。

そのように理解すれば、新生児や知的身体的な重症患者――トゥーゲントハットが言うように、「傷ついた」仲間たち――は、もはや周辺集団ないし特殊事例と見なされない。生まれた人間生命がすべて無制限な道徳的配慮に値するのは、まさにそれが無制限な意味においてこの配慮のパートナーだからである――そのパートナーが人間として「通常」のいかなる能力を発達させたかということはまったく関係ない。人格は道徳のパートナーとしていかなる特権的身分を持たない。たとえばピーター・シンガーにおいてそうした結論になる[20]。特殊な道徳的身分を持つというのならば、それは、まだ、またはもはや、あるいはそもそも人格として生きることができない存在者である。そうした存在者はそれ以外の存在者よりも強く人間による好意に依存している。たしかにわれわれはそうした存在者に対して、それ以外のすべての存在者に対するのと同じ義務を担ってはいる。しかしわれわれはここで、われわれの積極的義務を比較にならないほど強く要求されている——それは、われわれ全員につねに双方向的に起こりうるとおりである。そもそも社会に適応可能であるかあるいは社会を必要としているすべての人間に、相互承認の道徳の内部で等しい権利が認められるのである。(21)

三―四―二　生命の始まりと終わり

さて、「そもそも社会に適応可能であるかあるいは社会を必要としている」すべての人間に道徳のパートナーの無制限な身分が認められるという命題にはもちろん一つの制限が見出される。というのも、人間という生物学的な種のすべての個体にこのことが該当するわけではないからである。したがって、われわれはここで、先の提案が納得のゆくものかどうかが必然的に試されることになる限界事例に直面する。そうした二つの事例——不可逆的昏睡状態にある人間ならびに妊娠中絶が許容される場合を簡潔に検討しておきたい。(22)

(19) 確かに人格は社会生活の外部で生きようと決定することができる。しかし、社会的生活へのアクセス可能性を持たないことを有意味に決定することはできない——そうした生に関して自由に決定する能力を獲得できるのはある程度上手くいった社会化のコンテクストの中でしかないことを無視することはできない。したがってわれわれは道徳的主体として世捨て人に対しても配慮の義務を持つ。その義務はただし、その世捨て人が健康であるかぎり、その人を放っておくことであろう。世捨て人の立場については二―七―一―一―一を参照のこと。

(20) P. Singer, Practical Ethics, Cambridge (2) 1993.〔邦訳：『実践の倫理』山内友三郎ほか訳、昭和堂、一九九九年〕——ただしシンガーはきわめて広い人格概念でもって考えているので、人格と非人格とのあいだの境界はシンガーの場合さまざまな種を横切って引かれている。

(21) 積極的義務と消極的義務との関係については、二―七―二―一を参照のこと。

(22) Vgl. M. Seel, Über den Sinn »angewandter« Ethik, a.a.O. ——私が以下で触れる論争の状況については、A. Leist (Hg.), Um Leben und Tod. Moralische Probleme bei Abtreibung, künstlicher Befruchtung, Euthanasieund Selbstmord, Frankfurt/M. 1992; R. Hegselmann/R. Merkel, (Hg.) Zur Debatte um Euthanasie, Frankfurt/M. 1991 を参照のこと。

不可逆的昏睡状態にある人間はもはや、人間的な思いやりを受け取る能力を持つパートナーではないし、さらにそれに加えてそもそも知覚能力を持つという意味でのパートナーではない。しかし、知覚能力を欠いた生はその生の主体を欠いた、言い換えれば、あるものを斬く斬く云々であるとして（しかもそれが、ただ明るいまたは暗い、温かいまたは冷たい、快適か不快かというだけであっても）知覚しうる誰かを欠いた生である。しかし、社会的ならびにそれ以外の知覚能力が本当に存在しないのか、いつ存在しなくなるのか、さらには、それは本当に不可逆的なのか、いつ不可逆的になるのか、ということを決定するのは困難である。こうした決定に道徳的な重要性が認められるべきだとしたら、その決定は器械に委ねられてはならないだろうし、むしろ、思いやりを持ってその個人を世話している人々によって担われなければならないだろう。それゆえに極度の用心深さが命じられる。つまり人はもはや、そうした場合には生命維持処置を止めることによってそうした生命を終わらせることが許されうるということ以上は言えないだろう。

それにもかかわらず私は、この場合もはや道徳のパートナーは存在しないと言うのは本末転倒であろうと考える。たんなる生命に還元された身体はむしろもはや、それにもかかわらずできる限りそうしたパートナーのように扱われなければならない相互行為のパートナーではない。端的にすべての人間は、それがいかなる状態にあろうとも、誕生の瞬間から死の瞬間を超えてでもそのように扱われなければならない。それゆえにすべての歴史的に存在した道徳には死者を敬うだけでなく、個人の遺体を敬意を持って扱うという規則が含まれるのである。このことも人格どうしの承認の論理から理解されうる。自我と他我が相互に道徳的に義務を負っている事柄の一部を、彼らは共同生活において一方の死を超えて自らに課していて、双方が自分たちの生前に、自分たち——自分たちの物語ならびに自分たちの身体——については何ごとも勝手に為されえないということを信用することができるのである。しかし、このことはある人が共同体の中で共に生きる他者に対して持つ義務であるだけでなく、そのある人とその共同体で共に生きた死者に対する義務でもある。この意味である人間の道徳的尊重の範囲はその人の死を超えている。(23) つまり、その道徳的尊重が及ぶ範囲はその人間自身が相互行為のパートナーの位置にいる時点を超えている。

そういうわけで、不可逆的昏睡状態にある患者の生命維持処置を親族の意志で中止させることは、延命が「その患者の意向」ではないということによっても、さらにこの身動き一つしない生が当事者の生き生きとした生の記憶より優位を占めるべきではないということによっても根拠づけられる。このことがどれほど親族の視点からの熟慮――他者をどのようにして記憶の中に留めておこうとするか、他者の延命に共感して付き添ってゆくことが親族たちに依然として有意味で可能であるように思われるかどうか――としばしば一致するとしても、ここで道徳的に決定的なのは、この他者の代弁者として advokatorisch 取られた視点からの論証である。その他者の身体は今では社会的パートナーの感情の動きをもはや示さないにもかかわらず、道徳的パートナーであり続けるのである。(24)

そうするとハーバーマスに即して手に入れた定式を裏返した、すべての道徳のパートナーが社会的パートナーであるわけではないという定式は不可能である。むしろ、社会的パートナーの身分を持つ者が道徳の

(23) たとえば「遺言」に付随する義務づける力において明らかである。

(24) 代弁者としての問いはその際に、この生はそれを生きる人にとってこの先も生きるに「値する」かということではない。というのも、われわれは、この主観的な視点がこの場合にはもはや与えられていないと想定しなければならないからである。むしろその問いは、このたんなる生が、生きているという意識なしに続いているその人の意向に沿っているかということである。こうした理解は自殺と要求にもとづいた殺害の正当化の可能性に関しては未決定にしておく。これについては、R.Dworkin, Life's Dominion. An Argument about Abortion, Euthanasia and Individual Freedom, New York 1993, bes. 208ff. u. R. Merkel, Teilnahme an Suizid – Totung auf Verlangen – Euthanasie. Fragen an die Strafrechtsdogmatik, in: Hegselmann/Merkel, Zur Debatte um Euthanasie, a.a.O., 71ff.

パートナーの身分をも持つことになるのはその存在者がもはや社会的パートナーの位置にいないときである、と言うほうが適切である。しかし、ある人を(たんに)道徳のパートナーとして承認することはこの場合、上記の根拠にもとづいて(あらゆる他者と同様に)この他者の生を維持するという一般的義務の無条件の遵守を含んでいない。この場合、特殊な事情の下では、道徳的な根拠にもとづき——もはや(たとえわずかであれ)知覚する主体として自分の生を聞きることができる存在者に対する尊敬にもとづいて——その人の生の維持を中止することも許される。しかし、医師と親族とが生命維持という一般的義務から解放される可能性があるということは、当事者が生命への権利を失ってしまったかのようなことを意味しない。ただ、この権利の保障がこうした極端な場合には道徳的にもはや有意味であるように思われないということにすぎない。なぜなら、そうした当事者たちには自分たちが権利を持っているその生を知覚することがもはや不可能だからである。(25)

反対にそこから以下の命題が帰結する。すなわち、人間は一般に——何らかの意味において、しかしその程度には関係なく——主観的な知覚能力を持っている限りで、生への権利を持っているだけでなく、自分に対してこの権利が無制限に保障される権利を持つという命題である。そうした人間に対しては、人間どうしの道徳の内部で、社会的パートナーの位置にある万人に必然的に認められるに違いない権利が認められる。当事者の尊厳のために意識的に認められ引き起こされる死のそれ以外の形式も、それらの形式がそもそも正当化される限りでの話だが、その権利の破棄として(特定の場合における死なせることまたは殺害することの一般的許可として)理解されてはならず、いかなる個別の場合においても道徳的に根拠づけられるべき例外として理解されなければならない。しかもその際に根拠づけが認められるのは、耐え難くて収まる見込みのない主観的な苦痛を終わらせることだけである。(26) そうするとふたたび、考慮されるべきであるのは、当該の他者の(必要ならば代弁者として取るべき）視点、結局のところ、その他者の生の関心の意味のうちに生を終わらせることが見出されうるかどうかという問いであることになろう。[27] それゆえ私は繰り返したい。生まれてきたすべての人間は、置かれた状況の如何にかかわらず道徳のパートナーとして扱われるべきである。

しかし、すでに育っているがまだ生まれていない人間に関してはどうだろうか。これは生物学上の人間存在がパートナーの身分とあらかじめ一致しない別の事例である。この場合も、この不一致可能性は仮象であり、端的に人間という種のあらゆるメンバーが道徳のパートナーとして理解されうると言いうるだろうか。境界事例に対して提案された格率「社会的パートナーが存在したところに道徳的パートナーが存在し続けるべきである」に類推的に、それに対応する別の境界事例のための格率「社会的パートナーが生じるところに道徳のパートナーが存在するべきである」が定式化されうるのか。このことは、誰かであった人に対する義務があるだけでなく、誰かになる人に対しても義務がある、と指摘することによって根拠づけられる。したがって両親の養育義務は、その子どもが自律的で自分を方向づけできる人間になるように一人前にすることにもとづく。したがってある妊婦は、その身ごもっている子どもに対して、その子どもを身体的ならびに精

(25) もちろんここで、「尊厳に満ちた死への権利」がこの場合には「生への権利」と結びついた義務より優位に立っているのだ、と言うこともできだろう——このように指摘してくれたのは、アンゲーリカ・クレプスである。以下の論述に関しても私はクレプスの異論と提案に感謝している。

(26) この点に関して私の見るところ最良の仕事は、Ph.Foot, Euthanasie, in: Leist, Um Leben und Tod, a.a.O., 285ff. u. Dworkin, Life's Dominion, a.a.O. である——ドゥオーキンについては、本研究の注(32)を参照のこと。

(27) 当事者の視点が決定的に重要であるに違いないということは、重要であるのはいかなる場合でも当事者の意図であるということを意味しない。自殺しようと思っている人を目の当たりにしたときには、その人の生の視点に即しつつその人の意志に反して振舞うことが正しいだろう。こうした意志の否定はもちろん、もっぱら生命を維持しようと介入する場合にのみ許されるのである。

神的な傷害から守る義務を持っているのである。この場合には社会的パートナーはまだ存在していないにもかかわらず、すでにその役割を引き受けるであろう個体に対して義務が存在しているのである。

そうした義務が存在するのは、もちろん、そうした個体がその役割を引き受けると考えられる場合だけである。ある妊婦が身ごもっている初期段階の胎児に対しては、その妊婦は初めから義務を負っている。しかし、妊娠中絶の正当性に関する問いは、妊婦が育っている子どもをいかなる場合でも身ごもっていなければならないのかということである。いかなる場合も身ごもっていなければならないという立場を今日では誰も支持していない。母親の命が危険に晒される場合に胎児の命を奪うことを許可する医学上の事由の事例は、一般的に女性の生きている生命のほうが生まれていない胎児の生命より立場が強いということを示している。しかし、この意見は何を根拠にすることができるのだろうか。それにもかかわらず、いかなる根拠にもとづいて——そしてどの程度まで——胎児は道徳的に保護されるのだろうか。さらに、胎児のこうした——たとえ制限されているとしても——道徳的身分は「社会的パートナー」立場とどのように関わるのだろうか。

これまでの考察から帰結するのはさしあたり次のことだけである。生まれてきて生きている子どもは（いつ生まれたか関係なく、つまりたとえ未熟児であっても、またどんな状態で生まれるとしても）最初の瞬間から完全な意味で道徳のパートナーである。というのも、そうした子どもは最初の瞬間から相互行為的な配慮に依存しているからである。それに対して胎児はこの瞬間への連続的な発達の過程にある。したがって、たとえばトゥーゲントハットは、「ある胎児の命を奪うことをわれわれは新生児の命を奪う場合とは別の仕方で判定すること、そうした判定は、胎児が段階的に新生児に近づくがゆえに、それ自身段階的に行なわれること、われわれが、胎児はわれわれの仲間であると言いうることは正しいように思われる」(195) と言っている。この「われわれの仲間」とはこの場合に社会的パートナーとしての生き物の意味で、言い換えれば、献身してくれて道徳的義務に気づく人格である「われわれがいなければ」、生きてゆけない生き物、ましてそれにとっての善き生が可能ではないような生き物の意味で、理解される必要があると私は考える。しかし決定的な基準は、トゥーゲントハットが考えているように、協同可能性あるいは協力的態度、またはその両方への途上にあることのうちにではなくて、「われわれの」一人ないし若干名がそうした生き物に共感的に——すなわち同時に、思いやりを持って——関わることに依存していることのうちにある。しかし、トゥーゲントハットが生きている子どもと生まれていない子どもとの異なる身分について述べていることは啓発的である。「生きている子どもと生まれていない子どもとの差異は、生まれていない子どももたしかにすでに協同能力〔を獲得すること〕において完成する成長過程にあるが、その過程はしかしそれ自身コミュニケーション的性格をまだ持っていないということのうちにある。その子どもは、社会化されるという意味ではまだそうした性格にふさわしくない。その子どもは生まれる途上にあり、その限りで間接的に、しかしまさに間接的にのみ、共同体の完全なメンバーである。自己を社会化するメンバーである一人の子どもがすでに「われわれの仲間」である一方で、生まれていない子どもがそうであるのは、この間接的な仕方においてでしかない。こうした両義性は母親に対しても当てはまる。母親は「これは私の子どもである」と言えるが、「この子は私の子どもになる」とも言える。われわれは母親を「未来の母親」として特徴づけ、母親も自己自身をそのように感じている」(195)。——トゥーゲントハットはこの箇所に脚注を付している。「私に対して、未来の母親はすでに生まれていない子どもとコミュニケーションしているという反論が為された。私が思うに、その場合「コミュニケーション」という言葉は比喩的に、つまり、行為と応答の交替として用いられているが、それは母親が生まれた子どもとコミュニケーションする仕方とは根本的に異なっているように思われる」(196)。

もちろん、相互行為の二つの形式は根本的に異なっているが、それでもやはり一方的ではあれ、生まれていない子どもとのコミュニケーションの可能性は道徳的に重要である。ここでも人は——しかも比喩的にではなく——、これから生まれてくる子どもには母親の側からの注意・集中・顧慮などが必要である、と言う。妊娠三か月以後に始まる脳の発達とともに胎児は感覚能力を持つ存在者であり、他方で母親はすぐに胎児の運動を感じることができる。未来の母親は、自分が妊娠していることを感じるだけでなく、自分の子ども〔の存在〕や、自分の子どもが子どもの側から母親の身体的ならびに精神的状態に感覚的に反応していることをも感じている。子どもとの相互行為が始まったのは——きわめて特殊な意味において、しかし実際には「比喩的」でない意味においてである。ここでは母親の視点から子どもとの相互行為が、つまり、後に母親や関係する他の人物たちやすべての他者と範疇的に異なる仕方で継続される相互行為が始まっている。この後の相互行為が〔胎児との相互行為と〕範疇的に異なっているのは、胎児がまだ相互行為の真のパートナー、つまりは身体的に分離されたパートナーの地位にいないからである。二値的な相互行為はまだ社会的な相互行為ではない。しかしそうした二値的な相互行為でも、潜在的な社会的パートナーとの相互行為なのである——そうであるかぎり、古典的な潜在性論証に即して正しいように思われる[28]。それと同時に、こうした潜在的なパートナーとの実質的な相互行為は、それが妊娠の初期段階では事実ではないとしても、すでに可能である。成長している生命は一つの異なる独自の生命として感じ取られ、それに対して妊婦は注意を向けることも向けないこともできるし、その生命を承認することもさしあたり無視することもできる。それが、一般的な殺害禁止がこの場合に社会的な共同生活の限界を超え出て拡張される根拠であり、しかも胎児がその時点から感覚能力を持つ存在となるその時点まで拡張されることが正当である根拠である（というのも、それが母親との最初の相互行為的関係に入る潜在的なパートナーの身分にとっての発生的な条件だからである[29]）。それにもかかわらずこの殺害禁止に関して母親の健康上重大な脅威になる場合には例外が可能であることは、こうした解釈にとっての反論にはならない。というのも、そうした例外はその他にたとえば正当防衛といったジレンマ状況においても許容されているからである。[30]

それによると、われわれは改めて道徳のパートナーが同時に社会的パートナーではないといった状況に置かれている。第一の事例においては道徳のパートナーがもはや社会的パートナーではなかったのに対して、今の場合は道徳のパートナーはまだ社会的パートナーではない――しかしそれにもかかわらず社会的パート

(28) この論証はもちろん、すでに受精卵のうちに潜在的な（人格的）パートナーを見ている。こうした把握の仕方に対してはJ・ファインバーグが有効な反論を展開している。J. Feinberg, Abortion, in: T. Regan (Hg.), Matters of Life and Death. New Introductory Essays in Moral Philosophy, New York 1986, 256ff.

(29) 感覚能力の意味については、A. Leist, Eine Frage des Lebens. Ethik der Abtreibung und der künstlichen Befruchtung, Frankfurt/M. 1990, 特にKap. V を参照のこと。もちろんライストにとっては感覚能力そのものが胎児の道徳的身分を決定する。それに対して私の理解では、感覚能力は母親との相互行為を始める条件として決定的に重要なのである。私の考えでは、感覚能力そのものでは殺害禁止を根拠づけることはできないと思われる。これについては、三-五-二を参照のこと。

(30) しかしながら、私は、堕胎を（多くの場合において）正当防衛の一事例と解釈するというジュディス・トムソンの提案には説得力がないと考える。というのもこの場合、侵略者の位置には誰も置かれていないか、または（暴行による妊娠の事例におけるように）その生命が危険に晒されている存在者によって占有されているのではないからである（vgl. dies., Eine Verteidigung der Abtreibung, in: A. Leist, Um Leben und Tod, a.a.O., 107ff.）。この場合にはむしろ、妊婦の生きる権利と胎児（脳が発達し始める三か月以降の）の生きる権利であれ、胎児の生きる権利と女性の自己決定権であれ、基本的権利が相互に衝突するようなジレンマ状況が存在している。妊婦の生きる権利と自己決定権にはどちらの衝突事例においても優位が認められうるのは、それらの権利が、潜在的な社会的パートナーの権利ではなく、事実として存在している社会的パートナーの権利だからである。したがって、潜在的な社会的パートナーの位置にある胎児がすべての他者と同等の生きる権利を持つのは、その権利が妊婦の生きる権利ならびに自己決定権と衝突して妊婦の生命を脅かしたり、あるいは妊婦の自己決定能力を脅かしたりしない限りにおいてのことである、と言うことができる。殺害〔堕胎〕が許されるのはこの場合もまた個別の事例にもとづいて根拠づけられるべき例外としてである、と理解されなければならない。――道徳的ジレンマの解釈については四-二-五も参照のこと。

ナーのように、それが有意味である限り、配慮される存在者の範囲に含まれる。このことは、その人の順調さ[31]にとって重要であるような万人は社会的パートナーとして、あるいは社会的パートナーのように扱われるべきだという原則から帰結する――そうした万人の中に生まれていない個人としての人間もその感覚能力を持ち始めた時点から含まれるのである。ところで他方では、こうした相互行為主義的な解釈から、妊娠初期の三か月以内の堕胎は道徳的に非難されるべきではないだろうということが帰結する。しかしあらためて、ここでもなお起こりうるジレンマ的な状況をまったく理解しないであろう解釈が欠けている。[32]というのも、該当する女性はこの次元において単純に中立的な領域のうちに存在しているのではないからである。

　基本権どうしのコンフリクトという厳しい道徳的ジレンマに二つの両立不可能な――両立不可能なように現れる――生の視点の――比較的――おだやかな倫理的ジレンマが対立している。すでに早い段階で胎児は女性の生命の一つの可能性である、言い換えれば、女性の身体内に生じたその生命の可能性、女性がそれに何らかの仕方で関わることができる可能性である。「早い段階」はこの場合いずれにせよ、生物学的な事実としてだけでなく、同時に実存的な（その結果としてたいてい社会的な）事実として理解されなければならない。それは女性が自分の妊娠、すなわち、他の生命の始まりによって引き起こされた自分の生命の出来事に気づきうる時点である。女性にとって自分の身体上の変化に主観的に気づきうる前にはこの生まれてくる生命に関していかなる実践的問題も生じていない。女性は、この生まれてくる子供を欲する場合には、自分自身の生の中心的可能性としてこの可能性を引き受ける。その反対に女性がこの生まれてくる子供を欲しない場合には、自分の生にとって付随的でもなく外的でもないこの可能性を否定する。その女性はある個体とのすでに自分の一部分となっている内的関係を否定するのである。その個体はもちろん最初の一か月まだ知覚し知覚されうる他者の状態にはない。しかし、妊娠を初期に終わらせることもすでに始まっている他の生き物と生きることの中断である。したがって、妊娠の中断は生じているパートナーとの関係の発生の喪失である。たとえ初期段階においては〔育っている生命が〕そうしたパートナーとして位置づけられていないとしても、そうなのである。このようなパートナーは、感覚能力を持ち未来の母親にとって感知可能な胎児のように潜在的であるだけでなく、純粋に潜在的である。そうしたパートナーに対しては、まだいかなる義務も存在しえない。しかし、女性の側ではすでに、まだその場所が占有されていないこの未規定のパートナーへの展望が存在している。妊娠している女性は決まって未来の子どもへの展望を持ち、その展望は、その女性がその子どもを欲していない場合には、その女性が自分の生を送ろうとしていた際の展望と対立するのである。

この意味で——この意味においてのみ——生まれていない人間生命はすべて、感覚能力を持つか否かに関わらず、妊婦にとって育ちつつあることが知らされるや否や[33]、道徳的共同体の範囲に含まれる。われわれは、

(31) この場合に順調さには——先の議論での意味において——尊厳も含められなければならない。すなわち、身動きが取れなくても死んでいても好き勝手に扱われず、かつてその人がそうであったとおりに扱われなければならない。

(32) 堕胎に関して道徳と法とを区別する意味については、私はここでは立ち入らない。この点については、R・ドゥオーキンの印象深い論考、Life's Dominion を参照のこと。ドゥオーキンも、われわれは、この問題の哲学的処理が堕胎の問題を抜歯とかポリープの除去とかという問題とは原則的に異なる問題にしてしまうジレンマを指摘しうると期待するに違いないと強調する一人である。しかし、ドゥオーキンはこのジレンマを、ここで私が記述するのとは異なる仕方で記述している。ドゥオーキンにとって堕胎はつねに「宇宙規模で重要」な人間生命という不可侵の財(›sanctity‹)の浪費(›a waste‹)である(ebd., 217, vgl. Kap. III)。しかし、このように言うことができるのは、人間の自然な生命が客観的で絶対的な価値を持つ(それと同時に、——人間以外の——自然の生命に対して人間の生命のほうがより高い価値を持つ)と仮定しているからにすぎないが、そのことを支持する論証的基礎を私は理解できない。ドゥオーキンは、客観的な、すなわちそのつどの利害関心に依存せず存在する価値を、本質的に、客観的と——あらゆる情感的関心から独立していると——誤解された芸術作品の価値との類比にもとづいて論証しているが、その類比は明らかにドゥオーキン自身の結論に不利な証拠を提示しているように私には見える。

(33) この補足は、われわれが生命の倫理的に重要な始まりを、またそれに対応して、その始まりを技術的に知覚する可能性(その知覚を

生まれていない人間生命をすべてわれわれの実践の潜在的なパートナーという展望のうちで見ることを相互に期待している。たしかに、そのことからコンフリクトが生じることになる。望まない妊娠の場合、そのコンフリクトにはあらゆる関与者、とくに当事者の女性が陥ることになる。しかし、ここで期待されうるのは、女性がその妊娠をいずれにせよ望まないという場合にそなえてこのコンフリクトを知覚することである。それにしてもこれは、女性に道徳的に要求され、または法的に請求されなければならないようなことではない。というのも、その女性は妊婦としてふつうに自分が子供を持ちうる展望を持つからである。しかし、ここから生じるコンフリクトそれ自身は、どれほどそれが道徳化され、またそれを道徳化することが容易に思いつかれるとしても、決して狭い意味で道徳的なコンフリクトではない。というのも、この場合には感覚能力を持つ他者、すなわち、女性が承認的に注意しつつ相互行為しうるようなパートナーとして振舞う他者が現実に存在していないからである。実存的なコンフリクトこそが女性を特殊な仕方で、自分がどのように自分および自分の未来の生に関わるべきかという問題の前に立たせる。このコンフリクトを道徳化すること、したがってその解決を普遍的な社会的（ならびに法的）規則に従わせることは、私の考察が正しければ、女性の自己決定権の根拠のない制限である。

三-四-三　過去と未来

個別の人間生命の始まりと終わりに対する道徳的態度から生じる配慮は結果的に、生きている人間の始まりと終わりを超え出てゆく。そうした配慮は過去および未来へと広がってゆく。その配慮は人間的実践のパートナーであった人々にも当てはまるし、それと同様に、そうしたパートナーであろう人々にも当てはまる。つまり過去世代にも未来世代にも当てはまる。先の考察においてわれわれはヴァーチャルな社会的パートナーの事例に出くわした。そのパートナーは、人格的な相互行為の事実的な社会的パートナーであることがまだまたはもはやできないけれども、そのパートナーに対して〔われわれは〕義務がある。道徳的に重要なこの「もはやない」ならびに「いまだない」の事例から、そのような義務を持つ人々の歴史上の現代を超え出てゆくような義務も理解されうる。もはや生きているパートナーではないあるいは決して生きているパートナーとなりえない生き物でさえ、道徳的パートナーである可能性を有するのである。

過去ならびに未来の世代を視野に入れた場合にも、ヴァーチャルな社会的パートナーに認められる（あるいは認められうる）道徳的身分の解明は事実的な社会的パートナーの身分に定位して行なわれなければならない。実際の社会的パートナーに対して存する道徳的関係が歴史的文化のヴァーチャルなパートナーへの関係においても示されるときにのみ、現在を超越した道徳的配慮の拡張を根拠づける展望が開かれる。私がこれまで依拠してきた依存性論証は、現実の依存性を含むのではないというように時間軸の上で過去と未来にも拡張されなければならないだろう。すなわち、道徳的注意は人間文化への相互行為的な参加者の役割に依存しているすべての存在者に向けられ——さらにそれを超えて、われわれがこの役割に対する未来ないし過去における依存性のゆえに特殊な関係に立っているすべての存在者に向けられる、と言われてよいだろう。

支持しうる、また疑わしい場合でもその知覚を確証しうる医療器具を用いた）による女性の身体的知覚を、生命の——どのように定義されるとしても——生物学的な始まりと等置することを排除する。もちろん現代の生殖医療によって人間生命の倫理的始まりのこうした理解は——場合によっては、こうした技術の使用に反対する強い論証、つまりたんに生物学的‐技術的始まりに都合のいいように人間生命から倫理的な始まりが奪われるという論証は、動揺させられる。いずれにせよ問われなければならないのは、女性の身体的純粋性を中心に据えないような人間生命の倫理的な始まりはどのようなものかということである。

われわれは、社会的パートナーである存在者に対してだけでなく、社会的パートナーであったし、そうであるだろう存在者に対しても道徳的義務を持つ（可能性がある）、と言ってよいだろう。

これまでと同じように今日でも多くの人間は、自分たちが死者に関してもこれからの未来に生きる者に関しても義務を負っていると考えている。現代の人間は自分たちの両親やアウシュヴィッツでの死者に借りがあると考えているし、自分の子どもたちやその子どもたちに対して義務を負っていると思っている。さらに、個人的に何のつながりもない未来世代の人々に対しても、完全に汚染されていない地球を残さなければならないという責任を感じている。われわれが、こうした見方はすべて非合理的だと言うつもりでないならば、われわれは、現在世代への配慮と人間文化の仲間としてこれまで生きたあるいはこれから生きるだろう人々とのあいだの理解可能な結びつきを見出さなければならない。

死者に対する尊敬に関しては〔現在のわれわれの〕過去に対する関係と〔現在のわれわれの〕現在に対する関係とを引き裂いてはならない。先に述べたように、死者に対する尊敬はつねにまた生きている者どうしの尊敬の形式でもある。われわれはお互いを、死者がわれわれに引き渡してくれたさまざまな基準に縛りつけるし、あるいは――個人あるいは政治的集団として――死者にしてしまったことを〔現在の〕われわれ自身あるいは他者にはしないように相互を義務づけている。しかし、われわれが死者の回想において――死者に「関して」――引き受ける規則や態度あるいは（新たに）打ち立てる規則や態度の承認に過去の道徳的記憶が没頭するわけではない。過去の生命に関するわれわれの義務はもっぱら間接的な在り方をするわけではない。そうした義務は、われわれが想起による方向づけにおいて関わる存在者に対しても当てはまる。そうした義務は、われわれ自身と同じように生きているときにその生きている状況の中でその人にとって善き生を追求していた個体に当てはまる。そうした義務は、われわれがそうであるように、社会的呼びかけに依存していた個体に当てはまる。そうした義務は、その〔現在の〕状態がわれわれとは異なっていようとも、〔かつて〕われわれ自身と同じような状態にあった、そうした個体に当てはまる（そうした個体と同様にわれわれもいつか——束の間の——思い出にすぎなくなるだろう）。そうした義務は、そうした個体がそうであった事柄ならびにそうであろうとした事柄に当てはまる。われわれが死者とわれわれとの連帯をこの意味での連帯と理解するところではつねに、われわれは死者に対して——死者たちがどのように存在しようとし生きようとしたかという視点を持って連帯しつつ、義務を負っていると感じるのである。このことは他方で、われわれが義務を負っていると感じうる他者とは、われわれがよく知っており十分に結びつきがあると感じ、その結果としてその人たちの願望や意欲をわれわれの方向づけの内へと引きうけることができる他者だけであるということを意味する。すべての死者に対する義務があるとしても、そのようなものはまったく空虚であろう。それでも、われわれが過去から結びつきを持っていると感じる人々は多く存在しうる。もちろん、そうした人々がつねにわれわれやわれわれのものと親密な間柄である必要はない。ジェノサイドの責任を負っているある国家の国民は、たとえその国民自身がそうした行為に加担していなかったとしても、そのジェノサイドの犠牲者に対して義務を負っていると感じる可能性がある。その国民は、数千人ないし数百万人の人間生命を抹殺することが自分たちの文化、自分たちの伝統から可能であったという事情によって自分たちがその犠牲者たちと結びついていることを知っている。

回想の中の死者が、彼らは誰であり誰であろうとしたかという点で尊敬されるべきであるように、他方では、未来に生きる人々にも、彼らがなるのが、またなろうとしているのが誰であれ、そのことに関して配慮が示されなければならない。未来世代の人々がどのように生きたいと思っているのか、われわれには知る由もないのだから、われわれは未来世代の人々に対して、未来世代の人々が誰であろうとし、何であろうとしているのかを自己決定する可能性を保証しなければならない。先に述べたように、このことはすでに両親と子供との関係に当てはまる。大きな尺度では世代間の関係に当てはまり、今日的な尺度では――あらゆる人間の生活圏を広く侵害する可能性を目の当たりにして――すべての現在世代とあらゆる未来世代との関係に当てはまる。この場合にも道徳の主体と客体のあいだの状況が非対称的である中での対称性が生きている者の（まだ）生きていない者に対する責任の基礎なのである。現在世代のわれわれも歴史的世界の中へ生れ落ちてきたのであり、それは未来世代の人々が、人間の歴史的実践によって形成された世界の中へ生れ落ちてくるのと同じである。歴史的世界へ生み落とされたというこの事実が、より厳密に言えば、未来世代の人々とがわれわれによって（も）形成された世界の中で生きるだろうという事情が、われわれを未来世代の人々と道徳的に結びつけるのである。今生きている者どうしのあいだの留保なしの承認はそうした人々がそのつど共有している状況に当てはまるだけでなく、その人々にその空間的時間的状況に関係なく相互にあらゆる可能な状況に対する権利ならびに義務を認めるのであるから、受け入れられてきた義務を時間的に制限する根拠はないし、さらにいえば、それは承認理論的な道徳理解と矛盾する。そうした義務はいつでもすでに、それに今まさに従っている人々の生きている時間を超え出ている。そうした義務は、道徳的主体が今まさに持っている身分に当てはまるだけでなく、ある人がその生の倫理的な始まりから過去の生の回想に至るまで担う可能性のあるいかなる社会的立場にも当てはまるのであるから、それと同様に、その義務はそのつど生きている人々の地平を超え出て未来世代の方向へも広がってゆく[34]。現在存立している義務も現在の条件下では、われわれが死者に対して持っている義務よりもはるかに選択の余地がない。現在の人類は――人間の生存基盤の酷使に拍車をかけることもできるし、あるいは修正できないとしても少なくとも軽減できる、そうした国家の共同体として――あらゆる未来世代にとって（じつは人間にとってだけではないが）彼らが少なくとも耐えられる生の条件をかなりの程度侵害している可能性があるのだから、その点では保護する義務が、人間の実践というコンテクスト上でのヴァーチャルな未来のパートナーである人々に対して、さらにそれを超えて、道徳的配慮の未来におけるヴァーチャルな名宛人であるすべての人々に対して実際に存在するのである。(35) 現在の道徳的実践の客体のそれぞれにだけでなく、そうした未来のすべての人々にも、その人々にとって善き生の条件を要求する権利が認められるのである。

三-四-四　種の境界の意味

私が人間生命の境界に関するいくつかの問題を少々詳しく論じてきたのは、承認理論的な道徳理解が特に弱く現われうる領域でこそ、そうした理解の強みが示されるからである。スケッチされた答えの根本思想は、道徳的行為者とその行為者が（もしかしたら）道徳的義務を負っている個体との関係の仕方をそれぞれに問うことであった。いかなる程度において道徳の主体どうしの承認の根本構造は、自らは道徳的主体ではない（または道徳的主体の同時代人ではない）個体に承認が向けられるところでも基礎を持つのか。こうした考

(34) ある人の思い出が薄れてゆくことを、その人の存在を知覚し始めることに対してその人の生の「倫理的な終わり」と名づけることができるかもしれない。生の始まりに関しては、まだ感覚能力を持たない存在者（脳が発達し始める妊娠三か月以前の胎児）の扱いをわれわれは、そもそもまだ存在していないが、遠いまたは近い将来に感覚能力を持ちそれどころか社会的で（たいての場合また）人格的な生き物として存在するだろう人々への配慮とは区別しなければならない。後者の生き物は今日すでに人間らしい実践のヴァーチャルな（事実上の）パートナーである。もっとも、この立場は生命の生物学的かつ倫理的始まりには（純粋に潜在的なパートナーの状態においては）さしあたり占有されないままであるけれども。

(35) 道徳の「パートナー」と道徳の「名宛人」との差異を、私は第三研究第五章で究明する。

察の仕方の正しさは、先に取り上げたのとは別の問題領域——たとえば遺伝子工学または生殖医療の道徳的判定に際しても示されうると思われるが、ここでは取り立てて論じることができない。[36] 私はむしろ、ハーバーマスをきっかけにして始めた動物に対する適切な配慮の問題に戻りたい。しかし今のところ問題であるのは、われわれは依存性の論証を援用して人格どうしの承認に還元された道徳の第一次の拡張を行なったが、はたしてそしてどの程度までそうした第一次の拡張が人間以外の生き物に対する直接的な義務を根拠づけることができるのかということである。三-四の冒頭で述べたように、動物に対する一般的な配慮を、ハーバーマス式の議論でもって正当化することはいずれにせよできない。したがって、動物の道徳的地位について適切な概念を手に入れるためには——三-五で行なわれる——承認道徳の第二次の拡張が必要であろう。しかしながら、これまでの議論の理解にとって重要なのは、（相互行為的な配慮への）依存性の論証でもって道徳的客体の範囲に受け入れられるすべての存在者とは誰であるのかを検討することである。

動物たちも道徳のパートナーの身分を占めることができるのは、動物がその順調さにおいて人間による相互行為への参加者という意味での社会的パートナーの身分に依存するという上記の基準を満たす場合に限られるのだが、そのことは今や私のこれまでの考察の帰結のうちに見出される。ペットの場合にはこのとおりだろうが、このことはペットに限られるわけではない。人間が共に生き、人間と共に生きるペット以外の動物に対しても（馬のことを考えればよいし、特殊な事例としてはコンラート・ローレンツを扶養者だと学習したハイイロガンを考えればよい）、これまで記述してきた形式の道徳的関係を構成する類の相互行為が存在しうると言ってよいだろう。動物たちがこうした仕方で人間の生活形式の参加者ないしメンバーとして存在するならば、動物たちにはあらゆる他者と同じように道徳的なパートナーの役割が——それに属する権利と義務を伴って認められるということが帰結するはずであろう。

この帰結が本当に説得力を持つかどうかを考える前に、われわれは、人間の領域を超えた道徳的承認の拡張の（なおも限定されている）射程範囲を明確に示さなければならない。動物たちはそれが属する種の代表者として道徳のパートナーの仲間入りをするのではなく、そのつど、その幸福において相互行為的な人間の思いやりに依存している状況にある（少なくとも、人間によってそうした状況に置かれている、という意味であるが）個体として道徳のパートナーの一員となる。こうした議論によって完全な道徳的身分を与えられるのは、それ自体としての馬・猫・犬などではなく、人間の生活形式に関係しているかぎりのそれらの動物である。したがって、制限されているとはいえ人間とのコミュニケーションの潜在的なパートナーであるのは、すべての動物ないし動物種ではなく、相互行為的な好意に実際に依存している動物ないし動物種だけである――ただし、その行為がその動物たちに人間から与えられるかどうかは関係ない。

さらに先に述べた議論には多くの益獣が含まれていない。鶏や豚を大事に飼育してもそれらの動物に人間の好意といったものはまったく無関係である。そうした動物はそれらの健康状態において番犬または飼い猫と同じような人間的好意に依存していない。人間に飼われて生きている動物たちが人間による世話に依存しているということは、それだけでは社会的帰属性の基準を満たさない。というのも、先に述べた言葉の意味で道徳的パートナーでありうるのは、その存在者の順調さのために人間との自己目的的な相互行為に、言い換えれば、人間的な生への参加に依存している存在者だけだからである。

したがってわれわれは、動物との付き合いに関して、第一に物質的な依存性 *Abhängigkeit* と相互行為的な

（36）議論の主要な観点はこの場合、私の見解では、この技術によって当事者個人の社会的パートナーとしての身分がいかなる意味で傷つけられ、危険にさらされるのかという問いでなければならないだろう。

依存性 *Abgewiesenheit* とを区別する必要がある。われわれがわれわれに依存させたがゆえにわれわれに依存している動物たち、自分自身では食べてゆけず自分の生活環境を探すこともできない動物たちに対しては、以下の章での考察を先取りして言えば、われわれは適切な世話と飼育とを義務づけられている。しかし相互行為的な注意をこれらの動物たちはまったく必要としない。これらの動物たちはその順調さのためにそうした注意に依存していない。そうした動物たちは社会的パートナーの位置、人間生活への参加者の位置に何の関心も持たないからである。

第二に、われわれは任意の依存性と本質的な依存性とを区別しなければならない。善き生のために人間の行為に依存している動物たちも、生命の始まりから終わりまで必ずしも一貫してそうであるわけではない。社会的パートナーとして人間と共に生きるすべての動物の順調さにとって、人格的な相互行為につねにアクセスできることが本質的であるわけではない。そうすると、動物たちが人間の社会生活に属していることは、自由意志にもとづいて孤独であることを決意する人間たちの場合とは異なり、任意のままに留まる。逃走した猫は、人間の生活と無関係に幸せに生きることができる。この逃走した猫の子どもたちは再び人間のところに「居ついて」、その結果、あとになってようやく相互行為のパートナーの役割にまで育つかもしれない。さらに猫でもそれ以外の動物でも、(部分的な)物質的依存性に関して人間の傍らで生きていないならば、社会的パートナーの役割を、必ずしも一般的にあるいは長期間要求する必要はない。その意味で、そうした動物たちの厳密な道徳的身分にとっては個別の動物がその具体的な生活環境の中でどのように振舞うのかということが決定的に重要である。当該の動物種そのものに関する何らかの事実が重要なのではない。そうした動物たちが人間の生活形式に属するためには、もしそれが要求するなら、原則的に呼び戻しが必要となる。たとえその「呼び戻し」が多くの場合いまではもはや行なわれないとしてもである。なぜそうした呼び戻しを必要とするかといえば、〔その動物を〕おびき寄せることのできるような自然がもはや存在しないからであり、人間に依存しない生活の能力が仲間としての動物たちにはもはや与えられていないからである。しかし、その動物たちが社会的パートナーとして「われわれの下で」生きる限り、道徳の名宛人としてのその動物たちはこれまで説明されてきた意味で道徳のパートナーとして扱われうる。その理由は単純に、その動物たちがわれわれの下で生きているあいだは人間の好意への依存性という基準を満たすからである。先に語られた「呼び戻し」はたしかにそうした動物たちには許されても、それらの動物を自分の下へ受け入れそれらの動物に社会的パートナーの役割を認めた人間には許されない。人間たちは、その人々の善き生への要求を考慮に入れるように消極的にも積極的にも義務づけられているのである。

それにもかかわらず任意の依存性と本質的な依存性との差異は道徳的に、特殊な義務の持続期間に該当する時間的な意味を持つだけでなく、この義務づけの仕方に関わる内容的な意味をも持っている。その意味は殺害禁止に関わる。たしかに仲間としての動物たちは（それ以外のすべての生き物たちと同じように）勝手な理由で殺害されてはならない、（私が以下で戻ってこようとする他の動物たちのように）人間にとっての有益さという理由でも殺害されてはならない。しかしそれにもかかわらず、われわれはそうした動物たちを回復不可能な怪我ならびに緩和できない苦痛の場合には、そうした状況の人間と同じように、むしろ（「薬で苦しませずに殺す」と言われるように）死なせることまたは殺処分することができる。この点では人間に対する場合とは異なって、こうした特殊な場合に殺害が一般的に許可される。苦しんでいる動物にはその状態に対して態度を差異化する可能性がない。われわれがその動物の意志をそうした決定の際に顧慮できないのは、その動物がそれにふさわしい意志――生の全体を見渡して苦痛に賛成ないし反対することのできる意志を持っていないからである。しかし人間の場合、そのような意志あるいは少なくともそうした（過去ないし未来の、または断念されたないし言い残された）意志の可能性はほとんどつねに与えられており、その意志にわれわれは人格的な生の自己決定に対する配慮にもとづいて無条件に応えなければならない。前節での議論は特に、われわれがこうした意志をもはやあるいはいまだ（あるいは精神障害者のように、そもそも）持たない人間をも、代弁者によって支持されるべきその人々の意志にわれわれが応えるという仕方で扱うべきであることを示した。われわれがそうしなければならないのは、われわれと同様のある人、それがわれわれと同じ状況にある、あるいはわれわれが置かれそうな状況にある誰であれ、その人がわれわれとは異なる仕方で扱われることを——道徳的相互承認の論理によれば——われわれは望むことができないからである。

しかし、人間の個体がたんに任意的な依存性の状況へと置かれないのは、人間個体はもともと人格的な好意（あるいは少なくともそれへのアクセス権）への本質的な依存性の中で生きているからである。したがって、動物が人間と同様に他の人間の社会的パートナーとして生きる場合でも、人間と動物——すべての人間とすべての動物との——道徳的身分における差異は残る。しかし、動物たちがこうした仕方で生きている限り、動物たちには（今しがた行われた修正を伴って）道徳のパートナーという権利が認められる。——こうした議論は、若干の動物を「われわれの仲間である」存在者の共同体に包含することを支持しているのだが、このような精確化され差異化された議論のもっともらしさを、私は、若干のあるいはすべての動物を直接的に道徳的に顧慮することに対してトゥーゲントハットが掲げる反論を手がかりにして検討したい。トゥーゲントハットがこの反論を定式化しているのは、なぜ〔人間の〕子供たちが無制限に道徳の名宛人の範囲に含まれるのかということを明らかにしている箇所においてである。

「乳幼児はその誕生の時点から共同体の構成員とのコミュニケーション過程に入ってくる。その構成員は徐々に切れ目なく、その子どもが共同能力を持つようになり、共同体の中で自己責任を引き受けられるメンバーとして自己理解できるところまでその子どもを連れてゆく。このコミュニケーション過程の始まりはまだ言語的ではないが、しかしやはり緩やかに、われわれには直感的に理解できるが概念化するのが困難であるような仕方で言語的コミュニケーションへと移行してゆく。動物もわれわれとの非概念的なコミュニケーション過程に入ることができる。しかし、その過程は言語的コミュニケーションには、それどころかコミュニケーション能力には移行しない。それに対して、きわめて早い時期に微笑みといったようなまったく独特なコミュニケーション形式に入る幼児は、このコミュニケーション過程に入らないと破滅する。したがって、子どもたちは誕生して以来、道徳的共同体の徐々に発達する主体であり、それゆえ初めから道徳的義務の完全に適格な客体と見なされなければならないのである」(194)。(37)

この議論の弱点は、目的論的な切り口にある。というのも、個体がどの方向へ発達するかあるいは発達しうるのかということは、そのつどの発達段階にある個体という観点からは道徳的にどちらでもよいからである。またすべての人間が責任能力を持つ共同パートナーへと発達するわけではない。もちろんしかしそのことは道徳的配慮の命令を決して制限しない。つまり、重度の精神障害者もまさに完全な意味での社会的パー

(37) 引用を続けると「誕生は決定的に重要な区切りであるという通常の理解を思いつくのはきわめて容易である。なぜなら、誕生においてじっさいにじきにコミュニケーション過程が始まるからである(『じきに、であって直ちにではない』。したがって、そのことによって生まれた直後の嬰児殺しついてはいまだ何も決定されていない、と人は言いうるだろう)」。これに対して私は、嬰児殺しを未解決にしないに違いない道徳理論に大いに長所があると思う。好意への新生児の依存は、母親の側から誕生後に相互行為のプロセスが継続されるかどうかを度外視しても、いずれにせよ最初の瞬間から存在している。——人は(他の論者に対してと同じように)トゥーゲントハットに、嬰児殺しならびに動物に対する道徳的配慮の問題において、すなわちトゥーゲントハット自身が他の倫理学者たちに極めて正当な仕方で反論してきた事柄において、納得できる道徳的原理の意味(ならびにそうした原理の名宛人に関する問い)は、掛け声もろとも一挙にではなく、一歩一歩解明されうるものだと異議を申し立てるに違いない。

トナーである。したがって、不完全な人格的ならびにコミュニケーション的能力がおおげさに強調されてはならず、むしろ何よりも、相互行為的な関係に参加している人格への依存性が強調されなければならない。しかしそうであるならば、同様にこうした関係の中で生きている動物を（それにふさわしく修正された）道徳的配慮から排除する根拠はもはやない。

しかしこの考察は、先に述べたように、苦痛を感じる能力を持つ限りのあらゆる動物に明確な道徳的身分を認めるのに明らかに十分ではない。それでもこの第一歩でもってさらなる移行が準備されたのであり、その移行は、傷つきやすい若干の存在者だけでなくそうしたすべての存在者に道徳の名宛人の身分を認めることが動機として「分かりやすい」だけでなく、道徳的に強制的であることを示す。しかし第二歩を踏み出す前に私は、動物倫理学全体に関わる重要な帰結をこれまでの考察から引き出しておきたい。

これまでの考察の暫定的な成果をまとめると以下のとおりである。道徳的配慮は人格どうしの配慮、人格に対する配慮、順調さにおいて人格的な生への相互的関与に〔人間と〕同様に依存しているすべての他者に対する配慮である。簡潔に言えば、道徳的配慮は順調さにおいて人格的な相互行為における社会的パートナーの役割に依存しているすべての存在者に関わる。

この規定の中に「人間」という言葉は現われていない。それは適切でもある。というのも、いわゆる「種差別主義」に陥ることなく人間という種の境界の道徳的重要性を明らかにできるというのがこれまで獲得された理解の長所だからである。種差別主義とは――ジェイムズ・レイチェルズ、ピーター・シンガーなどによれば――人種差別主義や性差別主義との類比で、根拠なく（とうてい承認できない不整合と引き替えに）特定の個体の集団を、単純にそれがわれわれの仲間――白人、男性、この議論においては生物種――だからという理由で、道徳的・法的に特別扱いする倫理的態度の呼び名である。人種差別主義や性差別主義との類比については多くの異論が提起されている。私はここでその論争にはコメントしないでおきたい。しかしそうした比較は、肌の色や性の異なる人間、あるいは動物への道徳的振舞いに関しても類似した首尾一貫性の問題が存在することを指摘する限りにおいて正当であると言ってよかろう。動物たちも社会的パートナーの立場において生きてゆけるならば、動物たちに道徳的パートナーとしての承認を一般的に拒む理由はない。さらに、次節で詳しく論じようと思うが、傷つきやすい存在者としての相互承認が人格どうしの尊敬の中心的次元であるならば、この観点においてわれわれと同様の在り方をしている他の存在者にふさわしい配慮を拒む理由もない。するとしかし、そのことから人間という種の一員であることは道徳の名宛人に関する問いにとって重要ではないということが帰結するように思われる。多くの動物たちが一般に道徳の名宛人の立場にあるだけでなく、それを超えてたびたび社会的（したがってまた道徳的）パートナーの立場にもあることを論じる私の議論は、この立場を確証しているように思われる。道徳的身分はどんな場合にも人間にだけ排他的に開かれているのではなく、傷つきやすい生き物、ないし特殊な仕方で社会的欲求を有する（人間による相互行為への参加を必要とする）生き物にも、それが誰であれ、開かれているのだから、種に関係づけられた基準の意味は最終的に根を絶たれるように思われる。

　しかしそれは完全に正しいわけではない。むしろ正しいのは、われわれは特定の種の一員を単純に道徳の名宛人としても道徳のパートナーとしても規定できないということである。しかし厳密には、そのメンバーが一定の時点からすべて社会的パートナーの視点のうちで見られるような種が存在する——人間という種がそれである。したがって、しばしば非難される種差別主義は単刀直入に間違った教説なのではなく、ただきわめて一面的な、動物たちとの付き合いにおいてしばしば非難を呼ぶ扱いを引き起こす教説なのである。しかし、われわれがこの一面性を否定するや否や、道徳のコンテクストにおける人間という種の境界は排他的な意味を持つのではなく、包摂的な意味を持つのだということが明らかになる。

すべての人間だけが道徳的共同体の範囲に含まれるのではない。しかしすべての人間がその生物学的発達のある一定の時点からその範囲に含まれるのは、人間がすべて社会的コンテクストの中で演じられる生に依存しているし、依存していたし、依存するであろうという理由か、または道徳的共同体にとっては、人間を（これまで説明してきた仕方で、指摘された実践的帰結を伴って、先取りする形で、あるいはさらに引き続いて）相互行為のパートナーのように扱うことが本質的であるという理由であるかのどちらかである。ハーバーマスが先に挙げた引用文（本書、三〇一頁）で正しく指摘していたとおり、人間は相互行為による配慮の地平の中で他の人間によって「つねにすでに」見出されている。他方でしかし、人間だけが社会的パートナーとして道徳的承認に値する存在者の範囲に含まれるわけではない。その範囲にはその現実存在にとってそうした相互承認が重要であるすべての存在者が含まれる。それがたとえ動物・天使・火星人・未来のロボットであっても、そうである。道徳的共同体はこの観点では原理的に開かれている。しかしながら、その共同体は本質的に人間の共同体である、すなわち、そのメンバーすべてを彼らが平和に生きてゆくのに不可欠な処置に従って扱う共同体である。

もちろん、他の点ではハーバーマスの主張は修正されなければならない。ここで話題にしている責任あるいは義務は「道徳類似的」ではない。それは道徳的なのである。動物または人間との相互行為においてさまざまな非対称が現われるということは、子どもたちまたは重度精神障害者に対するわれわれの義務も「道徳類似的」であるにすぎないと言うつもりでないならば、それぞれの義務の本性を別様に見ることの根拠にはならない。そうした義務は道徳類似的ではない。というのも、われわれと事実上であれヴァーチャルにであれ社会的パートナーの関係にあるすべての存在者に対してわれわれは、それらの存在者にとって善き生のための余地をわれわれの振舞いにおいて保つ義務を負っているからである。われわれがそうした存在者すべてに義務を負っているのは、われわれが承認能力を持つ主体として相互に相応しい振舞いをすることを義務づけられているからである。それは、われわれがいかなる立場にかつて置かれていたか、あるいはいつか置かれるだろうかということには関係ない。われわれはこの他者との社会的立場のうちに〔現に〕存在しているか、存在していた、あるいは存在するだろうし、存在するかもしれない（しかし、われわれは本質的な仕方でその立場にいるのであって、若干の他者のように、任意の仕方でその立場にいるのではない）。事実的またはヴァーチャルな会的参加の基準を満たすのが誰であれ、その存在者に対してわれわれは道徳的に義務づけられているが、それは、このことがわれわれの事実的またはヴァーチャルな立場だからである。われわれがいずれにせよその存在者に対して義務づけられているのは、われわれがわれわれ自身に対して道徳的な権利を要求するときである。われわれ自身に道徳的権利が認められることをわれわれが意欲するとき、われわれはその権利を結果として、善き生のために社会的パートナーの立場に依存しているすべての他者に認めなければならないのである。

三-五　第二次の拡張

道徳的主体と可能な道徳的客体とのあいだの対称性は以上の説明で尽くされたわけではない。われわれが出発点とした命題――「すべての社会的パートナーは道徳のパートナーである」――は、それの差異化を目的として先にわれわれが提示した解釈においても、道徳の名宛人の十分な理解を定式化していない。この命題を裏返した命題——「すべての道徳のパートナーは社会的パートナーである」——が間違っているということは、その解釈の過程ですでに見届けられた。というのも、道徳的にパートナーとして扱われ考慮されるべきすべての存在者が事実として人間の生のコンテクストへの参加者の立場に（すでにあるいはこれから）存在するわけではないからである。しかし、この裏返された命題は、何度か示唆されたように、まったく別の根拠からも保持できない。というのも、人間の生活形式の内部で少なくともヴァーチャルな社会的パートナーである存在者だけが道徳の名宛人であるわけではないからである。トラやワニ、また野生のネコやシカ、益獣たちにはなおのこと、われわれは自分たちがしたいことを単純にできるわけではない。なぜなら、われわれはそれを許されていないからであり、人はこうした動物に対しても特定の仕方ですなわち、そうした動物たちに不必要な苦痛を加えないように関わらなければならないからである。ここで不必要な苦痛とは、それを加えることが場合によっては道徳的に正当化できないかもしれないような苦痛を意味する。それゆえ私は、少なくともわれわれの生活形式にこれまで述べられた仕方で相互行為的に「含まれ」ないような動物たちにも苦痛を与えないようにせよという命令は妥当する、と仮定する。そうすると、道徳の名宛人すべてが道徳のパートナーではない、形式から見て社会的な義務がすべてその内容から見ても社会的本性を持っているわけではないということが帰結する。

三-五-一　傷つきやすさを根拠とする議論

しかし、それは承認倫理学の枠組みの中でどのように根拠づけられるだろうか。もちろん、これまで論じてきた方法では根拠づけられない。それどころかすべての動物が実際にわれわれの相互行為のパートナーであるわけではない（制限された意味においてさえ）。たいていの動物種はその生得的素質からしてそうではありえない。そうした動物たちが直接的な道徳的身分を持つとして、そうであるのは、その動物たちが事実としてあるいはヴァーチャルに、人間の実践の内部で本質的パートナーないし任意のパートナーでありうるからではない。動物たちがそうした身分を持つのは、別の観点からは、われわれと同じようば在り方をしているからである。多くの動物たちに道徳的な身分が認められるのは、動物たちがわれわれ自身と同じように、傷つきやすい個体だからである。われわれが動物たちに義務づけられているのは、われわれと同じように、またたは、われわれが社会的パートナーとして尊敬しなければならないすべての存在者と同じように、動物たちが傷つきやすいからである。われわれが動物たちに義務を負っているのは、動物たちがその順調さにおいて、われわれ自身と同じように傷つけられる可能性があるからである。われわれが動物たちを用いて特定のことをしていけないのは、われわれが「われわれの仲間を使って」それをしてはいけないのと同じである。[38] われわれが動物を使って特定のことをしていけないのは、われわれがわれわれ相互のあいだでそれをしてはいけないからなのだ。人格どうしの尊敬は、傷つきやすいすべての生き物に対する尊敬を含んでいる。したがってわれわれは、われわれの生活形式の境界を超えてわれわれの道徳的配慮を拡張する根拠を持っているのである。

これが承認倫理学の第二次の拡張である。道徳的配慮は人格相互のあいだ、ならびに人格と同様に人格的な生への参加者である存在者に対して向けられるだけでなく、さらに人格と同様に傷つきやすいそれ以外のすべての生き物に対しても向けられる。

（38）それゆえ、残酷さは「統一的な現象」だとトゥーゲントハットが言うのは正当である。Tugendhat, a.a.O., S.191.

こうした主張がどれほど分かりやすく聞こえるとしても、こうした第二次の拡張が第一次の拡張とは異なる身分を持つことを理解しておかなければならない。第一次の拡張は、人格相互のあいだで確立された正しい社会的交流の原則は人間社会のメンバーすべてに妥当するということを明らかにした。ところで第二次の拡張は、穏やかな社会的付き合いを支える——あるいはいずれにせよ特定の——規則の妥当性を社会的共同体の境界を超えて延長する。しかしそのことによって、本来的に社会的な規則ならびに原則がそれを超えたところでそもそもどの程度有効でありうるのかという問いが生じてくる。

この問いに対しては、われわれが動物たちとともに存在しているのは「人間のものとは別の種類の」共同体なのだ、とよく指摘される。すなわち、すべての傷つきやすい存在者の共同体あるいは自然の共同体がそれである。しかし、そうした共同体の中では明らかに道徳的規則は通用しない——道徳的規則はまったくこの共同体の存立にとって不可欠ではない。むしろ、人間こそ、自分たちの文化の原則がその文化の範囲内だけに通用するべきではないという仕方で、その原則を理解する存在者なのである。

したがって、第二次の拡張の根拠は、われわれをそれ以外の生き物と結びつけているのは社会的つながりを超えた何かであり、その中でわれわれは、その生き物の生の遂行がどのような仕方でわれわれに向けられているかに関係なく、その生き物たちを一方的に承認する、ということのうちにのみ見出されうる。この場合、われわれとそうした生き物とを結びつけているのは傷つきやすさであり、言い換えれば、順調さの追求の中で多かれ少なかれフラストレーションを与えられる可能性があるという事情である。傷つきやすさという点では、われわれの「仲間」ではない生き物も人間に関わる道徳の主体による可能的な承認の名宛人である。われわれはそうした名宛人の中ででも相互に承認し合う。われわれがそうした名宛人に道徳的注意を向けるとき、われわれはわれわれの生の一つの中心的な次元——体験可能性ならびに傷つきやすさ——をそうした生き物たちの生の中にも認識するのである。

大げさに先鋭化して、この場合には社会的パートナーより自然のパートナーのほうがふさわしい、と言うこともできよう。しかし、こうした定式化は二重の観点から誤解を招きやすく、それゆえに用語として確定するには不適切である。第一に、パートナーの概念は相互行為のコンテクストを指示しており、そのコンテクストは今の場合には与えられていない。第二にわれわれは、社会的パートナーもつねに同時に自然のパートナーであるということを忘れてはいけない。もちろん、自然のパートナーは、社会的パートナーと比べれば、たんに自然のパートナーであるにすぎない。自然のパートナーとの関係においては社会的つながりが欠けており、自然上のつながりがあるだけであるが、しかしそのつながりが道徳的主体にとっては、社会的つながり、つまり道徳的つながりを一方的に社会性の境界を超えて延長する根拠なのである。

ここに至って、「反省された人間中心主義」がどの程度たんなるレトリックではない「感覚能力中心主義」の基礎であるのかということが理解される。[39] われわれの生に参加しない動物たちの道徳的承認にとっての根拠は、その動物たちが特定の観点においてはわれわれと同様であること——したがって、われわれが「われわれのすべて」に認める特定の形式の配慮を動物たちに拒絶するのは首尾一貫しない振舞いだろうということである。そうした動物たちの承認においてわれわれは、その動物たちの生のうちにわれわれの生の中心的な次元を、われわれの生のうちにその動物たちの生の本来的次元を、すなわち、本質的な傷つきやすさという次元を認識し承認するのである。そうした動物たちもわれわれの道徳的承認の名宛人であるのは、われわれがそうした

(39) この点については、M. Seel, Ästhetische und moralische Anerkennung der Natur, in: J. Huber/A. M. Müller (Hg.), Interventionen 2. Raum und Verfahren, Frankfurt/M. /Basel:1993, 205ff. を参照のこと。

動物たちとの出会いにおいてその動物たちに即してわれわれの傷つきやすさを認識できるがゆえなのである。[40]

しかし、社会的生活の境界を超えた道徳的承認のこうした延長は、盲目的に行われてはならない。社会的パートナーへの配慮がすべての観点において自然的な名宛人への配慮と同義であるわけではない。動物一般に対して明確な道徳的な基礎を持っている規範は、内容から見てそれ自身では社会的規範でないような、そうした規範だけである。すべての道徳がその形式から見て社会的道徳であるとしても――その道徳は特殊な社会においても普遍的な社会においても通用する――、内容から見て例外なく社会的道徳であるわけではない。社会的道徳のすべての規則が、それはもっぱら社会的関係の規制に向けられるかのような意味で、社会的規則であるわけではない。[41] 道徳の自然的な名宛人に対する振舞いに関する規則の場合、一つの社会的世界の仲間どうしの正しい共同生活だけでなく、さらに同時に社会的パートナーの立場にいないようなすべての傷つきやすい個体に対する正しい振舞いも問題となる。そうした規則は、すべての他の道徳的規則と同じように、「われわれ」がその規則の通用する共同体のメンバーであり、そうした規則によって結びつけられていることを要求する。道徳的共同体のメンバーとしてわれわれは、傷つきやすさの議論が正しければ、首尾一貫して以下のような規則、すなわち、その妥当範囲がこの共同体の中の生を超え出ても、その妥当性が本質的に社会的性格を失わないような規則を順守しなければならないのである。

ここで問題になっている規則は決して特殊な規則ではない。配慮の普遍的規則は、むしろ、それが人間の共同体に生きてはいない生き物にも当てはまることを示しうる。そうした動物たちとの付き合いの特殊な道徳的規則はすべて、こうした、人間社会の境界を超え出ている普遍的な規則の妥当性に依存している。傷つきやすさの議論は、これらの規則の（たんに）社会的な射程範囲を超え出てゆく。その際に決定的で重要な問いは、どの道徳的規則がこうした超越によって影響を受けるのか、どの道徳的規範がこの仕方で拡張されうるのか、どの規範が道徳的一般性という根拠にもとづいてこの仕方で拡張されなければならないのかということである。これらの問いは直接的に、たしかに道徳の名宛人であるが道徳のパートナーではないような、そうした存在者の道徳的身分に関わっている。どの程度までそうした存在者に真の道徳的身分が認められるのか、どの程度までわれわれはそれらの存在者をそれら存在者自身のために尊敬しなければならないのか――あるいはどの程度までしなくてよいのか。社会的名宛人と自然的な名宛人との区別が意味を持つのは、その両集団の身分において実際に差異が存在する場合だけである。もっとも重要な差異を私は簡潔に強調しておきたい。

われわれの仲間ではない動物たちとの関係においては積極的義務に対して消極的な義務のほうが優勢であり、それに対して社会生活においては消極的義務と積極的義務の原理的な釣り合いが前提である。[42] われわれは動物たちと共同関係にはないのだから、どの動物に対しても、それらにとっての善き生の条件を確保し緊急の場合には助けてやる一般的義務はない。むしろ、傷つける仕方で干渉しない、虐待しない、ただ利用するだけにしないという消極的義務がある。未来に生きる人間および動物たちにとって善き生の条件を求める

(40) カントは、動物に対する尊敬が人間に対する尊敬の一つの形式であると言ったかぎりでは正しかった。しかし、その尊敬はそれ以上のものではなく、動物のためというより、ただ人間の陶冶のためにのみ命じられるのだということを付け加えるべきではなかっただろう。というのも、人間の道徳的陶冶はこの場合まさに、人間が動物のために動物に配慮し、それでもって拡張された自己自身の理解――広い範囲に拡散してゆく生活形式の分裂を超えた人間の生命と動物の生命との自然上での連続性についての理解を手に入れることができるようになる、ということから生じるのだからである。

(41) 類似の考察をA・クレプスが行なっている (Moral und Gemeinschaft. Eine Kritik an Tugendhat, in: Zeitschrift für philosophische Forschung 49/1995)。クレプスはそこでトゥーゲントハットにおける「協同のための規範」概念の二義性を指摘している。

(42) これについては第四研究第二章第一節を参照のこと。

権利、私が三‐四‐三の終わりでそれらの存在者に認めたその権利には、動物の場合、それらにとって生理的に耐えられる生活領域の保持と再生だけが該当する。[43] その権利には動物の生活空間を積極的に形成してやるいかなる義務も対応しない。具体的な援助義務はむしろたんに個別の場合に——たとえば、われわれが傷ついた動物に出会う場合に（しかも、その援助が苦痛を長引かせない場合にのみ）生じる。特別な事例は益獣の場合である。この場合にはもちろん積極的な義務がどこまでも役割を演じる。なぜなら、われわれがそれらの動物を飼育しているのであり、それらの動物たちはわれわれが養ってやらなければ飢え死にするか発育が悪くなるだろうからである。しかしこの場合、積極的義務は動物種そのものに対してというよりは、われわれがその生活条件を整えている数多くの個体に対して課せられている。この場合われわれは動物たちの順調さを監督する権限を持っている。その権限は文化的に飼育されている動物の境界を超え出てはゆかない。というのも、厳密に考えれば、傷つきやすさの議論によってその射程範囲が社会とそれによって保護される動物との境界を超えて拡張されるのは、たんに一つの規則、「誰も傷つけない」という規則、すなわち、誰にも勝手に苦痛を与えるな、誰をも不注意な行為によって謂われなく傷つけるなという命令であるにすぎないからである。われわれが動物の生活環境を変える場合、動物たちに出会い、それらを使用する場合、われわれは、動物たちにできるだけ苦痛を与えないように振舞うべきなのである。

もちろんこれに対しては、ほとんどすべての動物の生活条件が今日では何らかの意味でわれわれによって「整え」られているという反論が提起されるだろう。[44] 結局のところ、すべての動物の生活条件が人間の技術文明によって高度に、しかもたいてい動物には不利に変更されていることは疑う余地がない。先に定式化された「依存性の論証」は根本的にあらゆる動物に妥当することになる。自然に対して敵対的な人間文化の拡張に伴ってほとんどすべての動物はその順調さにおいて、好意的な生活条件を積極的に配慮してもらわざるをえなくなっている、というわけである。初めに強調された相互行為的な依存性は、今日のような状況ではたんに、人間的道徳の主体の側からの消極的ならびに積極的配慮に動物が一般的に依存しているという在り方の一つの特殊事例にすぎないのだろうか。そのように理解された依存性論証は傷つきやすさの議論に収斂しないだろうか。強い政治的義務は、傷つきやすい存在者すべてにとって恵まれた生活が可能であるような生活条件を創り出すことのうちに見出されなければならないのではないか。そうすると、社会的な仲間である動物も、社会的な生活の外部で飼育されている動物も、自由に生きている動物も、あらゆる人間に認められているのと原則的に同じ身分を持つのではないだろうか――ただし、その場合の人間とは、善き生が可能である生活条件への権利をわれわれが認めている存在者のことである。さらに、あらゆる動物はたんに保護される権利ではなく、あらゆる人間と同じように連帯への権利を持たないだろうか。

ここにきて無制限な平等主義を思いつくかもしれないが、その立場はあまり説得力がない。動物の生活条件に関して生理的に耐えられる生活条件の保持以上のことを保証しようという試みは、その条件が自然の中で周知のように多様に交錯しているという理由からだけでもすでに、不適当であろう。しかし、動物の生活条件を保証し改善する一般的義務は不条理でもあろう。なぜなら、その義務は人間の文化を弱める義務に、言い換えれば、その内的コンテクストを超え出てゆく一般的義務といったものをも心得ている唯一の生活形式を解消する義務に帰着してしまうからである。拡張された人間文化という事実が道徳的問題なのではなくて、その事実によって――その文化のうちの特定のものの実践が理由なく不注意に傷つきやすい個体を傷つ

(43) 遠い将来に生きる人間たちに関してもそれより多くのことはそれほどその権利に含まれていない。
(44) 以下の記述に関して私は Karin Karcher に感謝する。

ける場合に、その文化に属しているメンバーに対して一連の道徳的問題が生じるのである。われわれは動物の順調さを気にかける一般的な道徳的義務を持たない。このことは、自然との無意味で見込みのない闘いに帰着すると言われる。そうした闘いのドンキホーテは首尾一貫した道徳的実践と端的に一致しないだろう。したがって、人間と動物に関する一括したすべての平等主義は、依然としてそれを自慢できるかもしれないが、帰結において不快であるだけでなく、道徳的にまったく保持できない。なぜなら、その平等主義は動物に対して、有意味で首尾一貫していて信心深さから解放された道徳的行為の可能性を前もって塞いでしまっているからである。動物たちは、それらがわれわれのものでない限りにおいて、われわれと連帯する一般的権利を持たないが、われわれの行為が動物たちの生活空間に影響を及ぼすところでは、保護される一般的権利を持っているのである。

拡張された依存性論証が確実でないのは、それにおいては動物たちが人間の配慮に「依存」しているそのさまざまな形式が過度に均《なら》されているからである。若干の動物の場合に見られるような相互人格的な好意と世話への依存は、人間によって飼われているだけの動物たちが受けている人間的な世話への依存と等置されてはいけない。しかしまた後者の依存は、ほとんどすべての動物的生活世界が自分たちの生活領域のこれ以上の汚染と破壊との回避に依存していることと等置されてはならない。第一の依存関係からは世話する義務と「相互行為義務」が生じ、第二の依存関係からは栄養と適切な生活環境に関して世話をする義務が生じ、第三の依存関係からは個別の動物に対する特定の援助義務ではなく、一般的に空気・水・大地を十分に清潔に保つ義務（ちなみに、反省された人間の自己利益、しかし同様にしばしば軽視された人間の自己利益と多くの場合に収束する義務）が生じる。人間の実践が動物の生活世界に——何らかの——影響を及ぼすという事実それ自体が道徳的に重大なのではない。その事実がつねに（そしてもちろん、よりいっそう）重大となるのは、つねに（もちろんますます）自然とのわれわれの付き合いが動物個体（さらに個体群）の側にはっきりそれと分かる苦痛を生み出している場合である——動物捕獲の多くの方法ならびに狩猟、石油による汚染、河川の汚染、熱帯林の破壊がその事例である。他でもない苦痛の回避こそが、すべての傷つきやすい個体に対して命じられる思いやりのある振舞いの一般的な基準である。

次の問いは、動物はそもそも特に食用に「利用」されてよいかということである。動物利用のこの普及した実践にはほとんど異論はないと言ってよいだろう。というのも、定言命法の第二定式に従えば、人間もまた、同時に人格として——その人格自身のために——尊敬されうるかぎり、「手段」として使用されてよいからである。(45) われわれがこの点に定位するならば、動物に関して道徳的に排除されていることはただ利用するだけのたんなる利用ということになるだろう——それは、純粋に動物の仕事量またはその栄養価から利益を得ることだけを目的とするがゆえに、動物たちの恵まれた現実存在 Dasein を不可能にする飼育である。これこそ現在の大量動物飼育ならびに動物実験が批判されるべきもっともな論拠である。いかなる目的にも無頓着な動物のたんなる利用は非道徳的である。しかし、そのことから動物飼育そのものに対する反論は帰結しない。というのも、自由な飼育における生活も動物に対して一定の損失をもたらすということは、有意味な反論とは言えないだろうからである。というのも、何の損失もない生活などどこにも存在しないからである。むしろ決定的に重要であるのは、飼育のそのつどの条件下で当該の動物たちが恵まれた生活を送ることが可能かどうかという問いである。ウルズラ・ヴォルフはこの点について、一つの理性的な基準を定式化した。「道徳的配慮の基準が個人〔個体〕の善き生／幸福であるならば、幸福の個々の一時的な侵害はそれが

（45） I. Kant, Grundlegung zur Metaphysik der Sitten, BA 66 f.〔邦訳：『人倫の形而上学の基礎づけ』、六五頁。〕

完全に妨害されるよりは悪くない。同様に生の本質的次元の一つにおける幸福の減少も、その次元の内部でその存在者を満足させる他の選択肢が存在するならば、それほど悪くない。しかも、その減少が全般的に存在している場合でも、そうした次元が全体的にまったく不可能になることに比べれば、重大ではない」[46]。

三－五－二　殺害禁止の意味について

締めくくりの問いは、動物はひどい苦痛を取り去ること以外の理由で殺されてよいかどうかということである。結局のところ殺害禁止は、自然の名宛人との交わりにおいて優先されると私が語ったような消極的な義務に属する。そのうえ、この殺害禁止は社会的生活の妥当範囲を超えて拡張されうる規則である[47]。しかし問題は、その禁止が――道徳的な整合性の根拠から――その範囲を超えて拡張されなければならないのかということである。

したがって、われわれが明らかにしなければならないのは、殺害禁止の基礎が自然の名宛人に関しても当てはまるのかどうかということである。その際に厳格な殺害禁止はさしあたり恣意的でない殺害の原則ならびにできるかぎり苦痛のない殺害の原則から区別されなければならない。これら二つの原則はあらゆる動物に妥当する、と私は考える。できる限り苦痛なく殺害せよという命令は、傷つきやすさという論拠から直接に生じる。すべての恣意的な殺害の禁止――動物を「単純にいきなり」殺すことの禁止――は、あらゆる動物が生きようとしているのであって死のうとしていないということから生じる。動物たちは生きている限りにおいてのみ、善き生を持つことができる。したがって、動物の善き生への配慮は動物たちの生きる意志の尊重を共に含んでいる。しかしそのことから――たとえばヴォルフの場合のように[48]――動物たちがそもそも殺されてはならないということは帰結せず、帰結するのは、動物たちは何の根拠もなく単純にいきなり殺されてはならないということだけである。なぜそうであるのかを理解するために、われわれは厳格な殺害禁止の基礎そのものを考察しなければならない。

殺害禁止——該当する個体のすべての殺害禁止と理解され、そのかぎりで道徳的に根拠づけられるいかなる例外も許さない[49]——は形式的にも内容的にも社会的規範である。そこで規則化されているのは社会的な振舞いの根本形式であり、それどころか社会的世界が存立するための根本形式である。何人も身体と生命をめぐる不安が日常茶飯事であるような社会的世界で生きようと意欲することはできない。それはすなわち、殺害禁止が自分の生命とその生命の在り方に自覚的に態度を取りうる存在者の意欲にのみ関わるのではない、ということである。殺害禁止は人格だけに、また人格に優先的に関係するのではない。それは、初めから、人格的な相互行為ならびに人格的承認のコンテクストにおいてのみ実り豊かに生きられるあらゆる存在者に関わるのである。[50]すべてのメンバーにとって、あらゆるメンバーの殺害が全般的に禁止されていないような

(46) Wolf, Das Tier in der Moral, a.a.O., 106.

(47) このことは時として、たとえば、人間の生理的な依存性、肉だけでなく、その他の動物飼育からの産物(牛乳・卵など)といった組織的に動物を殺害しなければ十分に手に入らないものへの依存性を指摘することによって、論争の対象とされる。そのことについてここでは立ち入らない。私は、この議論が正しくないという前提の下で問題を単純化して論じる。

(48) A. a. O., 166ff.

(49) たとえば、道徳的に正当な安楽死や暴君殺しのような事例も認めないのである。

(50) 殺害禁止は何よりも直接的に[十全な]人格に関係し、そうした人格にとってふつうならば少しは問題であるような人間または被造物(つまり、小さい子どもたち、精神障害者、衰えた高齢者、そしてまた動物たち)には派生的・間接的にしか関係しない、と言うことは誤りだと私には思われる。そのように議論することは、殺害禁止の根拠づけにおいて直接的ならびに間接的な論拠を共に機能させることを意味するであろう。人格の殺害は直接的に禁じられるだろう(なぜなら人格がそれを意欲しないからであり、それを意欲する

社会的世界は、平穏な共生の根本条件がもはや存在していないような世界であろう。一人の人間の（あるいは社会的世界の別のメンバーの）殺害は一つの共同世界の中におけるあらゆる存在者にとって実り豊かな生の根本条件の毀損である。そのようなことは、この世界の中での配慮をみずから要求する人には誰一人として意欲できない。殺害禁止は社会的に信頼できる人間らしい世界の可能性を保証するのである。

したがってまたそれ以外のすべての道徳的命令と同様に、殺害禁止も相互人格的な承認の論理から生じる。そうした禁止に対応する生命への権利は、相互に承認し合う人格どうしが、相互にそもそも権利と義務を付与し合おうと、言い換えれば、人格が道徳的世界を共同で確立しようと意欲するならば、認めなければならない基本権である。他のすべての基本権と同様に、この権利も人格としての相互承認の中で認められるだけでなく、承認する者がいかなる社会的立場にいたかあるいはいるだろうかということに関係なく、相互に認められる。その権利はあらゆる社会的立場に妥当する承認から生じる。その権利は、あらゆる道徳的主体と同様に善き生のために善き社会的生活に依存している個体が陥る可能性のあるあらゆる生活状況から個人を保護する必要性を直接的に承認することから生じる。殺害禁止はあらゆる可能な社会的名宛人の承認から生じる。この命令のいかなる毀損も当該の個体への生ならびに人間らしい生活世界への攻撃である。この場合、これら両方の要素を切り離すことはできない。殺害禁止の基礎は、一言で言えば、当事者が同意しないこと（だけ）ではない。というのも、あらゆる当事者がその存在の継続に対して態度表明できるわけでないからである。むしろ殺害禁止の基礎とは、善き社会生活一般の条件の存立にとって、一人だけでも——どんな一人であろうと——無理やりに殺されることは悪いことであるという事態である。(51)

殺害禁止がこのように理解されるならば、それは事実上またはヴァーチャルに社会的パートナーであるすべての存在者に、そしてそうした存在者にのみ当てはまる。というのも、私の考えでは、人格的な生活形式の内部での社会的な共生が問題なのであり、他の生き物に対する命令が端的に問題なのではないからである。われわれと共に生きていない動物の殺害は、それ自体としては、いずれにせよそれがつねに他の動物の目の前で行なわれるのでないかぎり、それらの動物のそのつどの生活領域のいかなる脅威でもない。殺される可能性はその動物の生活実践を侵害することではない。それは、人間にとってだけでなく、順調さにおいて人格的な生の平穏な社会的コンテクストに依存しているすべての存在者にとって事実である。〔それに対して〕社会的パートナーの殺害は個人の生だけでなく、そもそも人間らしい世界の基礎を破壊してしまう。殺害という事柄に関しては、人間と多くの動物たちのあいだに道徳的に重要な差異が存在する。一方は社会的に根拠を持つ生への権利を持ち、他方は持たない——動物たちが人格的な生の文化の内部で社会的パートナーの生を営まないかぎりは。(52)

場合にはその方法と時点とについて限定しようとするだろう)。間接的な論拠でもって(しかし必ずしもそれほど厳格にではなく)人格がその保護を少しは気にかける存在者の殺害が禁止されるだろう。それが禁止されるのは、禁止が緩められると人格の順調さにとって、それでもってあらゆる他者にとって、したがってまた社会的生活にとって不利な結果をもたらすことになるだろうからである(そうすると、子どもを殺すことは、それが大人たちのあいだに何らかの恐怖を蔓延させるかもしれないから行なわれてはならないということを意味することになってしまうだろう)。以下に述べられる仕方の直接的な論拠だけが古典的な功利主義の中で広まっている直接的論拠と間接的論拠の結びつけの真相をはっきりと述べることができる、と私は思う。

(51)「殺害や詐欺が誤っているのは、それらがそれによってそのつど被害を受ける人にとって善くないからだけではない。行動規範としてそれらはそもそも誤っているのだ。なぜなら、それらは普遍化可能な関心に抵触するからである。したがって、公平に根拠づけられた行為およびその規範の拘束性が特定の人格あるいは特定の関係集団の価値評価の視点からのみ生じる価値や選好から解き放たれなければ、当為の妥当性の無条件的ないし定言的な意味は危険に晒されることになろう」。J. Habermas, Erlauterungen zur Diskursethik, a.a.O., 169.〔邦訳:『討議倫理』、二〇〇頁以下。〕

(52) 仲間としての動物に関するさらなる差異については、三-四-四(本書、三三一頁)で指摘しておいた。

われわれの道徳の自然における名宛人を、われわれはその生きようとする意志においてではなく、無条件にその傷つきやすさにおいて尊敬するべきである。われわれはそうした名宛人に対して何よりも第一に苦痛を与えないという消極的義務を持ち、特定の状況下でのみ（益獣の場合のように）持続的な積極的義務か、さもなければたんに一時的な積極的な義務を持っている。しかし、これらの動物の生きる権利に対しては何の基礎も存在しない。というのも、そうした動物たちの生活空間の質は殺される可能性によって——決定的には——侵害されないからである。それにもかかわらず、恣意的な殺害の禁止は残る。その結果として、仲間でない動物の殺害を許容可能と思わせる本当に納得ゆく根拠が存在するのかどうかについての新しい議論が行なわれることになるかもしれない。さらに、動物を食べる目的であるいは資源としてそれ以外の目的で使用するために、その動物たちにとって善き生の期間を決定しないような仕方で飼育することは本当に可能であるかどうかについて新しい議論が行なわれるかもしれない。

しかしそうした議論を私はここでは行なわない。むしろ私は、その問いがどのように答えられようと、自然の名宛人には、人間の道徳の社会的名宛人とはまったく異なる身分が認められるということを心に留めておきたい。社会的な名宛人に対して、消極的な義務ならびに積極的な義務が等しく成り立つならば（厳格な殺害禁止も含めて）、自然の名宛人に対しては消極的な義務が優先的に成り立つが、そうした消極的義務は特定の場合に（動物を飼育する場合のように）積極的義務によって補完されなければならない。社会的名宛人をわれわれが尊敬すべきなのは、その人がわれわれの生のパートナーだから——「われわれの中の一人」だからであり、自然の名宛人をわれわれが尊敬すべきなのは、善き生の追求と悪い生の下での苦痛がわれわれを自然の名宛人と結びつけるから——それらは「われわれと同じような一人」だからである。もちろん、われわれの中の一人である人々は、われわれと同じような一人でもある。その人々がわれわれと同様でありわれわれの中の一人であるがゆえに、そうした人々にはいっそう強くいっそう広い権利が認められるのである。

三‐六　道徳の名宛人

われわれが歩んできた道のりは長く、つねに真っ直ぐではなかった。そこで私は二通りの仕方で回顧しつつこの第三研究を締めくくりたい。まず私は二つの拡張の歩みを振り返る。その拡張でもって私は人格的承認の倫理学を本当に普遍主義的な道徳へと拡張したのであった。それに続いて私は、冒頭に立てた道徳的原則のいかなる解釈がわれわれの考察の成り行きにおいて維持されたのかをはっきりさせたい。この二つの要約は、私の段階的な論証手続きの方法上の意義を今一度明確にするはずである。これらの歩みを究明された義務の実践的な重要性の序列だと誤解してはいけない。新生児に対する配慮は人格に対する配慮に劣らず重要であり、苦痛の回避という命令は社会的承認のさらに拡張された命令に他ならない。[53] むしろ私の論じ方の根底には、承認理論による道徳理解を土台とした上で道徳の名宛人とそのそれぞれの権利についてできるだけ完全な像を描くという理論的な意図が潜んでいたのである。

（53）本研究の最初のほう（本書、二八八頁以下）で引かれた相互人格的な配慮の事柄上の優位と方法上の優位とあいだの区別を参照のこと。

三－六－一　二つの拡張の歩み

私の考察は、道徳的関係が原則的に三項関係として――人格に対するだけでなく非人格的な存在者に対する人格どうしの尊敬として理解されうるという前提から出発した。人格は、道徳的に根拠づけられた権利ならびに義務を持つ唯一の存在者ではあっても、人格に対してのみ道徳的な義務が存在するわけではない。第一次的な道徳的名宛人の範囲を私は二つの歩みにおいて拡張した。私がさしあたり示そうとしたのは、この範囲にはすべての人格が含まれるだけでなく――人格と同じように――順調さのために相互行為的な人格的好意のコンテクストにおける生へのアクセス可能性に依存するすべての存在者が含まれる。この拡張を支える論拠は、人格どうしの道徳的承認は人格としての相互的な身分に当てはまるだけでなく、人格的な思いやりに依存していたし現在も依存している個体としての身分にも、それがいかなる状態にあろうと、当てはまるということであった。したがって、人格どうしの承認はその結果として、恵まれた生のために社会的パートナーの役割に依存しているすべての存在者の承認を共に含んでいる（さらにまた三－四－三で究明された承認の時間的次元を念頭に置くと、かつてそうであった存在者の若干あるいは多く、ならびにそうであるだろうすべての存在者も含まれている）。人格どうしの承認の対称性のうちにすでに人格どうしの在りうる非対称性の承認が見出される。したがって、承認関係の非対称性のうちに同時に、われわれのすべてがその順調さにおいて非対称的なケアに依存していたしおそらくふたたび依存するであろうという対称性が見出されるのである。

第二の拡張は、人間の生活へのすべての参加者の道徳的承認は社会的パートナーにだけでなく、ほとんどつねに同時に傷つきやすい存在者にも当てはまるということから生じる。しかし、傷つきやすい存在者の範囲は人間の生活領域に依存している存在者の範囲より不釣り合いに大きい。それにもかかわらず、われわれはすべての傷つきやすい個体の生の中にわれわれの自身の生の本質的な次元、傷つきやすさ、その個体にとって善き生への努力などを認識できる。自分の文化に属するメンバーを特にその傷つきやすさにおいて尊重する道徳的主体にとってこのとは、あらゆる他の傷つきやすい個体に出会ったときにそれを労わる根拠である。再びここには非対称性の中の対称性が見られる。人間らしい生活への参加者ではないあらゆる動物に対する義務はまったく一方的であるにもかかわらず、その義務は道徳的主体と自然の名宛人とが共有する、生活状況――傷つきやすい生活をしている存在者であるという状況から由来する。人間の道徳における自然の名宛人には、すべての社会的名宛人にとって保護の対象である権利がすべて認められるわけではないが（むしろ保護される権利だけしか認められないが）、それでもわれわれが自然の名宛人に対して、言い換えればその名宛人自身のために課されている義務は問題になるのである。

それゆえ、道徳的尊敬は人格どうしにそして人格に対して向けられるだけでなく、第一の拡張の歩みとして、〔人格と〕同様に（事実としてであれヴァーチャルにであれ、任意的にであれ本質的にであれ）人格的な生の参加者であるすべての存在者に対して向けられ、さらに第二の拡張の歩みとして、それ以外の傷つきやすい生き物に向けられるのである。

三―六―二　善き生に対する配慮

それでもって同時に社会的名宛人と自然の名宛人との区別が再定式化される。それをわれわれは整合的な承認倫理学への二段階の歩みによって手に入れたのであった。しかし、この社会的名宛人と自然の名宛人との区別は中心的な一つの問い――道徳の名宛人への問いを未決定にしている。道徳的配慮における自然の名宛人ないし社会的名宛人であるすべての存在者を何が結びつけるのか。われわれが何らかの仕方で道徳的義務を負っているあらゆる個体に共通の特性を提示することはできるのだろうか。

われわれの考察が正しかったならば、道徳的身分を帰するための決定的な基準を指摘することが問題になるや否や、一連の特性全体がその基準として不適合となる。すなわち、人格であること、合理性（強い意味であれ弱い意味であれ）、共同能力、特定の種への帰属、相互行為的な好意への依存性、それどころか傷つきやすさでさえわれわれが道徳的義務を負っているすべての存在者に認められるわけではない。しかし、傷つきやすさはこれらの特性の中で特別な役割を演じる。というのも、道徳の名宛人に留まる存在者も、それらが――不可逆的昏睡状態であるかまたは故人であるかして――もはや苦痛を感じないとしても、主観的な視点においては、たとえその視点をもはや思い通りに使用することはできないとしても、道徳的に配慮されるべきだからである。そうした存在者は、かつては傷つきやすかった存在者として配慮されるべきなのである。人間の実践の社会的パートナーとしてそうした存在者も傷つきやすい存在者だったのだ。同じことが未来世代の人々にも当てはまる。未来世代の人々は将来の傷つきやすい（しかも社会的な好意に依存した）個体として配慮されるべきなのだ。したがって、傷つきやすさはたしかに単純に道徳的身分の基準であるわけではないが、三‐四‐二および三‐四‐三で与えられた時間軸上での評価とともにのみ道徳的基準なのである。それに対して、人格であること・合理性・共同能力・人間の行為への依存、あるいは生物学的な種への帰属は、それらの若干またはすべてがどれほど道徳の名宛人の多くにとって特徴的であるとしても、いずれも［それらの名宛人に］道徳的身分を認めるのに十分でもなく必要でもない。説明に用いた事例が示しているはずであるが、直接的な道徳的配慮はそうした特性によって際立たせられる境界を超え出てゆく。直接的な道徳的配慮は傷つきやすい存在者すべてに当てはまり、さらには傷つきやすかった、そして傷つきやすいだろう多くの存在者にも当てはまるのである。

この成果を明確にするためには、もう一度われわれの視点を変えなければならない。われわれは、ある個体に道徳的配慮の対象という身分を付与する特性あるいは特性の束にただ目を向けるだけではいけない。それに加えてさらに、そもそも誰かに道徳的身分を付与することができる人々――道徳的配慮の対象であることを示す特性をその誰かに自分が義務づけられていることを知る根拠とする、そうした人々を視野に入れなければならない。われわれは、本研究の冒頭で言ったように、道徳的主体ならびにその主体と道徳的配慮に値するすべての存在者との関係を引き合いに出す必要がある。そうすると、われわれは次のように言うことができる。道徳的配慮に値する――道徳の名宛人である――のは、それらに対するわれわれの振舞いにおいてわれわれが道徳的主体としてわれわれの道徳的振舞いの本質的な次元を相互に認識できる、そうした存在者すべてである。

この答えはきわめて形式的であり、そのうえ循環しているが、明快である。他の生き物との付き合いにおいて道徳的主体どうしの承認にとって特徴的であるような対称性と非対称性が見られるところならばどこでも、これらの生き物は道徳の名宛人として尊重されうる。これらの名宛人には、道徳的主体によって相互に道徳的に重要だと認識され承認される特性が認められるすべての存在者が数え入れられる。道徳的に重要な観点においてわれわれと同じように存在する存在者はすべて道徳の名宛人として認められるのである。

この命題が循環していることは何ら問題ではない。というのも、われわれが「道徳的に重要な観点において」と言う代わりに、「事実上のあるいはヴァーチャルな傷つきやすさの観点の下で」と詳しく言うならば、循環は解消するからである。循環した定式表現をより簡潔であるだけでなくより明瞭でもある答えにしているのは、その定式表現がかの三項関係を想起させるという事情である、すなわち、道徳的主体どうしの関係から、その道徳的主体にとってと同様に善き生が気にかかっているあらゆる個体に対する義務が生じてくるといった関係である。

さらにここで明らかになるのは、ハーバーマス批判の成果である問い、他者がわれわれに対してどのように向き合っているか（いかなる意味で他者はわれわれに依存しているか）という問いがじつは、われわれは他者に対してどのように向き合っているかというより普遍的な問いの一部分にすぎないということだ。われわれが社会的名宛人の特殊な事例を念頭に置くだけでなく、道徳の名宛人一般をも問題にするならば、決定的に重要なのは、もはやどのように他者がわれわれに向き合っているかということはではなくて、われわれがどのように他者に向き合うことができるのか、われわれは他者を同様にわれわれと同じように善き生が問題であるような個体として知覚できるのかということである。そのかぎりでハーバーマスの二義的な定式表現に対する私の批判は性急であった。〔他者に〕パフォーマティヴな態度を取ることとこの〔善き生の主体としての他者の〕知覚が必然的に結びついているわけではない、ということが明らかになった。道徳的な尊敬は、われわれの相互行為的な実践を超えて広がってゆく。道徳的義務の拘束力が道徳的主体の相互行為のうちに根を下しているとしても、道徳的義務が一般的に相互行為の義務であるわけではないのである。

それゆえ、われわれは本研究で行なわれた細分化を意識しつつ最後にあらためて、本研究の冒頭と同じように言うことができる。すなわち、道徳的配慮は、善き生を持ちうるすべての存在者に向けられる。道徳的配慮は、われわれ道徳の主体に向けられるのと同じように、その生においてそれらの存在者にとっての善き生が問題となる（あるいは問題となるだろう、または問題であった）、そうしたすべての存在者に向けられる、と。したがって道徳の原則は初めに考えられていたとおり、君がつねにあらゆる他者に対してその他者にとっての善き生の可能性を尊重するような仕方で行為せよ、と言われうる。もちろん、ここでの「すべての存在者」とは誰なのかに関する理論的知識でもっては、たとえそうした存在者にわれわれが負っている配慮の差異化された意識とその知識とが結びついていても、そうした配慮の個人的ないし集団的実行における実践的な困難は何一つ取り除かれていない。

第四考察　道徳の優位

道徳の優位に関する問いは、道徳的な価値評価が人間の行為に関する他のあらゆる価値評価に対して優位を保っているか否か、道徳は他のあらゆる価値評価と対立した場合に「勝利を収め」うるのかどうかという問いである。道徳的価値評価には他のすべての実践的価値評価に対する拒否権が認められてよいか、それどころか認められるべきかという問いでもある。道徳の優位が成り立つのは、道徳的な善と矛盾しない行為が無制限に善である場合だけである。

全体的に見れば、哲学的倫理学は以前から、道徳的判断は〔それ以外の実践的判断に〕優先する妥当性を持っているという理解を支持してきた。しかし、そうした理解の正しさにつねに――カリクレスならびにトラシュマコスからニーチェならびにフーコーまで――激しい疑いが向けられてこなかったならば、哲学的倫理学はそうした理解を擁護する必要もなかっただろう。それどころか、哲学的倫理学は道徳の優位に対する持続的な疑いであるとも言いうる――もちろん、そこにはその疑いを説得力のある仕方で克服できるという希望が伴っているのだが。

私が本研究で論じたいのは、哲学が――控え目に言えば――これまで行なってきたことにすぎない。すなわち、私は右に述べた疑いを真剣に受け止めて、それを克服する可能性を示したい。それゆえ、私は道徳の優位が成り立つことを論証しようと思う。私は、道徳的な善と矛盾しない行為だけが無制限に善い、と主張する。私が行なうのは、古典的な問いに古典的な答えを提示することであるが、その方法が古典的であるとはかぎらない。

四―一　条件つきの道徳と無条件な道徳

ある一定の意味で道徳の優位の想定は分析的である。というのも、いかなる道徳的態度もその視点の何らかの優位性の想定と結びついているからである。道徳的に正しい行為とは、他の価値に定位する道徳外在的な根拠が存在するときでも特定の原則を尊重する行為である。道徳的に善い行為の仕方が他のあらゆる観点においても同様に善い必要はない。そうした行為は技術的ないし経済的意味においては効率的でないし、個人的な観点では喜ばしくない。言い換えれば、道徳的規則は優位に立つ規則であるが、その規則は、複数の価値が対立してどれを優先すべきか疑わしい状況においては特定の規範的観点に他の価値と比べて優位が認められるべきだということを示している。もちろんそうした規則でもって、道徳の優位がどれほど強く解釈されるべきであるかという点は依然として完全に未決定である。道徳の優位の哲学的問題は、道徳的評価には制限された優位と無制限な優位とのどちらが認められるのかという問いの形で問われる。前者だとするとわれわれは条件つきの道徳（あるいは道徳の観念）に、後者だとすると無条件な道徳（あるいは道徳の観念）に関わることになるだろう。

道徳ならびに道徳理解が「条件つき」であるか「無条件」であるかということは、他の仕方でも、すなわち、道徳的態度の根拠づけられ方が相対的であるか絶対的であるかの特徴づけ方としても、たびたび話題になる。相対的な根拠づけにおいては道徳的に為されるべきことの妥当性は、前道徳的な関心に還元される――その妥当性は仮言的な妥当性として理解される。絶対的な根拠づけでは、道徳的に為されるべきことの妥当性は人間の前道徳的関心に対して自律的なものとして理解される――その妥当性は定言的な妥当性として理解される。これら二つのタイプの根拠づけは結びつけられもする。[1] しかし、道徳の正当な根拠づけに関する問いは以下のコンテクストでは問題にしない。道徳的に正しいことのその正しさがどのように理解されるべきであるかということは問題ではない。むしろ問題は、道徳的な正しさには行為の道徳外在的な価値評価のコンテクストにおいていかなる力が認められるのかということである。第一印象に反して、この問いへの答えは根拠づけ問題への答えとは結びついていない。道徳の根拠づけが仮言的にのみ可能だと見なす人でも、道徳的規則の無条件的な優位を支持することは可能である。道徳的な規則は定言的に妥当すると理解する人でも、そうした規則の何らかの仕方で相対的な優位を支持することは可能である。[2] これら道徳の優位に関す

（1）第二研究の第七章で私は、道徳的当為の意味は、そもそも道徳的な拘束を受け入れるという――道徳的にでなく、ただ選好をとおしてのみ根拠づけられる――決定に、たとえそれが選択するという在り方においてであれ、依拠し続けている、と主張した。このことは、E. Tugendhat, Vorlesungen über Ethik, Frankfurt/M. 1993 (88ff.) を援用して、定言的な（何らかの仕方の有用性には還元されえない）道徳的当為の自発的な条件として理解されうる。道徳的当為は――その条件下では――選好を通して根拠づけられるにもかかわらず、定言的なのである。

（2）前者の立場の事例は（事実上）U. Wolf, Das Problem des moralischen Sollens, Berlin/New York 1984, 189ff. である（事実上というのは、ヴォルフが道徳の無条件な優位のあまりにも厳格な解釈の否定を道徳の無条件な優位の否定と誤解しているからである）。後者の立場の事例は、Th. Nagel, The View from Nowhere, Oxford 1986, Kap. x〔邦訳：『どこでもないところからの眺め』、三一〇頁以下〕である。

る問いと道徳の根拠づけに関する問いは、それについて熟考するすべての人にとって密接に関係しているにもかかわらず、それぞれの問いへの答えは相互に対して論理的帰結の関係にはない。道徳的当為の基礎についてわれわれがどのように考えようとも、道徳の無制限な優位——無条件な道徳——を支持するため、あるいはそれに反対するためには固有の論証が必要となるのである。

そうした論証を探求する上で私は一つの単純化を行なう。私はこの問題を個別の個人の視点ならびにできるかぎり善き生に関するその個人の関心の視点からのみ論じる。ある個人がその個人自身にとって何が最善であるかを突き止めようとするときの判断や省察を、私は選好による価値評価と名づける。それに対して、道徳的価値評価を私は、われわれの行為によってもしかすると影響を受ける他者への公平な配慮にもとづくいかなる行為の仕方が正当化されるのかを突き止めようとするときの価値評価と理解する。そのように理解すれば、道徳の優位に対する問いとは、道徳的価値評価が選好による価値評価とどのように関わるのかという問い、二種類の善の関係に関する問いである。論争になるのは、選好に関する善と道徳的な善との対立が生じるときはつねに道徳的な善が優位を保つのかどうかということである。

道徳的評価と選好による評価とが何らかの仕方で競合する可能性があるということは、もちろんそれらがつねに必然的に競合するということを意味しない。道徳的行為の多くは私自身にとって有益でありある程度は喜ばしいし、私の順調さにとって善い多くの行為は道徳的に許容される。善と正しさの関係も（私が単純化して二種類の善について言っているように）多くの行為領域において社会的慣習によって「つねにすでに」一定の仕方で解明され規則化されている。たとえば、ヘーゲルにおいて「人倫」と言われているのは本質的に、この善と正の関係が社会的で共同的な実践において前もってすでに規則化されたもののことである。しかし、ここでは理性的で非抑圧的な人倫の形式が問題となるべきであるならば、これは、「つねにただ」

一時的で（実際にはしばしば必要ではないが、原理的に可能な）待機中の秩序でありうるにすぎない。道徳の優位は、それが存在するとすれば、選好の追求と道徳的な承認とが普通はいっしょに遂行される人倫上の限界に対しても存在する。しかしながら、現代の契約社会における道徳的な振舞いは同時に、法による免責という条件下にある。それによって非相対的な道徳的定位の負担が一部分引き取られるのである。[3] 多くの法的な規制ならびに確立された法的な手続きによって個々人から多くの道徳的な決定が引き取られる、法と法治国家の制度が個々人によって合法的と承認されうるならば、なおさらである。そのかぎり法および訴訟システムによる道徳的定位の免責は、それ自身で法治国家のメンバーの道徳的判断と政治的判断を——法ならびに国家に関わる秩序そのものに対する判断をも無力化することを意味しない。

こうした但し書きに即して、私が個人の道徳的振舞いに議論を集中させることによって行なう制限の射程範囲が明らかになる。私は、個人の生が営まれ義務と傾向性とのさまざまな対立が生じうる場としての社会的ならびに法的コンテクストをことさら論じない。そのコンテクストが行為者にある程度の行為の自由を残しているならば、われわれがこのコンテクストを個別にどのように考えようとも、そのコンテクストは行為者に、（どちらかといえば）エゴイスティックな態度と（どちらかといえば）利他的な態度の対立に身を置く自由、それによって異なるリスク、一方で個人の生活の質を失うリスク、他方で社会的な尊敬を失うリスクの中から選択する自由を残している。

（3）J. Habermas, Faktizität und Geltung, Frankfurt/M. 1992, 147ff., vgl. 106f.〔邦訳：『事実性と妥当性』（上）、一四三頁以下。一〇四頁以下を参照のこと。〕

というのも、これらの態度はつねに競合しうるからである。それらが競合するのは、同一の行為の選好にもとづく判断と道徳的判断とが対立するときである。こうした対立において道徳の優位の重要さの問いが立てられる。この対立は、私自身にとって善であるものが万人に配慮した場合に悪であるときには、あるいはその反対に、私自身にとって悪であるものが万人に配慮した場合に善であるときにはつねに生じる。しかし、われわれが――自分自身ではなく――万人（すべての当事者）に配慮するときに配慮しているのは何であるのか。われわれは万人にとって善き生の可能性に配慮しているのだ。たいていの（成人の）人間にとってこのことは、自分自身の選択に従って生を営む可能性である。いかなる生がもっとも好都合な生であるかを自ら発見・決定・追求する可能性である。このことは、カントを援用して、道徳的配慮は、万人が人格として生きる権利に向けられていると表現できる。人格として生きることができることは、すべての人間にとって「目的自体そのもの」だとカントは言う。それは、すべての人間にとってそれ以外のあらゆる目的ならびに企てにおいて不可避的に問題である事柄である。「そのようなものとして必然的に人間は自分自身の現実存在を表象する」[4]。この文章は、道徳的に尊重されるべき事柄の規定をそれが尊重されるべき理由と結びつけている。他者が人格であることに対する尊敬の道徳的根拠は、人格として生きることは私自身にとってと同様にすべての他者にとって好都合であるという事情の承認である。そのうちには、客観的に見れば私自身の行為の自由に他者の行為の自由より高い価値を認める根拠はないということが見出される。人格どうしの平等な道徳は、万人が自己決定された生への等しい権利を持つ（したがって、他者に対してこの可能性を保証する等しい義務を持つ）ということを意味する。もちろん、道徳的配慮（人格によってのみ与えられる）は人格の自己決定された生への関心に当てはまるだけでなく、善き生に関心を抱くあらゆる人間ならびに人間以外の生き物にも当てはまる。したがって、道徳の原則は以下のようになる――君がつねにすべての他者に

対してその他者にとっての善き生の可能性を尊重するように行為せよ。(5)

私は第三研究で、私がこの原則をどのように理解しているのかを詳しく論じた。しかし、この特殊な解釈もここでは問題ではない。道徳の優位の重みに関する問いにとってはそもそも、誰が道徳的配慮に値する「万」人であるのか、ということは問題ではない。もちろん、道徳的義務の核心をわれわれが内容的にどのように把握するのかに応じて、道徳の優位の実践的な意味は変わる。しかし、そのことは道徳以外のすべての判断に対する道徳的判断の位置に影響を及ぼさない。近代的で普遍主義的な道徳の核心を内容的にどのように把握するのかに関わりなく、われわれが道徳的判断にいかなる力を認めるかという問いが立てられるのである。

---

(4) Kant, Grundlegung zur Metaphysik der Sitten, in: ders., Werke in zwölf Bänden, hg. v. W. Weischedel, Bd. VII, 7ff., BA 66.〔邦訳：『人倫の形而上学の基礎づけ』、六五頁。〕すべての理性的存在者が自分の現実存在をそのように表象するという事情からカントは根拠づけなしに（さらに私の見るかぎり、根拠づけの可能性なしに）、理性的存在者（それとともに「人類」）が主観的意味においてだけでなく客観的意味においても「目的自体そのものとして」現実存在する、と推論する。さらに「必然的に」という表現は分析的な関係を示唆している。しかし、それは私の見方では成り立たない。理性的存在者が（論理的な観点では）これ以上自律的に生きないと意欲することあるいは自分の自律に根本的意味を見出さないと意欲することはどこまでも可能である。しかし、このことを理性的存在者は（価値評価的観点から考えれば）善き生への関心においては有意味に意欲できない。これについては第二研究第七章を参照のこと。

(5) 内容から見ると、カントに依拠したこの定式表現は、たとえばバーナード・ウィリアムズがその書『生き方について哲学は何が言えるか』»Ethics and the Limits of Philosophy« (London, 1985, 185〔邦訳、三〇五頁以下〕) 第一〇章のカント批判において道徳的配慮の核心として述べていることとそれほど異ならない。「人々は、殺されないこと、手段として使用されないこと、自分自身のものと見なしうる空間・事物・対人関係をできるかぎりあてにせざるをえない。相手が嘘をついていないことも、少なくともある程度期待できるならば、人々の利益になる。これらの目的が満たされうる一つの手段、いやおそらく唯一の手段が何らかの倫理的生活である」（さらに動物への拡張に関しては、118f.〔邦訳、一九五頁以下〕）。重要な差異が見出されるのは、定言命法としての命題形式のうちに、すなわち、カントが妨げられることのない生活の条件への配慮の原則に付与しているすべての生活形式を包括した普遍的な意味ならびにいかなる例外も認めない無条件な態度のうちにである。

しかしながら、私が定めた定式表現は決定的に重要な観点において中立的ではない。私の定式表現における定言命法との類似性ならびに「つねに」という言葉は、私が道徳的定位の強い無制限な優位という立場を支持するつもりだということを明示している。しかし、道徳概念のそうした解明は道徳の弱い優位の定式表現にも用いられてよいだろう。道徳の弱い優位の原則は、以下のように定式化される。君は可能なかぎりすべての他者に対してその善き生の可能性を尊重するように行為せよ。この場合には道徳的価値評価に無制限なあるいは無条件な優位ではなく、制限されたあるいは条件つきの優位が認められるだろう。そうした優位にふさわしく行為することが命じられるのは、自分自身の具体的な関心と大きく矛盾しない場合である。私のテーゼは、この第二の弱いヴァージョンは受け入れられないということ、しかも道徳的立場の現実化として道徳的にも、その説明として概念的にも受け入れられないということである。われわれは道徳の優位を受け入れるか、それともわれわれは道徳の優位を持たない(あるいは説明しない)か、のどちらかなのである。

もちろん、このことが現実に一つのテーゼとなり、われわれの問題が真の問題になるのは、道徳的判断の二通りの――制限された、あるいは無制限の――優先性が実際に区別される場合、しかし和解する可能性がない場合だけである。両者の立場の和解が成立するとしたら、それは、適切に理解された各人の自己利益のうちにできる限りではなくつねに他者に配慮した処遇が見出されるような場合だけであろう。そのときには、道徳の優位の問題はなくなっているだろう。道徳的に善いものは選好上でも善いということ、道徳的な価値評価と対立するように見えるあらゆる長所は誤解された長所であることは、たんに道徳の実践的な等級を特徴づけているにすぎないことになろう。そうすると、無制限に善であるのは道徳的な善と矛盾しないものだけであるという命題は、第一義的に道徳的な洞察を表わしているのではなく、個人の幸福の根本条件であることになろう。このことが古代倫理学の立場であったことはよく知られている。近代倫理学の大多数はこの立場に反対した。近代倫理学は倫理的な差異の立場を支持した。近代倫理学にとって無制限に善であるのは道徳的な善と矛盾しないものだけであるという命題は純粋に道徳的な命題である――善き生についての言明ではなく、社会的に公正な行為に関する言明である。その場合、道徳は本質的に個人の幸福追求の制限として理解されるのである。(6)

しかしその際、法的な制裁の手前でのこうした制限に〔行為への〕動機としてのいかなる力がそもそも認められるのかという問いが生じる。善と正の同一性テーゼあるいは少なくとも収束テーゼの支持者たちは、究極的な同一性が自己利益にもとづいた生の営みと〔他者への〕配慮を重視する生との同一性が否定されなければならないということになれば、その力は失われてしまう、と言うだろう。それに対して、道徳は二種類の善――私自身にとっての善ならびにあらゆる他者への配慮に関する善――の差異を取り払うことができず、またそうするべきでもないということが正しいならば、道徳には他のあらゆる生の実践における価値評価に対する条件つきの優位が認められうるにすぎないように思われる。バーナード・ウィリアムズは強い調子でこうした帰結を引き出している。(7) ウィリアムズにとって〔一方の〕一見明白に課された道徳的規範と〔他方の〕個人的に好まれた、しかし前者の道徳的規範と対立する行為とのあいだの状況に即した比較衡量はそれ自身では本来の道徳的な省察として認められない。というのも、幸福への定位と道徳的定位とのあいだで決定が

(6) このことの歴史的 - 体系的な背景については、Th. Nagel, View from Nowhere, a.a.O., Kap. x.〔邦訳:『どこでもないところからの眺め』三一〇頁以下〕ならびに本書第一研究を参照のこと。

(7) ウィリアムズの立場については特に、»Person, Character and Morality« u. »Conflict of Values«, ともに in ders., Moral Luck, Cambridge 1981, u. ders., Ethics and the Limits of Philosophy, London 1985, Kap. 10; ウィリアムズについては第一研究第四章を参照のこと。

下されることになるからである。ウィリアムズによれば、こうした事例には道徳の優位を無力化する可能性がある。しかし、こうした帰結は間違っていると私は思う。私は以下において道徳の無条件な優位の仮定はまさに強い差異テーゼの地盤上で、さらに言えば、その地盤の上でのみ説得力を持ちうると主張したい。〔善と正の関係の〕伝統的な理解を近代的な理解と結びつけながら、善と正とのあいだの克服されえない差異にもかかわらず道徳の無制限な優位は成り立つということを私は示したい[8]。

四-二　道徳に対する七つの異議申し立て

道徳の無制限な優位の理解に対しては多様な異議申し立てが行なわれる。それら異議申し立ての主旨は、道徳に厳格な優位を認めるのは不可能または無意味であり、われわれが道徳的判定に条件つきの優位ではなく無条件な優位を認めようとすれば、自分自身の言っていることを正しく理解できなくなるだろう、ということになる。それらの異議のいくつかに対して私はその反対が正しいと言おう。すなわち、厳格に理解された道徳だけが道徳の名に値するのだ。条件づきであるにすぎない道徳を支持する議論は、私が思うに、道徳の定言的な意味について——特にカントによって——広く流布した誤解にもとづいている。誤解された道徳に優位には異議が当てはまるが、それに対して正しく理解された道徳の優位にはそうした異議は当てはまらない。そうした異議に対する私のメタ批判的な反論は、道徳の無制限な優位は哲学的な厳格主義を伴わずに擁護されうることの証明に向けられている（私にとっては、この意味での道徳の優位が問題であるので、それを道徳の「優位」と表わし、たんに「条件つきの優位」から区別することにしたい）。

私が論破したい七つの異議申し立ては以下のとおりである。
（一）無条件な道徳〔の優位〕は人間に過剰な要求をしている——私はこれを人間学的異議と名づけよう。
（二）無条件な道徳〔の優位〕は人間を不幸にする——私はこれを幸福論的異議と名づけよう。
（三）無条件な道徳〔の優位〕は生の事実に対して人間を盲目にする——私はこれを現象学的な異議と名づけよう。
（四）無制限な道徳〔の優位〕は芸術の持つ想像力に対して人間を盲目にする——私はこれを情感的異議と名づけよう。
（五）無条件な道徳〔の優位〕は人間を解消不可能な対立に巻き込む——私はこれを懐疑論的異議と名づけよう。
（六）無制限な道徳〔の優位〕は政治的な行為を不可能にする——私はこれを政治的異議と名づけよう。
（七）無制限な道徳〔の優位〕は道徳的動機づけを台無しにする——私はこれを心理学的異議と名づけよう。
これらすべての異議申し立てを論破する試みがまず取り組むのは、道徳の無制限な優位が——理論的に——整合的に思考されうるとともに——実践的に——整合的に顧慮されうるということの証明である。われわれがなぜあくまでも道徳的な態度を取り続けるべきであるのかということについては結論において言及することにしたい。

（8）差異の仮定については第二研究で詳しく論じている。

第一の異議は、無条件なものと理解された道徳は人間に過剰な要求を、していると、しかも二つの根拠から主張する。第一に、人間の生活状況は見渡し難くしばしば計測不可能であり、それゆえにその状況を万人の関心に配慮して一般的に公平に判定することは不可能だからである。第二に、多くの点で非道徳的な世界の中で道徳的な関係を考慮すること、あるいはそうした関係を考慮しているかのように行為することは、個々人の可能性を大きく超え出ているからである。両方の論拠は歩調を合わせて、定言的な道徳が人間に不可能なことを人間に要求していることを批判しているのだ。(9)

第一の異議は、それが道徳的な判定だけでなく生の実践におけるあらゆる種類の判定に関わるという点で苦しい立場に立たされる。私にとっていかなる生き方が長期的に善であるのかに関する判定は困難であるが、それは、強い道徳的価値評価の要求に対する人間学的な留保がその論拠として持ち出したのと同一の、状況ならびに時間に縛られた実存という根拠にもとづいている。それどころか、私にとっていかなる生活状況が全体的に見て最善であるのかを判断するのは、いかなる行為が任意の他者の基本的自由を傷つけるのかを認識するよりもはるかに困難だと言ってよかろう。いずれにせよこれら二種類の、選好に関わる省察ならびに定位と道徳的な省察ならびに定位は、原理的に見渡すことのできない生ならびに行為状況の解釈には結びついていない。それでもってこの論拠は効力を失う。異議として考えられていたのは、道徳的判断だけでなくあらゆる他の実践的判断が従っているそれらの実践的判断の一般的な条件への適切な指示であることが判明する。道徳的な価値評価が定言的な判定の結果であるということは、決してそうした価値評価が、他のすべての価値判断と異なり、間違わず覆すこともできないというようなことを意味しない。むしろ、道徳的価値評価とそれ以外の実践的価値判断が対立した場合には前者のほうが優位に立つ、と言っているにすぎない。

しかし、人間学的な異議はまだ片づけられていない。個々人が初めから行為状況に関する無制限な道徳的判定でもって過大な要求をされていないとしても、先の第二の論拠は部分的に当てはまるのではないだろうか。すなわち、どのように譲歩しても道徳的関係の無制限な実現という課題でもって個々人はどうしようもなく過大な要求を突きつけられているのではないか。〔しかし〕どれほど納得ゆくように――さらに溜飲が下がるように――聞こえるとしても、この論拠は道徳的な生き方の根本的意味の誤解にもとづいている。この異議においては道徳の優位が、道徳的な目標はそれ以外の目標に対して厳格な優位を持つかのように理解されており、また、道徳的定位の意味が道徳的世界の実現のうちに存するかのように、したがって無条件な道徳の意味がその目標に向けた不断の活動のうちに存するかのように理解されている。その理解が正しければ、この異議は正しいことになるだろう。しかし、この理解は正しくない。というのも、道徳は行為の普遍的な目的を特徴づけるのではなく、われわれの行為の当初の目標が何であれ、その目標を修正する基準だからであり、したがってときには制限する基準だからである。自分自身の行為において当該の他者の自由に配慮できる人は、程度はどうあれ、それによって世界の状態を改善したのである。目立つ仕方で人類全体の幸せのためになる生き方を選択する義務は誰にもない。むしろ各人は、自分がいかなる生き方をしようと、他者における基本的な生の関心を傷つけてはならず、できれば、他者に対してもその善き生の余地を確保するかまたは創り出すことに寄与するべきなのである。

（9）このタイプの異議を表明しているのはウィリアムズ以外に、たとえば O. Marquard, Abschied vom Prinzipien, Stuttgart 1981 である。

消極的な配慮を超えて、他者を援助し支援するというこの積極的な義務はもちろん程度問題である——この場合われわれは多少なりともつねに最大限に達しなくても何ごとかを為しうる。しかし、私が思うに、他者との最小限の連帯は一貫して貫かれてきた道徳的態度の一つである。第一に親しい者——友人・血縁者・同僚・何らかの仕方で共に生活している人々——への配慮は、そうした人々が支援を必要としているときにはすすんで支援する心構えをつねに含んでいる。それに加えて、他者との個人的近さだけでなく空間的な近さも道徳的に直接的な意味で重要である。われわれの目の前で災難に遭っている人を、それが誰であろうと、われわれは自分たちのできる範囲で助けなければならない。結局のところ、道徳的な援助義務はそもそも道徳的な名宛人と見なされるすべての存在者に対してさえ、そうした名宛人がわれわれにとって個人的または物理的にどれほど遠い存在であっても、成り立つ。もっとも、これらの義務をわれわれは個人の力で直接的に果たすのではなく、適切な政治的な行動によって間接的に果たすだけでもよい。われわれはたとえわずかな可能性でも、われわれのそれぞれの協同社会の中であるいはそれを超えて、恵まれた生の可能性が万人に開かれているような政治的・法的・社会的な関係が存在することまたは生じることに寄与できる。[10] しかし、そうした関係を保持しあるいは招来することは個人が有意義に成し遂げられるようなことではない。したがって、積極的な道徳的義務にもとづいて近親者に対してだけでなく生じる政治的義務の遂行は、それ以外の生の遂行ならびに生の中心的目標の追求に付随する行為に制限されうるのである。

もちろんこうした実存的な目標そのものが道徳的目標でもありうる、たとえば、特定の住民グループの生活状況を改善することがそうである。しかし道徳的な生き方を定義するのは、私が〔誤解された〕優位にもとづく道徳的な目標を持っているということではなく、むしろ、私が選び実現する目標が何であれ、他者の消極的ならびに積極的な尊敬と両立しうるように私は自分の目標を選び実現するということである。道徳の優位を、積極的義務のできるかぎり遠くまで届く実現を自分の生の中心的内容とするようにあらゆる道徳の主体が義務づけられていることだと理解するのはまったく馬鹿げている。ひょっとしたらどこかに、若干のまたは多くの人々の好意のおかげではあるが、それ自体はむしろ〔積極的〕善行を本質としない生き方で実際に順調でいられる他者がいるにちがいない。社会福祉が生の唯一の目的になるならば、そうした社会福祉には、それ以外では他者のためであるその対象をみずからのためと取り違える危険がつねに付きまとっている。首尾一貫した道徳の理念には、配慮する人と配慮される人との役割をできるだけ広く配分し、万人が好意を示す人であると同時に、自分の行為領域において自分の生活関心に応じて順調に生きられる人でもあるようになることが含まれている。〔誤解された〕優位にもとづく道徳的な目標を持つことは、世界の状態に直面したときにはたいてい歓迎される「義務を超えた善行」であり、道徳的に正しい生の根本的意味を超え出た特別な道徳的行為である。道徳的な意図のためにそれ以外の自分の願望を取り下げる（あるいはその願望を道徳的意図に統合できる）聖人の事例は、道徳的行為の限界事例であり、むしろ差し迫った状況での事例であるが、理想的事例ではない。[11]

(10) 自分に近しい領域を超え出てゆく積極的義務（ならびにその義務に対応する共同体または国家による支援への権利）のこうした政治的解釈については、R. Spaemann, Glück und Wohlwollen, Stuttgart 1989, 148; J. Habermas, Erläuterungen zur Diskursethik, Frankfurt/M. 1992, 175ff.〔邦訳：『討議倫理』、二〇八頁以下〕、Tugendhat, Vorlesungen..., a.a.O., u. 351ff. を参照のこと。

(11) したがってそうした事例は、限界概念を超えて道徳ならびにその優位の総体を定式化するための役には立たない。生の道徳的な目標とそうでない目標とのあいだの差異でもってそれらのあいだの対立を克服した聖人に従って道徳的に善い人間の理想像をモデル化したことは、すでにプラトンにおいて（アリストテレスにおいてではなく）見出されカントにおいて強化された哲学的倫理学の構造的欠陥である。こうした構造的欠陥にS. Wolf (Moral Saints, in: The Journal of Philosophy 79/1982, 419ff.) も聖人という道徳的理想に対するそれ以外では正当な反論でもって屈伏している。この反論では「規範的」な道徳的に善い人間は絶対的に善い人間の弱いヴァージョンとし言い換えれば、道徳の視点を取ることがわれわれに告げるのは、われわれがどのように生きるべきなのかではなく、われわれがあらゆる他者への配慮でもってどのように行為するべきなのかということである。道徳の此岸における生の構想を持っていなければ、道徳的であるとは何を意味することになるのかは、まったく不明確であることになろう。というのも、万人に、したがって道徳的行為者にも自分自身の生を個人的に形成する余地を与えることが道徳の意味に含まれるからである。それゆえに道徳は第一義的に、生の内容なのではなく、生の形式である——すなわち、その中でわれわれがわれわれの生のきわめて多様な状況と関わることになる形式なのである。

四-二-二　幸福論的異議

次の異議は、定言的な道徳の要求はわれわれの自己利益の不当な制限である、と言う。道徳の無制限な優位は個人的な幸福の追求と（多くの場合、少なくとも）両立しないという批判が先鋭化されて述べられている。その批判は、それが——ニーチェの言葉を借りて言えば——ジレンマの発見として提示されるときに鋭さを獲得する。無条件な道徳が他者の幸福可能性をますます保護するほど、ますます道徳的に行為しようとする人の幸福を脅かす。したがってわれわれは、条件つきの道徳だけが道徳的な義務一般の意味と両立可能である、と結論づけざるをえないだろう。

第一の異論と同じように、この第二異論も適切な考察結果でもって始まる。無条件な道徳の帰結には、そうした道徳が個人的に重要な価値ならびに意図と対立するということが含まれているし、その対立が決定状況の道徳的に受け入れられた新たな解釈によって仲裁されえなければ、無条件な道徳は個人的な生活の質の断念を要求するということが含まれている、というのは真である。以下のように考えてみよう。すなわち、ある人が長らく患っている友人または親類の枕元に呼ばれている。その人は、サッカーの世界選手権の経緯を見守ったり——それは、その人にとって他のことと比較にならないほど好ましいのだが——、魅力的な職業斡旋を利用したり、すでに三度も延期されたハネムーンを楽しんだりする代わりに、道徳的な信念からこの呼び出しに応じている。その人は、その人が思っているように、避けられない道徳的義務のためにおそらく取り返せない喜びを断念している。そうしたことが生じている。個人は、われわれを道徳的に納得させるために、ためらうことなく自己の幸福を断念する必要があると要求することがどれほど大げさでも、他方で、取り返せない喜びが問題になるときはつねに、ためらうことなく細かいことは言わずに自己利益を優先してよいというのは不適切であろう。道徳的義務を特徴づけているのは、それが外的な偶然ないし道徳外在的な選択肢によって簡単に取り消されることはありえないということである。私の友人は、世界選手権の後、私が仕事を片付けた後、ハネムーンの後に病気になったとするならば、私を当てにすることができただろう——しかし現状では、条件つきにすぎない道徳モデルに従えば私の個人的事柄がいっそう重要であることを、友人は洞察しなければならないはずだ。もちろん、友人はそのことを認識でき、私の義務を免除することも

て登場する。絶対的に善い人間については、万人が、そんな人間は存在せず、そのような人間に相対するとすべての人間がその人のようになるべきだとは誰も意欲できないということを知っているのだ。言い換えれば、聖人の模範は道徳的思考を背理法に導く。トマス・ネーゲルも、（聖人だけが一致しうる）道徳的な義務の厳格な概念から出発して、道徳の無制限な優位の（それにもかかわらず）穏健な（有限な理性的存在者によって満たされうる）理解が生じるように、その概念を個人の観点と調停する試み（View from Nowhere, a.a.O., Kap. x〔邦訳：『どこでもないところからの眺め』、三一〇頁以下〕）においてこうした危険に晒されている。——直ちに人間に可能な道徳から始めてその無制限な優位を擁護するのがより適切であるように思われる。

できる。しかし、私が自分を不都合な義務から解放できると思うかどうかは私の道徳的決定でありつづける。一見明らかに成り立っている道徳的義務の道徳的に受け入れ可能な一時停止は、道徳的価値評価の厳格な優位を基礎としてのみ可能である。道徳以外の観点からの省察は、こうした義務を否定するか無視することしか私に示さない。状況の道徳的価値評価だけが私を、その状況の中で一見明らかに成り立っている義務から私を解放してくれるのである。

しかし、私の友人の意志に反して、取り返せない職業上のサービスのために〔友人に対する〕私の義務をなおざりにすると私が決定するときでさえ、私の行為は正当化されうる。次のように想定してみよう。私は長らく失業していて、今回は私がもう一度私の職業の中に自分の場所を見出す唯一のチャンスである。その場合、この斡旋が私にとって生の基本的可能性として把握されるということはありうる。厳しい生命状況に置かれた友人をできるかぎり支援することが道徳的につねに命じられているのと同じように、自分自身の生の基本的な可能性を保護することはつねに許されている。したがって私はジレンマに立たされる。私は以下で(第五の異議を論じる際に)、そうしたジレンマの中での選択が——義務と傾向性のあいだでの選択であろうと義務と義務のあいだの選択であろうと、道徳的な振舞いによっては世界から始末されないことならびにその理由をさらに詳しく論じるだろう。しかし、そうした選択は道徳的に片づけられる。というのも、もともと成り立っている(友人に対する)義務を実現しないことも特別な状況においてはあくまで道徳的に正当化されうるからである。一回限りの職業上の機会は、友人に対する援助の命令の例外を作ることを正当化しうるだろう。われわれの友人はわれわれの援助を期待できるが、それは、われわれ自身が置かれている状況と無関係にではない。というのも、われわれの友人がわれわれに対する権利を持っているだけでなく、われわれも友人たちに対して少なくとも、他のすべてのことを友人たちのために犠牲にしない権利を持っているからである。この権利をわれわれが引き合いに出せるのは、われわれが——こうした状況で——援助の依頼に答えないときである。道徳の優位はこの場合でも顧慮されるべきである。ある状況の道徳的評価は、その状況の道徳的ではない価値評価に対する無条件の優位を持っている。しかしそれは、すべての個別的な道徳的義務が個々の個人的な選択に対して原理的な優位を持っているという在り方においてではない。というのも、援助義務が自分自身にとって有益な生活条件への権利と対立している上記のタイプのジレンマ状況にうちには、自分自身の関心を（一見して明らかであるだけでなく実際に存在している）義務よりも高く評価することを許す道徳的な根拠が存在しうるからである。[12]

しかし、まさにだからこそ、道徳はその讃美者が誉めそやすような幸福実現のための制度ではないということが真実である可能性があると言えよう。私が傍にいる安心を——先に例示した——友人が断念するならば、私は私のそれ以外の喜びを享受できるが、かえって良心の疾しさを伴うだろう。あるいはその反対に、友人が私の援助を要求するが、それには私から楽しみを奪うという良心の疾しさが伴っている。それゆえニーチェは、道徳の理念は善き生の可能性の普遍化ではなく良心の疾しさの普遍化だというのである。しかし、道徳に対するこうした激しい感情は事柄を半分しか見ていない。ニーチェは、道徳的態度を取ることが

(12) ウィリアムズが（»Ethics and the Limits...« a.a.O., 186〔邦訳：『生き方について哲学は何が言えるか』、三〇七頁以下〕）で「義務出し・義務入れの原理 obligation-out, obligation-in principle」すなわち、ある他の義務だけがわれわれを現在の義務から免除するという原則を受け入れてはならないと言っていることに私は同意する（カントはそのように——援助義務と「私自身に対する義務」との衝突として事例を構成することもできただろう）。しかし、これで無条件に理解された道徳の優位が息の根を止められるわけではない。むしろ、無制限な道徳的態度と個別の道徳的規範の例外なき妥当とを分離する道徳の無制限な優位の正しい理解の端緒が開かれるのである。この点については、第一研究第四章および第五章を参照のこと。

個々人の順調さを侵害しかねないということしか見ていない。ニーチェには、道徳が個々人の順調さをより豊かにする可能性が見えていない。そのように言うことで私が考えているのは、万人が道徳的な根本規則を尊重すれば、それは万人（あるいはいずれにせよ大多数）にとって善いことだという功利主義的な議論ではない。それどころか、そうした功利主義的議論が本当に正しいかどうかということこそ、まさに問題なのである。むしろ私が考えているのは、道徳的に正しい行為は本来の幸福実現をも意味しうるというソクラテス的な議論である。こうした考察のプラトンによる一般化が適切ではないにせよ、そうした一般化にはそれでも部分的な真理が認められる。すなわち、道徳的価値評価と選好にもとづく価値評価との可能な対立は幸福を妨げることもあるが、幸福を開示もするという洞察が認められるのである。

もちろんわれわれは、道徳的承認の次元そのものが善き生の重要な次元であることを忘れてはいけない。善き生には善き共同生活が含まれている。善き共同生活にはそれはそれで相互承認関係、人格どうしの戦略的でない付き合いが含まれている。[13] 他方でわれわれは、われわれに開かれている前道徳的な行為選択肢が自分自身の順調さのための無条件的に確実な方法ではないということを忘れるべきではない。ハネムーンが不幸になる可能性もあろう。サッカー世界選手権については言うまでもない。そうすると、幸福への確実な道は道徳のこちら側にも向こう側にも存在しないのだから、道徳的な道が幸福への確実な道でないことは、初めに思われたほど重大なことではない。これら二つの根拠から——道徳的な正しさそのものが選好による善の一つの次元であり、道徳によらずに幸福へ至る道が道徳的に幸福へ至る道より脆くないわけではないがゆえに——、〔正と善との〕対立状況において道徳的に命じられる行為はしばしば自分自身の選好を制限せよという命令であるだけでなく、それ以上にその選好を修正するようにとの提案でもある。そうした提案は、多くの場合われわれがたんに選好を考慮するだけでは獲得されえないしその見込みもないだろう。これはいくぶんパスカルの賭けに似た状況である。すなわち、個人が道徳的な生によって個別にはどれほど多くを失うとしても、全体としては事情によってより多くを手に入れることができるということである。——この点については本研究第三章でいっそう詳しく論じるつもりである。

四-二-三　現象学的異議

私が現象学的と名づける異議はまた一つ新たなジレンマを発生させる。この第三の批判が言うには、無条件な道徳的定位はすべてを道徳的判定の優位の下に置くがゆえに、人間の世界を先入観なしに知覚することができない。道徳の厳格な優位への信仰は道徳的と見なされたものを非道徳的と認識することを認めないし、また非道徳的と見なされたものを道徳的と認識することを認めない。そうした信仰は、道徳の非道徳的な免疫化につながる。道徳の優位は〔人々を〕道徳的に重要な生の事実に対して盲目にしてしまう。

マーサ・ヌスバウムまたはミシェル・フーコーに見出されるこうした異議は、きわめて重要な懸念を表現している。[14] しかしまたもや、その異議は理論と実践において誤解された無条件的な道徳的定位の位置価値には当てはまるが、正しく理解されたその位置価値には当てはまらない。というのも、道徳的行為ならびに道徳的判断は道徳外在的な世界知覚のさまざまな形式について情報を得なければならないだけでなく、それら

（13）詳しくは、二-七を参照のこと。
（14）ただしヌスバウムの場合、異議は道徳の優位の厳格な解釈に対してのみ向けられている（そのかぎり正当である）が、それに対してフーコーにおいては——ニーチェと同様に——無制限な道徳一般の要求に対して向けられている。ヌスバウムとフーコーについては第一研究第四章を参照のこと。

の形式によって修正されることもありうるからである。他者を人格として尊敬することは、その他者の実存的な企てならびに価値評価を理解する試みを包含していなければならないのであり、それは、そうした企てや価値評価が人間どうしのあいだの実践の根本形式と矛盾する、あるいはそのように見えるときでさえ、そうなのである。道徳的な省察は、拡散する価値評価を真正面から受け止めることができなければならず、したがって競合する道徳的解釈ならびに相反する選好的価値評価を批判的に取り込むことができなければならない。万人に善き生の可能性を保証するという道徳の原則は、道徳外在的な判断・経験・解釈・意図・格率・視点を道徳的なものとして判定する原理である。したがって、道徳の優位とは固定的な〔道徳的〕価値評価の体系の優位ではなく、道徳的に価値評価することの優位である。道徳的に価値評価する人は、自分自身の選好による判断だけでなく自分自身の道徳的判断ならびに解釈をも場合によっては新たに解釈する心構えを持っている必要があるのだ[15]。

すぐ思いつく事例は性道徳である。特定の性的行為あるいはそもそも性的快楽の肯定的評価が、それにさまざまに帰されてきた個人的・社会的な被害を引き起こさないことがはっきりと示されるならば、そうした行為や評価にさまざまに伸《の》し掛かっていた道徳的な禁制を保持する根拠はもはや存在しない。こうして、こうした行為の伝統的な道徳的規制は不必要で間違っていることが明らかにされる。それにもかかわらず、根源的な道徳的価値評価に対抗して非道徳的な価値評価が単純に勝利をおさめるわけではない。そうした道徳的評価は修正されるのだ。性的満足の肯定的な評価を道徳的な権威でもって打ち負かす道徳的根拠はもはや存在しない。自己決定と自己決定の承認とが正当に意味している事柄の新たな規定が支持されて、伝統的な道徳的判断が非難される。また別の事例としては、女性の道徳的軽視が挙げられるだろう。この問題に対しても道徳的規範は内容的に長らく目を向けてこなかったし、現在もなおさまざまな側面でそうである。しかし、こうした暗愚さを終わらせる試みは決して相対化を引き起こさない。むしろ、そうした試みは道徳的価値評価の優位に対する最善の証拠を提供してくれる。というのも、道徳的主体に関する従来の自己理解を修正することは、道徳的尊敬の不当な制限の否定に他ならないからである。われわれは、非道徳的な洞察および道徳的な価値評価——たとえば、女性も男性と同じく知的労働や政治的活動を行なう能力を持っているとか、女性にとってそうした活動（あるいはそうした活動へのアクセス権）は〔男性にとってと〕同じくらい重要であるといった洞察や評価——から道徳的（ならびに政治的）実践を変更させる帰結を引き出さざるをえないと感じているし、われわれがこれまで承認を拒否してきた善き生の可能性に承認を表明せざるをえないと感じているのである。

ここには、道徳的定位の成功にとって道徳的省察と選好に関わる省察との可能な差異がどれほど重要であるかということが示されている。つまり、道徳的判定と選好に関わる判定の成果の可能な不一致を含んだそれらの差異だけがその判定自身の誤った判断から道徳を保護してくれる。その差異は、たしかに道徳〔一般〕に対してではないが、おそらくしかしあらゆる具体的な道徳的解釈（特にその判定自身のこれまでの解釈）に対して拒否権を与える。道徳的態度には、個人的選好または集団的な選好が道徳によって教え導かれるだけでなく、道徳的行為が個人的的選好または集団的選好によって教え導かれるということが含まれる。結局のところ道徳は、人間の経験を特定の方向に誘導するために存在しているのではない。道徳の意味は、万人に実り豊かな生の遂行の空間が保証されるように人間の行為を方向づけ規制すること、それだけである。道

(15) ハーバーマスが「義務倫理学は結局のところ道徳的観点は同一であり続けると仮定している。しかし、こうした根本的直感のわれわれによる理解も、われわれが予見不可能な事例への適用において道徳的に妥当な規則に与えている解釈も不変であり続けることはない」(Erläuterungen, a.a.O., 142〔邦訳：『討議倫理』、一六七頁〕) と述べるかぎり、ハーバーマスにも同意できる。

徳の無条件な優位とは、善き生の条件への普遍的で公平な配慮という態度の優位であり、したがって、そうした態度にもとづいて機能する判断力の優位なのである。そして、そうした判断力の権限の中に道徳的規範の新たな解釈ないし新たな理解も含まれるのである。

四-二-四　情感的異議

現象学的異議の一つの変形が情感的異議である。情感的異議によれば、道徳の無制限な優位の承認は芸術（ならびにおそらくその他の情感的現象）の留保なき価値評価と両立しない。個別の芸術家がどれほど道徳的であろうと、またはそれほど道徳的でなかろうと、その作品は、すべての定位、特に無制限の道徳的定位に対して構造的に無頓着、それどころか拒絶的である――公平というよりは無関心、原理を受け付けないというよりも瞬間のうちに我を忘れ、帰結を志向するというより効果を意識しているということだ。切り詰めて言えば、詩人が道徳の優位を拠り所にしてしまったならば、偉大な詩は存在しないことになるだろう。[16]

議論の目的にとって、芸術――作品に導く知覚あるいは作品を生み出す知覚、あるいはその両方――の構造的な非道徳性の仮定が正しいかどうかということは重要ではない。私が検討したいのは、その仮定が正しいとしても、上記の論証が確実であるかどうかということである。確実であるならば、偉大な芸術作品のいくつかが非道徳的であれば、この論証にとってはそれで十分である。そのことに異議を指しはさむのは困難であろう。しかし、現象学的異議の論破につながった省察に類比的な一つの省察は情感的な異議をも弱めてくれる。明瞭な道徳的知覚は情感的な想像に大いに依拠していて、それによって、芸術の自由を保護することは強い道徳と矛盾するどころか、無条件な道徳理解から直接的に帰結するほどなのである。

そのように言えるのは、芸術を知覚し制作することそのものが生の一つの重要な可能性だからであり、現代においてそうした生の可能性を保持することは自己決定された生の形式を道徳的ならびに法的に保護することに含まれるのである（法的に保護された芸術の自由が政治的自由の尺度であるのは理由があるのだ）。芸術の経験は、それに関心を抱く万人がアクセスできるべきである善き生の一つの可能な内実なのである。さらにそのうえ芸術は自由な世界知覚の一つの形式であり、それなしにはまさに道徳的な現在意識は、たとえ盲目でないとしても、やはり必要であるよりはるかに盲目なのである。道徳的知覚が――前節の議論によって――全般的に囚われのない世界知覚に依拠しているならば、芸術的な知覚または芸術に関連した知覚の自由もまたいかなる更新可能な道徳的文化が抱く関心のうちにも見出される。それゆえ、芸術の自由は道徳的に二重の仕方で根拠づけられている、すなわち第一に、自己決定的で自己目的的な現実存在の重要な可能性の保護として、[17] 第二に、理論的ならびに実践的な経験と認識との取り替えのきかない媒体として根拠づけられているのだ。どちらの根拠も、芸術がどれほど道徳的内容を持つのかということに関係なく存立する。伝統的に言われるように、芸術の「真理」（すなわち、芸術のまた芸術による知覚可能性）が道徳的および政治的に正当であれば、いかなる「数々の真理 *Wahrheiten*」を芸術が表すのかということに関わりなく、芸術は正当化されているのだ。もちろん芸術の自由にも限界があるが、それは原理的に、他者の生の質的可能性との

（16）このタイプの異議は、たとえば、K・H・ボーラーの断固として非道徳的な瞬間の美学に含まれている。Plötzlichkeit. Zum Augenblick des ästhetischen Scheins, Frankfurt/M. 1981, 特に八四ページを参照のこと。
（17）その可能性の中では、第二研究第五章で区別された「善き生の内容」のすべてがしばしば情感的ではない関係に転用できない特殊な仕方で相互に結びつき合っている。情感的な実践の位置価値については、M. Seel, Ästhetik als Teil einer differenzierten Ethik, in: ders., Ethisch-ästhetische Studien, Frankfurt/M. 1996 を参照のこと。

調和のためにわれわれの自由に課されている限界に他ならない。[18] しかし、こうした生の可能性に芸術の実践そのものが含まれているのである。というのも、芸術は道徳ほどではないとしても、道徳と同様に人間の自由を、行為の自由への公平で平等な配慮の弁護者としてではなく、いかなる普遍的な規則にも従っていない知覚の自由の――一方的でエリート的であることも珍しくない――弁護者として擁護してくれるからである。

したがって、先鋭化された情感的異議をわれわれは直接的に拒絶することができる。偉大な詩人は偉大な作品を生み出したことによって、その内容が道徳的であろうと非道徳的であろうと、道徳の優位に依拠していたのである。〔そうでなければ、〕サド、ポー、セリーヌ、ミラー、ラシュディなどの作品は存在しないであろう――それらの作品は道徳的な関心が前提されているからこそ気づかれるにちがいないのではないだろうか。

しかしこうした論点によって、情感的実践と道徳的実践との本来の対立は芸術作品の論争的な評価のうちにではなく、情感的態度を受け入れる時点の問いのうちに見出されるということを忘れてはいけないだろう。その対立が生じるのは、情感的な判断ならびに道徳的な判断が分裂してゆく実践的判断として機能するような状況においてである。それは、情感的に価値ある振舞いが道徳的に疑わしいと見なされる（情感的に疑わしい処置が道徳的に善いとされる）場合である。[19] ここでの決定的なポイントは、何が情感的または道徳的に受け入れられるのかということよりも、むしろ、情感的観点に従って振舞うこと、または情感的な評価に決定的な影響を与えることがいつ道徳的に許されるかどうかということである。しかし、われわれが特定の状況において情感的態度にいかなる重みと空間とを与えてよいかまたは与えるべきかという問いそれ自身がどれほど道徳的な問いであろうとも、したがってそれでもって道徳的な価値評価の優位の事例を改めて提供するとしても――その問いに対する答えは、われわれが情感的振舞いの可能性にいかなる意義を与えるかということに依拠している。こうした意義を支持する情感的な論拠がより善ければ善いほど、情感的な自由への権利の限界を規定する道徳的な論拠もより善くなるだろう。

四-二-五　懐疑論的異議

これまでの異議はすべて道徳的定位とそれ以外の定位との関係に、したがって、定言的な道徳が実際にすべてのわれわれの定位の社会的定位に役立つかどうかという問いに関連づけられていた。これらの異議を退けることができた。すなわち、道徳は人間に出来ないことを要求はしない、道徳は人間の幸福を破壊しない、道徳は世界の経過と芸術の可能性に対して目を閉ざさない、したがって、これらの観点すべてにおいて首尾一貫した道徳的定位が有意味で可能である。しかし、たとえそうだとしても、依然として重大な異議が残っている。もっとも重大な異議は、道徳的定位はそれ自身において矛盾していると言う。この第五の異議が言

(18) ラシュディの場合のような対立――芸術の自由と宗教的感情（特に、イランの原理主義者によって断罪された『悪魔の詩』を読んだことがない人々ならびに読まないであろう人々の）に対する尊敬との対立――は最終的に、相対的ではあっても当該の作品の質に関する判断とともに決定されるべきである。すなわち、ある著作において考え方の違う人々が誹謗されているのか、自律的な世界知覚が形成されているのかということに即して決定されるべきである。情感的な判断が道徳的な判断に影響を及ぼすことによってこうした判定は難しくなるが、ただしそうした困難さがラシュディの作品をめぐる対立を説明するわけではない。というのもその対立は、道徳的な判断そのものの全体的理解をまったく度外視して情感的な判断と道徳的な判断とのすべての差異を独断的に否定することから生じたのだからである。

(19) このことの事例として、〔1〕映画を撮影するためのナパーム弾による森林焼却（フランシス・F・コッポラの『地獄の黙示録』）、〔2〕他者を助けることができるような恐ろしい状況で無関心な観察の立場を取り続けること、〔3〕公共の場所にある著名な彫刻作品がある事務所の事務員に気に入らないという理由で撤去されること（ニューヨークにあるリチャード・セラの「Tilted Arc」に関して起きたように）が挙げられる。

うには、道徳の優位を承認することによって、いかなる道徳も救い出されないジレンマ状況に陥る。道徳それ自身が首尾一貫した道徳的行為を不可能にしているのである。

二つの有名な事例がこのことを解明してくれるだろう。第一の事例はカントに由来し、第二の事例はサルトルに由来するが、前者は問題を不本意な仕方で、後者は自発的な仕方で例解してくれる。カントは「人間愛から嘘をつくという憶測上の権利について」という論文で、私が自分の家に泊めている私の無実の友人の命を狙っている人がその友人が私のところに居るかどうかと問うたとき、それに対して嘘をつくことは道徳的に間違っている、と主張している。[20] カントによれば、嘘をつかないことは「完全」（消極的）な義務であり、私はつねにかつ万人に対してその義務を課されており、いかなる例外も許されない。それに対して誰かを助けることは、カントが言うように、「不完全」（積極的）な義務であり、私がその義務を課されているのは、特定の状況において（しかも特定の程度において）決して万人に対してではなく特定の人々に対してである。カントがさらに続けて言うには、道徳的規範どうしの対立というものは存在してはならない。というのも、そうした対立が存在するとしたら、首尾一貫した道徳的行為が不可能であることになるだろうからである。それゆえ私は、その殺人者が私の家の地下室への階段で足を骨折し、そうやって偶然によって義務に対してだけでなく、権利に対しても正義を実現するかもしれないという希望を持ちつつ、この事例における潜在的な殺人者に（私の消極的義務に従って）真実を言わざるをえないのである。

カントをこうした不適切な解釈に導いた前提は二つある。第一に、消極的な道徳的義務はいかなる例外も許さないという前提、第二に、道徳的規範どうしのあいだには、あらかじめ規制されていない対立があってはならないという見解である。しかし、これらの前提は根拠薄弱である。明らかに妥当する道徳的規範どうしの対立は、多くの行為状況の中へ現われてくるように、道徳それ自身の原則との対立をもたらさない。というのも、道徳の無制限な優位は――第二および第三の異議の解明において明らかになったように、さらにカントの事例において改めて明らかになるように――特定の何らかの道徳的規範の無制限な優位を決して意味しないからである。そもそも問題になっているのが、もっともと思わせる例外であって、〔道徳の〕明らかな軽視あるいは隠れた軽視でないとすれば、道徳的――完全なまたは不完全な――規則の例外はまったくのところ、道徳的原則それ自身の例外ではない。定言的に理解される道徳の基礎は、序列化された規則の体系ではなくて――これまでに示されたし、ここでも示されるように――普遍的な尊敬という立脚点であり、それは部分的に修正可能であり、しばしば相互に比較考量されるべき規範に定位しているのである。

もちろんこれは、道徳的な反省の手続きによっては除去できない道徳的対立が存在しているということを意味している。サルトルの事例は、自分に頼っている母親の許に留まるか、自分の友人とともにレジスタンスに加わるかの決定のあいだで引き裂かれている若い男である。[21] この男は、どちらをも自分の義務として同じ強さで理解しているが、一方の行為が他方の行為を排除する。これは――この異議が予見していたように――より高次の原理によっては調整することのできない道徳的ジレンマの事例である。たしかに行為者は、どのように決定しようとも、一方または他方の援助義務を例外とする道徳的権利をこの場合に引き合いに出すことができるが、それによってはこのジレンマを解消することはできない。両立しない二つの行為のそれ

---

(20) I. Kant, Über ein vermeintes Recht, aus Menschliebe zu lügen, in: ders., Werke in zwölf Bänden, a. a. O., Bd. VIII, 637ff.〔邦訳：『カント全集』一三、『批判期論集』、「人間愛からの嘘」谷田信一訳、二五一頁以下。〕

(21) J.-P. Sartre, Ist der Existentialismus ein Humanismus?, in: ders., Drei Essays, Frankfurt/M./Berlin/Wien 1975, 7ff. ここでは17ff.〔邦訳：『実存主義とは何か』伊吹武彦ほか訳、人文書院、一九九六年、三三頁以下。特に、五二頁以下。〕ただしサルトルは、この事例を道徳外在的で、ラディカルな選択の事例として用いている。

ぞれが道徳的に同等に必然的であり正当である。どちらを選ぶのかは、再度の道徳的価値評価によってではなく、一方の選択肢を支持し他方の選択肢に反対する実際の決定によって決定されなければならない。したがって、どちらの決定も道徳的に正しく根拠づけられており、その決定がどのような結果をもたらそうとも、その決定のゆえに決定した本人を非難するのは不当であるとしても、行為者はいずれの側に決定した場合にも主観的に良心の咎めを感じるだろう。その行為者がそもそも道徳的に行為しようとする（たんに言葉も出ないほど絶望して手をこまねいているのでない）ならば、この罪の意識（あるいは弱めて言えば、この避けられない道徳的な慙愧の念）を自分に引き受けなければならないのである。[22]

それにもかかわらず、事態は懐疑論的異議が定式化しているのとはまったく逆である。首尾一貫した道徳的行為を不可能にするのは道徳の原理ではなく、この原則の意味において首尾一貫した道徳的な振舞いがおそらくは決定においてジレンマを生じさせるのである。しかしそうしたジレンマが生じるとしても、それは道徳における欠乏あるいは道徳の欠乏のゆえにではない。無制限な道徳的意識によってのみ実際に真剣に受け止められうるのは、人間の行為の困難さなのである。サルトルの設定した状況 *Situation* がジレンマをもたらすのであって、この状況における道徳的振舞いがそうしたジレンマをもたらすのではない。道徳的態度はジレンマを生み出すのではなく、そうしたジレンマに置かれるのだ。[23] 道徳的態度は、それが自分の許に留まってくれるだろうという母親の道徳的期待ならびにレジスタンスに散開してくれるだろうという友人の道徳的期待と、その期待に対応する義務——留まるか行くかという——の解消できない対立をそれと分かっていながら決定するということによって際立つのである。道徳にすべての非道徳的コンフリクトを片付けてほしいとは言わないまでも、すべての道徳的コンフリクトを片づけてほしいと道徳に要求するとしたら、それはまったく不道徳的で不当な要求ということになるであろう。現象学的異議を論じたときに、世界の道徳的な解釈をいつか完成させるということは有意味な目的ではありえないことが示された。いま示されるのは、道徳的規範は、たとえそれが一度は断固として打ち立てられたとしても、確固とした秩序にではなく、それぞれの状況に適した秩序にもたらされうるということである。(24) 世界の道徳的解釈などという目的は、人間の現実が状況に結びつけられ歴史的であるという理由からだけでなく、人間の関心という点でもまったく望みえない。道徳的に保護されている人間の自由こそが、つねに新たに価値と解釈の道徳内在的ならびに道徳外在的な抗争に陥るのである。道徳の優位の承認はこの抗争を世界から除去するのではなく、たんにこの抗争をやり抜く最善の方法なのである。

四-二-六　政治的異議

政治的異議は懐疑論的異議と直接に関連しており、後者の一形式と解釈することができる。道徳的ジレンマとの道徳的に正しい関わり方がありうることを認めるとしても、それでもってすべての種類の社会的コンフリクトが事実として道徳的に解決されうるとは——いずれにせよ現実の世界では言われていない、と政治

(22) 道徳的に避けられない慙愧の念の可能性については、B. Williams, Moral Luck, in: ders., dass. A. A. O. 20ff. u. Ch. Menke., Die Vernunft im Widerstreit. Über den richtigen Umgang mit praktischen Konflikten, in: ders./M. Seel, Zur Verteidigung der Vernunft gegen ihre Liebhaber und Verächter, Frankfurt/M. 1993, 219ff.

(23) これについては、M. Nussbaum The Fragility of Goodness, London 1986, 48ff. u. U. Wolf, Moralische Dilemmata und Wertkonflikte, in: Menke/Seel, Zur Verteidigung…, a.a.O., 181ff.

(24) Habermas, Faktizität und Geltung, a.a.O., 265ff.〔邦訳：『事実性と妥当性』（上）、二五五頁以下。〕

的異議は定式化されうる。現実の世界では特に政治的行為は、それがそもそも何ごとか――しかもまさに社会的かつ道徳的に喜ばしいこと――を引き起こそうとするならば、道徳の厳格な優位に従ってはならない。「道徳的原理を振り回す」ことは特定の関心を（たとえそれがどれほどもっともらしくても）それ以外の関心に対して貫き通す技としての政治的行為の堅い実在性をもみ消す。道徳はせいぜいこうした行為のおおよその枠踏みを形成することはできるが、そうした行為の基準を形作ることはできないのである。

政治的異議の記述にも正しい指摘が含まれている。普遍主義的道徳の原理は実際に政治的行為の基準を形成することはなく、その枠組みを形成するにすぎない。ここでの事情は第一の人間学的異議に関する議論と同様である。道徳の原則が特徴づけるのは政治の目標ではなく、むしろ、政治的行為ならびに他のすべての行為がすべての当事者の不可侵性を配慮して遂行されるべき形式である。政治の一般的目標は道徳的世界の形成ではなく、それぞれの政策が自らの事柄とする利害関心の明瞭な区別ならびに貫徹である。しかし、当該の利害関心に関してもその貫徹のそのつどの手段に関しても、いったいその際に道徳的に正当な利害関心が問題となっているのか、とりわけ、利害貫徹のための道徳的に正当な手段が問題となっているのかという問いが立てられる。道徳の優位が政治の目標を確定するのは、その目標追求を許すその方法を道徳の優位がコントロールするかぎりにおいてのみである。

しかしそうすると、まさにこのことが不可能なのだと政治的異議は言う。政治は、それがここで述べているようなものであれ、道徳の優位に屈するならば、理論的に誤解され、実践的に力を奪われると言うのである。結局のところ、理性的な政治がつねにあらゆる人間の人格の不可侵性を保護することはできない。そうした保護は戦略的な嘘で始まり、好戦的な手段で終わる。それは、われわれがそのつどの政治の目標を正当なものと見なすか否かには関係ない。最善の政治でさえ汚れた仕事である。というのも、政治は望ましい結果のために。道徳的につねに正当化されるわけではない帰結を考慮に入れざるをえないからである。

こうした態度決定のうちにも正しい事柄が見出される。政治的行為は（多くの技術的行為と同じように）個々人の日常的行為よりもはるかに帰結の豊かな行為である。もちろん、政治的行為の帰結はしばしば日常的な生におけるよりもずっと有害である。しかし、そうだからといって、これらの帰結はあれこれの場合に道徳的に許容されうるか否かということに従って判定されるし、決定的な場合においては判定されなければならないという点に関しては何も変わらない。このことは、軍事的介入の場合にも、サルトルの事例における決定の場合でも、または、私は日曜日に芝を刈ることができるかという無害な問いの場合でも原理的に変わらない。いずれの場合にもさまざまな行為可能性が、そうした可能性のうちでどの可能性がもっともあらゆる当事者への配慮と両立しそうであるかという観点の下で、相互に比較考量されなければならない。芝刈りの問題はその際に、通常の状況下でジレンマに陥った決定状況の表現ではないという無類の長所を持っている。それに対して、軍事的手段投入の決定はつねに道徳的観点の下でジレンマに陥る決定として理解されなければならない（それは、政治家と軍人がつねにジレンマを感じているだろうということを意味しない）。この場合に問題なのは、不当に脅かされ攻撃され傷つけられた人々の安全と生存を保護するという根拠――このコンテクストでは唯一道徳的に支持しうる根拠――にもとづいて、その他の人間の安全と生存を危険に晒すという決定である。さらにそのうえ、こうした決定は、それがそもそも下されるとしても、ただ防衛のためだけに使用される最終的な手段のための決定として正当化されうる。その場合にも道徳的配慮の制限は、それがいかなる戦闘行為にも示されているように、必ずしも道徳的配慮の原理そのものの制限を意味しない。というのも、この原理をわれわれはそうした制限の正当化のために引き合いに出さなければならないからである――もちろんそれは、われわれが正当化しようとすればの話であるが。政治がこうした広い範囲のジレンマ決定状況に直面するところでは、政治は決して道徳から自由な空間の中に見出されるのではなく、むしろ道徳的に正当化されなければならない状況の只中に見出される。それは今日饒舌に（ただ滅多に説得力はないが）生じているとおりである。政治に一般的に道徳的な目標を指示することはできないとしても、まさに政治がリスクの大きい汚れた手段を選んだことの道徳的根拠をわれわれは政治につねに要求してよい。政治的行為からもそれ以外の行為からもわれわれは、あらゆる当事者の人格の不可侵性への配慮を伴った条件の下でそれらの行為が行われるように要求してよい。しかし道徳の優位が意味しているのは、まさにこうした配慮への非相関的な義務なのだ。

もちろん軍事的手段の投入の事例は、政治的行為が一般につねに望ましくない道徳的コストを考慮しなければならないようなジレンマ状況にあることを思いつかせてはならない。政治が望ましくないコストにしばしば関わるとしても、それがつねに望ましくない道徳的コストであるわけではない。これらのコストをできるだけ低く保つこと、それがあらゆる政治の有意味な道徳的目標である——そうではあるが、それは積極的義務ではなく、道徳的価値評価の優位が他のあらゆる種類の行為の価値評価に対して保持されるように行動するという消極的義務にすぎないことを特に記しておく。

四-二-七　心理学的異議

最後に私は、これまでの異議のいくつかをもう一度言い換えた第七の異議を定式化したい。私はその異議を心理学的異議と名づけるが、私の反論の全体はある意味でこの異議を反論する試みであったとも言える。心理学的異議は、道徳の無条件な優位の承認は道徳的行為の主体の側での道徳的動機づけを台無しにする、と表現される。最初の三つの異議が主張するとおり、無条件な道徳が人間に過剰な要求をし、人間を盲目にし、幸福を台無しにするとしたら、そうした道徳の基礎の上に安定した道徳的動機づけは存在しえないだろう。

さてしかし私は、それはまったく間違いであると返答した。したがって私は、道徳の無条件な優位と真の道徳的動機づけとはきわめて良好に相互に両立可能であると考えている。なぜそう言えるのかを明らかにするために、私は道徳的動機づけの三つの形式を区別したい。その際に私はあらかじめ、道徳の無制限な優位に一致する動機に候補を限定する。人が道徳の優位を尊重できるのは、その人自身にとってそのように行為するのがより善いからである――私はこれを戦略的な道徳的動機づけと名づける。また人が道徳の優位を尊重できるのは、そのことが他者のために必要だとその人が考えるからである――これを私は真の道徳的動機と名づける。最後に人が道徳の優位を尊重できるのは、それが自己利益ならびに他者のために最善だとその人が考えるからである――これを私は強い道徳的動機づけと名づける。無条件な道徳の存立は特にどの動機づけと結びついているのだろうか。

（一）戦略的な道徳的動機づけ。戦略的な道徳的動機づけは、そこでは行為が道徳的配慮と道徳的洞察とにもとづいてではなく、ただそれらに一致して為されているかぎり、「不当」である。私が道徳的な規則に依拠するのは、それによって他の方法によるよりも私が意欲することが上手くゆくと私が信じているからである。戦略的な動機づけにもとづいた道徳的な振舞いも道徳的な振舞いである――しかし、いわば別の目的のために待機中ではあるが。というのも、この動機づけが保持されるのは、道徳的に振舞うことが各自の私的利益の追求にとって賢明であるように思われるかぎりにおいてであり――不道徳に対して社会的に科される制裁のほうが、道徳的方法の遵守によって私が強いられる回り道よりも大きく影響するかぎりにおいてだからである。道徳的動機づけのこの形式はけっして一般的に軽視されてはならず、それどころかこのいささか小心な利巧さは事実として道徳的動機づけにとって重要でなくはない源泉であり、それどころかおそらくは最強の源泉なのである。個々人が他者に対する尊敬を――つねにまたは一時的に――戦略的根拠にもとづいて表わすとしても、それはある程度まで道徳的関係の存続にとっては十分である。真の道徳的動機づけは道徳的関係の存続にとって必ずしも一貫して必要なわけではない――道徳的な振舞いはいわば道徳的信念なしでもしばらくは続けられる。しかし道徳の〔そもそもの〕存立にとって道徳的な信念は不可欠であり、したがって、ある程度の真の道徳的動機づけも不可欠なのである。

（二）真の道徳的動機づけ。真の道徳的動機づけは、誰かがたんに何らかの道徳的ないし法的制裁への戦略的な配慮にではなく道徳的な信念にもとづいて行為する場合に存立する。道徳的信念は、私の状態と他者の状態との対称性、しかもあらゆる非対称性を横断する対称性の知覚によって担われている。[25] 道徳的信念は誰か特定の人にとってだけでなく、相互の付き合い一般において善であることに関わる。そうした信念にもとづいてのみ道徳の無条件な優位は根拠づけられうる。定言的な道徳の理念には道徳的な動機にもとづいた行為という理念が含まれている、という点ではカントはまったく正しかった。その行為は、カントの用語法で言えば、義務に適っているだけでなく義務にもとづいて行なわれる行為、他者をその善き生への要求に関して持続的に尊重し、その尊重がどの程度自己利益と一致するかということには無頓着に為される行為である。私が道徳の強い優位に対するさまざまな意義を解明して示そうとしたのは、このことであった。言い換えれば、真の道徳的動機づけは道徳の承認された優位という枠組みの中でのみ成り立ちうるし、そうした動機づけは実存的関心の広い余地と両立可能なだけでなく、そのうえその余地を部分的には初めて切り開くのであるから、そうやって道徳的に動機づけられることは人間にとってあくまで可能な事柄だということである。それに対して私は、真の道徳的動機づけの形成が理性的存在者にとって不可避であることを示せ――さらに示そうとし――なかった。というのも、このことが示されるとしたら、それは、道徳哲学上の同一性テーゼの枠組みにおいてのみだろうが、そのテーゼを私は二-七-一で退けたからである。私は道徳の無条件な優位の承認は啓蒙された生の自然な帰結であるなどということを示そうとしなかったし、また示せなかった。私が示そうとしたのはただ、道徳の強い優位の承認が真の道徳的動機づけの生成、すなわち、特定の行為をわれわれが他者のために行なったり行なわなかったりする場合に前提されているような道徳的動機づけの生成に対して、一方ではその枠組みを形成し、他方では、そのための余地を十分に残してくれるということにすぎない。

（三）強い道徳的動機づけ。そうであるにもかかわらず、同一性テーゼはこの場合もそれほど簡単に退けられない。というのも、このテーゼはあくまで道徳的動機づけのある一つの重要な事例を出発点にしているからである。その事例においては他者に対する配慮が同時に、私が私の視点からどのように行為したいかの事例に一致するのであった。同一性テーゼの誤りは、それがこの事例を卓越した事例として前面に押し出すということではなく、それがその事例を真の道徳的動機づけの唯一の事例として強調することである。こうした理解の支持者は「真」の道徳的動機づけと「強い」道徳的動機づけとの差異を見落としている。しかし、私の行為を他者のために修正する真の道徳的動機は必ずしも、私がこのことを選好上の意味において同時に私自身のために行なうということとは結びついていない――これら二つのことが一致するならば、それはきわめて喜ばしく心を軽くするとしてもである。異議を論じる中で私は一貫して、この一致を道徳的定位のパラダイムにまで高めてしまうと致命的になってしまうだろう、と論じてきた。というのも、道徳的実践には本質的に、これら両者がつねに一致するとは限らないこと、たえず両者の分裂が考慮に入れられなければな

（25）これについては第三研究ならびに二-七-三-二を参照のこと。

らないこと、それどころか、この分裂の可能性がたえず保持されうることが含まれているからである。したがって私のテーゼを定式化すれば、自己利益と道徳的配慮との確固とした一致によって刻印されるような一貫して強い道徳的動機づけは真の道徳的動機づけと両立しえない、ということになる。一貫して強い道徳的動機づけは道徳心理学的に誤った理想なのである。というのも、真の道徳的な動機づけには道徳的定位と幸福への定位との許容された差異の経験が含まれるのであり、したがって私の関心のうちどれが道徳的に支持しうる生き方と両立可能であり、どれがそうではないかという許容された問いが含まれるからである。

もちろん、道徳的定位と幸福への定位との対立が道徳的動機づけをどこまでも弱めるかもしれないということは疑いえない事実である。したがって真の道徳的動機づけは、そうした対立がもはや現われない強い道徳的動機づけよりも弱い道徳的動機づけである。しかし〔反対に〕、一貫して強い道徳的な動機づけに刻印されているような道徳は、はるかに弱い意味での道徳であることになるだろう――そうした道徳には、自分自身の基準を具体的な状況に即してつねに新たに検討する反省の力が欠けていると言えるだろう。したがって、真の道徳的動機づけは道徳的な対立の出現によって挫かれることはない――真の道徳的動機づけはその力をむしろ、そうした対立が任意ではない仕方で解決されうるという経験から取ってくるのである。

四-二-八　要約

私は七つの異議に対する私の回答をもう一度ひとまとめにして提示する。

（一）道徳の優位は道徳的な配慮を決定的な内容に高めるのではなく、われわれの生の拘束力を持つ形式に高めるにすぎないがゆえに、人間に過剰な要求をしない。

（二）道徳の優位は幸福の可能性を制限するだけでなく開示もするがゆえに、人間の幸福を台無しにしない。
（三）世界の囚われのない知覚が道徳の優位を顧慮するための前提であるがゆえに、道徳の優位は人間を盲目にしない。
（四）道徳の優位は芸術の意義を軽視しない。というのも、道徳の優位を顧慮することは高度に芸術の想像力に依拠しているからである。
（五）道徳の優位はジレンマ状況においてさえ首尾一貫した振舞いの道を示すがゆえに、行為を無力化しない。
（六）道徳の優位は政治的行為の法則を見落とさない。道徳の優位は、すなわち、その内部で政治の規範的判定が可能であるような枠組みなのである。
（七）道徳の優位は道徳的な動機づけを台無しにしない。というのも、道徳の優位の承認は実存的な動機の広い余地と両立可能だからである。

四―三　パスカルの賭けとの類比による議論

他のあらゆる種類の行為の価値評価に対する行為の道徳的価値評価の優位に関する私の弁明は、その優位の理解の根底に存する道徳理解が首尾一貫しており納得がゆくということを示したことになるだろう。道徳の無条件な優位というテーゼは自己矛盾ではなく、真の道徳的動機づけの可能性にも十分に余地を与える。

さまざまな意味において善と評価される行為が制限なしに善と特徴づけられうるのは、その行為が（さらに）道徳的配慮の原則、したがって道徳的善と一致している場合だけである。

おそらく、定言的な道徳の意味で行為することが第一に命じられ、第二に実際に可能であり、第三にすべての道徳的行為者にとって要求できるということより以上は、もはや示されないだろう。しかし、無条件な道徳的定位が可能であることの証明によっては、個々人にとってこの優位を自分自身の行為の中で承認することはどれほど意味があるのかということは依然として解明されていない。一貫して道徳的な真の動機づけを形成し保持するいかなる根拠をわれわれは持っているのだろうか。

私はここですべての道徳の名宛人に配慮して振舞うべき道徳的根拠のことは語らない。解明された意味で道徳的視点の無制限な優位が存在するならば、すべての道徳的主体はそれにふさわしく振舞うべき強い根拠を持っている。言い換えれば、すべての道徳的主体は、その道徳的配慮を若干の（少数の）人々に限定するいかなる理由も持たない。この根拠は、他者も私と同じく善き生に関心を持っているという洞察に起因している。もちろんこの洞察は行為において抑圧される可能性もあるし無視される可能性もある。いま問題になっているのは、この道徳的洞察に留保なしに従ういかなる動機づけ上の根拠を個人は持っているのかという問いである。それは、他者に行為上で応答するべき動機と直接的に結びついた根拠である。道徳的根拠は（一般的に）この種の根拠ではない。それに対して選好に関わる根拠は〔道徳的根拠よりも〕はるかにたびたびそうした根拠である。なぜなら、その根拠はわれわれ自身の関心のうちに見出されるものをたえずわれわれに勧めてくれるからである。[26]

私は第二研究で、一般に一つの道徳的な態度を取る選好上の根拠が存在することを論証した。善き生への関心においては、たんなる利巧さの合理性に収まらない意味を持つ原則によって自分の振舞いを導くようにすることは賢明である。それに対応して私はそこで、道徳的に善いことと選好上の意味において善いこととのあいだには解消されえない差異があることを示そうとした。したがって、適切に理解された自己利益にもとづく行為と公平な道徳的配慮の視点とは究極的に一致するのかという問いには、「否」としか答えられない。それゆえに古典的な形式における道徳哲学的な同一性テーゼは誤っているのである。(27)

しかしこの立場は、これから明らかになるように、第二研究の末尾で示唆されただけのさらなる可能性を未決定のままにしておく。古典的な形式の同一性テーゼが誤っているとしても、たんに一般に一つの道徳だけでなく一つの無条件な道徳をも肯定する選好上の根拠が存在するということは可能だろう。このことが意味していると思われるのは、〔道徳と〕一致しない選好の抗議に対して開かれていることが道徳的定位の意味において善いのと同じように、優位な道徳的制限によって修正されうることは選好上の定位の意味において善いだろうということである。道徳的根拠と動機づけの根拠とはたしかに事柄としては一致しないだろうが、しかし究極的には同一の事柄を支持している——すなわち、無制限な道徳的配慮の原理への定位を支持しているのである。

私がこの考察の締めくくりとして展開したいのはこのタイプの議論である。この議論が出発点とするのは、道徳哲学的な同一性テーゼが示そうとしていること、すなわち、道徳的に善き生が万人にとってより善き生

(26) しかし、選好上の根拠もいつもわれわれに効果的な行為動機を与えてくれるわけではない——なぜなら、われわれはしばしば相互に交錯する選好を持ち、そうした選好は、それ自体としてみれば合理的な選好であるけれども、その動機上の作用に関して中立化されうるからである。選好上の合理性とより狭い意味での思慮深さに関わる合理性（利巧、特に世間知）との差異は、合理的な選好のこれまた合理的に秩序づける能力のうちに見出される——しかしこうした差異には以下では立ち入らない。

(27) 同一性テーゼの内容については、二-七-一-二を参照のこと。

またはより豊かな生であるということは、強い差異の仮定を基礎としてのみ現実的に言われうるということである。人は、「一本線の倫理」という意味で直接的には、道徳的に善き生が善いのはそれがすべての個人にとって全体的により善いからだとは言えない。道徳的に善き生が善いのはむしろ第一に、それが万人に配慮して遂行されるがゆえにである。しかしひょっとすると、それでも人は、一貫して保持された道徳的態度から生じる人間の行為の自由の制限はそれにもかかわらず、生の全体において考察されるならば、試みる価値のある制限である、と言いうるかもしれない。そうであるとしたならば、道徳的な善と一致する行為が無制限に善いと、われわれは言ってよいことになるだけではない。道徳的な善の軌道の上で（全体的に）成功している生として遂行される生のみが無制限に善いと言ってもよいことになるだろう。

探求されている議論を詳しく論じるために私は、道徳の厳格な優位の仮定に反対する幸福論的異議をめぐる議論にもとづく省察を引き合いに出そうと思う。道徳は善き生の条件に対する普遍的な尊重であるよりも、人間の生を普遍的に台無しにすることであるという批判を論破するために私がその際に指摘したのは、道徳的承認の次元そのものが善き生の重要な一つの次元であるということであった。善き生には善き共同生活（あるいはそうした生活へのアクセス権）が含まれている。善き共同生活にはそれはそれで相互承認関係、すなわち人間どうしの非戦略的な付き合いが含まれている。さらに私は、われわれに開かれている前道徳的な行為可能性も自分自身の健在のための無条件に確実な道ではないということを指摘した。したがって、道徳的な道が幸福への確実な道ではないということは初めに思われていたほど重大ではないと私は結論づけたのであった。というのも、道徳のこちら側にも向こう側にもそうした道は存在しないからである。

このことは、首尾一貫して道徳的な生によるほうが部分的に道徳的な生によるよりも人間の幸福の本来的な次元——すなわち、相互承認という生活形式——により強力な重みが付与される、というように解釈されうるかもしれない。そうすると無条件な道徳のうちに、持続的な道徳的生による以外には実現されえない幸福の可能性、言い換えれば、関係自身（自己自身の直接的な傾向性であれ、他者の傾向性であれ社会状況全体であれ）が人格の相互承認を予期していないところでも人格の相互承認を予期してそうした承認を見出す可能性が見出されることになるかもしれない。私の先の省察が正しいとしたならば、この道徳内在的な幸福は他者の承認の心構えに依存しているがゆえに不確実だという異議は必ずしも効果的であるとは限らない。というのも、他者の反応ならびにそれ以外の偶然性へのこうした依存は、おそらく幸福のいかなるより強い可能性にも当てはまるからである。それに加えて、道徳の優位の擁護に際して、正しいことと善いこととのそのつどの対比ならびに両者の可能的な対立は、他者の関心のあらゆる道徳的考慮の無視できない修正方法であることが示された。それゆえに選好上の価値評価と道徳的な価値評価との差異が個別にはどれほど欠乏として感じられうるとしても、全体としてみれば——個人の生の全体でも社会的共同生活の全体でも——この差異はまったく欠乏ではありえず、それ自身善きことと見なされうるのである。

こうした考察が正しいとしたならば、道徳的に正しい生であると同時に成功している生はなんといっても道徳にそれほどやかましくないたんに成功した生よりもいっそう豊かな意味で成功した生である、と言うことも可能であるように思われる。この考えも、私が幸福の道徳的重要性に関する試論において展開したことをまったく弱めないだろう。特に、成功している人間の生が必ずしも道徳的に成功している生である必要はないというテーゼを弱めることはないだろう。今や、同時に道徳的な成功でもあるような実存的な成功は高められた成功であるということが示されるだろう。道徳的に正しい生そのものがあまり（強い意味で）うまくいった生ではなくても、また、うまく行った人間の生そのものが（強い意味で）それほど道徳的でなくても、強い意味でうまくいった人間の生は同時に無制限に道徳的な生だろう。道徳的な道は幸福への確実な道ではないし、幸福への唯一の道でもない――しかし、道徳的な道が幸福につながっていることは何としても可能であるが、そうであるならば、それはより豊かな幸福への道であろう。これは条件づけられていない道徳的な生の困難に巻き込まれることの道徳外在的な根拠だろう――なぜなら、それが結局のところ、道徳的にだけでなく、端的により善き生ということになるだろうからである。

私はこの考察を意識的に仮説として述べている。なぜなら、この考察は第一研究および第二研究で善き生と道徳的に善き生との関係について支持した立場を一歩超え出てゆくからである。しかしながら私は、私がほとんど本書全体をかけて反論してきた立場に、できるだけ強力に、できれば、われわれがその立場に最終的に同意できるほど強力に、しかも、その立場のこれまで論じてきた変種に反対してきたものを基礎にして寄り添ってみたい。それゆえ私はもう一度強調したい。そうした〔私の〕議論が勝つとしても、道徳的に善であることがあらゆる実存的な成功の条件であることが何らかの仕方で証明されるという単純な形式においてではない。そのようなことは――二-七の考察が正しいならば――証明されえないのだ。幸福への定位と道徳的定位との一致に対するいかなる条件つきの根拠づけも挫折せざるをえない。無制限の承認という根拠にもとづいた道徳の選好上の優位を支持する議論はそれとは別の性格を持つことになろう。それは比較相対的な意味を持つだろう。道徳的定位は万人にとっての善き生の名において拘束力を持ち、幸福追求の努力という魅力的な道を指示している、ということをその議論は示さなければならないだろう。

求められているタイプの議論にとっては古典的な模範が存在する。私が念頭に置いているのは、「パスカルの賭け」というタイトルで知られている『パンセ』のアフォリズム二三三番におけるブレーズ・パスカルの考察である。パスカルの議論は神学的である。というのも、その議論は、神の現実存在の仮定を支持する根拠を提供しようとしているからである。しかしながら、そこでは理論的証明が行なわれているのではない。

むしろパスカルは、神の現実存在がまさに証明できないことを前提としている。パスカルが求めている根拠は実践的な性格のものである。パスカルが理解させたいのは、各個々人の善き生にとって神を信じ、神に導かれた誠実な生を生きることはより善いということである。パスカルが見出すのは消極的な根拠である。パスカルが主張するには、神を信じる者は神を信じない者に比べて何も失わない、しかし、神が現存するならば、無限にはるかに多くのもの、すなわち、「永遠の生命と幸福」を手に入れられるだろう。

私の関心を引くのは、道徳に対するそうした比較相対的なタイプの議論である（信仰を支持する実践的議論はもちろん同時にキリスト教道徳を支持する議論である）。そうした議論はそのタイプから見て、パスカルの場合のような神学的なコンテクストには結びついていない。それどころか、その議論が強くもっともらしさを手に入れるのはそれがあらゆる神学的前提を消去するときだと考えることもできよう。それゆえ問題になっているのは、パスカルが展開した無条件な道徳の道徳外在的な長所を支持する比較相対的な議論のまったく世俗的な把握である。私は、この世俗的な議論を明確な言葉で定式化する前に、パスカル自身に語らせたい。

「もし確実なことのためにしか何事もしてはいけないとしたら、宗教のために何もしてはいけないことになろう。なぜなら、宗教は確実ではないからである。しかし人は航海とか、戦争とかどれほど多くの不確実なことをしているだろう。それゆえ私は言う、何ごとも確実ではないのだから、なにもしてはいけないだろうと。さらに、われわれが明日の日を見ることよりも宗教のほうにより多くの確実さがあるのだと。というのも、われわれが明日の日を見るだろうということは確実ではないが、われわれがそれを見ないだろうということは確実に可能だからである。人は宗教について同じように言うことはできない。宗教が真理であることは確実ではない。しかし、宗教が真理ではないことが確実に可能であると誰があえて言いうるだろうか」[28]。

パスカルは、われわれが実践的に決定でき、また決定しなければならないあらゆる根本的な生の選択可能性の脆さを前提としている。しかし、われわれは宗教の真理の可能性に直面してある一つの生か、または他の生――信仰と畏敬における生か、または祈りと敬虔な勤行でもって人生の時間を浪費せず現世的な楽しみに浸る生のどちらか――を選択しなければならないから、楽しみの多い現世の生よりもいっそう多くの幸福と充実を果てしなく約束する生、すなわち永遠の生の至福を選択するほうが利巧である。われわれはわれわれの一つの生にあれこれの仕方で賭けることができる――しかもわれわれは、宗教的な生かまたは非宗教的な生のどちらかを選ばざるをえない。宗教的な生のうちで比べものにならないほど多くのものが手に入ること、したがってそうした生は比べものにならないほど価値のある生であることが賭けられているのである。

われわれがこの考察における宗教の代わりに非相関的な道徳的配慮という態度を代入する（したがってもちろんここでの「宗教」と結びついた来世での幸福の約束を消去する）ならば、予告されたこの議論の世俗的な形式を手に入れられる。(29)

宗教についてパスカルは「それが真理であることは確実ではない、しかし、宗教が真理ではないことが確実に可能であると誰があえて言いうるだろうか」と言っている。道徳については「道徳の道がより幸福な道であることは確実ではない、しかし、道徳の道が幸福ではないと誰があえて言いうるだろうか」と言いうる。それゆえ、道徳の道を選べ。その道はたしかに相対的な不道徳と同じほど不確実な道ではある。しかし、その道はそれが成功している生の目標に沿って進むならば、不道徳の道をゆくよりも比較にならないほど多くのしかも大きな喜びを用意しているのである。

それゆえ、パスカルを模した議論は以下のように述べられる。個体は道徳的な生によって個別の点で失う可能性があればあるほど、全体としてははるかに多くのことを手に入れられる、ということだ。あるいはより簡潔に言えば、二つの不確実な事柄のうちから結局のところはより多くを約束してくれるほうを選べ、となる。あるいはもう一度くわしく言えば、道徳的生と道徳に関係ない生とのあいだの選択において道徳的な生を選べ、なぜなら、両者の可能性は等しく幸福への不確実な道ではあるが、道徳的な生はそうではない生が提供できない喜びを提供し、しかしまた——君が幸福であり、君がいずれにせよ幸福を必要としていると して——道徳と関係ない生が君にもたらす喜びの多くをも提供するからである。道徳的に善き生においては道徳的に不安定な（いわんや不道徳な）生におけるのとは比較にならないほど多くの幸福と成功を手に入れることができるのである。

こうした議論に納得がゆくとしたならば、それは道徳的定位と幸福への定位との同一性または一致の立場の真理性を定式化するのに適していると言えよう。というのも、その議論が適切ならば、道徳的な道は実際に自分自身の幸福と同じほど悪名高く不確実なものへの最善の道だからである。しかしこの議論が適切であるのは、その議論の根底に道徳を人間の基本的な幸福可能性を保護する公平で自己批判的な制度として理解する道徳理解が存している場合に限られる。道徳の優位の承認の主要な根拠は、この制度が私自身の利益をもっともよく保護してくれることのうちにあるのではなく、善き生に関心を抱いているすべての他者が私自身と同様にそうした保護に値するということのうちにある。私がパスカルに依拠して定式化した利巧さの議論はたん

（28） B. Pascal, Über die Religion und über einige andere Gegenstände (Pansées), Heidelberg 1972.〔邦訳：『パンセ』前田陽一ほか訳、中公文庫、一九七三年、一六四頁。〕

（29） もちろんここで行なわれたパスカルとの類推は完全からは程遠い。パスカルは有限な世俗の喜びの脆い確実さを無限の超越的な喜びのそれに劣らず脆い確実さと比較衡量しているが、以下の形式で問題になっているのは、世俗的で有限な幸福の二つの道の比較である——パスカルの議論の再構成と批判については、J. Mackie, Rawls' and Pascal's Wager, in: ders., Moral Luck, a.a.O., 94ff. を参照のこと。

に、曖昧でない道徳的な生き方に与するための補足的な動機づけの根拠を提供するにすぎないのである。

第二研究の末尾で私は、道徳的態度によって開かれすべての道徳的態度を特徴づける選好上の根拠と道徳的根拠との協同ならびに対立を「包括的な善」と解釈することを提案した。もちろん、道徳的に生きる人も選択的なモラリストたちもそれぞれの仕方でそうした善を追求できる。第二研究末尾の考察によれば、同一性テーゼにおける真理の再構成は同一性テーゼそのものの確証には至らなかった。さてしかし、パスカルの賭けとの類比による議論が効果的であるとしたならば、対立する二つの古典的テーゼを相互和解させることが最終的には可能だろう。そうすれば、差異の倫理学を基礎として幸福への定位と道徳的定位との同一性ないし一致の倫理学の真理全体を定式化できるはずだろう。道徳的に善き生はたしかに通常でもつねにより善き生であるわけではないだろう——同一性テーゼのこうしたラディカルなヴァージョンに対しては相変わらずいかなる根拠づけも欠けていた。しかし、道徳的に善き生は通常でも追求するに値する生であろう——少なくともこのことを倫理的な賭けの議論は、それが正しいとすればだが、示したと言えるだろう。

しかし、この議論が正当でありうるのは、一般的に——任意な一人の立場から、任意の歴史的な世界にとって——道徳的に成功している生の喜びがそれほど道徳的でない実存的な成功の喜びと釣り合うだけでなく、明らかにそれを凌駕するだろうということが正しい場合だけである。これはきわめて強い仮定である——任意の誰かが意欲できるものに関しても、任意の世界が喜びにおいて提供できるものに関しても。というのも、パスカルと異なりわれわれは、無条件の道徳に賛成または反対しなければならない人々を彼岸における弁償の希望でもって徳の小道へと呼び寄せることはできないからである。したがっておそらくパスカルとの限定された類比で行なわれた議論はすべての歴史的世界にではなく、若干の歴史的世界にしか妥当しない。おそらくこの議論は、道徳的ならびに法的にある程度きちんとした世界においてのみ妥当する。おそらくこの議論はこれまでいかなる歴史的世界においても生じなかった。おそらくこの議論は、それが生じるのは人間の世界においてであるという道徳の理念にのみ属しているだろう。しかしそうすると、この議論はきわめて弱いことになるだろう。というのもこの議論は、道徳の道を行くことが道徳的な世界において有利であると言うだけだからである。それでは、道徳的な道が端的により善い道であることを示すには弱すぎる。しかし、われわれがパスカルを援用して探求したのは、まさにそのことを示しうるような議論であった。われわれはそうした議論を見出さなかった。というのも、述べられた議論はあまりに弱いからである。この議論はまた、道徳的により善い生がつねに前道徳的な意味においてもより善い生であることを示すこともできない。この議論が示しうるのは、道徳的根拠の優位には道徳と関係のない根拠からも同意が可能だということを多くの事情の下で多くのことが支持するということだけである。しかし、それは〔成果として〕少なくはない。というのも、より多いということがより少ないことでないかどうかは確実でさえないからである。

訳者あとがき

本書は、Martin Seel, *Versuch über die Form des Glücks. Studien zur Ethik*, Suhrkamp Verlag, 1995 の全訳である（ただし翻訳の底本にしたのは、一九九九年のペーパーバック版である）。

著者のマルティン・ゼールについては、すでに『自然美学』（加藤泰史＋平山敬二監訳、法政大学出版局、二〇一三年）に付けられた加藤泰史による「自然美学と自然倫理学の間――監訳者あとがきに代えて」でその主要著書ならびに経歴が詳細に紹介されているので、ここでは簡単に触れておきたい。一九五四年生まれのゼールは、マールブルク大学ならびにコンスタンツ大学で、ドイツ文学・哲学・歴史学を学び、一九八四年にコンスタンツ大学のアルブレヒト・ヴェルマーの下で、„Die Kunst der Entzweiung"（「分裂の美学」）によって哲学博士号を取得し、さらに „Eine Ästhetik der Natur"（「自然美学」）を提出して教授資格を得た。その後、一九九二年から九五年までハンブルク大学教授、そして九五年から二〇〇四年までギーセン大学教授を務め、二〇〇四年にフランクフルト大学理論哲学講座正教授に就任して現在に至っている。

主要著作（単著）に関しては、『自然美学』で紹介されているものと重複するけれども、その当時以後のものを含めて挙げておきたい。

• *Die Kunst der Entzweiung. Zum Begriff der ästhetischen Rationalität.* Suhrkamp, Frankfurt am Main 1985.
• *Eine Ästhetik der Natur.* Suhrkamp, Frankfurt am Main 1991.〔『自然美学』〕
• *Versuch über die Form des Glücks. Studien zur Ethik.* Suhrkamp, Frankfurt am Main 1995.〔本書〕
• *Ethisch-ästhetische Studien.* Suhrkamp, Frankfurt am Main 1996.
• *Ästhetik des Erscheinens.* Hanser, München 2000.
• *Vom Handwerk der Philosophie.* 44 Kolumnen. München 2001.
• *Sich bestimmen lassen. Studien zur theoretischen und praktischen Philosophie.* Suhrkamp, Frankfurt am Main 2002.
• *Adornos Philosophie der Kontemplation.* Suhrkamp, Frankfurt am Main 2004.
• *Paradoxien der Erfüllung.* Fischer Taschenbuch, Frankfurt am Main 2006.
• *Die Macht des Erscheinens.* Suhrkamp, Frankfurt am Main 2007.
• *Theorien*, S. Fischer, Frankfurt am Main 2009.
• *111 Tugenden, 111 Laster. Eine philosophische Revue.* S. Fischer, Frankfurt am Main 2011.
• *Die Künste des Kinos.* S. Fischer, Frankfurt am Main 2013.
• *Aktive Passivität. Über den Spielraum des Denkens, Handelns und anderer Künste.* S. Fischer, Frankfurt am Main, 2014.
• *„Hollywood" ignorieren. Vom Kino.* Fischer, Frankfurt am Main 2017.

主要著書のリストからも分かるとおり、研究分野は、美学（芸術論、特に映画論）・倫理学・認識論・心の哲学・言語哲学と広範囲にわたっている。その中で、本書『幸福の形式に関する試論』（以下では『試論』と略記）の意義について、簡単に述べて起きたい。

まず主要著作の一覧から分かるとおり、ゼールは美学研究からその研究経歴を始めている。その第二の成果が『自然美学』であり、その後も「自然の情感的承認と自然の道徳的承認」(„Ästhetische und moralische Anerkennung der Natur“, in: Angelika Krebs (Hg.), *Naturethik*, Frankfurt/M, 1997, S. 307-330：邦訳は拙訳として『南山ゲルマニスティック』第十五号、二〇〇三年に収められている)で、〈自然美学〉との関連で「個人の善き生の倫理学」と他者への道徳的配慮の倫理学との関連の必然性を説いていた。しかし、そこでの説明はあくまで〈自然美学〉の視点からの言及である。それゆえ、個人の善き生と他者への道徳的配慮の相互関係そのものについて、ゼールが「正面」からどのように論じるのかは、きわめて興味深いところであった。その意味で、本書『試論』はそうした問題に「倫理学研究」としてまさしく正面から答えていると言えるだろう。また、これも前出の加藤泰史の「自然美学と自然倫理学の間」で言及されているとおり、ゼールは現代ドイツ哲学の中で確固たる位置を占めるフランクフルト学派の中に広い意味で含まれる。したがって、右の問題を論じる際にも相互承認の概念が鍵を握ることが予想されるわけであるが、その一方でフランクフルト学派から「距離」を取っているともされる(加藤「自然美学と自然倫理学の間」、『自然美学』、四一六頁)ゼールが相互承認概念を自分の倫理学構想の中に位置づけることで、善と正あるいは幸福と道徳の関係をどのように理解するかという点でドイツひいては現代の倫理学／社会哲学(社会理論)の今後の展開にとって有益な主張を提示していると言えるのではないだろうか。そうした意味で『試論』は現代ドイツの哲学界をリードする哲学者の倫理学書として、十分に注目に値すると言えよう。

次に『試論』の内容を簡潔に紹介し、その意義について訳者なりに述べてみたい。「幸福と道徳との緊張関係」は、倫理学の根本的にして永遠の問題であると言えるが、幸福に関しては、それが内容的に何であるかに思考が集中しがちである。その点で、ゼールは幸福の「形式」という斬新な視点を打ち出し、これまでさまざまに論じられてきた道徳との関係を捉え直そうとするとともに、結果として道徳の優位を主張するに当っても、道徳性の主体の概念を拡張しようと試みるなど、厳粛主義（カント）的な狭い視野に留まっていない。その意味で『試論』は、従来の倫理学の議論に新たな論点と視点とをもたらした野心的な労作であると言える。

「第一研究」でゼールは、幸福と道徳との関係に関してプラトン、カント、ニーチェならびに現代の倫理学者の諸説を検討することを通して、その関係の捉え方の変遷／展開をたどりその問題点を指摘した上で、それを踏まえて最後に自分自身の「コンフリクトとしての道徳」という捉え方を提示する。第一研究はそれだけとしても幸福と道徳との関係という点からの学説史的な研究と見なすことができるが、第二研究まで進んでそこから振り返ると、第二研究の準備作業となっていることが分かる。

「第二研究」は本書全体のタイトルとなっており、（その分量の点からも）まさに本書の中核部分である。きわめて多岐でありかつ詳細にわたるその第二研究を簡単にまとめることは難しいが、著者の言いたいことは、個々人が自らの幸福への関心と他者（の幸福）への配慮とのコンフリクトの中で揺れ動きながら自己ならびに他者の生き方について公平な自己決定を下す余地を開いてゆけることが全体として善き生の「形式」であり、道徳はそうした余地を開く可能性を保護するものとして幸福（善き生）の「形式」を介して幸福と結びつく、ということだと言えよう。第一研究と異なり、第二研究は著者が著者自身の言葉で粘り強く思索した成果である。考察は直線的には進められず、後の論点が先取りされ、後になって以前の論点が振り返って考察されるというように行きつ戻りつして進められる。本書が「試論」と名付けられている所以であろう。読者もそうした著者の思索に付き合う辛抱強さが求められるだろう。

「第三研究」では、そこまで要所で機能しつつも主題化されずにいた相互承認の概念が前面に出てくる。その論点を尺度にして、道徳の客体の範囲という問題を論じていると言える。第三研究のタイトル「道徳のパートナーと道徳の名宛人」は、厳密な道徳の客体から、承認理論を援用しつついわば派生的に客体の範囲をその意味を（その中核を保持させつつ）少しずつ変容させながら拡大してゆくという戦略を表現している。また、一読すれば明らかであるが、第三研究はいわゆる応用倫理学的な問題を考える際にも重要な論点を扱っている。『自然美学』がいわゆる環境倫理学的な問題意識を伴っていたように、道徳の客体の範囲という問題も、たんに概念的に、したがって抽象的にではなく、未来世代および過去世代・人間の境界事例・動物など、こうした「他者」の福祉という現実的な問題と関係づけて（あるいはそうした問題に促されて）論じられている。現実の問題と切り結びながら思索する際に、現実の問題の考察と倫理理論上の論点とのバランスを取ることは（少なくとも私には）難しいが、ゼールのように基本的で重要な問題をあくまで中心に据えつつ現実の問題をそれに的確に重ねるこうした姿勢と手腕からは学ぶことが多いと思われる。

「第四研究」は、そこまでの成果を踏まえつつ、道徳的価値評価と選好に関わる価値評価との優先関係を論じる。「道徳の優位」というタイトルだけからだと、一見したところ第四研究は本書全体の方向と逆であるように見える。しかし、ゼールはそこまでの考察を踏まえて、「道徳の原則」をカントの定式を変形つつ「君がつねにすべての他者に対してその他者にとっての善き生の可能性を尊重するように行為せよ」（本書、三六六頁以下）と規定する。道徳の原則がそのように定式化できる限りで、道徳は「無制限に優位」であるとして、ゼールはそれに対する七つの異議を一つずつ論破してゆくのである。

『試論』は、倫理学の根本的な問題を、一方では学説史的な視点から、他方では現代的な応用倫理学的な問題の視点から多角的に論じながら、さらに先哲の思索を踏まえつつも問題そのものを自らの言葉で粘り強く考え抜いた成果である。哲学・倫理学徒にとって、著者の姿勢に学びつつ、問題そのものに関しては、著者の主張を批判的に吟味するのに最適な書の一つであろう。

最後になったが、法政大学出版局編集部の前田晃一氏と一橋大学大学院社会学研究科の加藤泰史教授に謝意を述べておかなければならない。本訳書の企画は私も共訳者である『自然美学』の翻訳完成にあわせて、著者を招待して開催した講演会の後の懇親会の席が発端であった。校正の段階では前田氏から的確で丁寧な指摘をいただいた。心から感謝を表する次第である。また、加藤泰史教授からは度々貴重な助言をいただいた。合わせて謝意を表したい。

高畑祐人

二〇一七年一二月　年の瀬を迎えて慌ただしい名古屋にて

人名索引

ア行

アーペル Apel, K.-O.……261
アッカーマン Ackerman, B.……266, 267
アリストテレス Aristoteles……38, 54, 84, 145, 168, 172, 185, 190, 196, 375
アレント Arendt, H.……159, 168
ウィリアムズ Williams, B.……35, 37, 39–44, 107, 367, 369, 370, 373, 379, 391
ヴェーバー Weber, M.……163
ヴェルマー Wellmer, A.……4, 45, 229, 265, 275
ヴォルフ Wolf, U.……45, 61, 107, 257, 269, 279, 294, 295, 297, 347, 348, 349, 363, 391
ウリクト Wright, G. H. v.……65, 182, 205
ウルフ Wolf, S.……29, 375

カ行

カーティス Curtiz, M.……136
カイヨワ Caillois, R.……179, 181
ガダマー Gadamer, H. G.……95
カムバーテル Kambartel, F.……163
カント Kant, I.……3, 4, 16–28, 30, 41, 42, 48–50, 53, 97, 99, 112, 113, 142, 216, 217, 242, 244, 245, 247, 249, 252, 253, 256, 260, 269, 286, 295, 301, 302, 305, 343, 347, 366, 367, 370, 375, 379, 388, 389, 396
クッサー Kusser, A.……101
キルケゴール Kierkegaard, S.……115, 131, 183, 238
クック Cooke, M.……131
グリフィン Griffin, J.……63, 65, 101, 105, 123 ,211, 243, 269, 271
クレーマー Krämer, H.……75, 79, 85, 127, 143
クレプス Krebs, A.……315, 343
ケアスティング Kersting, W.……269
ゲアハルト Gerhardt, V.……27, 31, 129, 261
ゲーテ Goethe, J. W.……121, 123
ケプラー Keppler, A.……4, 79
ゴスパス Gosepath, S.……101
コッポラ Coppola, F. F.……387

サ行

サド Sade, M. de……386
サルトル Sartre, J. -P.……388–

390, 393
シュネーデルバッハ Schnädelbach, H.……261
シュペーマン Spaemann, R.……34, 35, 67, 75, 123, 217, 245, 257, 265, 375
ショーペンハウアー Schopenhauer, A.……95, 125
シンガー Singer, P.……295, 297, 310, 311, 334
スキャンロン Scanlon, T.……65, 267
ステマー Stemmer, P.……13
セラ Serra, R.……387
セリーヌ Céline, L. -F.……386
セン Sen, A.……65, 97, 201, 269, 273, 275
ソクラテス Sokrates……8–16, 25, 35, 380

タ行

タタールキエヴィッチ Tatarkiewicz, W.……65, 73, 205
ツィンマーマン Zimmermann, R.……91
テイラー Taylor, Ch.……34, 35, 99, 150, 151, 175, 265, 271
デイヴィッドソン Davidson, D.……145
トイニッセン Theunissen, M.……93, 116, 117, 121
トゥーゲントハット Tugendhat, E.……61, 65, 82, 71, 83, 93, 127, 145, 151, 153, 223, 225–227, 231, 232, 235, 241, 245, 251–255, 257, 261, 264, 265, 267, 269, 286, 298–301, 310, 316, 317, 332, 333, 339, 343, 363, 375
ドゥオーキン Dworkin, R.……65, 67, 83, 217, 246, 247, 249, 266, 267, 272, 273, 313, 315, 321
ドストエフスキー Dostojewski, F.……184
トルストイ Tolstoi, L.……39, 108, 110, 111, 117
トムソン Thompson, J.……319

ナ行

ニーチェ Nietzsche, F.……4, 24–33, 36, 42, 47, 50, 122, 235, 261, 361, 376, 379–381
ヌスバウム Nussbaum, M.……35, 37–39, 41, 42, 65, 75, 89, 97, 145, 204, 205, 268, 269, 271–273, 381, 391
ネーゲル Nagel, Th.……35, 37–39, 42, 44, 45, 266, 267, 363, 369, 377
ノーマン Norman, R.……297

ハ行

ハーバーマス Habermas, J.……45, 156, 157, 161, 168, 169, 171, 172, 176, 217, 227, 257, 260–262, 264–267, 277, 286, 298, 299,

301–305, 313, 328, 336, 351, 365, 358, 375, 383, 391
ハイデガー Heidegger, M.……115, 131, 148, 188
パスカル Pascal, B.……381, 399, 404–409
パトナム Putnam, H.……41
ハントケ Handke, P.……115
ヒューム Hume, D.……19
ヒンシュ Hinsch, W.……269
ファインバーグ Feinberg, J.……319
フィガール Figal, G.……197
フィンク＝アイテル Fink-Eitel, H.……61
フーコー Foucault, M.……35–38, 47, 48, 361, 381
フォルシュナー Forschner, M.……17, 85
フォルスト Forst, R.……249, 259, 263, 267, 269
ブッシュ Busch, K.……5
フット Foot, Ph.……315
プラトン Platon……4, 8, 9, 11–18, 20, 21, 23, 25, 30, 32, 33, 40, 42, 48–50, 54, 172, 173, 217, 218, 233, 246, 375, 380
フランクファート Frankfurt, H.……69, 71, 99, 101
フランシス Francis, L. P.……297
プルースト Proust, M.……117
プレスナー Plessner, H.……188, 189
フンボルト Humboldt, W v.……177
ヘーゲル Hegel, G. W. F.……118, 150, 156, 165, 168, 172, 175, 364
ベッシュ Besch, Th.……257
ヘルダーリン Hölderlin, F.……175
ペレーダ Pereda, C.……4
ベンサム Bentham, J.……53, 287
ホイジンガ Huizinga, J.……179, 181
ポー Poe, E.……386
ボーラー Bohrer, K.-H.……385
ホッセンフェルダー Hossenfelder, M.……17
ホネット Honneth, A.……219

マ行

マッキー Mackie, J.……251, 407
マッキンタイア MacIntyre, A.……34
マルクヴァルト Marquard, O.……373
マルケス Marquez, G. G.……103
マルテン Marten, R.……75
ミード Mead, G. H.……172
ミラー Miller, H.……386
メルケル Merkel, R.……311, 313
メンケ Menke, Ch.……4, 41, 45, 131, 227, 289, 391

ヤ行

ユイスマンス Huysmans, J. K.……238
ユンガー Jünger, E.……237

ラ行

ライスト Leist, A.……311, 315, 319
ラシュディ Rushdie, S.……386, 387
ラズ Raz, J.……273
リーガン Regan, T.……297, 319
ルックマン Luckmann, Th.……159, 169
レイチェルズ Rachels, J.……334
レヴィナス Lévinas, E.……245
レンツッチ Rentsch, Th.……217
ロールズ Rawls, J.……105–107, 110, 217, 266–269

《叢書・ウニベルシタス　1075》
幸福の形式に関する試論
倫理学研究

2018年2月28日　初版第1刷発行

マルティン・ゼール
高畑祐人 訳
発行所　一般財団法人　法政大学出版局
〒102-0071 東京都千代田区富士見 2-17-1
電話03(5214)5540 振替00160-6-95814
組版: HUP　印刷: ディグテクノプリント　製本: 積信堂

Printed in Japan

ISBN978-4-588-01075-0

著　者

マルティン・ゼール（Martin SEEL）

1954年生まれ。ドイツ文学・哲学・歴史学をマールブルク大学とコンスタンツ大学で学び、»Die Kunst der Entzweiung«（「分裂の芸術」）によって哲学博士号を取得。1990年にはコンスタンツ大学に»Eine Ästhetik der Natur«（「自然美学」）を提出して教授資格を得た。1992年から1995年までハンブルク大学教授、1995年から2004年までギーセン大学教授を務め、2004年にフランクフルト大学理論哲学講座正教授に就任し、現在に至る。主な著書に、『自然美学』（加藤泰史・平山敬二 監訳、法政大学出版局）など。

訳　者

高畑祐人（たかはた・ゆうと）

1961年生まれ。名古屋大学・南山大学非常勤講師。主な著作・翻訳に、「エコフェミニズムの批判的変換――自然美学的読み替えの試み」（名古屋哲学研究会編『哲学と現代』第31号、2016年）、「本質的自然資本の規範的説得力――環境経済学と環境倫理学の生産的な協働に向けての一試論」（南山大学社会倫理学研究所『社会と倫理』第29号、2014年）、加藤泰史編『大学と学問の再編成に向けて』（共著、行路社、2012年）、ゲアハルト・シェーンリッヒ「尊厳・価値・合理的な自己愛」（『思想』第1114号、2017年）、アンゲーリカ・クレプス『自然倫理学――ひとつの見取図』（共訳、みすず書房、2011年）など。